Cigale en Chine

PAUL D'IVOI	*ŒUVRES*
VOYAGES EXCENTRIQUES	
LES CINQ SOUS DE LAVARÈDE	*J'ai Lu* 1512**** *(sept. 83)*
LE SERGENT SIMPLET COUSIN DE LAVARÈDE	
LA DIANE DE L'ARCHIPEL (Jean Fanfare)	*J'ai Lu* 1404****
CORSAIRE TRIPLEX	*J'ai Lu* 1444****
LA CAPITAINE NILIA	*J'ai Lu* 1405****
LE DOCTEUR MYSTÈRE	*J'ai Lu* 1458****
CIGALE EN CHINE	*J'ai Lu* 1471****
MASSILIAGUE DE MARSEILLE	
LES SEMEURS DE GLACE	*J'ai Lu* 1418****
LE SERMENT DE DAALIA	
MILLIONNAIRE MALGRÉ LUI	
LE MAÎTRE DU DRAPEAU BLEU	
MISS MOUSQUETERR	
JUD ALLAN, ROI DES « LADS »	
LA COURSE AU RADIUM	*J'ai Lu* 1544**** *(nov. 83)*
L'AÉROPLANE FANTÔME	*J'ai Lu* 1527**** *(oct. 83)*
LES VOLEURS DE FOUDRE	
LE MESSAGER DU MIKADO	
LES DOMPTEURS DE L'OR	
MATCH DE MILLIARDAIRES	*J'ai Lu* 1559**** *(déc. 83)*

PAUL D'IVOI

VOYAGES EXCENTRIQUES

Cigale en Chine

dessins de Louis Bombled

Éditions J'ai Lu

Première publication : 1901

PREMIÈRE PARTIE

LA PRINCESSE ROSEAU-FLEURI

I

LA LÉGATION DE FRANCE

– La rue des Légations, s'il vous plaît ? En voilà une ville..., pas de plaques indicatrices au coin des rues... un vrai casse-tête chinois; c'est sûrement pour cela qu'on l'appelle : Péking !

Et le « monologuiste » se croisa les bras d'un air à la fois gouailleur et mécontent.

C'était un tout jeune homme – seize ou dix-sept ans – vêtu d'un complet de drap beige, le pantalon serré dans des guêtres de cuir fauve, la tête couverte – autant que peut couvrir un chapeau rejeté en arrière – d'un feutre mou.

L'allure du piéton était dégingandée, mais non banale, et son visage maigre, bronzé, semblait éclairé par des yeux vifs, sans cesse en mouvement. Au-dessus de la bouche un peu grande, meublée de dents éclatantes, la moustache naissante dessinait une ombre brune.

Détail à noter : un brassard de crêpe noir cerclait la manche gauche du veston de l'inconnu.

– La rue des Légations, reprit-il, où cela perche-t-il ?

Une heure plus tôt, le jeune homme avait pénétré dans les murs de Péking, capitale officielle de la Chine, par la porte du Sud, nommée par les indigènes

« Porte de la Stabilité Eternelle ». Suivant la Grand-Rue, large de soixante mètres, bousculé par la foule grouillante, se jetant à chaque instant de côté pour éviter les crevasses béantes ou les tas d'immondices qui barraient la chaussée, le voyageur avait compris immédiatement que l'Administration chinoise professe le plus profond mépris pour tout ce qui touche à l'entretien ou à la propreté des voies.

– Ah! bien! se déclarait-il à mi-voix, ce n'est pas encore cela qui *dégotera* Paris. Sont-ils sales, tous ces types-là! Plus jamais je ne mangerai « chinois » chez la mère Moreaux. Ils me dégoûtent, les Chinois.

Tout en parlant, il franchissait le « Pont du Ciel », jeté sur le canal qui relie les lacs intérieurs des Roseaux et du Four-du-Potier (Oui-Tang et Jav-Oua), atteignait la porte à cinq ouvertures de Tcheng-iang-men (Porte directe du Sud), et quittant la ville chinoise (Ouai-Tching), qu'il venait de traverser dans le sens de sa largeur, il se glissait sous l'un des guichets pratiqués dans la seconde enceinte de Péking, séparative de la cité chinoise et de la ville tartare (Nei-Tching).

Devant lui, en prolongement de la Grand-Rue, s'ouvrait la voie Tchi-Pan-Kié (rue du Damier), à l'extrémité de laquelle apparaissait une porte monumentale, surmontée d'un pavillon à plusieurs étages, aux toits recourbés et couverts de tuiles jaunes.

C'était la porte de la Grande Pureté, entrée de la Ville Impériale ou Interdite.

Au point où le voyageur était arrêté, la rue du Damier s'élargissait en une vaste place carrée, encombrée par les « industriels de la rue » qui pullulent dans l'Empire céleste.

Le jeune homme regarda autour de lui, avec l'intention évidente de demander son chemin. Mais à qui s'adresser dans cette foule bigarrée, qui échangeait ses pensées dans un dialecte incompréhensible pour l'Européen?

Nul ne faisait attention à lui. Selon leur goût, leur disposition d'esprit ou d'estomac, les badauds formaient cercle autour des « Médecins ambulants », des

« Diseurs de bonne aventure », des « Cuisiniers de la rue ».

Ici un de ces docteurs-charlatans présentait aux naïfs un coq, dont l'une des pattes était gantée d'une peau provenant de la patte d'un canard. D'une voix glapissante, le « Purgon » chinois racontait :

— Oui, mes chers amis, lumières de l'esprit, ce coq eut la patte broyée par la roue d'un chariot. La fermière venait de tuer un canard pour le souper d'un *bouton bleu* (mandarin inférieur). Je n'hésitai pas. J'amputai le coq et, grâce à mon onguent merveilleux, je lui recollai une patte de canard. Pâte merveilleuse et parfumée, ma découverte guérit tout; que le mal vienne du froid, du chaud ou des mauvais esprits. Dix sapèques (1 centime 4/6) le pot. Profitez de l'occasion, douces brebis, oiseaux bleus de mon cœur.

Plus loin, un « devin » avait étalé devant lui les soixante-quatre cartes d'un jeu chinois; un merle familier piquait de son bec brillant l'une des figures; l'homme la ramassait et promettait à son client *des arbres en jujube, des montagnes de corail* et autres menues satisfactions.

Puis c'étaient les « Valets du trottoir » annonçant à grands cris, celui-ci l'infusion de thé vert, celui-là le riz bouillant. Des concurrents vantaient leur friture de vers rouges de Formose, d'ailerons de requins tigrés ou de sauterelles du Fleuve Bleu. D'autres encore débitaient un potage au nénuphar rose, où les larves blanches des fourmis jouaient le rôle de vermicelle.

C'était un tohu-bohu de fête foraine, et encore il serait plus juste d'avouer qu'aucun vacarme européen ne saurait donner une idée de cette agglomération chinoise, la plus bavarde, la plus criarde qui soit au monde.

Avec un haussement d'épaules, le jeune homme s'approcha d'un promeneur dont la longue robe bleue et le paletot ouaté décelaient le commerçant aisé et, le chapeau à la main, prononça civilement :

— La rue des Légations, s'il vous plaît ?

Mais, à sa grande surprise, son interlocuteur se rejeta en arrière comme s'il avait été piqué par un scorpion, ses traits se contractèrent, ses mains s'étendirent en un geste de réprobation, et il se mit à bredouiller des paroles pressées, sifflantes. Les mots n'avaient aucun sens pour l'Européen, mais les gestes lui faisaient comprendre que le « Célestial » était fort en colère.

— Ah ça ! s'écria le voyageur agacé... tu m'ennuies, mon mandarin... Qu'est-ce qu'il a, cet *abruti-là ?*

— Il a que vous l'avez gravement insulté sans le savoir, répondit une voix rieuse en excellent français.

L'adolescent se retourna avec la joie du naufragé qui, à la surface écumante de la mer, aperçoit une bouée de sauvetage. Un grand garçon, élégant, distingué, la figure fine et souriante, la moustache blonde coquettement retroussée, était debout auprès de lui. En costume de bicycliste dernier cri, le nouveau venu appuyait sa main gantée sur le guidon d'une machine. Evidemment il avait mis pied à terre en entendant l'exclamation du voyageur agacé.

Celui-ci lui tendit les mains :

— Monsieur, vous parlez français ?

L'autre se mit à rire franchement :

— De naissance, monsieur. — Et se présentant : — René Loret, attaché à la Légation de France.

— A la Légation... chic ! alors vous pourrez m'indiquer la rue des Légations... C'est ce que je demandais à cet olibrius.

Il se retourna vers le Chinois qui vociférait toujours, et avec cet accent inimitable qui trahit le Parisien de Paris :

— Tais-toi donc, l'enfant... Tu nous perces les oreilles.

— Attendez, fit obligeamment René Loret, je vais le calmer.

En effet, il dit quelques mots au bourgeois jaune qui s'apaisa aussitôt, éleva les poings fermés à la hauteur de son nez et, pirouettant sur les talons feutrés de ses chaussures, s'éloigna gravement.

— Je lui ai expliqué que vous êtes étranger, reprit alors le bicycliste, et que vous ne pensiez pas l'injurier en le saluant de votre chapeau.

— Comment, fit le voyageur abasourdi... Le salut est une injure en Chine ?

— Oui, car on ne retire sa coiffure que devant le dieu du mal, le Diable.

Du coup, le Parisien se dérida :

— Ah ! le pauvre homme... je comprends... Mais vous m'avez dit votre nom, il est juste que je vous rende la pareille.

Et, avec une gravité comique, il ajouta :

— Cigale, de Paris, présentement chargé d'une mission auprès de M. Michel de Giers, ministre de Russie à Péking.

— De Russie... Vous ne le trouverez pas à la Résidence. Tous les ambassadeurs étrangers sont en conseil à la Légation de France.

— J'irai donc là.

— C'est donc pressé ?

— Jugez-en. J'arrive de Moscou et l'on m'a recommandé de ne pas m'arrêter une minute.

— Peste !... Alors, venez.

Conduisant sa bicyclette à la main, Loret entraîna son compagnon vers le nord de la place et lui désignant une rue à droite :

— Voici la rue des Légations. Chacune est ornée d'un mât au haut duquel flotte son pavillon. Vous reconnaîtrez donc facilement le *yamen* du Ministre de France.

— Le yamen ?

— Oui. C'est ainsi que se nomme, en ce pays, un palais et les jardins qui l'entourent.

— Merci, monsieur Loret, et au revoir.

— Au revoir !

Les jeunes gens se séparèrent et, tandis que le bicycliste remontait vers la Ville Interdite, Cigale s'enfonçait à grandes enjambées dans la rue qui borde les résidences des ambassadeurs européens.

Il remarqua au passage le Ministère des Rites (instruction publique et cultes), le Ministère des Peines (justice), le yamen du résident de Russie, puis ceux d'Espagne, du Japon, d'Italie, d'Allemagne, et enfin le mât portant le drapeau français lui apparut, dominant le mur de brique dont sont enclos les jardins de la légation.

– Tiens! murmura-t-il, l'entrée du palais n'est pas de ce côté.

En effet, le Parisien dut suivre la muraille jusqu'à l'intersection de la rue des Légations avec une voie perpendiculaire, que les Pékinois désignent tout bas sous le nom expressif de « deuxième route infernale des Diables Etrangers ».

Trente pas encore, et le jeune homme se trouva devant le perron.

Le palais, construit jadis par un « Céleste », avait conservé l'apparence d'une habitation chinoise. Sur les portes étaient restées appliquées les images des guerriers propitiatoires de la mythologie indigène. En avant, une pierre, analogue à celles qui bordent nos trottoirs, se dressait; sa partie supérieure, sculptée en tête de lion, dominait la devise qui chasse les mauvais esprits :

« Cette pierre du mont Taé-Chan a le pouvoir de résister. »

Ces traces de la superstition chinoise, lèpre qui immobilise la société de « l'Empire Fleuri du Milieu », avaient été respectées pour ne pas éveiller les susceptibilités populaires.

Pour Cigale, c'étaient là des œuvres d'art assez bouffonnes. Il les salua d'un sourire, gravit les degrés et pénétra dans le *tatin,* vestibule analogue au *tablinum* des Romains.

A sa vue, un huissier de race jaune, assis dans un coin, se leva vivement et, avec la politesse outrée des Célestes. demanda :

– Que désire Ta Grandeur de son humble esclave?

Cigale se rengorgea. – C'était bien la première fois de sa vie qu'on l'appelait grandeur. Par un reste d'habitude européenne, il leva la main vers son feutre; il allait se découvrir, mais il se souvint à temps de son aventure dans la rue du Damier : le geste commencé se transforma en chemin, un coup de poing assujettit le couvre-chef litigieux, puis dignement :

— Prévenez Son Excellence M. le Ministre de Russie qu'un envoyé de Moscou désire l'entretenir sans retard.

L'huissier prit une mine désolée :

— Ça, Lumière du Firmament, pas possible. Pardonne au ver de terre de ne pouvoir satisfaire ton désir admirable; mais le vénérable Michel de Giers, digne des bâtonnets d'encens comme les dieux, a ordonné, à moi chétif, de ne pas le troubler tandis qu'il échange d'honorables paroles avec les trois fois nobles ambassadeurs, ses amis.

Toute cette rhétorique cérémonieuse ne parut pas impressionner le visiteur.

Entre le pouce et l'index il saisit délicatement l'oreille gauche du Chinois.

— Ecoute bien, mon gars. Ce que j'ai à faire entendre à M. de Giers est d'une importance telle, que tu vas le déranger illico.

Et comme l'huissier répondait par un geste négatif, les doigts du Parisien serrèrent le lobe auriculaire.

— Oh! gémit le patient, ta noble bonté fait mal à ma stupide oreille.

Même dans la douleur, il observait la politesse, qui consiste à se déprécier en augmentant les mérites de l'interlocuteur, et dont l'étiquette, enregistrée pour les lettrés, ne compte pas moins de quatorze mille articles.

Mais Cigale se borna à pincer plus fort et sa victime fit retentir la maison de ses cris perçants.

Au bruit, une porte s'ouvrit; une voix de femme demanda :

— Que se passe-t-il?

Une dame, une Européenne, se montrait sur le seuil.

Modèle de grâce vigoureuse, le visage plein, à la fois aimable et énergique, les yeux clairs, loyaux et piqués de cette petite flamme dansante qui indique la propension native à la gaieté, elle considérait non sans étonnement les deux personnages en présence.

Cigale lâcha l'oreille de l'huissier et salua profondément.

Quant au Chinois, il se courba de telle sorte que sa chevelure nattée en une longue tresse balaya la terre, et il bredouilla :

— Gloire de Fo, incomparable épouse du puissant ministre Stéphen Pichon, représentant à Péking de la grande France, cet illustre étranger voulait me contraindre à l'annoncer au délectable M. de Giers.

La dame tourna ses regards vers le Parisien, qui répondit aussitôt à sa muette interrogation.

— C'est à Madame Pichon que j'ai l'honneur de parler ?

— Oui, monsieur...

Elle sembla chercher un nom.

— Cigale, madame; à l'ordinaire Parisien voyageur, présentement : Courrier de S. M. l'Empereur de Russie.

Son interlocutrice eut un haut-le-corps.

— Vous, courrier ?

— Moi-même, madame. Je suis jeune, pensez-vous. Bah ! comme disait un auteur dramatique du tyran Louis XIV :

...Pour les âmes bien nées,
La valeur n'attend pas le nombre des années.

Un sourire de Mme Pichon accueillit la citation, et tout à coup, comme frappée par un souvenir :

— Mais, ce nom de Cigale, je le connais.

L'interpellé s'inclina.

— Cigale, Cigale, continua-t-elle, attendez donc. N'avez-vous pas reconnu, pour le compte de la Russie, les provinces hindoustanes du Radjpoutana, du Pendjab, et l'Afghanistan entre Caboul et Hérat... avec un prince hindou, je crois... ?

— Le prince Rundjee, oui, madame.

— Et deux jeunes filles que vous avez délivrées, des captives de Brahmes ?

— Oui. Na-Indra et — la voix du jeune homme s'altéra — Anoor, acheva-t-il avec effort.

Son émotion n'avait pas échappé à son interlocutrice.

— Leur serait-il arrivé malheur ? demanda-t-elle vivement.

Cigale montra le brassard noir cousu à sa manche gauche :

– Anoor est morte!

Sa voix tremblait, un brouillard humide éteignait l'éclat de ses yeux.

– Et vous la pleurez... balbutia Mme Pichon, émue par cette douleur qui se manifestait si simplement.

Cigale étendit les bras avec découragement :

– Une sœur et une fiancée, commença-t-il...

Mais s'interrompant, avec un geste rageur :

– Cela c'est le passé... le présent, madame, est qu'il faut que je voie M. de Giers.

– Veuillez attendre, il est au conseil.

– Attendre... je ne puis. Un message du Czar...

– Un message, dites-vous?

– Oui, madame.

– Alors, venez. Je prierai l'un des attachés à la Résidence de vous annoncer à Son Excellence le ministre de Russie.

Cigale ne se fit pas répéter l'invitation. Avec un regard triomphant à l'adresse de l'huissier chinois, il suivit l'aimable femme.

A peine la porte s'était-elle refermée sur eux, que l'huissier chinois se précipita dans la rue. A quelques pas, un *tipao* (agent de police), la tunique rouge agrémentée de passementeries noires, semblait absorbé par la contemplation d'une affiche. L'huissier courut à lui.

– Je te salue, Mohou, lui dit-il. Que les bénédictions des dix mille Bouddhas soient sur toi.

– Et que dix mille jours en fleurs soient ton existence, répondit l'autre.

Puis baissant la voix :

– Il y a donc quelque chose de nouveau, que tu aies quitté ton poste?

– Oui.

– Parle, mes oreilles aspirent à se désaltérer à la source pure de tes paroles.

– Un courrier du Czar vient d'arriver.

– Qu'apporte-t-il?

– Je ne sais, mais l'épouse du mandarin Pichon l'a conduit auprès du puissant de Giers.

– Grave, grommela le *tipao*.

— Grave en effet, je le crois. Il faut que l'on soit prévenu au Palais Impérial.

— Tu as raison, j'y cours.

— Puisse la générosité des bons génies décupler la vigueur de tes jambes.

— Et le Dragon des Etoiles veiller sur toi.

Les deux hommes se séparèrent, l'huissier regagnant l'antichambre de la Résidence, le *tipao* s'engageant au pas de course dans la rue des Légations.

Cependant Cigale, précédé par Mme Pichon, traversait plusieurs salles et pénétrait enfin dans un bureau où des Européens discutaient avec animation. Tous se turent à l'apparition de l'ambassadrice.

Celle-ci eut un gracieux sourire, et s'avançant près d'un homme assis devant une table-bureau :

— Monsieur Morisse, vous qui êtes le premier interprète de la Légation, voulez-vous vous rendre à la salle du Conseil ?

— Du Conseil ? se récrièrent les assistants.

— Mais, madame, souvenez-vous des ordres de Son Excellence, fit avec embarras l'interprète.

— Je m'en souviens, mais un message du Czar n'était pas prévu.

— Un message du Czar ?

— Pour M. de Giers.

Et démasquant Cigale qui, jusqu'à ce moment, s'était tenu derrière elle, Mme Pichon ajouta :

— Voici le courrier.

— Je cours prévenir M. de Giers.

Morisse sortit aussitôt d'un air effaré. Alors Mme Pichon sourit à Cigale :

— Monsieur, dit-elle, mon rôle « d'introductrice des Courriers » est terminé, permettez que je me retire. Ces messieurs voudront bien vous offrir l'hospitalité.

Tous s'inclinèrent d'un même mouvement et la charmante femme se retira. Il y eut un instant de silence. Puis un grand jeune homme aux yeux sombres, aux cheveux noirs, éleva la voix :

— Vous arrivez dans un mauvais moment, monsieur le Courrier. Le monde chinois bouillonne... les associations secrètes se groupent... et, selon l'expression des indigènes, *il y a du sang sur le soleil...*

– Allons, Filipini(1), railla son voisin, les visites d'Europe nous sont assez marchandées, n'effraie pas Monsieur... Tu vois tout en rouge.

– N'étant pas atteint de daltonisme, le rouge me paraît rouge et non vert.

– Une amende à Filipini! clamèrent en chœur les assistants.

Mais le jeune interprète ne se troubla pas :

– Avant l'amende, j'ai le droit de présenter ma défense.

– Bien entendu.

– Eh bien, je demande, à toi Berteaux, second interprète, à vous Flèche, Vérondard, Saussine, Feit, messieurs les élèves inteprètes, à vous, monsieur Matignon, notre cher docteur : prenons monsieur le Courrier pour juge.

– Adopté! adopté! clamèrent les voix joyeuses.

– Si toutefois Monsieur y consent? rectifia le docteur Matignon.

Cigale salua :

– Juge me va, déclara-t-il. Parlez, monsieur l'accusé; j'entre avec plaisir dans la magistrature.

Un éclat de rire accueillit cette boutade, puis Filipini étendit la main pour réclamer le silence.

– Vous saurez donc qu'il se prépare en ce moment une de ces convulsions politiques dont la Chine est coutumière.

– Je le sais... c'est même à cause de cela que, parti de Moscou, j'ai gagné la mer Noire, qu'un navire de guerre russe m'a entraîné à travers l'Archipel, la Méditerranée, le canal de Suez, la mer Rouge, l'océan Indien et la mer de Chine, jusqu'au port de Takou, situé au fond du golfe du Petchili... C'est pour cela que je suis ici.

(1) Interprète à la Légation de France à Pékin. – Tous ces personnages existaient réellement à la Légation en 1900 à l'époque où se passe l'action. *(Note de l'auteur.)*

Un murmure satisfait souligna la déclaration du Parisien :

– Ah ! ah ! on s'occupe de nous.

– Le Czar n'imite pas l'inertie des gouvernements européens.

– Tant mieux !

Mais Cigale mit fin à ces exclamations, en glapissant, à la façon d'un véritable président de tribunal :

– Si le silence ne se rétablit pas, je fais évacuer la salle.

– Bravo ! bravo ! ripostèrent les attachés à la Légation. Filipini, développe tes conclusions.

Ce dernier reprit aussitôt :

– Soit ! vous connaissez la situation générale en Chine, l'hostilité contre les étrangers réveillée par des mandarins ambitieux et hostiles à notre civilisation, mais vous ignorez que le sang a déjà coulé.

– Déjà ? questionna Cigale en tressaillant.

– Il y a huit jours, la communauté de religieuses catholiques établie à Pan-Hao a été incendiée. Les malheureuses sœurs, au nombre de sept, ont été mises à mort après d'effroyables supplices.

Le Parisien serra les poings :

– Et les Légations, celle de France, n'ont pas réclamé justice ?

– Je vous demande pardon, répliqua Filipini.

– A la bonne heure !

– Mais vous doutez-vous de ce que le conseil supérieur du gouvernement nous a répondu ?

– Parbleu ! il poursuivra les coupables.

– Vous n'y êtes pas.

– Quoi ?

– On nous a dit en propres termes : « Cet incident est regrettable, mais pourquoi vos religieuses arrachent-elles les yeux des enfants pour les faire confire dans du vinaigre ? »

Les regards de Cigale exprimèrent l'ahurissement.

– Des yeux d'enfants ?... répéta-t-il.

– Oui, et comme M. Pichon élevait la voix, déclarant que pareille accusation était absurde, on lui présenta un bocal où, dans le vinaigre, nageaient... devinez quoi ?

PLUSIEURS PERSONNAGES GRAVES ÉTAIENT ASSIS

— Pas des yeux, toujours ?

— Non certes. Des petits oignons. Et les membres du Tsong-Li-Yamen dirent avec un accent triomphant : « Voilà ce que l'on a trouvé dans la maison de celles que le peuple a malheureusement, mais justement, punies. »

— Voyons ! ils sont fous.

— Du tout, ils sont hypocrites. M. Pichon eut beau leur crier : « Ce sont des oignons et non pas des yeux », le grand conseil répliquait : « Tu as intérêt à farder la vérité, mais nous ne pouvons t'aider à défendre le crime... ce ne sont pas des oignons, mais des yeux. »

— Sapristi, pourtant des oignons...

— Eh ! en affectant de ne pas les reconnaître, les hauts mandarins du Tsong-Li-Yamen évitaient de nous accorder réparation.

— Je les aurais bâtonnés.

— Ce serait le meilleur procédé pour entretenir des relations amicales avec la Chine, mais le corps diplomatique n'a pas le droit de l'employer. Laissons là cette discussion inutile, et dites-moi, — car votre jugement doit porter sur ce point — si je vous semble avoir tort en prévoyant à cette aventure des lendemains sanglants ?

— Fichtre, non ! murmura Cigale.

Filipini se prit à rire. Il étendit les mains, à la chinoise, dans l'attitude de la reconnaissance.

— Alors, monsieur le Juge, en langage céleste monsieur le Tmi-tai, vous ne me frappez pas de l'amende ?

Le voyageur ne put répondre. La porte par laquelle était sorti M. Morisse venait de se rouvrir, et le premier interprète de la Légation, paraissant sur le seuil, avait laissé tomber ces paroles :

— Son Excellence monsieur le Ministre de Russie attend le courrier de Sa Majesté le Czar dans la salle du Conseil.

Un salut rapide à ses compatriotes insouciants, et Cigale s'élança sur les traces de M. Morisse. Deux cours, entourées de bâtiments spacieux, furent traversées. Enfin une maison précédée d'une vaste terrasse et d'un perron de cinq marches barra la route. L'interprète la montra du doigt :

– C'est là. Poussez la porte... on vous attend.

Sur quoi il reprit le chemin de son bureau.

Cigale ne s'inquiéta pas de lui. D'un bond, il escalada les cinq degrés, en trois pas il traversa la terrasse, et, ouvrant la porte, il pénétra dans la salle du conseil.

Une pièce assez vaste, dont les croisées donnaient sur le jardin de la Résidence.

Autour d'une longue table, recouverte d'un tapis, plusieurs personnages graves étaient assis. Juste en face de l'entrée se trouvait placé le Ministre de France, la figure ronde, le menton fort trahissant la volonté, la moustache peu fournie et les yeux très vifs, brillant derrière un binocle à monture d'or. A sa droite, se tenait le représentant de la Russie, Michel de Giers, front large, légèrement dégarni. Ce dernier se leva et, s'adressant au Parisien :

– Courrier, dit-il, puisque Son Excellence M. Pichon, mon hôte en ce moment, le permet, je vous reçois ici.

– A l'ambassade de France, ajouta gracieusement M. Pichon, le Ministre de Russie est chez lui.

Les deux diplomates se saluèrent de la tête, puis de Giers reprit :

– Vous êtes chargé d'ordres importants ?

Cigale ne répondit pas, mais ses yeux, parcourant la salle, indiquèrent clairement que trop d'oreilles étaient ouvertes à ses paroles.

– Parlez sans crainte, ordonna de Giers. A cette heure, aucune rivalité ne saurait exister entre les Européens. Menacés par un même danger, tous sont mus par une même pensée, marchent vers un même but. Qu'avez-vous à me remettre ?

– Une dépêche autographe de Sa Majesté Impériale le Czar.

Un murmure rapide passa dans la salle. Le baron de Ketteler, représentant de l'Allemagne, se leva à demi. Sir Claude Macdonald, ministre d'Angleterre, échangea un regard inquiet avec M. Conger, ministre des Etats-Unis, et Sir Robert Hart, directeur des douanes chinoises. Par contre, les ambassadeurs des autres puissances européennes et le légat du Japon manifestèrent franchement leur satisfaction.

De Giers, Pichon promenèrent un coup d'œil circulaire sur l'assistance, puis le premier tendit la main vers le courrier avec ce seul mot :

– Donnez.

De sa poche, le Parisien tira un pli portant les cachets de la chancellerie russe et le remit à son interlocuteur.

– Veuillez m'excuser, Messieurs, murmura le diplomate russe en décachetant la missive.

Il se fit un grand silence tandis qu'il lisait. Tous les regards fixés sur lui cherchaient à deviner, sur sa physionomie, quels sentiments lui causait la lecture du document. Ses traits s'éclairèrent bientôt et d'une voix joyeuse il s'écria :

– Bonne nouvelle, Messieurs ! L'inaction coupable de l'Europe va prendre fin. Sa Majesté Impériale Nicolas II ne veut pas que le gouvernement chinois nous moleste plus longtemps.

Et se dressant sur ses pieds :

– Ecoutez !

Lentement, scandant les phrases, de Giers lut :

« *Nicolas, par la grâce du Très-Haut, Empereur de toutes les Russies, patriarche du rite grec, à Michel de Giers, Ministre à Pékin.*

C'est de ma main que je trace ces ordres, voulant que mon fidèle et aimé de Giers connaisse l'estime particulière en laquelle je le tiens, et sache en entier quelle est ma volonté. Qu'il remette au souverain de l'empire chinois Kouang-Sou, ou à son défaut à S. M. l'Impératrice Douairière Tsou-Hsi, la lettre ci-incluse. Ainsi il portera, comme les ambassadeurs de la Rome antique, la paix dans une main, la guerre dans l'autre. Je ne l'ignore pas, mais quoi qu'il fasse, quoi qu'il dise, je ne le désavouerai pas, car je veux que la duplicité mandarine prenne fin et que le respect entoure celui qui parle au nom de mes sujets. »

Un frémissement secoua les assistants.

Oui certes, le Czar rompait avec les traditions d'inertie des cabinets d'Europe, et son action aurait d'autant plus de poids qu'il avait été le promoteur de ce Congrès de la Paix, où pour la première fois on avait osé dire officiellement : La guerre est le plus grand des maux, il ne faut l'engager que pour se défendre, car les hommes furent créés pour s'aimer et non pour s'entre-déchirer.

L'heure de la défense avait donc sonné pour le souverain du vaste Empire moscovite.

Tout à l'heure, les diplomates conféraient du mouvement révolutionnaire qui commençait en Chine. Ils se sentaient faibles, isolés, noyés au milieu des 800000 habitants de Péking, où le quartier des Légations semblait un îlot environné par l'Océan. De secours, malgré leurs dépêches incessantes, ils n'en espéraient pas. La France, protectrice des missions en Extrême-Orient, n'était-elle pas hypnotisée par ses querelles politiques intérieures? l'Allemagne immobilisée par la question toujours brûlante d'Alsace-Lorraine? l'Autriche-Hongrie attendant la mort de son empereur François-Joseph, pour savoir si elle sera démembrée ou continuera à vivre comme nation? l'Angleterre dont toutes les forces vives, toutes les ressources sont captives au Transvaal? le Japon, les Etats-Unis jaloux de l'Europe et jalousés par elle?... Aucun n'était en posture de secourir cette poignée d'hommes représentant dans la capitale des Ming la civilisation d'Occident.

Et voilà que du fond des steppes, tapis de verdure que les forêts de sapins constellent de taches sombres, s'élevait la voix du souverain mystérieux, de l'autocrate russe que les peuples d'Asie, avec un frisson d'attente, dénomment : le Grand Père Blanc.

Les ambassadeurs n'étaient plus seuls; derrière eux la Russie immense se dressait, unissant ses 120 millions d'habitants en une seule volonté : arrêter le flot de la cruauté chinoise. En dépit des compétitions, des rivalités de peuples, tous ceux qui assistaient au conseil éprouvèrent comme un soulagement.

Sir Macdonald lui-même, tout en déplorant que la

Grande-Bretagne n'eût pas pris l'initiative des remontrances au Gouvernement Céleste, se sentit plus léger.

Comme de Giers l'avait dit tout à l'heure, le danger de l'insurrection imminente s'étendait sur tous.

— Messieurs, reprit le diplomate russe, je passe maintenant à la lettre destinée à Sa Majesté Impériale Kouang-Sou. Vu les circonstances exceptionnelles, je me crois autorisé à vous en donner connaissance.

Et il déplia la seconde missive.

« A toi, Fils du Ciel, moi, le Grand Père Blanc, je dis ceci :

Une Association composée de bandits qui se dénomment « les Frères du Poing fermé de l'immuable harmonie », que nous appelons, nous, les Boxers, fomente le trouble dans ton Empire. Du sang a coulé déjà qui réclame vengeance. Je demande à ta justice d'entendre cet appel; mais peut-être es-tu désarmé contre ces pillards et ces meurtriers. Il te serait pénible de le reconnaître, tes actions répondront pour toi. Si d'ici une lune *(mois chinois)* les coupables ne sont pas punis, les rebelles dispersés, mes armées de Sibérie, massées sur la frontière, entreront en Mandchourie et marcheront sur Péking afin de t'aider à rétablir l'ordre. En outre, mes navires de guerre quitteront Port-Arthur et Vladivostok pour amener d'autres troupes par le golfe du Petchili, Takou et Tien-Tsin. Je te salue en te souhaitant long règne et prospérité. *Signé :* NICOLAS. »

— Voilà qui est parler! s'écria le marquis Salvago Raggi, plénipotentiaire d'Italie, qui était assis à l'extrémité de la table.

— Certes, ajouta son voisin, M. Joostens, ministre de Belgique.

Mais M. de Giers réclama le silence du geste. Tout bruit s'éteignit aussitôt.

— Messieurs, dit le diplomate, mon maître m'enjoint de remettre à son destinataire, sans tarder, la lettre dont je viens de vous donner lecture. Je vous quitterai donc pour me rendre aux Palais Impériaux de la Ville Interdite.

— Je vous accompagnerai, déclara M. Pichon. La France est l'alliée de la Russie, elle doit appuyer toutes ses démarches. Je suis certain d'être approuvé par mon gouvernement.

– Au nom de l'Allemagne, je ferai de même, promit d'une voix grave le baron de Ketteler en se levant.

Et comme le visage du Ministre anglais se rembrunissait, le baron continua :

– Je vous en prie, Sir Macdonald, n'ayez pas d'arrière-pensée. L'entente de la Russie, de la France, de l'Allemagne n'a d'autre but que la paix, la sécurité des Européens sans distinction de nationalité. Tout comme le Souverain de la Russie, tout comme la République française, Sa Majesté l'Empereur Guillaume s'opposerait à tout partage, tout démembrement de la Chine.

– Que l'Empire du Milieu vive, conclut M. Pichon, mais qu'il nous laisse vivre nous-mêmes.

– Et puis, ajouta de Giers, l'acte de mon maître contraindra les Etats d'Europe à sortir de leur inertie. Télégraphiez à vos gouvernements respectifs ce qui s'est passé aujourd'hui. Dites-leur qu'en cas de conflit, il faut que tous soient représentés dans l'armée qui opérera en Chine. Ce ne doit pas être l'armée d'un peuple, mais celle de la civilisation réunie pour défendre la cause de l'humanité.

– Je vais câbler dans ce sens aux Etats-Unis, dit M. Conger.

D'un même mouvement tous répondirent :

– Nous ferons comme vous.

Il y eut des poignées de main échangées. Pour la première fois peut-être, les hommes rassemblés à la légation de France se sentaient en confiance, pleinement d'accord, et lorsque de Giers, Pichon, de Ketteler quittèrent la salle, les vœux de tous les accompagnèrent. Et pendant que ces ambassadeurs commandaient leurs chaises à porteurs, car, en Chine, un personnage important ne saurait aller à pied sous peine d'être déconsidéré, les autres se dispersèrent, chacun retournant à son yamen.

Cigale était sorti comme tout le monde de la salle du conseil. M. Pichon lui avait offert d'habiter la Résidence s'il lui plaisait d'y recevoir l'hospitalité, et le jeune homme, ayant accepté avec reconnaissance, le ministre l'avait laissé libre d'employer son temps à sa fantaisie.

Dans la première cour, le Parisien s'arrêta auprès des hommes qui devaient escorter le plénipotentiaire français.

Quelques matelots, amenés le matin même par le chemin de fer de Takou-Tsin-Péking, racontaient à leurs camarades que des bandes de Boxers parcouraient la campagne, rançonnaient les villages. Et sur les murs de la Ville européenne, à Tien-Tsin, des affiches avaient été placardées la nuit, conviant les Chinois au massacre des étrangers.

« Bon ! pensa Cigale, il était temps que j'arrive avec *le gribouillage* de Nicolas. C'est égal, ce brave docteur Mystère, le prince Rundjee, m'a fait obtenir une commission qui *me requinque* un peu. Etre né dans Paris, sans père ni mère, sur un tas de trognons de choux, et se voir invité par des ambassadeurs, ça flatte. »

Puis avec mélancolie :

« Ah ! je donnerais bien tous ces honneurs-là pour que ma pauvre petite Anoor ne soit pas dans l'autre monde. Chère petite, morte loin de moi, à Saint-Pétersbourg... Dans le fond, le docteur Mystère a eu tort de ne pas me laisser me tuer, je ne penserais plus à rien. »

Mais il secoua la tête, et avec énergie :

« C'est lâche ce que je dis là. Le *patron* avait raison. Quand la vie n'a plus de charme pour soi-même, on la consacre aux autres, disait-il. Vis pour aller là-bas, à Péking, donner aux Ministres d'Europe le moyen de sauver leur existence. »

Un grand mouvement interrompit ses réflexions.

Le cortège du représentant de la France se mettait en marche.

Cigale était curieux comme tout Parisien, il suivit la litière entourée des soldats et marins d'escorte. A vingt pas en arrière, il rentra comme elle dans la rue des Légations, vit les cortèges des représentants d'Allemagne et de Russie se joindre à celui de M. Pichon, et la longue file d'hommes et de véhicules atteindre la rue du Damier.

Il remarqua un groupe de tipaos adossés à la façade

du Ministère des Rites. Ces personnages regardaient les chaises à porteurs avec des sourires, des clignements de paupières, et l'un d'eux confiait à voix basse aux autres une histoire, plaisante sans aucun doute, car les auditeurs semblaient faire des efforts inouïs pour ne pas pouffer de rire. L'orateur était ce même tipao à qui l'huissier de la Légation de France avait appris l'arrivée du courrier du Czar.

Cependant le cortège diplomatique franchissait la Porte de la Grande Pureté qui donne accès dans l'avancée, le vestibule à ciel ouvert de la Cité Interdite. Les interprètes des Légations recevaient de leurs chefs les cartes rouges de visite et se dirigeaient vers la porte de Droiture, sous laquelle nul ne peut passer sans une permission spéciale du Fils du Ciel.

Cigale voulut suivre ses nouveaux amis, mais les gardes, revêtus d'un uniforme vert à larges bandes jaunes, coiffés de casques portant le Dragon sacré en cimier, croisèrent les hallebardes dont ils étaient armés.

Bien qu'exécuté par des « Célestes », le geste était clair. Il signifiait : On ne passe pas.

« Bon, pensa le Parisien, je vais faire un tour dans la ville. »

Et pirouettant sur ses talons, il s'enfonça bravement dans la rue qui faisait face à la rue des Légations.

De bonne foi, il se figurait que l'entrée de la Ville Impériale était interdite à lui seul.

Il se trompait.

Devant la porte de la Droiture, les ambassadeurs trouvèrent le prince Tching, grand chambellan de la cour de Chine, Mandchou à la figure large, impassible, à la moustache tombante, lequel leur déclara, avec force civilités, que le Fils du Ciel et sa famille étaient partis en pèlerinage aux lamaseries (couvents) du Nord, afin de sacrifier aux dieux et d'obtenir ainsi la dispersion des rebelles qui désolaient l'Empire. Quand reviendraient-ils ? Cela était impossible à préciser. Dans une lune peut-être, et encore. Où étaient-ils exactement ? Cela encore ne pouvait être dit, car des pèlerins sont tantôt en tel endroit, tantôt en tel autre. Le prince termina en conseillant aux Ministres européens de se rendre au Tsong-Li-Yamen (ministère des Affaires étrangères) où, suivant les ordres donnés par l'Empereur avant son départ, on ferait tout pour leur être agréable.

Ni M. de Giers, ni M. le baron de Ketteler, ni M. Pichon ne furent dupes de ce verbiage. Pour eux, la cour de Péking, selon ses habitudes tortueuses, se dérobait à une explication catégorique; mais tout moyen d'action leur faisant défaut, ils durent avoir l'air de croire le chambellan et prendre le parti d'aller au Tsong-Li-Yamen.

Et le cortège se remit en marche par la rue de la Paix-Profonde, bordée par les bâtiments du Ministère de la Guerre, de l'Administration des Douanes Provinciales et de la troisième caserne des Huit Bannières. Parvenu à la place de l'Arc-de-Triomphe de l'Est, il s'engagea dans l'avenue du Soupir de la Fiancée, atteignit l'hôpital anglais et s'arrêta bientôt devant le Tsong-Li-Yamen, situé vis-à-vis du palais du prince Tching.

Devant la façade, à deux auvents superposés et soutenus par quatre piliers de bois laqué, les ambassadeurs mirent pied à terre.

A la même heure, précisément, dans les cours du Palais Impérial, deux cortèges se formaient : l'un, entourant le palanquin jaune de l'Empereur, se préparait à quitter la Ville Interdite par la Très-Haute Porte d'Or du Nord; l'autre, groupé autour d'une vaste chaise de pourpre aux croisillons dorés, disposait sa tête de colonne vis-à-vis de la Porte Fleurie de l'Occident.

Les Ministres d'Europe avaient deviné juste. La cour, avertie de la venue d'un courrier de l'Empereur de Russie, fuyait, pour éviter de répondre à la sommation qu'elle pressentait devoir être contenue dans le message du Grand Père Blanc.

II

ROSEAU-FLEURI

Dans la litière de pourpre sans aucune ouverture, recouverte d'une soie légère, dont la trame large laissait filtrer à l'intérieur une lumière rose, deux femmes étaient assises.

Sur la banquette d'arrière, c'était une vieille dame, grasse et lourde, dont le visage était revêtu de cette peinture compliquée grâce à laquelle les matrones chinoises se flattent « de réparer des ans l'irréparable outrage ».

Ses lèvres empruntaient leur couleur à l'infusion lactée de cochenille; des plaques vineuses de miel de betterave couvraient ses joues. Ses yeux bridés s'avivaient d'un halo dû à l'antimoine, et une ligne de vermillon éclatant coupait son front, figurant avec ses sourcils tracés à l'encre de Chine parfumée aux chrysanthèmes, le signe de la balance, emblème de la justice impériale.

Sa tunique violette aux soutaches mordorées serrait à en craquer ses épaules voûtées de graisse et son torse court et trapu retombait sur sa jupe de soie rose, où des dragons verdâtres aux prunelles jaunes s'entrelaçaient en bordure.

Sa coiffure se composait d'un diadème d'or ciselé à jour, appliqué sur une calotte de velours cramoisi, et aux oreilles, longues et transparentes, brimbalaient de lourds pendants aux incrustations délicates de gemmes précieuses.

Tout autre apparaissait sa compagne, modestement installée sur le siège d'avant du véhicule.

Exquise celle-ci, – toute jeune, seize à dix-sept ans, – avec sa taille souple, onduleuse avec sa veste, sa jupe de soie vert d'eau, ornée sobrement de parements d'un jaune éteint qui indiquaient que la gentille personne occupait un haut rang à la Cour.

Aucun bijou, aucun fard; un chapeau adorable affectant la forme d'un nymphéa, dont la corolle s'appliquait sur les cheveux, et là-dessous un visage d'ambre pâle, aux lèvres roses, un nez fin, délicat, des yeux noir-bleu, couronnés de sourcils dont l'arc délié ne devait rien à la peinture. En un mot la plus parfaite incarnation de la beauté chinoise du Nord.

Un léger balancement avertit les deux femmes que les porteurs de litière se mettaient en marche.

Alors la plus âgée indiqua du geste la place restée libre sur la banquette à côté d'elle.

– Viens ici, ma douce Roseau-Fleuri.

– Ta grandeur me trouble, ô Tsou-Hsi, puissante Impératrice Douairière, répliqua la jeune fille d'une voix douce comme un chant d'oiseau. Souffre que je demeure à la place d'une humble sujette, honorée par la bonté de ta présence plus sucrée que le miel.

– Non, reprit celle dont le nom redouté venait d'être prononcé. Nous sommes seules, aucune étiquette ne s'impose, et je veux te traiter, non en sujette, mais en fille chérie entre toutes. Obéis, Roseau-Fleuri, et tu seras agréable à ta Souveraine.

Sans objection cette fois, la mignonne créature prit place auprès de la Douairière. Celle-ci caressa les cheveux de l'adolescente de sa main grasse, dont les ongles prodigieusement longs, conformément aux rites de l'élégance chinoise, étaient protégés par des étuis d'or, et doucement :

– Tu es belle comme je l'étais à ton âge, et la beauté réjouit mes yeux comme la clarté du soleil, demeure du Bouddha de Lumière.

– Ma beauté est tout entière dans le regard indulgent que tu abaisses sur moi.

– Non, te dis-je, fit l'Impératrice avec une nuance d'impatience, les génies des Lignes Pures entourèrent ton berceau, et si je t'aime ainsi qu'une fille, c'est que tu es parfaite. Non seulement tu as le charme, d'autres femmes le possèdent, mais tu as de plus qu'elles le savoir. Tu as étudié, passé les examens prescrits et tu pourrais, si la coutume de l'Empire ne s'y opposait, porter à ta coiffure le bouton de corail réservé aux mandarins de premier degré.

– Que mon oncle Liang soit béni par Confucius, lui qui m'a donné cette science dont ton affection est la récompense.

Tsou-Hsi eut un sourire qui laissa voir ses dents recouvertes d'un enduit de laque dorée.

– Oui, oui, Liang est un fin lettré, un poète inimitable. Le malheur est qu'il ne croit point aux dieux, et parfois je tremble que ses railleries n'attirent la colère des Invisibles sur nous.

– Ceux dont tu parles oseraient-ils s'attaquer à l'Empereur, à toi, qui représentez les dieux sur la terre ?

L'Impératrice ne répondit pas. Sans doute, au fond d'elle-même, éprouvait-elle à l'égard des divinités le scepticisme commun à toutes les « classes dirigeantes » en Chine; mais la superstition, qui a remplacé la foi dans l'Empire du Milieu, l'empêcha d'exprimer sa pensée.

Soudain elle reprit :

– Nous allons retrouver ton oncle au Palais d'Eté ?

– En effet, il t'avait demandé la permission de s'y retirer.

– Pour parachever son poème sur la « Guerre de Demain du Dragon chinois contre le Diable Etranger ».

Roseau-Fleuri joignit les mains :

– Ah ! Etoile de l'Empire, j'ai lu quelques feuilles où le pinceau de Liang avait dessiné les signes de l'ouvrage. C'est superbe. Il met en lumière la barbarie de ces hommes venus d'Europe...

Tsou-Hsi se mit à rire... La jeune fille s'arrêta net au milieu de la phrase commencée et une rougeur monta à ses joues.

– Ne t'émeus pas, chère enfant, dit vivement la Douairière; j'oubliais que l'on peut haïr la barbarie sans haïr les barbares.

– Oh !

La rougeur de la jolie Chinoise s'accentua encore.

– Ne t'empourpre pas ainsi, poursuivit son interlocutrice. Ce René Loret est un joli garçon, et lorsque tu lui auras enseigné la politesse de notre cour, le raffinement de notre civilisation, il te fera honneur.

Roseau-Fleuri s'obstina à garder le silence.

— Voyons, continua l'Impératrice après un moment d'attente, tu me boudes ?

— Peux-tu le croire, Rosée de mon cœur ?

— Alors, souris-moi. Je le mérite bien, moi qui, dans les circonstances présentes, n'ai pas hésité à permettre tout à l'heure que mes gardes saisissent ce garçon qui se promenait à bicyclette, le bouclent dans une chaise à porteurs, et le conduisent au Palais d'Eté, où tu vas le retrouver prisonnier, incapable de résister à ta volonté. Ce petit Diable Etranger te plaît, je te le donne; souris-moi.

Toute confuse, Roseau-Fleuri saisit la main de l'Impératrice et la porta à son oreille.

Une Européenne aurait appuyé ses lèvres sur la main de la Souveraine, mais les Chinois ne donnent jamais un baiser, qu'ils déclarent habitude barbare et malpropre. La mère même n'embrasse pas son enfant.

— Ah ! fit Tsou-Hsi satisfaite, tu me reconnais donc pour ton amie, petite fantasque... Va, en protégeant ton penchant pour un Blanc, j'ai voulu te prouver plus d'amitié encore que tu ne le supposes. J'ai voulu t'arracher à la condition de l'épouse chinoise, servante de son mari, esclave d'une tradition absurde. C'est ton mari qui sera ton esclave, car à la moindre résistance, tu lui feras appliquer la peine du bambou.

Roseau-Fleuri sursauta :

— Le battre, lui ?

L'Impératrice éclata d'un rire sonore, vulgaire, de sa jeunesse pauvre, marque indélébile dont elle n'avait jamais pu se défaire... Comparée par les uns à Agrippine, par les autres à Marie-Thérèse, Tsou-Hsi, d'origine tartare, était servante d'auberge autrefois. Vendue comme esclave au vice-roi de sa province, elle fut offerte en cadeau à l'Empereur Tchien-Fing. Et lors de sa première audience en tête à tête, elle battit le Fils du Ciel, à tel point que le monarque conçut pour elle un respect mélangé de terreur. Elle devint impératrice en second. Puis, son époux décédé, elle s'empara du pouvoir avec le titre de Régente, et, en 1875, elle plaça sur le trône un de ses neveux enfant, Kouang-Sou, mannequin docile derrière lequel elle continua à mener les affaires de la Chine.

Vraiment cette femme étrange ne pouvait résister à une folle hilarité devant le visage de Roseau-Fleuri, bouleversée à la pensée de bâtonner celui que la gentille princesse avait distingué.

Il est certain que la douairière allait cribler sa favorite de quolibets d'un sel plus ou moins délicat, lorsque des cris, des vociférations, des cliquetis d'acier parvinrent à ses oreilles.

– Qu'est-ce ? fit-elle non sans étonnement.

La litière hermétiquement close ne permettait pas aux regards d'explorer les alentours, mais comme pour répondre à la question de l'Impératrice, la portière s'ouvrit brusquement, un homme bondit à l'intérieur et, s'abattant sur la banquette d'avant, tout en refermant l'ouverture, s'écria avec un ton, un accent impossibles à rendre.

– Pardon, Mesdames et la compagnie, une place dans *le « sapin »,* s'il vous plaît. *Le bitume est trop dur pour mes pieds.*

C'était Cigale en personne.

. . . .

Comment le Parisien avait-il été amené à commettre ce crime de lèse-majesté, car tel est le qualificatif de l'intrusion d'un homme quelconque dans la litière impériale ?

Le plus simplement et surtout le plus innocemment possible.

Après s'être séparé de l'escorte des Ministres, il s'était enfoncé en flâneur dans la rue des Trois-Lances-Protectrices, où se groupent les boutiques des armuriers, couteliers et autres travailleurs de l'acier offensif ou défensif.

Parvenu au Palais de la Cour de Cassation, il avait remonté la voie qui longe ce yamen et l'Office des Sacrifices, puis, la quittant à hauteur de la façade de la rangée de bâtiments couverts de tuiles rouges agrémentées de losanges jaunes qui recouvrent l'Hôtel des Censeurs, les bureaux des Ecuries et de la Garde Impériales, il s'était lancé dans la rue des Fils-et-Passementeries.

Ainsi il gagna le boulevard de l'Eclatante-Milice, lequel traverse toute la ville tartare du sud au nord.

Amusé par la foule grouillante qui le coudoyait, il allait toujours, admirant au passage le Palais des Nobles-Ducs, le Temple des Deux-Tours, ainsi nommé à cause de ses pavillons octogonaux à sept toitures avec pointes recourbées vers le ciel, le Jardin des Fleurs, sorte de jardin d'expériences entouré par une clôture de bois peinte en bleu affectant les plus incroyables formes d'arabesques.

Le Parisien passa sous l'arc de triomphe Solitaire du Couchant, enluminé de vermillon et d'or, frôla les murailles des Temples de la Beauté et de la Tour de Briques et pénétra sur la place des Quatre-Arcs-Glorieux de l'Ouest, située à l'intersection des artères fréquentées de l'Eclatante-Milice et de la Pacification-des-Rebelles.

Au milieu d'une cohue exubérante, il s'arrêta, admirant les arcs de triomphe élevés aux quatre points cardinaux, énormes portes de bois, laquées, dorées et fouillées en chimères, dragons, arbres et figures humaines.

Bien que Cigale eût une tendance très parisienne à dénigrer toute cité que sa mauvaise étoile a placée autre part que sur les rives de la Seine, il se sentait étourdi. La vie étrange de la cité chinoise exerçait sur lui un effet double et contradictoire. Il se sentait attiré par certains côtés, repoussé par d'autres. Et, pensif, il restait planté sur ses jambes, tel un héron, coudoyé par les passants incessamment en mouvement.

Le pasteur mandchou, couvert de peaux de mouton, venu en caravane des confins de l'Empire, offrait les poissons fumés du Baïkal; les mineurs du Tchouen-Tzé criaient le prix du pétrole brut enfermé dans les vases de terre portés par des bourricots maigres. Plus loin des files de chameaux apportaient de la côte des vêtements, des objets de toilette, des armes perfectionnées.

Des litières baroques, avec une seule roue fixée sous la caisse, attelées de petits chevaux à l'œil méchant, au poil long, s'ouvraient un sillon à travers la foule, flanquées de coolies trottant de chaque côté et assurant l'équilibre de l'instable machine au moyen de perches enfilées dans des anneaux *ad hoc.*

Et tout cela criait, glapissait, hurlait. Les éclats de rire, les vocables âpres des querelles, les phrases invitteuses des marchands ou dédaigneuses des acheteurs, braiments des ânes, hennissements des chevaux, se confondaient en une assourdissante cacophonie. On eût dit vraiment que chacun s'évertuait à faire le plus de bruit possible.

Et soudain, par le guichet de l'arc de triomphe de l'Est, une douzaine de cavaliers armés de la lance et du bouclier firent irruption sur la place.

Leurs blouses rouges, les soleils jaunes qui décoraient leur poitrine et leur dos, leurs coiffures coniques striées d'or et de vermillon indiquaient leur fonction de hérauts de la cour.

Ils précédaient en effet le cortège de l'Impératrice Douairière, enjoignant au peuple de vider la place, suivant l'usage, car nul ne doit se trouver sur le passage des litières impériales, sous peine d'avoir les yeux crevés.

Naturellement Cigale ne comprit pas un mot à cette invitation, et, tout effaré, il assista à une déroute inexplicable pour lui.

Marchands, badauds, caravaniers se précipitaient comme un torrent vers les rues latérales; ânes, chevaux, mulets, chameaux, palanquins, charrettes aux roues pleines se heurtaient, se bousculaient.

Deux minutes après, la place était vide et le Parisien, quelque peu froissé, jeté par un remous de la foule contre un des piliers de l'Arc du Couchant, promenait autour de lui des regards ahuris.

Les hérauts galopaient maintenant dans l'avenue de la Pacification-des-Rebelles. Sur leur route, les boutiques se fermaient, les jalousies des croisées s'abaissaient, des tentures blanches recouvraient la façade des maisons, et à l'intersection des rues, des escouades de tipaos tendaient en hâte de larges toiles noires.

– Ah ça, grommela Cigale parfaitement ignorant de l'étiquette qui règle les promenades des Souverains dans leur bonne ville de Péking, tous ces gaillards-là sont « *mabouls* » !

Et, faisant quelques pas en avant, il considéra la rue déserte, silencieuse.

Mais des voix irritées retentirent.

Plusieurs tipaos, massés à l'angle de l'avenue de l'Eclatante-Milice, l'invectivaient avec force gestes, aussi obscurs pour lui que les paroles.

– Qu'est-ce qu'ils ont, ces espèces de singes ? gronda le Parisien. Se figurent-ils que j'entends leur jargon de sauvages ?

Certes, il eût mieux valu pour lui avoir quelque connaissance de la langue chinoise, car, exaspérés par son immobilité, les tipaos accoururent et l'un d'eux le frappa rudement à l'épaule de la baguette de bois qui, avec le tambourin de même substance, constituent les emblèmes de la profession d'agent de police.

On le frappait... Fichtre ! Cigale n'était pas en humeur de supporter pareille licence. D'un bond, il se dégagea, se percha sur la jambe gauche, puis penchant brusquement le corps en avant, il détendit la jambe droite ainsi qu'un ressort d'acier et décocha un maître coup de chausson en pleine figure au tipao qui avait levé sur lui son bâton de police.

L'homme roula à terre, crachant des dents; mais ses camarades poussèrent un cri de rage, et d'un même élan se ruèrent sur l'Européen.

La lutte était trop inégale; la retraite s'imposait. Cigale s'avoua qu'il ne pouvait opérer une retraite honorable, calme, en disputant chaque pouce de terrain à l'ennemi; il lui fallait se replier en vitesse. Aussi, sans sacrifier à un vain point d'honneur, se mit-il à détaler à toutes jambes, poursuivi par les policiers dont les clameurs, il n'en doutait pas, signifiaient :

– Arrêtez-le ! arrêtez-le !

D'instinct, le jeune homme s'élança dans la rue de

l'Eclatante-Milice. De ce côté, il connaissait le parcours jusqu'à la Légation de France; mais à hauteur du Temple de la Tour de Briques, un nouveau peloton de tipaos lui barra le chemin, et il dut se jeter dans l'avenue qui relie la Pagode à la Porte Occidentale de la Ville Impériale.

A l'extrémité de cette voie, une draperie noire, tendue en travers de la chaussée, indiquait que l'artère située de l'autre côté de l'obstacle figurait dans l'itinéraire prévu pour la promenade impériale.

Cigale, qui continuait à ne rien comprendre à l'aventure, ne pouvait se donner cette explication. Il bouscula sans façon deux ou trois Célestes groupés respectueusement derrière la toile, souleva celle-ci et s'élança au delà.

Mais là, force lui fut de s'arrêter.

En face de lui se dressait l'enceinte de la Cité Impériale, et par la Porte Fleurie de l'Ouest débouchait à ce moment le cortège de l'Impératrice Tsou-Hsi.

Des cavaliers, porteurs d'étendards multicolores, ouvraient la marche; venaient ensuite des compagnies de musiciens, des gardes du palais, cuirassés, casqués, le bouclier portant en relief l'insigne qui les a fait appeler les Dragons Noirs.

Et puis une litière de pourpre à croisillons d'or se montra à son tour.

Le fugitif entrevit tout cela dans l'espace d'un éclair. Il était bloqué. Devant lui, le défilé; derrière, les tipaos dont les cris se rapprochaient.

Que faire?

Brusquement les tipaos soulevèrent la toile noire. Ils le pouvaient sans crainte puisqu'ils poursuivaient un homme ayant enfreint les édits relatifs aux promenades des Souverains.

Déjà ils cernaient Cigale; celui-ci se dégagea encore et reprit sa course. Mais, hélas! des cavaliers de l'escorte s'étaient détachés. Un cercle d'ennemis l'entourait dont la litière occupait le centre. Des lances, des sabres le menaçaient.

Dans une lueur, il devina que le véhicule contenait quelque grand personnage qui peut-être le tirerait d'affaire, lui, qui pouvait se réclamer de la Légation de France, et sautant, écartant les porteurs, il se précipita tête baissée dans la chaise où Tsou-Hsi discourait avec Roseau-Fleuri.

Peindre la stupéfaction de l'Impératrice est chose impossible.

Jamais les traditions de la dynastie, précieusement conservées au Palais des Parchemins Peints (bibliothèque), n'avait prévu qu'un étranger envahirait la litière de la Souveraine.

Et ce fait incroyable, dont la prévision n'avait hanté aucun lettré, se produisait.

A travers les parois de soie, les murmures des gardes, des tipaos, arrivaient jusqu'aux personnages enfermés dans le palanquin. Evidemment, dragons noirs, agents de police étaient pétrifiés, épouvantés. Ils craignaient d'être frappés par la colère des dieux, représentés par les bourreaux du Palais, pour avoir laissé commettre ce crime de lèse-majesté, ce sacrilège..

Cependant Cigale, tout haletant encore de la course qu'il venait de fournir, considérait ses compagnes. C'étaient des Chinoises, à n'en pas douter... Alors comment se faire comprendre?

Soudain il eut une exclamation de joie. Roseau-Fleuri lui parlait en français.

– Tu es du pays des Francs? demanda-t-elle.

– Oui, mademoiselle.

– Et tu ignores sans doute que cette litière est celle de l'Impératrice douairière?

Le Parisien fit la moue :

– De l'Impératrice?

– Ici présente.

Et les yeux de la jeune fille désignèrent Tsou-Hsi.

– Ma foi, mademoiselle, reprit-il, depuis une demi-heure, je ne sais plus comment je vis. J'étais sur une place, où il y a quatre arcs de triomphe...

– Les arcs de l'Ouest.

– Peut-être bien. Des cavaliers arrivèrent au galop en criant. Tout le monde s'est sauvé, excepté moi. Alors des olibrius en rouge se sont jetés sur moi, j'en ai assommé un et je me suis enfui, pourchassé par les

IL SE PRÉCIPITA TÊTE BAISSÉE.

autres. Je suis arrivé ici comme votre litière passait. J'étais environné de lances et autres instruments nuisibles à la santé. Bref, je me suis réfugié dans cette *guimbarde* – il se reprit vivement – dans cette chaise à porteurs, pensant y trouver un mandarin qui pourrait me renvoyer à la Légation de France, où je demeure.

Les yeux de Roseau-Fleuri s'animèrent :

– A la Légation... Alors tu connais René Loret ?

– René Loret ?

Cigale hésita un moment, mais le souvenir lui revint : c'était le nom que s'était attribué l'élégant bicycliste rencontré quelques heures auparavant dans la rue du Damier.

– Parfaitement, je le connais, un grand beau garçon, blond, avec la moustache fine.

– C'est cela ! c'est cela !

Elle frappa ses mains l'une contre l'autre; puis, s'adressant en langue mandarine à l'Impératrice, elle parut la supplier. Tsou-Hsi résista d'abord; enfin elle fit un signe affirmatif.

Et, joyeuse, Roseau-Fleuri reprenant la parole en français :

– Ecoute. Si je te remets aux tipaos, ils te tueront certainement, car ton crime est grand. Il est un moyen de te sauver, c'est de consentir à être mon prisonnier.

– Ma foi, mademoiselle, cela ne m'a pas l'air pénible.

– Du reste, tu ne t'ennuieras pas, car tu vivras avec un autre personnage de ta nation, prisonnier comme toi.

– Mademoiselle, je me confie à vous.

– Bien.

Ravie de son obéissance, l'aimable Chinoise murmura cette phrase dont le sens échappa à son interlocuteur :

– Comme cela, *il* ne connaîtra pas l'ennui... Avec un serviteur de son pays, il s'accoutumera à vivre parmi nous.

Puis vivement elle appela :

– Bimbo ?

Une voix rude répondit du dehors :

– Lumière du Ciel, quelle est ta volonté ?

– Tsou-Hsi, Eclat des Demeures Impériales, ordonne à ses fidèles de reprendre leur marche. Elle garde le coupable pour le punir elle-même. Allez, et que la route du Palais d'Eté vous soit douce.

Une minute s'écoula. Des chuchotements étouffés bourdonnèrent autour de la litière close, puis celle-ci se balança mollement au pas rythmé des porteurs. A travers les rues désertes, le cortège se déroulait de nouveau. Il gagnait la Porte de la Pacification des Rebelles, et laissant à gauche le Terrain de Manœuvres occidental et le Temple de la Lune, il suivait la route qui borde le fossé extérieur de la ville tartare et s'embranche, entre les Temples des Grands Biens, de l'Aspiration Céleste et de la Communion des Sages, sur la large avenue qui mène, par le village de Hai-Tien, au Palais d'Eté de Yuang-Ming-Yuan, dont les multiples chalets et les pagodes se cachent dans les ombrages d'immenses jardins.

Personne ne parlait dans la litière. Cigale eut le temps de réfléchir.

Au fond, il avait envie de rire, état d'esprit tout naturel chez un enfant de Paris qui se voit, par suite des combinaisons du hasard, admis à voyager dans la compagnie d'une Impératrice, souveraine maîtresse de la vie de quatre cents millions d'hommes.

Pourtant un peu d'inquiétude se mêlait à sa gaieté. Comment finirait tout cela ? Certes, il préférait la captivité à la mort, étant donné surtout qu'elle lui apparaissait comme devant être une captivité dorée. Mais enfin, si douce qu'elle fût, la prison ne valait pas la liberté.

Pourrait-il aviser M. Pichon de sa situation ?

Un instant il songea à interroger ses compagnes. Toutes deux avaient fermé les yeux et demeuraient immobiles, ainsi que deux incarnations des Bou-Jsi, ces divinités chinoises du sommeil; il n'osa pas troubler leur repos apparent.

Et dans la pénombre rougeâtre de la litière, il attendit la fin du voyage, muet et sans mouvement comme elles-mêmes.

Le véhicule s'arrêta enfin.

Rappelées à elles par la cessation du balancement berceur de la chaise, Tsou-Hsi et Roseau-Fleuri levèrent leurs paupières.

L'organe rude de Bimbo, le chef des porteurs, retentit à l'extérieur. La jeune fille répondit par un ordre bref, puis regardant Cigale :

– Nous sommes arrivés. Tu vas descendre, et tu te laisseras guider par les serviteurs chargés de ce soin.

– Oui, mademoiselle... mais...

Elle mit un doigt sur ses lèvres :

– Tais-toi. Toute question serait indiscrète en ce moment.

Le ton était sans réplique. S'inclinant devant l'Impératrice et sa favorite, le Parisien ouvrit la portière, placée à l'avant de la litière, et sauta à terre.

Tout d'abord le passage de la demi-obscurité à la lumière crue du jour l'éblouit.

Puis ses yeux s'accoutumèrent à la clarté; il promena autour de lui un regard curieux.

Il se trouvait au milieu d'un rond-point, au sol recouvert d'une couche épaisse de sable doré, recueilli à grands frais dans le chenal de la rivière Pei-Ho.

De la circonférence, ainsi que les rayons d'une étoile, partaient des avenues qui se perdaient dans les massifs d'arbres géants, d'arbustes aux feuillages variés dont les troncs, jaillissant du sol, étaient cernés par des bordures de fleurs.

En face de lui, un pavillon de bois, à la toiture dorée, orné de balcons, de colonnettes à jour, enduits de laque bleue réchampie d'argent et de vermillon, dressait sa silhouette bizarre et gracieuse.

Les porteurs, selon l'étiquette chinoise qui interdit de regarder descendre d'une litière impériale, tournaient le dos à la chaise. L'escorte avait disparu, mais à quelques pas, quatre serviteurs vêtus de la blouse courte, du pantalon large, l'un et l'autre bleus à bordures jaunes, semblaient attendre le voyageur.

Cigale marcha vers eux, et tandis que le palanquin

s'enfonçait dans une allée du parc du Palais d'Eté, ces hommes guidèrent le Parisien vers le chalet.

Sur leurs indications mimées, il gravit trois marches, traversa une véranda dont la toiture était supportée par des dragons, et pénétra dans la maison.

Au hasard il ouvrit la première porte découpée dans la paroi de droite de l'antichambre, mais il s'arrêta sur le seuil avec un cri de stupéfaction.

Au centre d'un salon dont les murs tendus de soie violette à palmettes d'argent étaient creusés en niches, où des bouddhas se prélassaient, les jambes repliées, environnés par les volutes bleuâtres des fumées d'encens s'échappant de brûle-parfum de bronze, un homme était debout, les traits contractés par la colère.

Et cet homme était René Loret, le bicycliste de la rue du Damier.

III

L'AME CHINOISE

– Vous? s'écria Cigale, secouant enfin son étonnement.

René eut un geste violent :

– Parbleu oui, c'est moi.

– Que faites-vous ici?

– Mais vous-même?

– Moi, je suis prisonnier pour avoir donné du pied dans la figure jaune d'un tipao.

– Et moi je suis prisonnier sans savoir pourquoi.

Les jeunes gens se considérèrent un instant, puis ils éclatèrent de rire :

– Voyons, voyons, reprit Cigale, entendons-nous. Captif, je le suis; seulement j'ai eu à choisir entre la mort et la prison; donc mon cas est clair. Vous, au contraire, vous prétendez...

– Ne pas m'expliquer la violence dont je suis l'objet.

– La violence?

– Jugez-en. Quand je vous quittai, je me rendais au Tsong-Li-Yamen (ministère des Affaires étrangères) pour y déposer une note de ma Légation. Je pédalais avec précaution dans les rues encombrées de populaire, de matériaux, d'ordures. Arrivé dans la rue de la Pacification Orientale, à quelques pas de la porte du même nom, ouverte dans la Muraille de la Ville Impériale, des gamins se mettent à crier : « Kouei-Dzou! Kouei-Dzou! »

– Vous dites?

– Les vocables chinois qui signifient : « Diables Etrangers... » C'est ainsi que les indigènes nous désignent.

– Bien, merci; continuez... Durant ma promenade j'ai entendu cela; mais je ne me doutais pas du sens.

– Donc, je riposte en qualifiant cette marmaille de : Dragons édentés. Ces menues politesses sont courantes et je n'y attachais aucune importance. Mais cette fois, ces polissons, « lotus du ruisseau », comme on dit ici, redoublèrent leurs cris et me bombardèrent de cailloux. Ma foi, j'allais me fâcher, quand un piquet de gardes tartares s'élança hors de la Ville Impériale, m'enleva sans façon, m'enferma dans une litière solide qui attendait à peu de distance, et voilà... je n'en suis sorti qu'ici, il y a trois quarts d'heure, que j'ai passés à vouer à tous les diables les auteurs de cette sotte plaisanterie.

Cigale se gratta la tête avec un air méditatif.

Il se souvenait que la jolie compagne de l'Impératrice Douairière lui avait parlé de René Loret. Cette inconnue serait-elle pour quelque chose dans l'enlèvement du diplomate? Tout à coup il s'appliqua une calotte sur le crâne :

– Evidemment c'est elle.

– Elle, qui? interrogea René.

– C'est elle, répéta le Parisien sans prendre garde à la question. N'a-t-elle pas dit : « Il ne s'ennuiera pas, avec un serviteur de sa nation. » *Il,* c'était vous, et le *serviteur*, c'est moi... Serviteur... eh ! là-bas, ce n'est pas mon genre.

– Mais de qui parlez-vous ? demanda son compagnon avec impatience.

– Je n'en sais rien... ou plutôt je sais bien, mais seulement je n'ai pas de nom à lui donner.

– Expliquez-vous au moins.

– Une petite femme très gentille qui se trouvait avec l'Impératrice.

Loret sursauta :

– Dans la litière ?

– Oui.

– Alors, c'est la princesse « Roseau-Fleuri ».

– Eh ! elle a un petit nom très coquet.

– Je ne la connais pas, reprit l'interlocuteur de Cigale avec animation, mais d'après les renseignements recueillis par la Légation, elle seule est admise dans la chaise de la douairière Tsou-Hsi. C'est la favorite de la Cour, ses moindres désirs sont exaucés. Si elle a voulu un esclave européen... et que la fatalité m'ait jeté sur le chemin des soldats chargés de lui en procurer un, je suis perdu. Jamais je ne recouvrerai la liberté.

Son désespoir toucha le Parisien.

– Allons, vous exagérez. Nous sommes deux Français, et il n'y a pas de prison dont on ne s'échappe.

– Les prisons ne sont rien en comparaison des palais chinois. Nos moindres mouvements seront épiés par des serviteurs, qui savent que la perte de leur tête serait le prix de la moindre négligence.

Cigale haussa les épaules :

– Je suis de Paris, moi, et j'en remontrerai à ces faces jaunes...

– Vous ne soupçonnez pas la situation. Tenez... Voulez-vous une preuve ?... Regardez.

Nerveusement Loret entraîna le jeune homme vers la croisée qu'il ouvrit.

La fenêtre donnait sur le parc. Des buissons environnants jaillirent aussitôt des formes humaines qui s'infléchirent en un salut respectueux, puis restèrent immobiles, semblant attendre le bon plaisir des captifs.

D'un geste brusque, le diplomate repoussa les châssis vitrés et avec un accent de rage inexprimable :

– Vous voyez... Ah! contez-moi en détail votre aventure. Ma seule chance d'être délivré est que vous vous soyez trompé, que la favorite ne soit pour rien dans cette incompréhensible aventure.

Cigale commença son récit.

Pendant ce temps, la litière de Tsou-Hsi avait parcouru diverses allées du parc, laissant en arrière les pagodes des Nouvelles Lunes, des Lamas Ronflants, des Mille Biens. Longeant l'hippodrome aux gazons parsemés de fleurettes, où l'Empereur se livre aux plaisirs de l'équitation, la chaise de pourpre atteignit enfin l'allée des Clochettes-d'Or, que bordent les pavillons attribués à la douairière et aux personnalités marquantes de sa cour.

Tsou-Hsi quitta alors sa compagne, pour se retirer dans ses appartements et brûler l'encens en l'honneur des dieux qui lui avaient accordé un voyage heureux.

Quant à Roseau-Fleuri, elle se dirigea vers une élégante construction surmontée de clochetons dorés, supportant des sonnettes jaunes qui bruissaient au moindre souffle du vent.

D'un geste de la main, la jeune fille renvoya les serviteurs et servantes accroupis, saluant sa venue... le front dans la poussière, et, légère, elle courut à travers l'antichambre, se précipita dans le salon en criant :

– Que le jour couchant te soit doux, mon oncle, plus cher à mon cœur que la lumière.

Exquis ce salon, dont les trois croisées, non pas garnies de papier huilé comme celles des cahutes des marchands et des ouvriers, mais bien de carreaux de verre aux couleurs variées, dont les murs étaient tendus de soie, sur le fond vert d'eau de laquelle s'ébattaient en farandoles une armée de papillons brodés aux ailes éclatantes, dont les ébénistes fantastiques et délicats avaient sculpté les meubles en dragons, en boas, en lions, en chimères, en esclaves repliés sur eux-mêmes.

Des coussins de soie jetés un peu partout, des brûle-parfum, des statuettes européennes même disaient l'impeccable goût artistique des habitants.

Et près d'une fenêtre, assis devant une table de laque aux fines incrustations de nacre, d'ivoire et d'or, un homme d'une quarantaine d'années, drapé dans un vaste paletot de soie marron avec parements bleus et boutons de jade, avec des lunettes sur le nez, le crâne couvert d'une calotte de soie dominée par le globule de corail, traçait gravement au pinceau des signes rouges sur de longues bandelettes de parchemin teinté de jaune.

A la voix de Roseau-Fleuri, celui-ci leva la tête :

– Que les fleurs de Beauté continuent à draper tes joues, mon enfant.

Puis changeant de ton :

– Tu arrives bien, ma chère petite nièce; je traçais justement le cercle serpentin qui indique que mon poème est achevé.

– Vraiment, fit-elle joyeuse... *La Guerre de Demain du Dragon chinois contre le Diable Etranger...*

– ... Est terminée. Juges-en.

Et le poète Liang, car c'était bien le personnage dont l'Impératrice avait daigné louer le talent, se prit à déclamer :

« Alors le Dragon ouvrit sa gueule immense aux crocs d'acier, aussi large, aussi haute que les montagnes les plus élevées. Il l'ouvrit comme il le fait aux jours néfastes des éclipses, quand il veut, colère et formidable, dévorer le soleil ou le disque argenté de la lune. Mais cette fois le peuple de Chine ne tira point les pièces d'artifice, ne frappa point sur les gongs et les ustensiles de cuisine afin d'effrayer le Dragon, car il ne s'agissait pas de sauver de la destruction les astres de clarté, mais bien de sacrifier le Diable Etranger à la peau blanche d'homme malade. Et le Diable Etranger s'engouffra dans la gueule refermée avec le grondement du tonnerre. Un instant les jambes de ce démon dépassèrent encore les lèvres du Dragon, s'agitant désespérément en une convulsion suprême, puis tout disparut.

« Et l'Empereur, dont la main auguste serrait l'extrémité de la chaîne d'or, rivée au collier de rubis du Dragon, murmura :

« C'est bien. Ma Terre Fleurie est délivrée des Barbares. »

– Que cela est beau! s'exclama la jeune fille. Puissent tes vers être prophétiques et le Pays de Chine écraser les Etrangers.

Liang lança un « peuh » sceptique :

– Ceci n'est point beau, mais absurde.

– Absurde, mon oncle!

– Certes, et Pi-Thao, parcelle éclatante de la Raison Primordiale, Pi-Thao, génie des Rimes Poétiques, me briserait sur le crâne son musical Yue-Tchin (sorte de mandoline) si je n'avais l'excuse d'être l'Inspiré de la Cour. Je dois flatter les Impériales Oreilles pour conserver la faveur qui me permet de vivre heureux et riche.

– Quoi! oncle, vous ne croyez pas à la victoire du Dragon?

Le lettré ne jugea pas sans doute à propos de continuer la conversation sur ce sujet, car il reprit d'un ton léger :

– J'ai su par un de tes serviteurs que le Franc René Loret était maintenant ton prisonnier.

Un carmin pudique s'épandit sur les joues de Roseau-Fleuri.

– En effet, balbutia-t-elle.

– Et tu lui as octroyé comme prison le Chalet des Papillons Bleus du Rêve?

– Oui.

– Bon, tu as bien fait. Tu sais que j'approuve tout ce qui peut piquer la flamme du sourire dans tes yeux. Mais je cause, je cause, comme un vieux lama en face du tourniquet de son moulin à prières. Qu'Arai-Ma et Kian-Fou, esprits du Silence et de la Tendresse, m'absolvent. J'oubliais que tu dois avoir hâte de te parer et d'exprimer ta volonté au Diable Etranger captif. Va donc, mon enfant, que tes pas glissent sans peine sur les asphodèles des prairies des Réciproques Affections.

Evidemment Roseau-Fleuri attendait cette permission, car, avec un joli sourire, elle quitta le salon.

Liang la regarda sortir et hochant la tête :

– Cette petite tête d'hirondelle contient la Sagesse. Un Diable Etranger pour mari vaut mieux que le plus illustre mandarin. Des êtres inférieurs, ces hommes d'Europe, ayant l'habitude de se laisser mener par leurs épouses. Bah! dans l'espèce, pourvu que Roseau-Fleuri commande, tout est bien, et les dieux, s'ils sont autre chose que des conceptions poétiques, ont aimablement travaillé à son bonheur.

Sur cette réflexion, il retourna à son manuscrit et à ses pinceaux.

Une fois hors du salon, la jeune fille prit une allure pressée. Traversant sans s'arrêter plusieurs pièces, elle atteignit enfin une salle spacieuse, lambrissée de bois de rose, au plafond garni de carreaux de porcelaine, dans l'émail desquels des glycines peintes donnaient l'illusion d'un berceau de lattis, d'où retombaient les grappes violettes de ces plantes grimpantes.

Une mosaïque précieuse en pierres colorées du Yunnan formait le plancher.

D'un côté, une baignoire de bronze, à l'intérieur étamé d'argent, se dressait, tel un soulier géant, et tout près sur des tablettes de marbre vert de Tartarie, s'alignaient des flacons de senteur, des instruments de toilette d'or, d'argent, d'airain, agrémentés d'opales, de camées hindous.

C'était la chambre de toilette d'une Chinoise extrêmement policée, car il y avait là une foule de petits ustensiles dont l'usage est inconnu à la grande majorité des « Célestes », indifférents au possible au confort et à la propreté la plus élémentaire.

Roseau-Fleuri frappa un gong de cuivre, et aussitôt deux grandes filles, esclaves amenées à Péking des montagnes de Formose, se précipitèrent dans la salle.

Comme une enfant, elles saisirent la favorite de Tsou-Hsi, la déshabillèrent, la baignèrent, enduisirent ses membres d'extraits parfumés, débarrassèrent ses cheveux lustrés des poussières légères de la route et enfin la revêtirent d'un vêtement d'appartement : tunique large retombant en plis droits et fixée sur l'épaule par une agrafe d'émeraude.

Puis elles se tinrent immobiles, attendant que leur jeune maîtresse manifestât son avis sur sa parure.

Avec complaisance, Roseau-Fleuri se considéra dans une grande glace ovale. Elle se trouva belle, sourit à son image et, de suite, les faces grossières des esclaves s'épanouirent.

– Sofra, Jucha, prononça enfin la charmante créature, vous direz au Chef des Serviteurs qu'il vous remette à chacune un taël(1); je suis contente de vous.

Les « servantes d'eau », tel est le nom des baigneuses, portèrent leurs poings fermés à la hauteur des joues, et fléchissant sur les jarrets, de façon à s'asseoir sur les talons, exécutèrent la révérence profonde d'intérieur des esclaves.

Après quoi elles sortirent.

Un moment encore, Roseau-Fleuri demeura en face de son miroir, souriant à sa jeune beauté. Elle eut enfin un mouvement de tête vainqueur. Elle était sûre d'être belle. En la voyant, René Loret tomberait à ses pieds, la remercierait d'avoir jeté les yeux sur lui.

Ce beau barbare, accoutumé à la vie inélégante des Européens, serait ébloui par la perspective de couler ses jours dans le luxe raffiné de la Cour.

Et chatouillée par ces réflexions, le sourire de la princesse s'accentuait. Ce malheureux « Diable Etranger » lui devrait le bonheur.

Alors elle quitta la chambre de toilette, se rendit au salon que Liang, en oncle discret, avait déserté, et frappant un gong d'argent d'une massette de buis, elle enjoignit au serviteur qui se présenta immédiatement d'aller quérir René Loret au chalet des Papillons Bleus.

Se penchant sur le châssis d'une croisée, elle vit le domestique passer en courant dans l'avenue des Clochettes.

Avant un quart d'heure, il serait de retour avec le captif franc.

Quinze minutes encore avant de tendre à Loret ses

(1) Le taël est une monnaie non frappée représentée par un lingot d'argent de 37,58 g.

mains, de lui offrir les trois lotus emblématiques des espoirs conjugaux. Comme cela était long.

Pour s'occuper, Roseau-Fleuri prit un houn-kin (violon chinois) et sur les cordes de soie blanche fit glisser mollement l'archet à la membrure arquée.

La soie rendit un gémissement doux, plaintif, tel un appel de colombe blessée, et la princesse se sentit pâlir.

Superstitieuse ainsi que toute habitante de l'Empire du Milieu, bien qu'au contact du scepticisme aimable du poète Liang elle eût appris à triompher par la volonté des terreurs imaginaires, elle ne pouvait cependant se défendre de considérer comme des présages heureux ou funestes les sons, le passage des oiseaux, les coloris des nuages, etc.

Et cette corde gémissante, jetant sa lamentation à l'heure où elle attendait celui qu'elle espérait associer à sa vie, lui causa un serrement de cœur douloureux, une angoisse inexprimable.

Vite elle replaça le hou-kin sur la console d'où elle l'avait enlevé, et les yeux mi-clos, moins certaine de triompher, elle resta silencieuse, inerte, prêtant l'oreille aux battements de son cœur, qui résonnait dans sa poitrine de même qu'un gong lointain.

Tout à coup elle frissonna de la tête aux pieds.

Sur le sable fauve de l'avenue, des pas se faisaient entendre. Un coup d'œil furtif à la fenêtre lui apprit que René Loret marchait à côté de son messager.

Cinquante secondes, elle considéra la porte par laquelle il allait entrer.

Des talons sonnèrent sur le dallage du vestibule, la poignée de laque de la serrure décrivit un demi-cercle, le battant fut repoussé au-dedans, et Loret parut, calme, froid, grave, tel le divin Ho-Cheou, ancien magistrat du Chantoung, à qui Bouddha, en récompense de son existence intègre, confia le soin de juger les morts au seuil de l'Enfer aux vingt-trois cercles de suppliciés.

Il fit deux pas dans la pièce et la porte se referma.

La Chinoise et l'Européen étaient seuls.

Il la regarda avec curiosité, cherchant à se souvenir. Avait-il déjà vu ce charmant visage ? Il dut se répondre non. Mais était-ce là la princesse Roseau-Fleuri, favorite de l'Impératrice, la protectrice de Cigale? Il fallait le savoir.

Aussi, s'inclinant avec grâce, le diplomate fit appel à la rhétorique céleste et prononça lentement :

– Je te salue, jeune beauté, que jalousent les fleurs de l'amandier.

Elle salua gentiment.

– N'es-tu point celle que l'on nomme Roseau-Fleuri, bien que le nom de Rose te convînt davantage?

– Je suis Roseau-Fleuri, murmura la jeune fille.

Un tressaillement secoua Loret. Il n'y avait plus de doute; c'était de la favorite qu'il était le prisonnier. Cependant il essaya de payer d'audace.

– Est-ce par ton ordre que j'ai été amené comme esclave au Palais d'Eté?

Elle l'interrompit vivement :

– Pas comme esclave, comme ami... Comme ami, répéta-t-elle avec force.

Mais le Français secoua la tête :

– Je ne discuterai pas sur les mots. Ils sont vides de sens jusqu'au moment où les actions les expliquent. Ami ou esclave, tu n'en as pas moins exercé la violence sur un membre de la Légation de France, jouissant de par les traités de l'immunité diplomatique.

Un sourire embarrassé flotta sur les lèvres de Roseau-Fleuri.

– Violence non brutale. Litière luxueuse, escorte d'honneur, pavillon des Papillons Bleus.

– Et geôliers surveillant mes moindres mouvements, acheva sèchement René.

Elle ne se formalisa pas.

– Attends, reprit-elle, tu n'ignoreras rien. Prends ce siège dont le tigre d'ébène supporte les coussins moelleux et prête-moi ton attention.

Sans un mot, le Français s'assit.

Roseau-Fleuri resta debout, semblant chercher de quelle manière elle entamerait son discours.

– Ecoute, fit-elle d'une voix calme, je veux te demander un conseil. Ne parle pas, tu répondras après m'avoir entendue.

Il acquiesça du geste à cette requête.

– Bien. Te souvient-il de la grande revue des troupes des Huit Bannières, passée par le général Kouang, sur le terrain de manœuvres du Nord, auprès du Temple de la Terre ?

– Sans doute. J'y assistais avec le corps diplomatique.

– Tu te souviens, alors tu comprendras que je n'aie pas oublié cette revue. Pour moi, il n'y eut pas seulement des évolutions militaires, il y eut la naissance de ma vie, l'aurore de mon existence.

Et comme il interrogeait du regard :

– Sois patient, de peur que l'écheveau de ma pensée ne s'embrouille, et alors tu ne pourrais plus me conseiller. A la revue je remarquai un homme jeune et beau. Voilée, il ne me vit pas, lui; pourtant ses yeux se fixèrent sur moi, et, vois son influence étrange, mon esprit vola vers lui sur le rayon de son regard. Evidemment les dieux me désignaient ainsi celui qui devait être le compagnon de mes jours.

Maintenant Loret ne songeait plus à interrompre la jeune fille. Il l'écoutait avec surprise, ne sachant en quel point l'entraînait cet étrange entretien.

Elle poursuivit, encouragée par son attention :

– Je résistai à l'entraînement, parce que la sagesse réside dans la réflexion, mais je me procurai le Pa-t'-Zeul (1) de cet homme, portant les huit signes indiquant l'année, le mois, le jour et l'heure de sa naissance. Je le confiai au docte Bar-Kin, astrologue de la Cour. Il l'étudia longtemps dans ses rapports avec les cinq éléments : métal, bois, eau, feu, terre, afin de savoir si notre union aurait un destin conforme aux éléments heureux. Puis l'illustre mandarin s'assura que les années de naissance de mon futur et de moi-même correspondaient, dans le cercle duodécimal de Confucius, à des animaux harmoniques. Eh bien, sais-tu le bulletin que le savant m'a fait tenir ?

– Non.

Dans un tiroir, Roseau-Fleuri choisit une bandelette

(1) Le Pa-t'-Zeul est toujours exigé en cas de fiançailles. C'est une des superstitions les plus bizarres des Chinois.

de papier rouge couverte de haut en bas de signes noirs.

– Le voici. (Et lisant :) Les harmonies les plus heureuses existent en ce Pa-t'Zeul. Le dragon et le chien réunis indiquent les honneurs et l'affection; le destin est de métal, c'est-à-dire d'une félicité invulnérable. L'hymen est désirable entre tous. *Nota :* Prendre garde de briser un bol de riz dans la maison de la fiancée(1)

La princesse se tut.

Ses grands yeux noirs se fixèrent sur ceux de son interlocuteur. Il la considérait avec une ironie voilée, incapable de cacher complètement son dédain pour la superstition chinoise que la jeune fille venait d'avouer naïvement.

– Eh bien! fit-il enfin, voilà un Pa-t'-Zeul tout à fait remarquable.

Elle ne comprit pas la raillerie et joyeusement :

– Tu le trouves ainsi?

– Le moyen de penser autrement?

– Alors tu estimes?...

– Que c'est un bon Pa-t'-Zeul.

Un mouvement d'impatience échappa à Roseau-Fleuri :

– Ce n'est point là ce que je te demande.

– Ah! et quoi donc?

– C'est un conseil. Ne crois-tu pas que les dieux ont manifestement destiné l'un à l'autre les êtres ayant un tel Pa-t'-Zeul?

Vaguement il pressentit un piège.

– Tu le sais, répliqua-t-il évasivement, nous autres, Francs, nous ne sommes pas initiés aux mystères de l'astrologie.

– Peu importe. Si pareille prédiction t'était faite par les devins de ton pays...

– Il n'y a plus de devins en France.

Le visage de la princesse se contracta en une moue mécontente :

(1) Le bris d'un bol de riz ou d'un vase précieux pendant les fiançailles amène infailliblement la rupture du mariage projeté.

– Soit ! tu ne veux pas répondre ?
– Je ne le puis.
– Alors, je parlerai pour toi. Les dieux ont pris mon rêve sous leur protection. Ils ordonnent qu'il devienne réalité.
– Je ne m'y oppose pas ! s'écria Loret narquois.
Mais sa gaieté disparut, quand Roseau-Fleuri s'exclama avec ravissement :
– Voilà une phrase inspirée par les dix mille Bouddhas eux-mêmes !
– Inspirée ? répéta Loret inquiet.
– Oui, car celui que j'ai distingué au terrain des manœuvres, c'est
– C'est ?...
– Toi.
La foudre tombant aux pieds du diplomate ne l'eût pas stupéfié davantage.
– Pardon, mademoiselle... bredouilla-t-il.
Elle ne lui permit pas d'achever :
– Tu as déclaré que tu ne faisais aucune opposition à mon mariage.
– J'ignorais que j'étais en cause.
René se rendit compte de la brutalité de sa réplique en voyant son interlocutrice pâlir.
La jeune fille venait de ressentir un grand coup au cœur. Ses paupières battaient désespérément sur ses prunelles envahies par le brouillard des larmes.
Il essaya d'adoucir son refus :
– Certes, mademoiselle, reprit-il, vous êtes jolie entre toutes les femmes. Votre haute situation honore qui vous choisissez... Mais songez qu'un abîme de goûts, de croyances, de pensées nous sépare. Ce Pa-t'-Zeul où vous puisez la confiance m'apparaît comme le grimoire ridicule d'un charlatan.
Et comme elle se redressait, froissée par cette déclaration, sacrilège à ses yeux :
– Vous le voyez, dès les premières paroles, la divergence des natures s'affirme. Vous êtes chinoise, je suis français, et le ciel, qui a jeté entre nos patries l'obstacle des déserts russe et asiatique, a fait nos esprits

aussi éloignés, aussi divergents. Aucun Pa-t'-Zeul ne saurait forcer nos pensées à devenir communes.

D'un geste inconscient elle tordit ses mains élégantes, aux doigts fuselés.

– Aucun Pa-t'-Zeul, redit-elle lentement.

Puis soudain, d'une voix stridente, les regards enflammés de colère :

– Tu as promis ta foi à une autre femme !

Loret fut sur le point de répondre : Oui. L'affirmative nette eût rompu les mailles de l'inextricable situation. Mais Roseau-Fleuri lui apparut affolée de courroux. Toute la cruauté native, que les Chinois voilent sous une politesse outrée, se réveillait en elle. En véritable diplomate, il tenta de la calmer.

– Non, dit-il, tu te trompes, je suis libre.

– Libre, et tu me repousses, issue de sang royal, favorite de Tsou-Hsi !

– Pour les raisons que je t'exposais à l'instant...

Elle lui imposa silence d'un geste violent.

– Ah ! n'espère pas me tromper. Tu ne me trouves pas digne de tes soupirs... Je suis laide pour toi !

Et s'animant par degrés :

– Voilà donc l'humiliation qui s'abat sur moi. Par ta faute *je perds la face !*

A cette locution à la fois comique et terrible, car elle pousse le Céleste au suicide ou aux pires vengeances, René crut que la mort l'attendait.

Perdre la face est une expression protéiforme. Le candidat échouant à un examen, la fiancée dédaignée, le général vaincu, le commerçant en faillite « perdent la face ». La perte de face ne peut se racheter que par la punition de l'adversaire ou le trépas de la victime.

– Mais, continua Roseau-Fleuri, je ne suis pas une faible fille du Sud, qui demande à l'opium la fin de ses souffrances; je descends des princes mandchous qui déchirent leurs ennemis. Va-t'en, je t'accorde quelques jours de réflexion.

Rudement elle heurta le gong et un serviteur accourut.

– Au pavillon des Papillons Bleus! ordonna-t-elle d'une voix rauque.

Loret salua froidement et suivit le domestique.

Alors Roseau-Fleuri, méconnaissable, les traits crispés, le regard sanglant, donna carrière à sa colère.

Furieusement elle parcourut le salon, brisant les bibelots précieux, parlant d'un accent incisif, heurté, haletant :

– Ce barbare me dédaigne... je le ferai mourir sous le bambou, je ferai déchirer sa chair par le bourreau... Dédaignée, méprisée par cet esclave... Moi, moi, la fille des guerriers qui conquirent l'Empire Fleuri... Que les malédictions des cent mille démons s'accumulent sur sa tête. Je dois me cacher, mourir ou me venger!... Je me vengerai!... Dans ses veines, j'irai chercher le sang qui lavera ma face!

Cela dura longtemps. Enfin, épuisée, la jeune fille se laissa tomber dans un fauteuil, et elle resta là, stupide et désolée.

Née dans un pays où le mariage se contracte sans affection, où les familles règlent les unions sans consulter les fiancés, sans leur permettre de se voir, elle ne comprenait pas la résistance du Français. N'offrait-elle pas tous les avantages recherchés? Belle, riche, puissante par son crédit à la Cour. Quoi! elle avait tout cela. Les familles des mandarins les plus illustres ne cessaient d'inviter son oncle Liang à venir discuter autour de la tasse de thé des préliminaires du mariage. Cet oncle, aimable et bon, s'était refusé à enchaîner sa jeunesse; il l'avait laissée libre de son choix. Et tout cela pour qu'un barbare la méprisât, la traitât comme indigne de s'asseoir à son foyer!

Qu'y avait-il donc au fond de cette résistance? Quelle tournure d'esprit bizarre était celle de Loret pour repousser honneurs, richesses? Est-ce que vraiment, comme le disaient les vieillards expérimentés avec de paternelles plaisanteries, les hommes d'Europe avaient pour leurs épouses une considération telle que le choix de la personne leur semblait préférable aux trésors, aux grades, aux faveurs des monarques?

Et, si cela était, si cet état cérébral invraisemblable existait... quels charmes, quelles vertus recherchaient les barbares, qui leur parussent plus précieux que les coffres débordant de lingots de taëls, de pierres rares, de perles fines, de bijoux ciselés !

Inconnu mystérieux. En vain elle se consultait elle-même. Pourquoi avait-elle désiré que René devînt son époux ? A regarder en son âme chinoise, elle ne voyait pas plus clair.

– Il m'a paru doué de beauté, murmurait-elle; ses yeux ont la douceur des étoiles palpitantes au voile de la Nuit, j'ai songé à l'élever jusqu'à moi.

Tout à coup, elle eut un cri :

– Mais il n'est pas fortuné... Il ne possède point de coffres de laque dans lesquels l'or s'entasse sur l'argent... Alors c'est donc lui que j'ai choisi... comme ses compatriotes choisissent leurs épouses. Pourquoi ai-je agi ainsi ?

Son front se ridait sous l'effort de la réflexion :

– Je ne sais pas. J'ai songé que je serais libre; le sort de la femme chinoise, esclave dans le yamen de son mari, torturée par toute la famille dont elle est le souffre-douleur, me faisait peur.

Mais elle secoua la tête :

– Non, ce n'est pas cela encore. Il y a autre chose... quelle chose ?

Et avec une tristesse découragée :

– Que voudrait-il trouver en moi que je n'aie pas, pour me juger digne d'être épousée ? Jolie, vertueuse, de haut lignage... quelle qualité me manque ?

De guerre lasse, Roseau-Fleuri s'enferma dans sa chambre à coucher; elle brûla des bâtonnets d'encens devant les figurines des dieux, plaça sous son oreiller des bandelettes de papier vermillon, portant en blanc les signes du bonheur. Tout fut inutile; elle ne comprit pas le problème ardu à la solution duquel elle s'acharnait. Une migraine violente l'anéantit, et, ce jour-là, Liang dut dîner seul devant le siège vide de sa nièce.

. . . .

Au chalet des Papillons Bleus, Cigale, mis au courant de la proposition matrimoniale dont le diplomate avait été l'objet, leva les bras au ciel.

– Comment ? vous avez repoussé les avances de la petite *safran ?* Ah ! bien, si vous êtes tous comme cela dans la diplomatie, cela ne me surprend pas que nos relations extérieures ne battent que d'une aile !

– Hein ! fit René en fronçant le sourcil.

– Dame... elle veut vous épouser... fallait avoir l'air d'accepter... user des superstitions pour retarder le mariage. La princesse n'y voyait que du feu, on vous dorlotait ainsi qu'un fiancé... Résultat : liberté plus grande... relâchement de la surveillance de nos gardiens... possibilité de préparer notre évasion.

Et, avec un désespoir comique, Cigale conclut:

– Vous pouvez vous vanter d'avoir bien travaillé... C'est ce que l'on appelle *manquer le coche, et dans les grands prix encore.*

L'observation était trop juste pour que Loret ne le reconnût pas. Cependant il baissa la tête d'un air embarrassé:

– Vous avez raison... Mais il m'eût été pénible de mentir...

Le Parisien sauta en l'air:

– Pénible de *monter une colonne* à une fillette que vous ne connaissez ni d'Eve ni d'Adam, pénible de *décrocher* la clef des champs !

– Eh ! que vous dirai-je ? murmura son interlocuteur, la ruse, la tromperie me sont antipathiques. Se montrer faux vis-à-vis d'un être sincère constitue une infériorité morale.

– Et la princesse était sincère ? fit Cigale avec un accent intraduisible.

– Certes. Chinoise d'éducation, c'est-à-dire ignorante de nos sentiments, elle m'a témoigné autant d'affection que sa race en peut prouver !

Le visage du Parisien s'éclaira:

– Bon ! bon ! je comprends... vous avez été ému...

– Oui, c'est cela... ému.

– Alors, tout n'est pas perdu.

– Que prétendez-vous dire par là ?

– Que, la prochaine fois, vous accepterez sans difficulté la main de Roseau-Fleuri.

Et comme Loret secouait la tête, affirmant qu'il ne donnerait jamais son nom à une « Célestiale », car ce serait se vouer au malheur, l'âme chinoise étant trop peu en harmonie avec l'âme française, Cigale éclata de rire:

– Marchez toujours... vous avez du *conjungo* dans l'œil, et je vous verrai, un de ces jours, coiffé d'un chapeau conique à globule mandarinal, les cheveux nattés dans le dos, un parasol à la main droite et votre « *bourgeoise* » au bras gauche.

Le jeune diplomate eut un sourire contraint et ne répondit pas.

Il s'attendait à être appelé dès le lendemain devant Roseau-Fleuri, mais il n'en fut rien.

Deux, trois, huit, quinze jours se passèrent dans la monotonie de la captivité. Oh ! une captivité très douce, avec promenades surveillées dans le parc. A mille détails, René comprenait que la favorite de l'Impératrice Douairière se préoccupait de lui sans cesse.

A table notamment, on servait aux prisonniers des mets accommodés à la française : le service comprenait des assiettes, des verres, au lieu des nombreuses soucoupes et tasses chinoises.

Le thé national était remplacé par d'excellents vins du Sud.

Et chacune de ces attentions était de la part de Cigale l'objet de plaisanteries sans fin, qu'il interrompait seulement pour maudire les Chinois, les princesses et les Roseaux-Fleuris.

Les nerfs du jeune homme, de même que ceux de tout vrai Parisien, rendaient surtout deux notes: la gaieté, la colère. Seulement, à mesure que les journées s'écoulaient, cette dernière avait une tendance marquée à prédominer.

Enfin, la seizième « procession de vingt-quatre heures » – style céleste – était arrivée à son milieu, quand des esclaves, armés de bannières triangulaires vertes, bordées de jaune, lesquelles remplacent la carte et indiquent l'intention d'honorer particulièrement un personnage, se présentèrent au chalet des Papillons Bleus.

Avec des prosternations répétées, ils supplièrent les étrangers de les suivre.

Ceux-ci obéirent, non sans émotion, et dix minutes plus tard, ils entraient dans le salon de Roseau-Fleuri.

Celle-ci se tenait raide, assise sur une chaise dont la membrure noire, relevée d'or, figurait un dragon symbolique.

Les pieds du monstre reposaient à terre, son corps se recourbait, encerclant le siège, se gonflant en dossier, et tout au sommet, dominant la tête de la charmante créature, se dressait le chef du fantastique animal aux yeux d'onyx, à la gueule ouverte, enluminée de vermillon.

Et elle, avec son teint d'ambre clair, que ne déparait aucun fard, avec ses cheveux relevés en un huit élégant que fixait une rangée d'orchidées aux tons fauves, serrée dans sa veste et sa jupe de soie bleu tendre, sur laquelle des oiseaux or pâle volaient selon le caprice inexpliqué de la brodeuse qui leur avait donné le jour, elle semblait une exquise petite idole, descendue d'un Olympe très lointain. Loret crut remarquer qu'elle était plus pâle, que ses paupières battues décelaient la souffrance morale.

Roseau-Fleuri restait immobile, ses mains fuselées allongées sur son éventail replié, dans la fine carcasse laquée duquel des nacres, des émaux, des pierres de lapis jetaient des nuances changeantes, sous les rayons obliques tombant des fenêtres.

Seuls les yeux vivaient dans le délicat visage de la jeune fille, ces yeux à peine bridés vers les tempes et dont l'iris, d'un noir bleuâtre, avait la caresse soyeuse des regards de velours des Impératrices d'autrefois, figurées sur les étoffes sacrées des pagodes.

Les pieds de la princesse se posaient sur un coussin de pourpre, non pas ces affreux pieds des Chinoises riches, déformés dès l'enfance par le repli brutal des doigts sous la plante : mais des pieds mignons, fins, cambrés, prisonniers de mules de soie, auprès desquelles la pantoufle de Cendrillon eût paru soulier de maritorne.

Peut-être le silence embarrassant qui régnait eût-il duré longtemps, sans Cigale qui, peu contemplatif de sa nature, prit la parole. Il esquissa une révérence à la fois respectueuse et familière; puis tranquillement :

– Ma foi, mademoiselle, vous avez bien fait de nous appeler près de vous. Cela me permet tout d'abord de vous renouveler mes remerciements pour l'hospitalité que vous m'avez offerte dans votre litière d'abord, puis dans votre chalet des Papillons Bleus.

Roseau-Fleuri eut une légère contraction du visage. Pourtant elle réprima sa mauvaise humeur, et, de sa voix douce, elle murmura :

– Me serais-je trompée?... serais-tu un mandarin dans ton pays d'Europe.

– Mandarin, s'exclama Cigale en riant, mandarin, mandarin, en voilà une idée!

– Si tu ne l'es pas, pourquoi parles-tu avant ton supérieur?

La jeune fille étendait sa main dans la direction de René Loret.

– Mon supérieur, se récria le Parisien... vous voulez dire mon compatriote... Mon supérieur! Nous autres Parisiens, nous n'avons pas de supérieur et pas de maître.

La jolie Chinoise eut un geste de surprise.

– Tu es donc un puissant seigneur d'Occident? reprit-elle. Tu commandes à de nombreux employés, à des soldats, à des ouvriers?

Et comme Cigale secouait la tête :

– Alors qui es-tu, toi qui prétends n'avoir aucun maître et qui cependant ne fais obéir personne?

– Je suis un citoyen libre dans un pays libre. Nul n'a le droit de me donner des ordres, s'il ne me convient pas de l'y autoriser. De même je dois m'abstenir de considérer les autres comme mes subordonnés.

Elle passa la main sur son front poli, et avec effort :

– Je ne comprends pas.

– Parbleu, lança Cigale, jugeant le moment propice,

le grand seigneur qui se permettrait en France de m'enfermer dans un chalet serait mis en jugement et condamné.

Il aurait continué, si Loret n'avait cru devoir intervenir :

– Vous ne pouvez comprendre, mademoiselle. Habituée à vivre dans un pays hiérarchisé, votre esprit ne conçoit pas une contrée où le plus infime paysan jouit des mêmes libertés que le premier des magistrats. Ici, quiconque se trouve sur le passage de l'Empereur en promenade est réputé mériter la mort. En France, le chef de l'Etat sort sans que cela dérange personne et quiconque est libre de lui rendre ou non les marques de respect usitées chez nous.

Elle joignit les mains d'un air stupéfait.

– Le pays des Francs est ainsi ? Votre peuple n'a pas de traditions ?

Le diplomate allait répliquer, il n'en eut pas le temps.

– Pas de traditions ? s'écria Cigale... La France en a une auprès de laquelle toutes les traditions chinoises ne sont que fumées.

A ces paroles, Roseau-Fleuri se dressa sur ses pieds.

– La tradition de l'Empire Fleuri, commença-t-elle d'un ton sec...

– La tradition française, clama le Parisien, c'est la Révolution... Tout un peuple se levant en masse, forgeant des armes, se précipitant à la frontière et donnant son sang pour que les forts n'écorchent plus les faibles, que les pauvres ne soient pas la proie des riches. Les Français ont dû mourir martyrs de la Liberté qu'ils ont enseignée au monde, et voilà pourquoi la France, disparût-elle un jour, son souvenir restera dans la mémoire de l'humanité, comme celui d'une nation sainte, crucifiée, honnie, lapidée, pour avoir révélé à l'univers le dogme des Droits de l'Homme. Et le plus admirable des droits, c'est de ne pas être emprisonné selon le bon plaisir du premier venu.

Le jeune homme s'arrêta net, à la surprise effarée qui couvrait comme un brouillard les traits de son interlocutrice : il ne pouvait se méprendre. Elle ne saisissait pas le sens de ses paroles.

Bientôt, du reste, elle se tourna vers Loret.

– Parle, dit-elle doucement, sois la lumière qui chasse l'obscurité. Est-il vrai que les Francs pensent ainsi que l'affirme ton compagnon ?

– Oui, murmura le diplomate.

La Chinoise pressa son front de ses mains.

– Tâche d'être clair. Je veux te comprendre, je le veux... Depuis de longs jours, je cherche ce qui nous sépare et je ne le trouve pas. Laisse-moi encore t'interroger.

La conversation violente que René avait redoutée ne se produisait pas. Rassuré maintenant, le Français répondit :

– Je suis à vos ordres, mademoiselle.

Comme cherchant ses mots, elle reprit :

– Au pays des Francs, tous les hommes sont libres; mais alors il n'y a ni mandarins ni lettrés.

– Pardon encore.

– En ce cas, quelle différence existe-t-il entre la France et la Chine ?

– Celle-ci : la loi chinoise porte que quiconque passe les examens requis peut aspirer aux plus hautes fonctions. La loi française dit la même chose.

– Eh bien ?

– Seulement, ici, la loi n'est qu'une apparence : il faut une situation aisée pour supporter les dépenses nécessitées par l'instruction, de sorte que les pauvres, l'immense majorité du peuple, sont exclus des grades, des honneurs. Chez nous, on a déjà réussi à doter les déshérités de l'instruction primaire gratuite.

– Comme dans les missions des prêtres d'Europe ?

– Oui. Et l'on travaille à faire davantage : instruction gratuite jusqu'à la licence, au doctorat, à l'agrégation, afin que tout homme, fût-il né le plus misérable, puisse, s'il est intelligent, travailleur, monter jusqu'au sommet de l'échelle sociale.

Un effarement prodigieux troubla les yeux de Roseau-Fleuri.

– Que t'importe, à toi, qui vis auprès d'un ambassadeur, qu'un loqueteux, un grossier paysan grattant la terre, un mineur aux mains sales, s'élève parmi les hommes ? Et puis, tu n'y songes pas, cet être abject peut devenir ton chef.

– Justement. S'il en a le mérite, cela est juste.

La princesse secoua désespérément la tête :

– J'entends tes paroles, mais leur signification m'échappe... Parle, parle encore... Je le répète, je veux comprendre.

Et Loret doucement reprit :

– C'est là que gît la dissemblance entre les fils de Han et les fils de Gaule. En Chine, politesse, mariage, enterrement, culte des dieux ou des ancêtres, vous ramenez tout à un but unique : l'intérêt personnel.

– A quoi veux-tu que l'on rapporte ces choses ?

– A l'intérêt, au bonheur des autres.

– Des autres !... Tu plaisantes, je pense ?

– Non. Chez nous, il y a une élite qui mène le monde à la conquête du progrès, car elle a la pensée, le désintéressement. Poètes, médecins, savants rêvent le mieux et en propagent l'idée dans les masses. Etres nobles qui savent s'oublier, pour qui deux mots sont supérieurs à tous les autres.

– Et ces mots sont ?

– Charité, dévouement.

Un silence suivit, puis Roseau-Fleuri d'une voix hésitante :

– Qu'appelles-tu le dévouement ?

Il expliqua :

– C'est le sacrifice de soi-même à la patrie, à la science, à la vérité, ou même tout simplement au bonheur d'une autre personne. On se dévoue, lorsque l'on donne son temps, ses peines, sa vie au profit de ceux qui vous entourent.

– Ah ! murmura la jeune fille, pensive. Je ne suis pas dévouée, cela est vrai... et même il me paraît fou de s'oublier soi-même. Confucius l'a dit : Le bien le plus précieux que t'aient légué tes ancêtres, c'est toi-même, et tu cesserais d'être un enfant pieux, si tu ne respectais au delà de tout ce présent que tu dois aux aïeux...

Mais charitable, je le suis, ma bourse est ouverte aux mendiants...

Elle ne continua pas. René secouait négativement la tête.

– Quoi ? prétends-tu que j'ignore la charité ?

– Sans doute, vous faites l'aumône.

– N'est-ce point cela ?

– Non. Vous obéissez seulement à la crainte des mauvais génies dont les astrologues menacent l'avare, mais en voyant passer une femme du peuple, pliant sous un fardeau trop lourd, la taille déjetée par un labeur au-dessus de ses forces, secouant ses guenilles à chacun de ses pas mal assurés, vous ne vous êtes jamais dit : « Pourquoi celle-là souffre-t-elle alors que la joie me sourit ? Pourquoi manque-t-elle du nécessaire quand le superflu m'environne ? Pourquoi toutes les larmes à elle seule et tous les sourires à moi ? La nature fut injuste : je veux tenter de la corriger, car cette malheureuse est une femme comme moi. »

A ces mots, la Chinoise leva son éventail d'un air indigné :

– Comparer à moi une pauvresse sale et ignorante...

– C'est à cette comparaison, mademoiselle, que commence la charité.

Les joues de Roseau-Fleuri s'étaient empourprées, ses narines avaient des palpitations brusques. Evidemment, l'amour-propre de la noble Mandchoue venait d'être cruellement blessé.

Pourtant elle refréna sa mauvaise humeur et d'un ton agressif :

– Et, sans doute, les femmes d'Europe qui attirent votre affection ont ces vertus admirables : le dévouement, la charité ?

Loret sentit l'orage. Il tenta de le détourner.

– Toutes, non. Mais celles que nous vénérons les possèdent.

– De sorte que, pratiquant l'oubli d'elles-mêmes, se mettant en parallèle avec des misérables en guenilles, elles te paraissent bien au-dessus des filles de l'Empire du Milieu ?

– Non, répliqua le diplomate d'un ton conciliant...

Mais nous pensons que l'âme chinoise est différente de l'âme française.

Il espérait la calmer par cette formule d'allure philosophique. Tentative vaine.

Roseau-Fleuri fronça ses jolis sourcils noirs :

– Différente! telle n'est pas ta pensée. C'est « inférieure » que tu veux dire.

Et comme Loret esquissait un geste de dénégation, elle s'anima :

– Pourquoi mentir? L'âme chinoise, composée de six éléments : la raison, la science, la patience, la mémoire, l'essence des ancêtres et le fluide des rapports avec le monde extérieur, est pour toi indigne d'attention.

Ses mains se crispaient, faisant claquer les fines ciselures de son éventail :

– Je viens à toi, la main pleine des fleurs aimantes du Lotus bleu, et tu railles. Dévouement, charité! Pour me plaire, dis-tu, il faut ne plus penser à toi-même, il faut que tu t'abaisses au rang des mendiantes. Comme si cela était possible... Comme si les femmes d'Europe, si vaines de leurs parures barbares, songeaient à ces choses insensées. Tu te moques de mon affection, tu spécules sur ma faiblesse. Tu crois que je n'oserai pas te punir, qu'impunément tu me condamneras aux supplices de la jalousie... Prends garde, je t'en conjure... Le sang qui bouillonne dans mes artères n'est pas la liqueur pâle qui anime le corps des esclaves. Il est rouge, pur, et riche comme il convient à la descendante des conquérants mandchous. Patiente, je l'ai été jusqu'ici, mais l'heure des résolutions violentes est proche... Souviens-toi que tu es en mon pouvoir.

Devant la menace, le secrétaire d'ambassade, doux, souple, aimable jusque-là, se redressa fièrement. Son visage devint sévère, un éclair passa dans son regard.

– Oh! fit-il avec une impertinence dédaigneuse, inutile de me rappeler cela. Prisonnier depuis quinze jours, il m'est impossible de ne pas m'en souvenir.

– Prends garde, encore une fois.

– A quoi? Un geste de vous, allez-vous dire, peut faire tomber ma tête?...

– Et arrêter les palpitations de ton cœur, acheva-t-elle les dents serrées.

Loret haussa les épaules et avec une hautaine indifférence :

– Touchante preuve de tendresse ! Ma tête décollée, mon cœur endormi à jamais, et puis après ?

Ces mots si simples abattirent l'irritation de Roseau-Fleuri. Après ? Son rêve d'affection à peine ébauché serait fini, l'attraction qu'elle subissait serait brisée. Certes, elle pourrait, selon la coutume du Céleste Empire, faire enclore le Français dans une bière ouvragée, à la fermeture hermétique, garder la caisse sépulcrale dans ses appartements... Mais après ?

Jusque-là, elle avait considéré que la séparation n'existait pas tant que la dépouille des défunts n'avait pas été confiée à la terre. Leur bière fermée ou leur présence dans la demeure, c'était tout un, et maintenant une conception nouvelle de la mort lui venait. Elle comprenait que les yeux fermés, la bouche muette, c'était l'adieu, c'était la désespérance, le déchirement de tout l'être.

D'où venaient ces idées nouvelles ? Quel génie malfaisant les avait semées dans son esprit ?

Et vainement elle luttait contre elles, s'efforçant de les chasser comme des papillons funèbres, de retrouver son calme mandchou qui lui laissait le cerveau paisible, le cœur tranquille.

Oh ! c'était la vue de ce Franc qui jetait le trouble dans sa pensée. Lui éloigné, elle verrait clair en elle-même; elle prendrait une résolution.

Et vite, elle heurta de son éventail le gong d'argent portant, en repoussé, l'histoire de Tsang-Oui, le philosophe, le savant commentateur de Confucius, apprenant la Sagesse sous la direction du Dragon des Fleuves.

La plaque métallique vibra sourdement, attirant sur le seuil un domestique. Roseau-Fleuri fit un signe de la main, sans oser parler, car elle sentait que la voix qui s'échapperait de ses lèvres serait tremblante.

Dans un susurrement, le serviteur invita les Français à le suivre; tous trois sortirent et se dirigèrent vers le pavillon où vivaient les captifs depuis leur arrivée au Palais d'Eté.

La jeune fille resta seule dans la vaste pièce. Le soleil entrait par les fenêtres dont les stores peints n'étaient point abaissés. Sur la soie verte qui tendait les murs, les larges papillons multicolores semblaient s'ébattre dans les rayons dorés, et pourtant Roseau-Fleuri murmura :

– Comme tout est sombre ici.

Elle se leva, vint à la fenêtre. Les captifs s'éloignaient, faisant craquer le sable d'or de l'allée des Clochettes. Elle les vit, les suivit du regard jusqu'à ce qu'ils eussent disparu, et puis elle demeura là, ne pensant plus, avec l'impression qu'elle roulait dans un vide à donner le vertige.

Une gouttelette en tombant sur sa main, la tira de son anéantissement.

Elle tressaillit.

– Je pleure à présent, fit-elle surprise, sans avoir conscience de parler à haute voix.

– Tu pleures, doux oiseau d'or? s'écria Liang qui venait d'entrer sans bruit.

Elle se tourna, honteuse d'avoir un confident de sa douleur.

Mais le lettré-poète souriant :

– Tes larmes, purs diamants, coulent pour le Diable Etranger, n'est-ce pas?

Roseau-Fleuri demeura muette, le front penché.

– Oui, c'est cela, poursuivit le poète. Ta tête abrite les papillons de l'imagination... Ce sont eux qui t'ont fait remarquer cet Européen du nom de Loret, lorsque, voilée, tu assistas aux manœuvres de l'armée des Huit-Bannières. Il était là, avec le corps diplomatique, ni mieux ni pire que les barbares étrangers, ses compatriotes. Et soudain, tu le vis avec d'autres yeux que moi. Son regard, son nez, sa moustache t'apparurent comme des merveilles artistiques. « Je ne puis plus vivre sans lui », me dis-tu. Et moi, bon oncle, soucieux seulement de ton plaisir, je répondis : « Epouse-le. Je t'aiderai à l'enlever. Il est en ton pouvoir, tu peux le contraindre à être ton esclave. » Pourquoi gémis-tu?

– Parce que son âme n'est pas à moi.

– L'âme, zéro. Que te fait cette fumée? L'homme que tu as désiré comme époux ne peut t'échapper. Aimée de l'Empereur, favorite de l'Impératrice Douairière qui ne sait rien te refuser, dis une parole, et le temple des Dix Mille Bouddhas resplendira de lumières, des nuages d'encens s'échapperont des cassolettes de bronze, et les lamas te donneront le Franc dédaigneux, son nez, ses oreilles, sa moutache, ses mains... Entre nous elles sont triviales, ses mains, car il ne porte pas les ongles longs, comme il convient aux mandarins lettrés. Qu'ajouterait à cela son âme, si toutefois les Diables Etrangers en sont pourvus?

– Elle mettrait le sourire sur ses lèvres, et la caresse dans ses yeux.

Liang remonta ses lunettes sur son front, et de l'air ravi d'un savant qui trouve enfin la solution du problème cherché :

– Il est donc revêche?

– Hélas!

– Très simple. Force-le à rire.

– Le forcer? Comment le pourrais-je?...

– En voulant. Ta situation à la Cour te permet d'amener toute volonté à sa réalisation. Par Confucius, tout devient clair. Ce Franc s'ennuie dans le logis où il est captif. Ces gens d'Occident ne savent pas, comme nous, vivre dans la méditation, dans le rêve; il leur faut les satisfactions grossières du mouvement inutile, du bruit non rythmé. Donne-lui ce qui lui plaît et la gaieté reparaîtra sur ses traits.

Roseau-Fleuri secoua doucement la tête... Elle sentait, sans bien s'expliquer la chose, que Loret, s'il était consulté, réclamerait sa mise en liberté, la possibilité de la fuir, elle.

– Je ne te persuade pas, reprit le poète. Tu as tort de douter. Tao-Tsé, le grand réformateur, l'a dit : Au commencement, la Raison Primordiale s'ennuya devant le chaos où toutes choses étaient mêlées, et elle créa les éléments par plaisir, afin de nous indiquer que le plaisir est le seul but de l'être. Eh bien! si la Raison Primordiale a éprouvé le besoin de s'amuser, pourquoi nos petites raisons individuelles n'auraient-elles pas le même désir ? Force le jeune Franc à se distraire. Obtiens de Tsou-Hsi, notre Douairière vénérée... quoiqu'elle soit bien laide à voir pour un homme de goût, obtiens d'elle que les captifs assistent à nos fêtes.

– Eux !... se récria la jeune fille.

– L'Empereur, Fils du Ciel, dont la généalogie remonte aux étoiles, ne s'apercevra même pas de la présence de ces vermisseaux, et il pourra être agréable au prince Tuan, aux mandarins, aux prêtres amis des Boxers, de voir, captifs, esclaves au milieu d'eux, des échantillons de ces barbares blancs dont ils projettent la destruction.

Une lueur d'espoir illumina le visage de Roseau-Fleuri :

– J'essaierai, mon oncle mille fois cher.

– A la bonne heure, et tu me rendras ton minois souriant que j'aime à contempler comme le cœur d'un lotus bleu.

– Oui... (Elle eut une hésitation et acheva enfin :) Oui, si René prend plaisir à nos réjouissances.

– Que le Fong-Choué(1) le poursuive s'il en est autrement.

. . . .

Le soir même, la princesse, revêtue du large caftan brun des solliciteurs, agrémenté des carrés de soie jaune sur lesquels se détachaient en bleu les signes de la Prière et des Souhaits de Longévité, se prosternait devant la vieille Impératrice Douairière et lui exposait sa requête.

Tsou-Hsi eut un sourire bienveillant et répondit :

– Demain nous retournerons à Péking. Dans la Ville Interdite, Kouang-Sou donnera en mon honneur de grandes fêtes auxquelles assisteront le prince Tuan et tous les nobles mandarins, pénétrés comme lui de la

(1) Fong-Choué, littéralement Vent-Eau, génie bizarre, impalpable, dont nul Chinois ne saurait expliquer la nature, auquel tous subordonnent leurs actions.

haine des Diables Etrangers. Tu pourras y amener tes captifs.

IV

TROIS LETTRES

Une semaine s'était passée. Cigale et son compagnon avaient changé de prison. Le lendemain de leur entrevue avec Roseau-Fleuri, une litière escortée par douze soldats de la Première Bannière (fanion triangulaire jaune bordé de festons verts) s'était arrêtée devant le chalet des Papillons Bleus. Sur l'invitation que leur avait adressée l'officier, mandarin à bouton de cuivre, commandant la troupe, les jeunes gens s'étaient enfermés dans la chaise, avertis qu'un appel, une tentative d'évasion seraient punis de mort.

Cependant, concession à leurs habitudes européennes, des ouvertures circulaires, de la dimension d'une grosse montre avaient été ménagées dans les parois latérales du véhicule.

Ainsi les voyageurs pouvaient regarder au-dehors et Loret reconnut bientôt qu'on les ramenait à Péking.

Le long du chemin, il nommait à Cigale les monuments, les localités. Les murailles de la capitale avec leurs tours carrées, les fossés parsemés de flaques d'eau croupie, attirèrent leur attention, puis l'avenue de la Pacification-des-Rebelles, la place des Quatre-Arcs de Triomphe de l'Ouest, à laquelle le Parisien montra le poing, car c'était là qu'un coup de pied, décoché à un tipao, l'avait conduit dans la litière impériale et ensuite à une détention dont il était impossible de prévoir la fin.

La chaise à porteurs cheminait toujours. A présent, elle longeait la seconde enceinte de la Cité, la muraille de la Ville Impériale : elle atteignait la porte occidentale et, la franchissant, s'engageait dans la voie de la Rivière des Perles.

Laissant à gauche le palais de la Lumière Eclatante, le temple de la Protection Perpétuelle et le parc des Ames Réunies, les porteurs traversèrent le pont de marbre blanc jeté entre le Lac du Nord et le Lac du Milieu. Un instant les captifs aperçurent les eaux bleues, sur lesquelles semblaient voguer, nefs parfumées, les corolles des nymphéas, des sagittaires, des lotus, des nénuphars, et les îlots artificiels supportant les pagodes des Cinq Dragons, le belvédère de l'Ile Jolie, le sanctuaire des Nuages Aquatiques; puis les bâtiments de la Rotonde leur masquèrent la vue des ondes frissonnant au souffle de la brise.

L'escorte redescendit vers le sud et enfin s'engouffra sous la Porte Fleurie de l'Ouest, percée presque à l'extrémité méridionale de la troisième enceinte qui enclôt de ses murs, coiffés de tuiles jaunes, la Cité Interdite, où, seuls, la famille impériale, ses esclaves et les fonctionnaires de la Cour ont le droit de pénétrer.

Cigale ouvrait des yeux énormes, enchanté au fond de lui-même d'être admis à circuler dans le fouillis de palais – le Palatin – dont l'ensemble forme la Ville Rouge, si jalousement fermée, non seulement aux Européens, mais encore au peuple de Chine.

Et Loret, déchiffrant les signes gravés sur des plaques de marbre multicolore, encastrées dans le fronton des pagodes, des palais, des pavillons, lui expliquait la destination de ces divers édifices.

– Ici, à droite, disait-il, groupés dans l'angle ouest des remparts d'occident et du midi, voici le kiosque du Repos Universel, le département des Vêtements Célestes (garde-robe) et le pavillon des Plantes Odoriférantes (pharmacie); à votre gauche vous apercevez l'Administration du palais et le temple de l'Héroïsme Militaire (imprimerie). Devant nous, cette balustrade de fer contournée en végétations et en animaux fabuleux, émaillée des couleurs les plus fantastiques, est la limite séparative entre les résidences proprement dites de la Cour et les annexes.

Et une barrière s'ouvrait en grinçant, comme si les

hydres, les dragons de fonte avaient voulu protester contre l'intrusion des étrangers dans l'antre impérial où s'élaborent les révolutions.

Sous un arc de triomphe érigé en l'honneur de la Souveraine Concorde, la litière passait, traversant la cour du même nom, contournait les pagodes de la Vertueuse Souveraine et de la Protectrice Concorde, laissant en arrière les pavillons de la Rédaction des Affaires de l'Etat et de la Beauté Littéraire.

Un nouvel arc à deux étages se présentait, porte de la Pureté Céleste, puis un temple dédié à la même divinité, puis le palais de la Paix Réciproque, où se trouve la salle du trône, avec à gauche les bâtiments de la Glacière, et à droite le péristyle orné d'une colonnade de la Maison des Parchemins Peints (bibliothèque).

Enfin on pénétra dans une cour spacieuse, dallée de stuc et parsemée de corbeilles fleuries. En avant, les jeunes gens remarquèrent une ligne de constructions qui semblait barrer l'horizon, tandis que les côtés de l'espace libre étaient fermés par la façade des six palais d'Orient et des six palais d'Occident, où vivent enfermées les femmes esclaves et les ennuques de l'Empereur.

Loret montra à son compagnon les bâtiments situés devant eux et murmura :

— Regardez, voici le palais de l'Impératrice Douairière.

Impossible de décrire la fantaisie de ce palais. Vu sa destination, les artistes chargés de l'orner ont accumulé les idées bizarres, compliquées, folles, où se complaît le génie chinois.

Profusion de toits aux pointes recourbées, de clochetons, de pinacles porte-clochettes, de faîtières sinueuses et historiées; les motifs sculptés s'enchevêtraient sur les murs, assemblage polychrome de bois laqué, de marbres, de stucs; pour donner une idée de l'étrangeté du palais, un détail suffira. Le perron accédant aux appartements du rez-de-chaussée est bordé par des rampes dorées, figurant des dragons qui menacent les visiteurs de leurs gueules ouvertes, et dont les queues écailleuses se redressent en colonnes pour supporter la toiture inclinée, étendue comme un vélum au-dessus de la terrasse-véranda.

Quelques minutes après, les captifs, extraits de leur prison ambulante, étaient précieusement enfermés dans un pavillon situé à l'est de la masse principale des édifices réservés à Tsou-Hsi et à sa suite.

Ouvrant aussitôt les croisées, garnies de stores jaunes, sur le champ desquels se contorsionnait la forme du dragon vert, ils examinèrent les environs. Leurs fenêtres donnaient sur une cour fleurie ménagée derrière le palais.

Au delà, alignées en avenue triomphale, des portes étincelantes de laque rouge et d'or se succédaient : Porte de la Résidence de l'Impératrice. Porte du Guerrier Divin, Porte Supérieure du Nord. A quelques centaines de mètres, la hauteur artificielle de Belle Montagne ou Montagne de Charbon (Kin-Chan) arrêtait la vue sur sa surface conique, tendue devant l'horizon comme un écran.

Les demeures des esclaves et eunuques fermaient les bas-côtés de la cour.

Cigale, après une rapide inspection, grommela :

– Pas gagné au change. Notre prison est plus facile à garder que l'autre.

Et Loret approuva d'un geste las.

– Aussi, conclut le Parisien avec l'audace tranquille de ses compatriotes, ça sera bien plus tordant de glisser entre les pattes des mandarins.

Son compagnon leva sur lui un regard étonné :

– Verriez-vous un moyen de fuir ?

– Non, pas encore. Si je le voyais, ce serait fait. Seulement, *mettez-vous bien dans la sorbonne* que je trouverai. Un *Parigot* ne peut pas se laisser *rouler dans la plume par des macaques jaunes.*

Le visage du diplomate exprima le doute. Evidemment, l'évasion lui paraissait invraisemblable.

Et l'événement sembla lui donner raison.

Durant cinq longues journées, la vie s'écoula, terne, monotone, pour les prisonniers.

Des eunuques à la robe jaune bordée de rouge, le fouet à manche d'ivoire, la tresse de soie blanche et le sabre court à la poignée de corne passés dans la cordelière écarlate qui ceignait leurs reins, servaient les repas. De midi à deux heures, les Français étaient invités à descendre dans le jardin réservé derrière le palais.

Ils se promenaient mélancoliquement dans les allées recouvertes de stuc, parmi les corbeilles de fleurs, façonnées en formes étranges.

Puis on les enfermait de nouveau.

L'ennui pesait sur eux.

A quelles résolutions extrêmes les eût conduits cette situation étrange en se prolongeant, nul ne saurait le dire. Heureusement, le matin du sixième jour, un serviteur fut introduit auprès d'eux.

Il était porteur d'une grande enveloppe argentée, constellée de placards de laque à cacheter, sur lesquels un moule de métal avait tracé l'image en creux d'un roseau garni de son panache fleuri.

Les armes étaient parlantes. Loret n'eut aucune peine à deviner que la princesse était sa correspondante, et tandis que le messager allait attendre sa réponse dans la pièce voisine, il déchira l'enveloppe.

Deux papiers s'en échappèrent : l'un couvert de caractères latins; l'autre, plus épais, de signes chinois dessinés en vermillon.

Et d'instinct ce fut sur celui-ci que René jeta d'abord les yeux.

C'était une lettre de Roseau-Fleuri. Voici ce qu'elle contenait :

« Oiseau doré du livre rose de ma pensée aimable,

Les pages encloses en cette feuille peinte sont dues à la plume de tes compatriotes, qui n'ont pu adopter, ainsi que nous, le pinceau aux courbures moelleuses.

Lis-les, doux Ami d'Opale; lis-les pour te rendre compte que tu m'as méconnue, et qu'en t'imposant une captivité brodée des fils les plus ténus fournis par les Souhaits Prospères, c'est ta vie cent fois précieuse que j'ai voulu préserver.

Je n'insiste pas. A quoi bon se targuer de ses bienfaits ? Pourquoi dire : Je suis le Corail Blanc ou bien l'Améthyste qui fixe les Violets du Soir ? Les Dieux t'ont donné des oreilles, des yeux, une âme. Entends, vois, comprends, et que le Dragon Vert de l'Eternel Hyménée te conseille.

D'une rive à l'autre je traverse le Fleuve de ma Pensée pour t'entretenir, cher Cœur de Jade et de Lapis. Te dérober aux coups des Illuminés, des Poings Fermés de l'Immuable Harmonie ne me suffit pas; je désire au plus profond du Jardin Fleuri de mes Rêves écarter de toi les vols funèbres des Libellules et Papillons de Tristesse. Consens à venir ce soir au Dîner d'Apparat de la Cour. Je te verrai, tu m'enseigneras l'Ame française que je m'efforce de conquérir puisqu'elle a ta sympathie.

Et la Joie Infinie étant Rayon de Lumière, les Etoiles du Ciel souriront à la Petite Etoile Terrestre de Bonheur qui puisera son Eclat dans Ta Présence, plus suave que les Inestimables Biens.

Ta petite Perle Brisée,
ROSEAU-FLEURI. »

René Loret avait achevé la lecture de cette lettre singulière. Sous les phrases contournées, alambiquées dans le plus pur style chinois, il sentait percer la souffrance.

Et un homme jeune, bon, généreux, n'est jamais indifférent à la douleur causée par lui.

– Pauvre petite princesse, murmura-t-il, pourquoi est-elle chinoise ? Pourquoi sa cervelle a-t-elle été pétrie de toute la fantasmagorie dont s'obscurcit l'intelligence des fils de Han ?

– Vous savez que vous pensez tout haut, remarqua gravement Cigale. Si vos réflexions ne me regardent pas, vous serez sage de baisser la voix.

Mais le diplomate, avec un peu d'impatience :

– Vous ne vous figurez pas le sentiment que j'éprouve...

– Mais si, mais si.

– Quoi, vraiment vous... ?

– Dame, on vous appelle Oiseau Doré, Petit Cœur de Jade... ça vous flatte.

– Non...

– Allons donc, cela se voit bien. Au surplus, en voulez-vous une preuve ?

– Je serais curieux de la connaître.

– *Je sers chaud.* La preuve est que vous avez entre le pouce et l'index un manuscrit sans doute volé à quelque Européen, et que vous ne songez pas à en prendre connaissance.

A cette brusque attaque, Loret demeura coi.

C'était vrai, il tenait à la main l'autre papier, extrait tout à l'heure de l'enveloppe argentée de la princesse, et il avait oublié ce document.

– Vous avez raison, avoua-t-il, à l'heure où les Européens sont en danger – les paroles de Roseau-Fleuri le démontrent – il y a une sorte de trahison à rêver à l'une de leurs ennemies. Lisons.

Ce disant, René examinait la feuille.

Le haut de la page avait été déchiré; sans doute Roseau-Fleuri avait voulu cacher la provenance exacte de ce manuscrit. Mais les lignes tracées en français amenèrent sur les lèvres des jeunes gens les mêmes paroles :

– La Légation de France.

– Dont on a tué le messager, ajouta Cigale.

– Vous croyez ?

Pour toute réponse, le Parisien montra le bas de la feuille. Il portait une maculature rougeâtre. Le papier gondolé attestait qu'un corps humide s'y était attaché.

– Du sang, fit sourdement Cigale. Du sang qui a été lavé.

Loret le considéra avec une pâleur rageuse au front.

– Oui, gronda-t-il enfin, du sang. Alors !...

– Un messager portait cela à la côte sans doute. Il a été assassiné, et l'on trouve drôle de nous demander de la reconnaissance en échange d'un parchemin sur lequel s'est exhalé peut-être le dernier soupir d'un des nôtres.

Les sourcils froncés, la colère flambant en leurs yeux

humides, les prisonniers se regardaient. Soudain Cigale frappa sur l'épaule du secrétaire d'ambassade.

– Il est mort en faisant son devoir, celui-là. Le nôtre est de lire et de faire l'impossible pour aller ensuite partager les périls qui entourent nos compatriotes.

Et, penchés sur le papier, ils dévorèrent ces lignes :

« L'origine de la révolution qui menace de bouleverser la Chine est au Palais Impérial même.

« Tsou-Hsi, l'Impératrice Douairière, s'apercevant que l'empereur Kouang-Sou, qu'elle tenait en tutelle, intriguait pour se débarrasser de sa tyrannie, a exécuté un véritable coup d'Etat.

« Elle tient Kouang-Sou prisonnier. »

– Tiens, remarqua Cigale, il paraît que c'est de mode ici. Chaque dame a son captif.

Mais il poursuivit aussitôt sa lecture :

« Elle l'entoure d'honneurs, mais règle ses moindres actions. Et pour ne laisser subsister aucun doute sur ses projets d'avenir, elle a fait proclamer héritier présomptif le petit-fils du prince du sang Tuan, chef reconnu de la secte secrète des Boxers, ennemi irréconciliable de la civilisation européenne.

« A la nouvelle de cet acte politique, toutes les sociétés secrètes qui pullulent en Chine, car tout citoyen fait partie d'une association quelconque, toutes ont poussé un cri d'allégresse. Lettrés sans emploi, négociants ruinés, mendiants affamés, voleurs de grands chemins ont flairé le pillage. Les chefs boxers les ont enrôlés, armés, enrégimentés, et, à cette heure, des centaines de mille Illuminés – c'est ainsi qu'ils se nomment – se préparent à attaquer les gens d'Europe, les chrétiens, comme ils disent.

« Incantations, sortilèges, miracles hypnotiques ameutent la foule, et le sang coule.

« Le 12 mai, le village de Kao-Loa a été incendié, 70 personnes ont péri dans les supplices. Les missions de King-Tchéou, de Léou-Pa-Tchang, de Tou-Tcheng, d'Ou-Kiao, de Cheun-Tchéou, au nombre de 54, sont dévastées. Les indigènes convertis fuient de toutes parts.

« A Pékin, la situation n'est pas meilleure.

« Des affiches, apposées même sur les murs des Légations, excitent le peuple au massacre des Européens. Par les rues, des bandes armées circulent en proférant des menaces de mort.

« Hier, un attaché à la Légation belge a été attaqué dans l'avenue des Guerriers-Sans-Peur, traîné dans la boue, blessé. Il a dû la vie à l'arrivée inopinée d'un groupe de marins envoyé de Tien-Tsin à titre de renfort.

« Il est à craindre qu'avant peu les Légations soient assiégées par les Boxers. Nous pourrons mourir, certes, mais nous sommes trop peu nombreux pour opposer une résistance utile.

« Au nom de la France, envoyez des renforts. Télégraphiez à Paris; que l'on s'émeuve enfin, car, si l'on tarde à agir, de tous les établissements européens en Chine, il ne restera que des décombres, dressant leurs pans noircis au-dessus d'une boue sanglante.

« Télégraphiez... Les minutes sont des heures. »

Comme la partie supérieure, le reste de la lettre manquait. On n'avait pas voulu que les captifs en connussent la signature.

Cigale et Loret se regardèrent et eurent un même geste d'étonnement.

Tous deux étaient livides.

Une même angoisse les avait étreints en lisant cette lettre française qu'un luxe de précautions avait faite anonyme pour eux.

Qui avait lancé ce cri d'appel? Qui avait mis dans ces lignes brèves son agonie morale?

Et puis une question effrayante se posait.

A quelle date remontait la missive interceptée? Les Légations avaient-elles subi l'assaut des Boxers; la tragédie redoutée s'était-elle accomplie?

Comme malgré eux, ils prêtent l'oreille, s'attendant à percevoir, à travers les murailles de la Cité Interdite, la fusillade suprême, les clameurs de la mêlée dernière des quelques Européens engloutis sous la marée montante des rebelles.

Non, rien, aucun bruit de lutte. Les clochettes du

Palais de l'Impératrice seules, au balancement du vent, font tinter leur bruissement ironique.

Partout, le silence, le calme. Est-ce le silence qui précède l'assaut, ou bien le calme suivant la victoire; le calme des assiégés prêts à défendre chèrement leur vie; ou le silence des nécropoles, des cités dévastées où les cadavres dorment l'éternel sommeil au milieu de flaques de pourpre, comme en des manteaux de César faits du sang des braves, parmi lesquels la Mort, avide Impératrice de la Nuit, recrute incessamment ses cohortes d'honneur?

Pas de réponse. Dans le ciel bleu passent de blancs nuages, et les clochettes tintent toujours.

Brusquement un coup de talon furieux ébranle le plancher.

C'est Cigale qui manifeste sa colère :

— Il faut aller aux Légations le plus tôt possible... Car, nom d'un chien, s'ils *tournent de l'œil* sans nous, nous sommes déshonorés.

— C'est mon avis, réplique sourdement Loret, mais le moyen?...

Le Parisien trépigne :

— Le moyen... vous l'avez... Si vous m'aviez écouté, il y a trois semaines, nous serions libres.

Un frisson secoue son interlocuteur. Il sait ce que va dire Cigale et il éprouve une tristesse nouvelle.

— Roseau-Fleuri, poursuit le gavroche, veut vous épouser. Eh bien! flattez sa manie, faites semblant d'être dans ses vues. Elle est contente, elle pense vous tenir. Plus de surveillance, la possibilité de combiner un plan d'évasion.

René hésite encore :

— Mentir, tromper, cela me répugne...

Mais il s'arrête. Cigale s'agite comme un insensé. De ses lèvres crispées jaillit la raillerie acerbe de la rue parisienne :

— *Pauvre chéri, faut peut-être mettre des gants avec cette princesse couleur de canari. Tiens, qu'elle dit avec des yeux de merlan frit, voilà la* lettre d'adieu de ceux que mes caprices *transforment en chair à saucisse,* viens roucouler à mes genoux. Non, vrai... ça vous va... et quand on vous propose de *lui monter un bateau, vous répondez : Je ne marche pas !*

– Oh ! oh ! monsieur Cigale, gronda Loret vibrant sous l'insulte.

L'accent de douleur profonde du jeune homme calma la verve caustique de son interlocuteur. Se reprenant, se contraignant au calme, celui-ci dit :

– Voyons, je ne veux pas vous faire de la peine, mais entre nous, quoi ? mentir, tromper, c'est ennuyeux bien certainement, surtout quand on est un gros rentier et que l'on pêche à la ligne... Seulement les prisonniers qui veulent reprendre leur liberté, histoire d'aller *claquer avec les pays,* ça fait une petite différence.

Loret lui tendit la main.

– C'est vous qui avez raison. Merci d'avoir parlé comme vous l'avez fait,

Et s'approchant d'un secrétaire ouvert, sur la tablette duquel se voyaient des bandes de parchemin, des pinceaux et des flacons emplis de couleurs diverses, le diplomate commença à dessiner des caractères chinois.

– Ecrivez donc en français, conseilla le Parisien, vous irez plus vite.

René secoua la tête :

– Non... une épître dans sa langue lui sera plus agréable et puisque...

– Bien, bien !... je n'insiste pas. Allez toujours.

En dix minutes, la bande de papyrus se couvrit de signes, et Loret lut à haute voix :

« Petite Hirondelle d'Ivoire et de Nacre,

Mes yeux ont pieusement parcouru les Papiers Heureux que ta main divine enferma dans l'argent de l'enveloppe. J'ai compris combien j'avais été cruel pour toi. Le chemin du Repentir Sincère s'est offert à mes pas. Je m'y engage. Ce soir, à ton Signal Bleu, mon ami et moi te suivrons au Dîner d'Apparat du Céleste Kouang-Sou.

LE VILLAGE DE KAO-LOA A ÉTÉ INCENDIÉ.

A ton cœur d'Albâtre je fais les Trois Génuflexions.
Ton fiancé au Cœur de Rubis,
René LORET. »

Cette fois, Cigale approuva sans réserve. La lettre, dûment cachetée, fut remise au messager de la princesse, qui s'éloigna.

Les Français étaient demeurés seuls dans l'antichambre où cet homme avait attendu.

Quelle curiosité les poussa à s'approcher de la fenêtre ovale, unique ouverture pratiquée sur la façade principale du palais? Ce fut un mouvement machinal, instinctif. Et ils regardèrent le serviteur courant à travers les massifs en fleurs, la tête baissée, afin de ne point commettre le crime de lèse-majesté de lever les yeux vers les fenêtres de l'Impératrice.

Ils le virent s'engouffrer dans le pavillon où résidait Roseau-Fleuri, et comme ils allaient se retirer, un tumulte inaccoutumé les cloua à leur place.

Des deux côtés du Palais de la Salle du Trone débouchaient des troupes de musiciens.

Des trompettes ouvraient la marche, puis des cohortes d'instrumentistes, puis des porte-bannière, des porte-planchette à titres (ainsi nommés parce qu'ils tiennent des planches rouges sur lesquelles sont inscrits les grades, qualités, etc., de leur maître). Les premiers arrivés se massaient dans les bas-côtés de la cour et d'autres survenaient incessamment; à des pelotons de réguliers chinois succédaient des bandes en guenilles armées à la diable, marchant sans ordre comme une houle humaine, et puis encore d'autres soldats, d'autres troupes non disciplinées.

Bientôt la cour offrit l'aspect d'une fourmilière. Les allées ne suffirent plus à contenir la foule entassée, et les corbeilles de fleurs furent submergées, piétinées, anéanties. Tous ces gens qui se pressaient à s'étouffer semblaient avoir un mot d'ordre commun : laisser au centre un chemin libre. Pourquoi?

Cigale et Loret n'allaient pas tarder à le savoir.

Un cavalier parut, la face maigre, le nez en bec d'aigle, l'œil froid et cruel, évoquant le souvenir d'un triomphateur de la Rome antique. Vêtu de couleurs sombres, pâle, indifférent, il poussait lentement sa monture vers le perron.

Et tout à coup, une immense acclamation monta vers le ciel :

– Gloire au prince Tuan, le libérateur de la Chine, le Fléau des Diables Etrangers !

Il ne salua même pas. On eût dit que les hurlements fanatiques de ceux qui l'accompagnaient, le cliquetis des armes, le tonnerre d'un enthousiasme voisin du délire ne parvenaient pas jusqu'à ses oreilles.

– Vive Tuan ! Louange à Tuan !

Ces clameurs montaient en fusées rugissantes, et les captifs regardaient, non sans une secrète terreur, ce chef du soulèvement, impassible, inaccessible même à l'enivrement du triomphe, qui marchait ainsi qu'un envoyé du destin, un légat de la fatalité, incarnation terrifiante de la haine des races jaunes pour la civilisation d'Europe.

Ils tressaillirent quand le silence se fit brusque, sans transition, et se penchant par l'étroite ouverture, ils distinguèrent, descendant le perron central pour recevoir le prince, l'Impératrice Douairière elle-même.

Soldats, musiciens, Boxers s'étaient prosternés d'un coup, tels les épis orgueilleux que couche un vent d'orage; des fronts marquaient leur empreinte dans la poussière; des lèvres muselées par le respect sourdait un murmure triomphant de joie sauvage.

La réception de Tsou-Hsi était en dehors de toutes les traditions de l'étiquette de la Cour. Jamais Prince n'avait été honoré à ce point. Ce peuple de fanatiques comprenait pourquoi la Douairière agissait ainsi. C'était pour lui dire :

« Peuple, je hais comme toi les gens d'Europe. Comme toi, je salue Tuan qui t'a prêché la révolte ! »

Et comme Loret, attristé par ce spectacle qui lui démontrait l'effroyable danger suspendu sur la tête des Résidents à Pékin, détournait les yeux, il distingua, à l'une des fenêtres du pavillon, Roseau-Fleuri, la princesse elle-même, couronnée de fleurs, qui semblait sourire à l'égorgeur princier des Européens.

Un flot d'amertume gonfla son cœur, il rentra précipitamment dans la première pièce, où le secrétaire encore ouvert lui rappela qu'il avait écrit, une demi-heure avant, à cette jolie Chinoise applaudissant les assassins de ses compatriotes.

Il la maudit, et pourtant cette fois il l'accusait à tort.

Roseau-Fleuri, accourue à sa croisée au bruit fait par les Boxers, souriait non pas au prince Tuan, que ses regards noyés de tendresse ne voyaient pas, mais à René dont la lettre, serrée dans sa poitrine, craquetait doucement à chaque pulsation de son cœur.

Tandis que Tuan, à qui Tsou-Hsi avait offert la main, suivait l'énigmatique Impératrice dans le Palais, tandis que les forcenés hurlaient dans la cour des vivats à l'adresse de leur chef, effrayant les cigognes, les paons et autres oiseaux privés qui s'élevaient sur les toits avec des cris aigus, la petite Chinoise murmurait avec une ferveur extatique :

– Il m'a nommée : Petite Hirondelle d'Ivoire et de Nacre !

Ah ! les Légations, les chrétiens, les missions dont René l'accusait de vouloir la perte, tout cela était bien loin de sa pensée. Seule peut-être dans la Ville Rouge Interdite, elle était sans haine en ce jour, et si la fortune l'avait élevée soudain au premier rang, elle eût, suivant la mode chinoise, déployé son éventail; en signe de grâce elle eût dit :

– Pas de haine, aimez. Pas de sang, des fleurs. Il m'a nommée : Petite Hirondelle d'Ivoire et de Nacre.

V

UNE FÊTE IMPÉRIALE

Sept heures. La horde des Boxers a été conduite dans les communs de la Ville Interdite. Elle a de l'eau-de-vie et du riz à discrétion, des victuailles. Elle festoie avec les palefreniers, les bas serviteurs et les eunuques que leur service ne retient pas au Palais.

Le soleil couchant embrase l'occident, jetant sur les toitures, sur les laques, sur les ors, un brouillard rouge comme un voile de sang.

Déjà les jardiniers ont réparé le désordre de la première cour fleurie. Les corbeilles sont rétablies. Des fleurs nouvelles se dressent coquettes à la place où leurs devancières sont mortes.

Des chefs militaires, des magistrats, des gouverneurs de villes, de districts, de provinces, se pressent dans les avenues conduisant au Palais de l'Impératrice. Et là-bas, sous le promenoir couvert qui borde la façade des Six Palais d'Occident, des eunuques vêtus de tuniques, le dragon d'or rayonnant sur leur poitrine, le court cimeterre à la lame d'argent appuyé à l'épaule, les reçoivent, les introduisent dans le harem, leur indiquant leurs places, marquées sur les tables par des carrés de soie cerise, sur lesquels des caractères de filigrane d'or font scintiller les noms et titres des invités.

Sur le perron du pavillon de Roseau-Fleuri, la princesse est debout, éblouissante de bonheur pudique; près d'elle se tiennent Loret et Cigale s'efforçant de sourire, mais dont les fronts soucieux, les yeux traversés de lueurs rapides, démentent la gaieté de convention.

Complétant le groupe, le poète Liang traite déjà Loret en neveu et, très satisfait d'apprendre que le « barbare franc » parle la langue de Han, il lui présente au passage les invités de ses souverains.

– Tiens, dit-il, vois ce mandarin qui traverse la Cour. C'est Li-Hung-Chang. Il a parcouru l'Europe en qualité d'ambassadeur. Extraordinaire, il l'est. Dans ton pays, où la coutume a vulgarisé les vestons courts, il portait le paletot de soie, long comme la soutane de vos missionnaires. Ici où tout le monde revêt ce pardessus descendant à mi-jambe, il met sa coquetterie à raccourcir le sien. Sa tunique jaune de Gouverneur de province devient une veste. Son globule mandarinal de corail est fiché devant sa toque, au lieu d'en occuper le sommet; la plume de paon de Conseiller privé tombe sur le côté de la coiffure, alors que tous la placent en arrière, et sur l'épaule cet original applique le rectangle de soie brodé de ses insignes, qu'il est d'usage de fixer sur la poitrine. On croit que Li-Hung-Chang est tourmenté du démon de la contradiction. Erreur. Ce Vice-Roi des deux provinces Kouang est simplement un financier avisé. Des tréteaux politiques il a fait un temple de l'agio. Il place son opposition apparente à vingt pour cent, ses résistances aux us, coutumes et modes deviennent des appels aux dividendes; les millions affluent dans ses coffres. En un mot, il a inauguré une formule nouvelle. Tout pour le gouvernemental, susurrent les collègues routiniers. Tout à l'opposant, songe-t-il. Et l'événement lui donne raison.

Puis le poète abandonna le Vice-Roi pour exercer sa verve sur deux personnages, un homme et une femme qui, l'un derrière l'autre, à petits pas, coupaient processionnellement la Cour Fleurie.

– Voici le comte et la comtesse Tiko marchant avec la dignité des échassiers. Très férus de noblesse. Tu sais qu'au Pays du Milieu, les titres ne sont pas héréditaires. Le fils d'un comte n'est point admis à porter l'insigne comtal. Même pour honorer exceptionnellement un citoyen, on anoblit, non ses descendants, mais ses ancêtres, et c'est une gloire appréciée de dire : Le cheval brodé sur soie des gentilshommes piaffe sur mon bisaïeul. Tiko, lui, ne se faisait pas à l'idée que sa comté finirait avec lui, et pour pouvoir la léguer à son fils, il a arraché à la faiblesse de l'Empereur un édit funambulesque, par lequel son fils est proclamé son grand-père.

Puis passant à un autre groupe :

– Admire ces trois jeunes femmes, au visage divinement fardé. Ce sont les sœurs Ha-Tchin qui vengèrent leur frère mort des sortilèges de la famille Shang-Li. Elles épousèrent les trois héritiers mâles de Shang-Li et, le soir du mariage, chacune enfonça son épingle de chignon dans l'œil de son mari. Ce sont des héroïnes devant qui tous s'inclinent. Fassent les dieux qu'elles n'aient pas d'enfants qui leur ressemblent !

Mais Loret l'interrompit :

– Quoi ! une litière dans l'enceinte de la Ville Rouge ! Je croyais que, sauf l'Empereur et la Douairière, nul n'y était admis autrement qu'à pied.

– Tu as raison, seulement celui qui s'abrite derrière les rideaux est un si haut personnage.

– Son nom ?

– Nô, le Bouddha Vivant.

– Comment dis-tu ?

– Nô, le Bouddha Vivant du Sanctuaire de Bac-Meh, lequel a consenti à élire domicile à la Cour : mais tu ignores peut-être ce qu'est un Bouddha Vivant. Ecoute. De temps immémorial, le peuple adorait les statues des dieux, un peu comme les enfants chérissent leurs poupées. Une image de pierre ou de bois n'a pas le mouvement qui intéresse, le regard brillant qui attire. Aussi la foi diminuait et les revenus des temples, fâcheuse coïncidence, subissaient une baisse progressive. Alors les Lamas et leurs confrères, les Bonzes, levèrent des bras suppliants vers les dix mille Bouddhas, et les dix mille Bouddhas, paternels avec leurs gros ventres et leurs longues oreilles, les inspirèrent. Des enfants, achetés tout jeunes à leur famille, furent instruits dans les sanctuaires; après un dressage suffisant, bien certain de leur rôle, on les présente au public, à la faveur d'une petite fête, avec accompagnement d'encens, de bougies roses et de musique, comme des incarnations de Bouddha. Nô est le plus célèbre, parce qu'il a fait vœu de rester muet et de ne jamais montrer son visage, que cache un masque de porcelaine.

La foule des invités passait toujours.

Chefs militaires couverts de broderies, magistrats civils, ministres précédés de licteurs chargés des emblèmes de leur département : sabres et lances pour la Guerre, balance pour la Justice, idoles pour les Rites, etc.; examinateurs des candidats aux divers degrés du mandarinat, élégants et élégantes du Tout-Péking officiel, Lamas en tuniques grises à parements blancs, Bonzes engoncés dans leurs robes brunes, juges aux tribunaux, verts, rouges, bleus et noirs, se succédaient, cohue bigarrée, dont l'incessant mouvement brouillait la vue.

Et Liang, les connaissant tous, décochait à chacun un quolibet.

– Tiens, dit-il tout à coup, voici les meilleurs amis du monde, Fan et Fo, l'un rond comme une boule, l'autre allongé en forme de bambou. Fan passe sa vie à table, dévorant les plats connus en rêvant de mixtures inédites. Fo vit de privations et pour lui la sagesse est dans l'abstinence. Ces deux hommes ne se quittent jamais. Fan est heureux d'engloutir en présence de son ami dont la sobriété s'accommode d'un rien. Fo désigne Fan sous le sobriquet de *Potiche à boisson*, et Fan riposte par celui d'*Estomac de canard malade.* Entre eux règne une affection que rien ne saurait rompre et ils seraient les plus heureux des hommes s'ils ne souffraient : Fan d'une indigestion permanente et Fo d'un délabrement d'estomac chronique. Honneur à ces représentants de l'Amitié !

Cependant un esclave petit, trapu, dont les oreilles distendues supportaient de lourds anneaux de cuivre, ornement des indigènes venus des îles Kouriles, s'approcha de Roseau-Fleuri et murmura des paroles rapides.

La jeune fille inclina la tête et se tournant vers son oncle, vers les Français :

– La Radieuse Tsou-Hsi me fait dire qu'il est temps de nous présenter à sa table.

Et avec un regard plein d'orgueil à l'adresse de Loret, elle ajouta :

– Car mes amis et moi-même sommes admis à la table de Premier Honneur, que président les Souverains de l'Empire du Milieu.

Elle se dirigea vers l'entrée des Six Palais d'Occident.

Liang prit sans façon les Européens par le bras.

– Une recommandation, leur glissa-t-il à l'oreille; on ne perd jamais la langue que pour avoir trop parlé, et le cou, support d'une tête humaine, est un appui fragile qu'une lame de sabre suffit à trancher. Les bavards seuls ne comprennent pas que se taire, c'est vivre.

Puis, comprimant un geste de surprise de ses interlocuteurs :

– La Sagesse des dieux a divisé les hommes en deux catégories : Les Souverains qui parlent et les mortels qui écoutent. L'Empereur, ses favoris ont le droit de tout dire, même ce qu'ils pensent : les autres sont admis seulement à dire ce qu'ils ne pensent pas. La vérité doit être cachée par le mensonge, comme une femme blanche par une robe noire. On farde la haine de protestations de dévouement, et l'on jette un voile de menaces sur ses affections.

Et gaiement :

– Cette ordonnance bien observée, on vit en bonne santé dans la Ville Rouge; en la négligeant, au contraire, on se condamne à des maladies graves : la feuille d'or, la corde de soie jaune, le sachet de poison, que le Fils du Ciel, soucieux de ne pas permettre la propagation de l'épidémie, vous envoie sous le nom de « Les Trois Cadeaux Précieux ». Asphyxie par la feuille d'or, pendaison par la soie jaune, ou empoisonnement : il vous laisse le choix dans sa Bonté Inéluctable. Retenez votre langue avec les Princes, de peur que le Souverain Bien-Aimé vous remarque et fasse pleuvoir sur vous ses redoutables faveurs.

Le lettré se tut. On entrait dans le Palais, et les eunuques, courtisans vils de la princesse favorite de Tsou-Hsi, s'empressaient autour du groupe et le conduisaient à travers les salles dans la Rotonde du Nord, où la table impériale se développait en arc de cercle.

Les murailles couvertes d'émaux cloisonnés et divisées par des demi-colonnes de porphyre aux chapiteaux d'or supportaient la voûte arrondie dans les caissons de laquelle souriait le relief des cinquante Bouddhas consacrés au seul bonheur du Fils du Ciel.

Des fontaines d'argent, appuyées aux colonnes, affectaient des formes chimériques, monstres ou dieux de la tradition, dont les bouches ouvertes lançaient de minces jets d'eau parfumée. Du plafond, soutenues par des chaînettes de métal, descendaient des cornes d'abondance de bronze, les unes remplies de fleurs, les autres transformées en lampes, dont l'huile aromatisée entretenait la flamme de mèches énormes et, volatilisée par la chaleur, se répandait dans l'air en buées balsamiques.

Au sommet du fer à cheval de la table, dressée sur une estrade de quatre marches, se voyait, le dossier au mur, le fauteuil de bronze vert liséré d'or que devait occuper l'Impératrice Douairière. De là, Tsou-Hsi dominerait l'interminable rangée de tables occupant les pièces en enfilade des Six Palais d'Occident.

Les eunuques, leur office rempli, s'étaient retirés.

– Rendons-nous compte de la distribution des places tandis que nous sommes seuls, proposa Liang.

Et tournant autour de la table :

– Voici le fauteuil de Tsou-Hsi, en l'honneur de qui la fête est donnée. A la grande place d'honneur, ordinairement réservée à l'Empereur, je trouve le nom du prince Tuan. Oh ! oh ! ce boucher inspiré est décidément bien en cour. A droite, Kouang-Sou, Fils du Ciel, encadré par la Douairière et le prince Tching, un autre affolé qui boirait du sang en se levant. Auprès de Tuan, la comtesse Tiko; à côté de Tching, les sœurs Ha-Tchin, trois en une, qui ne se séparent jamais; puis Li-Hung-Chang. Nô, le Bouddha Vivant, est auprès de la comtesse Tiko.

Il allait toujours.

– Ah! vous avez un bout de la table – attention délicate qui vous permettra de vous isoler. Seigneur Cigale, tu es ici, ma ravissante nièce entre vous et mon neveu René Loret. Pour moi, philosophe et poète, où suis-je donc?...

Le lettré chercha un instant.

– Dieux injustes! s'écria-t-il tout à coup, je suis marqué à l'extrémité opposée, auprès de Tiko... Non, cela ne se peut, je tiens à votre voisinage... On vous a donné la compagnie de ces deux fantoches Fo et Fan. Tant pis pour eux, ils se sépareront aujourd'hui. Je transvase Fo le Bambou près de Tiko et je prends sa chaise. Hé! hé! mon beau neveu Loret, je vous surveillerai, et si l'on prononce des paroles dures à votre oreille, je pourrai vous rappeler que se taire, c'est vivre.

René n'eut pas le loisir de répondre.

Un orchestre invisible, composé seulement d'instruments à cordes et niché dans les combles, préludait au-dessus de la tête des invités.

A cette harmonie annonçant la venue des Souverains, tous s'empressèrent de s'asseoir. Les monte-charge dont le plateau supérieur se découpait dans les tables mêmes, se garnirent de soucoupes, de tasses, de verres, de flacons, de théières, tandis que des femmes esclaves, parées comme des châsses, distribuaient des menus imprimés en caractères indigo sur des feuilles d'or.

Non sans sourire, le diplomate traduisit le document culinaire à Cigale :

PREMIER SERVICE OU TYN-SSIN

22 soucoupes de fruits et de salaisons : lard, jambon, fruits secs, oranges de Fou-Tchéou, raisins, poires jaunes, châtaignes d'eau, fruits confits.

SECOND SERVICE OU SIAO-OUAN

Pousses de bambou aux champignons de Mandchourie.
Crevettes au jus de canne à sucre.
Moules de Shanghaï confites dans l'eau-de-vie.
Œufs de pigeon bouillis dans la graisse avec sauce blanche aux pousses de bambou.
You-Sko, ailerons de requins de Haïen frits.
Estomacs de poissons du lac cambodgien (Thanlee-Sap).

Poulet et jambon en purée à la cannelle.
Min-Ka, quenelles d'os pulvérisés et de colle de poisson avec riz au cary.
Herbes cuites aux champignons Ko-Sien du Yunnan.

TROISIÈME SERVICE OU PE-TZIN

Pains de riz sucrés, parfumés à la violette.
Pains salés à la viande de porc de Hong-Kong.
Pains de froment à la cassonade.
Pains de froment en beignets de poissons du Fleuve Bleu.
Thés jaunes.

QUATRIÈME SERVICE OU THA-SAY

Potages de salanganes du Japon (nids d'hirondelles) et d'œufs de pigeons.
Canard du Thibet sauce aux huîtres.
Gélatines de poissons.
Jambonneau bouilli sauce aux vers blancs de palmier.
Mouton, poulet, porc, canard rôtis.

BOISSONS

Thé Fils du Ciel. Vins rouges de Fujï-Yama, des coteaux de La-Kion, et cru « Empereur vassal d'Annam »; vins blancs de Formose et de Kouen-Tchin, vins de groseilles de Praban-Hou.
Eaux-de-vie de riz, de millet, de sorgho.
Liqueurs à toutes les fleurs.

Loret finissait lorsqu'une porte réservée, ménagée dans la paroi de la rotonde, livra passage à l'Empereur Kouang-Sou.

Celui-ci était pâle et triste, un nuage obscurcissait son front. Le rapport dont les prisonniers avaient eu communication disait vrai. Le Souverain agissait contre sa volonté, réduit à l'impuissance par les intrigues de la Douairière.

Celle-ci parut à son tour, conduisant Tuan par la main. Nô, le Bouddha Vivant, fermait la marche, et à travers les salles, accouraient Fan, Fo, Tching, Li-Hung-Tchang, les sœurs Ha-Tchin, les nobles Tiko et d'autres.

Dans un silence religieux, le repas commença, car il

est interdit d'ouvrir la bouche avant que l'Empereur ait parlé.

Kouang-Sou ne semblait point pressé de faire entendre sa voix. Il épluchait distraitement une orange et croquait des pépins de melon d'eau en regardant dans le vide.

Mais la Douairière fit un geste et, docile, esclave plié au servage, il murmura :

– Ces pépins sont amers.

– L'Empereur a parlé.

Comme une traînée de poudre, la nouvelle se propagea à travers les salles. Les langues se délièrent et soudain l'atmosphère s'emplit des murmures de mille conversations.

Le maigre Fo, éloigné de son cher et ventripotent Fan de toute la longueur de la table, gémit :

– Deux amis comme nous, séparés par une telle distance !

– Bah ! plaisanta Liang, mets tes lunettes, si tes yeux ne te permettent pas de te récréer de la vue de ton ami cultivant l'apoplexie.

La Douairière daigna sourire et menaçant Liang du doigt :

– Poète ! Poète ! tu es cruel !

Mais Liang était un habile courtisan. Sans se laisser déconcerter, il répliqua du tac au tac :

– Toute mon affection suffit à peine pour adorer dignement les vertus de mon Impératrice. Il n'en reste plus pour les autres. Sois moins parfaite, ma Souveraine, et je deviendrai philantrope.

Le prince Tuan, sombre et froid, fit tomber son regard acéré sur le lettré.

– Aux tendres luttes de la parole, les poètes sont toujours vainqueurs; mais sauront-ils chanter les combats acharnés de ceux qui veulent la Chine délivrée ?

Liang ne baissa pas les paupières.

– Tu es un grand capitaine, Tuan, dit-il, et s'il me faut chanter autant que tu es capable de tuer, je préfère m'avouer vaincu, car tu me rendrais asthmatique.

Cette fois, l'Empereur se dérida, tandis qu'un éclair bleuâtre jaillissait des yeux du prince.

Au même moment le comte Tiko, désireux de flatter le chef des Boxers, confia à sa voisine, assez haut pour être entendu de tous les convives :

– Ce Liang parle légèrement de tout.

– Bon, riposta le lettré, je n'en dirai pas autant de toi. Tu n'as pas la légèreté des oiseaux dont l'aile rapide traverse le ciel, tu préfères la lourdeur du bœuf.

Et Tiko voulant se défendre :

– Ne parle plus ! Je tremble que, sous le poids de tes sages paroles, l'estrade impériale ne s'effondre.

Quelle que fût son impatience, Loret s'amusa de cette joute oratoire. Roseau-Fleuri, heureuse, les yeux brillants, traduisait le dialogue à Cigale, qui hochait la tête d'un air approbateur.

– Décidément, finit-il par déclarer, M. Liang a de l'esprit... c'est un Parisien.

Ce qui détermina chez la princesse une explosion de gaieté telle que tous l'interrogèrent et qu'elle dut en expliquer la cause.

Liang seul ne sourcilla pas.

– Vous riez tous par jalousie, affirma-t-il. Le Franc veut exprimer qu'il trouve en moi ce qu'il aime le plus dans sa patrie. C'est un compliment délicat dont je lui suis reconnaissant.

– Alors, gronda Fan, la bouche pleine, tu fais la roue. Sur la foi d'un barbare, tu crois être le seul homme d'esprit présent.

– S'il n'y avait que nous deux dans cette salle, j'en serais certain. Mange, ami Fan, mange, ne mets point ta cervelle en lutte avec ton estomac.

– Il est féroce, ce poète, minauda l'une des demoiselles Ha-Tchin. Toujours des mots aigus, des pointes...

– Bien faibles auprès de votre épingle à chignon, exquise vengeresse, lança Liang. Mes vers, ma prose donneront tout au plus le sommeil; votre épingle a donné la mort. Que votre arme meurtrière m'épargne, qu'elle ait pitié de ma faiblesse.

Décidément l'Empereur s'amusait. On eût dit qu'il était enchanté de voir tous les fidèles de la Douairière flagellés par la verve du poète.

Le Bouddha Vivant, inféodé à Tuan qui l'avait introduit dans le Palais, crut le moment venu de prouver sa reconnaissance, et il leva au-dessus de sa tête son éventail replié, en signe d'improbation.

Mais l'impitoyable Liang s'écria aussitôt :

– Allons, Nô, voici que tu prends part à la mêlée. Tu as fait le vœu de rester muet et je te considérais comme un sage. Pourquoi renoncer à la parole si tu dois « bêtiser » par gestes. Malheureux enfant, les sottises parlées, si les mots sont bien choisis, bien agencés, peuvent encore donner une satisfaction musicale. Tu as eu tort d'abandonner la musique.

Un murmure s'éleva. Liang était allé trop loin. Railler les hommes, soit, mais critiquer les dieux, plaisanter un Bouddha Vivant, cela était insupportable, et les Lamas, assis aux tables les plus proches, se voilèrent la face.

– Voilà ce qui a perdu la Chine, prononça le prince Tuan d'une voix dure, c'est le scepticisme des lettrés à l'égard des dieux.

Toutes les faces s'épanouirent. On croyait le poète terrassé. Erreur ! Avec son plus aimable sourire, Liang interpella Tuan :

– Tu te trompes, prince. Ce qui a amené la Chine à deux doigts de sa perte, ce n'est pas le scepticisme, c'est la foi.

– La foi ! se récrièrent les assistants.

– Cet homme est fou, grommela Tuan.

– Merci du compliment, reprit le poète. Si je suis fou, j'eus de l'esprit, puisque tu affirmes que je l'ai perdu. Parmi ceux qui applaudissent, beaucoup ne seront jamais fous, car ils ne peuvent être atteints par la perte de ce qui leur manque. Pour moi, j'ai conservé ce qui ne me manque pas, et je le prouve. Ce ne sont pas les sceptiques, mais bien les croyants qui ont abaissé la Chine, disais-je. Cela est ainsi, suis mon raisonnement. Pour critiquer dieux ou objets, il faut regarder, sous peine de dire des choses vides de sens. Est-ce vrai ?

– Sans doute.

– Pour regarder, il convient d'ouvrir les yeux, n'est-ce pas ?

– Oui, à quoi bon ce galimatias ?

– Tu vas le comprendre. Le sceptique est donc celui qui ouvre les yeux. Donc le croyant, qui agit à son opposite, les ferme.

– Il n'est pas besoin de lever les paupières pour croire.

– Tu le reconnais; alors déduis toi-même la conséquence. On ne peut s'en prendre qu'aux croyants si les affaires chinoises vont de travers, car on ne vit jamais des gens, ayant les yeux fermés, marcher droit.

A cette conclusion biscornue, Kouang-Sou rit franchement, et Tuan fronça les sourcils, ce qui plongea dans le plus cruel embarras les courtisans désireux de complaire à l'un et à l'autre.

Exprimer à la fois le plaisir et la colère est pour le visage humain une entreprise hasardeuse. Aussi les faces des convives se contorsionnèrent-elles en grimaces inénarrables.

Depuis un instant, Roseau-Fleuri n'écoutait plus.

Elle s'était penchée vers Loret et son haleine pure caressant l'oreille du jeune homme, elle disait :

– Tuan est méchant. Il ne songe qu'à verser le sang. Je ne l'aime pas, et pourtant je suis heureuse de le voir, car sa présence me rappelle que tu n'as rien à craindre.

Et le cœur serré, songeant à son involontaire sécurité, à l'orage qui s'amoncelait sur la tête de ses compatriotes, le diplomate se contraignait pour assurer le succès du plan de Cigale, et il répondait :

– Ne parle pas de cela. Laisse-moi oublier les liens qui m'attachent à l'Europe. Que mes yeux s'emplissent de ton visage, afin qu'ils ne puissent plus en percevoir d'autres.

Chose étrange. Il lui fallait un effort violent pour paraître nier ses compatriotes, et c'était avec une facilité dont il s'étonnait qu'il prononçait ces douces paroles de tendresse.

– L'Impératrice nous regarde, continua la jeune fille. Elle approuve notre union. Elle-même en fixera bientôt le jour et nos années glisseront heureuses sur le fleuve de la vie, telle une barque pavoisée.

Puis, revenant à l'objet constant de sa préoccupation :

– Nous vivrons en Chinois fortunés, mais j'apprendrai de toi l'âme française, puisque tu la crois plus belle. Charité, dévouement, oubli de soi-même, as-tu dit. Ce sont là des choses difficiles auxquelles Liang lui-même, bien qu'il sache tout, ne comprend goutte. J'aurai beaucoup de peine sans doute, mais tu me seras un maître indulgent. Je triompherai des obstacles, car je sens que tu m'accorderas une affection plus grande.

Et mutine :

– Voilà encore que je ramène tout à moi, je ne m'oublie pas... Pourtant, acheva-t-elle pensive, il y a des instants où il me semble discerner ce que signifient les mots bizarres que tu m'as enseignés... puis l'obscurité, le chaos se font dans ma tête.

Il l'écoutait charmé, oubliant tout, sentant germer dans l'esprit de la jolie Chinoise des pensées nouvelles. Bien vagues encore les promesses de moisson, mais enfin la graine semée par lui avait trouvé un terrain propice à l'espoir.

Mais un brouhaha arracha les causeurs à leur rêve. Malgré le respect dû aux Souverains, malgré la sévérité de l'étiquette, tous les assistants s'étaient levés, invectivant Cigale, lui lançant l'anathème.

C'est qu'il venait de se passer un fait qu'aucun protocole n'avait jamais prévu.

Le jeune Nô, le Bouddha Vivant et muet, au masque de porcelaine peinte, furieux sans doute des quolibets de Liang, avait décidé de passer sa mauvaise humeur sur quelqu'un, et Cigale, ce barbare captif, lui avait paru être le souffre-douleur rêvé.

Se levant doucement, il s'était approché du Parisien et l'avait pincé jusqu'au sang.

La patience, on le sait, n'était pas le fort de Cigale. Il eut une exclamation de douleur et, pivotant sur sa chaise avec la prestesse d'un clown, il allongea au Bouddha un maître coup de botte. Atteint côté pile, dans cette partie charnue qu'il ne serait pas *séant* d'appeler autrement que séant, Nô s'enfuit avec un murmure plaintif qui attira l'attention des convives.

L'attitude des belligérants ne laissait aucun doute sur ce qui venait de se passer.

Un sacrilège avait été commis. Le Franc avait osé lever un pied irrespectueux sur le Bouddha Vivant.

Et tous clamèrent ainsi qu'un troupeau de geais, demandant la mort du coupable afin de ne pas attirer sur la Ville Rouge la colère des divinités.

Déjà la Douairière attirait à elle l'éventail fixé par une châtelaine à sa ceinture. Evidemment elle allait l'élever au-dessus de sa tête pour dire :

– Qu'il soit sacrifié !

Loret se préparait à défendre son compagnon... Les eunuques de service avaient la main à la poignée de leur sabre d'argent, quand, soudain, la voix railleuse de Liang se fit entendre, immobilisant l'Impératrice, les convives, les serviteurs dans leurs gestes commencés.

– Bon, plaisantait le lettré avec le plus admirable sang-froid, que de bruit pour un coup de pied. Vous ne comprenez pas. Il y a... je ne dirai pas maldonne, mais malentendu. La culpabiité réside dans l'intention; donc le Franc n'est pas coupable, car son intention était d'honorer particulièrement Nô.

Devant cette audacieuse affirmation, les visages exprimèrent l'ahurissement. Le sang remonta aux joues de Roseau-Fleuri, qui avaient pris la teinte pâle des pétales d'anthémise.

– L'heure n'est pas aux jeux d'esprit, gronda Tuan.

– Je ne plaisante pas, continua imperturbablement le poète. Général prince Tuan, adonné au maniement des armes, le temps t'a manqué pour étudier dans les livres. Permets donc que je te complète, car en toute chose il convient de décider seulement d'après le juste et l'injuste. Or les traditions des Francs, rassemblées par leurs mandarins et leurs lamas, contiennent cette phrase : Si l'on te frappe sur une joue, tends l'autre aussitôt.

– C'est vrai ! c'est vrai ! bégaya la princesse... J'ai lu ce commandement.

– Que prouve cela, poursuivit Liang, sinon que, chez les Francs, il y a honneur à recevoir une bourrade ? Singulière coutume, penserez-vous; mais si les barbares étaient civilisés, ils ne seraient plus barbares, et ils le sont, donc ils ne sauraient agir en civilisés, ni être jugés suivant les mêmes règles. Ce jeune guerrier a cru honorer notre Bouddha Vivant. En matière de religiosité, le désir du cœur est tout, le rite rien. Nô vient en conséquence de recevoir une offrande honorable, et il doit, selon toute justice, remercier ce pauvre Franc, lequel a manifesté son respect ainsi qu'on le lui enseigna dans sa nation.

On hésitait encore, le lettré porta un dernier coup.

– Prenez garde que vos résolutions ne déplaisent au Fong-Tchoué de la Ville Rouge.

Un frémissement inquiet parcourut le corps des assistants.

– Ce génie incompréhensible, aux formes multiples, qui s'irrite parfois de la construction d'une cheminée trop haute, de l'affectation d'un magasin à la vente de telle ou telle denrée, le Fong-Tchoué dont l'intervention est admise par la loi chinoise, serait blessé si une injustice se commettait en ce jour consacré à notre Impératrice. Et sur qui se vengerait-il ? Sur l'héroïne de cette fête, sur celle qui s'élève au milieu de nous, comme le palmier gracieux au milieu d'arbres rabougris.

Il ouvrit son éventail d'un mouvement sec :

– Et moi, qui suis son sujet dévoué, je fais le signe de grâce afin que le sang d'un chétif étranger ne retombe pas sur la tête de Tsou-Hsi, Fille du Ciel. Je déclare que quiconque ne m'imite pas agit en mauvais citoyen, en traître à la couronne, en criminel de lèse-majesté.

On ne fait jamais en vain appel à la superstition chinoise; Liang le savait bien. Au nom redouté du Fong-Tchoué, cette conception baroque de la fatalité, engendrée par les cerveaux célestes, le doute s'était implanté dans l'esprit des assistants, et le poète n'avait pas terminé sa péroraison, que tous les éventails déployés se balançaient au bout des bras allongés.

Cigale était sauvé.

Tsou-Hsi elle-même suivit l'exemple général. Le pouvoir impérial doit céder à la superstition.

L'astrologue de la Cour, les professeurs de Fong-Tchoué, tous ceux qui vivent plus ou moins de la crédulité des masses approuvaient hautement les paroles du lettré.

— Soit, dit-elle, on lui pardonne. Qu'il échange avec Nô les amandes de paix.

Poussé par Roseau-Fleuri, Cigale retira aussitôt une amande de sa coque et la présenta au Bouddha Vivant; celui-ci lui rendit la politesse et le calme se rétablit.

L'incident était clos.

Le masque énigmatique de Tuan ne trahissait pas ses pensées intérieures : mais son regard froid, se posant alternativement sur le Parisien et sur Liang, démontrait que lui au moins se souviendrait, à l'occasion, de l'insulte faite à son protégé.

Les conversations avaient repris de plus belle. Incessamment des esclaves femelles, captives amenées de Perse, des rives du Gange, des steppes de Mongolie, du centre africain même, circulaient, chargées de corbeilles de fleurs. Elles remplaçaient les bouquets, les gerbes des suspensions, fanés déjà dans l'atmosphère lourde des salles du festin.

D'autres renouvelaient les huiles parfumées des torchères, ou passaient le long des tables, distribuant aux convives des papiers-serviettes historiés, leur versant sur les mains des eaux de senteur.

Une sorte de griserie montait, faite de tous ces parfums mêlés au fumet des victuailles. Les yeux papillotaient, de graves fonctionnaires se balançaient sur leurs sièges, tels des pendules, oscillant pour reprendre la perpendiculaire.

Le diapason des voix s'élevait. Les phrases commencées ne s'achevaient plus, et toujours les eunuques versaient les alcools de riz, les vins rouges, dorés, roses.

L'orgie se dessinait.

Et brusquement le gong retentit formidablement, faisant sursauter cette foule ivre, réveillant les convives engourdis par la bonne chère. Alors, au milieu des salles, dans l'espace resté libre entre les tables, des trappes s'ouvrirent et du sol jaillirent, hissées par un invisible mécanisme, des colonnes de marbre : à chacune était attaché un être demi-nu, portant sur le visage les stigmates de l'épouvante et de la douleur.

C'étaient des hommes au visage austère encadré par la longue barbe des missionnaires, des femmes dont quelques-unes portaient, liés à leur col, de petits enfants. C'étaient des Européens et des Célestiaux, les uns au début de la vie, les autres aux portes de la tombe.

Loret, Cigale regardaient sans comprendre.

Et Tuan, reculant son fauteuil, se dressa lentement.

Il se fit un profond silence.

Une minute, le prince boxer demeura immobile, couvrant l'assistance de son regard d'oiseau de proie : puis, sans un geste, la rigidité de son attitude contrastant avec sa parole enflammée, il dit :

– En ce jour, j'aurais voulu offrir en présent à notre Empereur, à notre Douairière, la tête de tous les chrétiens qui infestent l'Empire. Les dieux ne se hâtent pas selon l'impatience des hommes : je dois me contenter de ceux-ci, troupeau de victimes fixées aux colonnes de marbre, avant-garde de ceux que nous, Boxers, sauveurs du monde, enverrons au séjour infernal.

Un soupir voluptueux s'échappa de toutes les lèvres. Les assistants se délectaient. Ils devinaient qu'une jouissance non marquée sur le « menu » allait leur être offerte. Après le vin généreux, le sang purpurin... N'est-ce point le dernier mot du luxe pour un très civilisé ?

Tuan continua :

– Qu'ils meurent, ceux qui conçurent l'idée de bouleverser cette terre, ceux qui ont lancé l'insulte à la face du Fong-Tchoué, qui prétendaient supprimer les vents en croix qui traversent le monde, le Tigre et le Dragon. Qu'ils meurent, ceux qui sapent le culte des ancêtres, fondation de toute société, et qui offrent à l'adoration ignorante des foules un Bouddha, du nom de Charist, cloué, par dérision pour le Tigre et le Dragon, sur la croix, emblème des deux vents.

Il y eut dans les salles un grondement : on eût cru entendre des fauves sentant la chair à dévorer.

Le Boxer parla encore :

— Que leur sang apaise les dieux irrités, afin que la sagesse, l'énergie des aïeux revivent en nous, et que la Cité Interdite soit désormais la bien nommée : la Ville Rouge, rouge du fluide empoisonné qui bout dans les artères des chrétiens !

Loret et Cigale échangèrent un regard. Ils se consultaient. Assisteraient-ils immobiles au supplice annoncé ? Non, cela n'était pas possible. Leur intervention serait folle. Deux hommes contre les milliers d'invités, d'eunuques, d'esclaves !... Le résultat de la lutte n'était pas douteux, mais il fallait l'engager pour l'honneur. Mieux valait succomber avec les martyrs, que conserver la vie avec un souvenir honteux.

D'un même mouvement leurs yeux se portèrent sur l'Empereur.

L'infortuné monarque semblait aussi malheureux qu'eux-mêmes. Ses traits contractés, ses joues tremblotantes décelaient son émotion, et sa main tourmentait son éventail posé sur la table à côté de lui.

Un instant les Français espérèrent. Le Fils du Ciel allait faire le signe de grâce.

Mais Tsou-Hsi remarqua le mouvement. D'un geste, machinal d'apparence, elle appuya le coude sur la table et fit tomber l'éventail à terre.

Kouang-Sou rougit, une flamme s'alluma dans ses yeux : ... elle s'éteignit aussitôt, et le Souverain courba le front. Tout était consommé, le drame s'accomplirait jusqu'au bout.

Le prince Tuan ouvrit la bouche pour achever son discours, mais une voix douce et triste partit de la rangée gémissante des chrétiens.

— Priez, mes frères; priez, mes sœurs, disait-elle; que le Maître de l'Infini pardonne à nos bourreaux et qu'il nous reçoive dans sa miséricorde éternelle.

Jamais le : *Morituri te salutant* des gladiateurs, inclinés devant la loge des Césars, ne produisit un effet semblable à ces paroles de pardon, de résignation, jetées au milieu de l'orgie.

Les convives se considérèrent, étonnés d'être absous par ceux-là dont ils réclamaient le supplice.

Et des lèvres blêmies des victimes s'élevait vers les

voûtes un murmure implorant d'une douceur inexprimable.

Un instant encore, et la pitié eût amolli les cœurs. Le chef boxer le sentit. Sa main droite décrivit un cercle rapide dans l'air.

De suite des gongs tonnèrent, une musique stridente emplit le Palais, couvrant la prière des condamnés, et processionnellement, des eunuques chargés de pinces, de sabres, d'instruments de torture inconnus, s'avancèrent entre les tables, parmi les fleurs et les lampadaires aux flammes balsamiques.

Ils se séparèrent en groupes muets, dont chacun entoura l'un des condamnés.

A cette vue, Cigale et Loret se levèrent, prêts à bondir : mais Roseau-Fleuri les vit, et ses mains jointes se tendirent vers Tsou-Hsi.

La Douairière lui sourit :

– Ma fille, dit-elle, tu es trop jeune pour supporter les fatigues de nos longues fêtes d'apparat. Rentre dans tes appartements. Que tes esclaves francs t'accompagnent. Je garde notre poète Liang. Il nous rappellera que tu songes à nous, et que tu souhaites pour nous des myriades de félicités.

Et vite, la princesse crispa ses mains menues sur les bras des jeunes gens, les entraîna tout étourdis vers la sortie, les poussa devant elle dans un couloir, et la porte refermée, elle s'adossa au panneau, la poitrine haletante, décolorée, mourante, sur le point de perdre connaissance.

Eux regardaient le corridor, encombré de corbeilles fleuries destinées à succéder aux bouquets s'étiolant dans les salles du festin. L'air lourd, chargé de parfums capiteux, pénétrait avec peine dans leurs poumons.

– Allons, allons, balbutia Roseau-Fleuri.

Ils obéirent machinalement. Quelques pas se font ainsi, puis tout à coup un cri déchirant, désespéré, retentit en arrière d'eux, de l'autre côté de la porte close. C'est l'agonie des chrétiens qui commence.

Les Français s'affolent, reviennent sur leurs pas, renversant les bottes de fleurs, piétinant chrysanthèmes et lotus; mais, leur barrant le passage, ils rencontrent la princesse.

Les bras étendus en croix, elle pleure :

– Je ne veux pas! Je ne veux pas!

Que leur importe cette résistance? Est-ce qu'elle compte pour eux, cette petite Chinoise, dont les parents, les amis torturent à cette heure des Européens?

Ils la repoussent... Ils passent, ils sont passés. Ils courent à la mort dans une griserie avide de martyre.

Alors Roseau-Fleuri fait retentir l'appel d'un sifflet. Des esclaves paraissent et, sur son ordre, saisissent Loret, Cigale, les emportent à travers les couloirs, les cours.

Les voici dans leur appartement. Une clef tourne dans la serrure. On les enferme.

C'est la princesse; elle crie à travers la porte :

– Mon doux Fiancé de Jade et de Perles, vous n'aurez plus désormais de gardiens fâcheux. Mais ce soir, je vous mets sous clef, comme le plus précieux des joyaux, car je crains les décisions de votre esprit troublé. Dormez; il faut se résigner à ce qui ne saurait être empêché.

Puis tout se tait.

Les prisonniers sont seuls, réduits à l'impuissance.

– Oh! je la hais! gronde René.

– Très bien, approuve Cigale; seulement il sera bon de lui dire le contraire, car plus que jamais je désire quitter ce palais et ces sauvages.

Le diplomate grince des dents.

Ainsi il devra mentir à la princesse, sourire à celle qui n'a pas eu une parole émue à l'adresse des martyrs, serrer la main fine qui portera désormais pour lui la tache sanglante de la cruauté chinoise.

Il se déshabille avec des exclamations rageuses.

Il se couche, s'enfonce sous les couvertures, avec l'espoir de dormir, de ne plus penser. Soins inutiles.

Son esprit travaille. Il revoit les salles où l'orgie se développe, les colonnes de marbre où pendent, guenilles humaines, des corps pantelants.

Dans sa tête se heurtent les cris de souffrance des

victimes, les vociférations des bourreaux, les encouragements des spectateurs impitoyables.

L'hallucination le secoue, éperdu. Il est là-bas, parmi ces mandarins, ces prêtres, ces guerriers en délire; les fleurs qui ornent les voûtes sont de sang, les torchères projettent des clartés rougeâtres sur l'assistance. C'est une assemblée de démons qui se contorsionnent dans un brouillard de pourpre. Des blessures béantes des martyrs, le sang coule en filets vermillon; cela tombe sur le plancher avec un bruissement sourd, devient une rigole, une flaque toujours plus large; le sol disparaît sous le liquide; c'est un lac empourpré dans lequel Tuan, agrandi, démesuré, étend voluptueusement ses pieds, chaussés de feutre, comme s'il pensait, cruel représentant d'une race décadente, en pleine décomposition, retrouver à cet horrible contact la vigueur et les mâles vertus des ancêtres.

VI

LA CLEF DES CHAMPS

Les captifs furent debout dès l'aube, cherchant une distraction à la douleur de n'avoir pu préserver les victimes de Tuan, brisés par cette nuit remplie de visions sanglantes; mais le soleil se leva, les ablutions matinales rafraîchirent les jeunes gens, qui chassèrent le souvenir de l'orgie cruelle pour songer seulement à la liberté qu'ils étaient décidés à reconquérir à tout prix.

Le raisonnement de Cigale se justifiait par l'événement.

De gardiens, plus l'ombre. Roseau-Fleuri, croyant être l'élue du cœur de René Loret, avait, dans sa joie, renoncé à la surveillance dont elle l'entourait naguère.

Cette preuve de confiance ravit le Parisien.

Dès onze heures, un esclave vint annoncer que la

princesse priait Loret à déjeuner ainsi que le seigneur Cigale.

La voir, continuer la comédie commencée la veille; non, maintenant cela était au-dessus de ses forces, déclara le jeune homme.

Ce à quoi le gavroche répondit :

– On n'attrape pas les mouches avec du vinaigre. Au surplus, vous êtes libre de dire à cette demoiselle que vous n'avez pour elle aucun penchant. Elle nous rendra nos geôliers; nous serons plus captifs que jamais.

– Si encore cette situation ne devait pas se prolonger...

– Je l'abrégerai autant que possible. J'ai une idée, mais, pour en préparer l'exécution, il me faut pouvoir circuler librement à travers la Ville Interdite. Arrangez-vous comme vous l'entendrez, mentez à la princesse ou ne mentez pas; cela m'est égal, pourvu que je n'aie pas un gardien dans les jambes.

Sur ce, Cigale s'était brossé, coiffé, avait frisé sa moustache naissante, puis avait confié à son camarade de captivité qu'il se sentait *une faim d'ours* et qu'il lui serait tout à fait agréable de *dire deux mots* au déjeuner de Roseau-Fleuri.

Dès les premières paroles de la jolie Chinoise, le diplomate se reprocha ses hésitations, son manque de courage. Elle racontait que la fête, au début de laquelle ils avaient assisté, continuait encore; qu'aucun invité, eux seuls exceptés, n'avait pu sortir des Six Palais d'Occident, et que, d'après l'indiscrétion d'un serviteur, il était permis d'affirmer que l'orgie durerait au moins jusqu'au lendemain.

Chaque phrase pénétrait dans l'esprit de René comme un fer rouge. Il revoyait les captifs enchaînés aux piliers de marbre, jaillissant de terre pour amener la poitrine des martyrs à la portée des brutes sanguinaires chargées de l'égorgement.

Etait-ce cela qui continuait à cette heure?

Un moment il ferma les yeux; l'hallucination de la nuit le reprenait. Cela dura dix secondes, amenant des gouttes de sueur aux tempes du jeune homme, puis le rêve se dissipa, emportant toute faiblesse. Désormais

Loret obéirait complètement aux conseils de son compagnon de chaîne.

Il venait de mesurer l'abîme jeté entre lui, civilisé d'Europe, et le monde chinois.

Roseau-Fleuri lui apparaissait comme un monstre issu de cette société sans pitié.

Toute faiblesse l'enchaînerait à elle; non, cela ne serait pas. Il la fuirait.

Et tandis qu'il répondait d'une voix caressante à ses doux propos, il pensait :

« Cette jeune fille est l'inconscience même. Elle m'a fait frissonner d'horreur devant cette fausse civilisation qu'elle représente, civilisation dont tous les raffinements aboutissent à l'égoïsme féroce, à la cruauté sans limites. Comme jadis les Gaulois enchaînés dans la Rome impériale, j'assiste à l'agonie d'un monde déjà en pourriture. Et elle, que tout cela laisse indifférente, elle se figure que je puis l'aimer. Oh ! stupide, trois fois stupide créature. »

L'accusant ainsi, il croyait se donner le courage de jouer le rôle de futur époux, épris de sa fiancée, et il ne s'apercevait pas que, déjà, dans les replis obscurs de son cerveau, d'une pensée encore inexprimée naissait une souffrance, dont il n'aurait pleine conscience que le jour où il ne reverrait plus, attachés sur lui, les grands yeux veloutés de Roseau-Fleuri.

Le repas prit fin et l'on parla de faire une promenade.

La petite princesse voulut elle-même guider ses hôtes à travers les méandres de la Cité Interdite.

Par les cours du Palais de l'Impératrice et du Guerrier Divin, elle les conduisit vers l'un des escaliers permettant d'atteindre la plate-forme qui domine l'enceinte et forme une terrasse protégée par des garde-fous recouverts de toiles jaunes.

De ce chemin de ronde, situé à douze mètres du sol, on domine les pagodes basses, on plonge dans les jardins de la Ville Rouge. Et si on tourne le dos à cette Cité Interdite, la vue s'étend sur la Ville Impériale, entre les maisons de laquelle des percées laissent apercevoir les ondes miroitantes des lacs du Nord et du Milieu.

Loret, Cigale marchaient distraitement aux côtés de Roseau-Fleuri. Elle parlait d'abondance, avec cette surexcitation que la joie donne aux jeunes filles. Elle disait les splendeurs du Palais :

– Ici, voici l'Office du Trésor, plus loin les serres, Jardins des fleurs de l'Ouest, les Pagodes de la Beauté Héroïque, du Juste Milieu, de la Tranquillité, de Longue Vie. Là, c'est la maison des Vieux Seigneurs, où sont rassemblées les statues des aïeux de l'Empereur; auprès, le Temple de la Longévité et de la Paix Miséricordieuse. En face de nous, à l'Est, les pavillons de l'Espérance, du Talisman, où le Souverain médite avant de prendre une résolution; la Salle du Conseil, celle de la Vénération des Ancêtres, la bibliothèque, les magasins de livres.

Devisant ainsi, tous trois continuaient leur promenade, atteignaient l'angle sud-ouest de la muraille, s'engageaient sur la partie de l'enceinte qui regarde le midi.

En avant d'eux, le chemin de ronde s'enfonçait sous une voûte sombre, resserrée entre les piliers massifs de soutènement d'un pavillon à plusieurs toits recourbés.

La princesse désigna cette construction :

– La maison dorée de la Porte Droite du Midi.

Et se penchant soudain sur le parapet, elle étendit la main vers la cour extérieure, dite des Arcs Conjugués, où ne se montrait aucun soldat de garde :

– Regardez, vous avez vu hier la puissance infinie de l'Impératrice. Les plus hauts, les plus puissants parmi les mandarins, attendent dévotieusement l'expression de sa volonté. Ici vous assistez à sa faiblesse vis-à-vis du peuple. Les soldats mandchous, préposés à la surveillance des portes, préfèrent les fermer et passer leur temps dans le corps de garde à dormir. Aucun édit n'a pu les arracher à ces habitudes d'oisiveté. L'Impératrice même y a renoncé.

– Pourtant, hasarda le Parisien qui semblait ressentir un intérêt inexplicable pour les guerriers mandchous, la discipline...

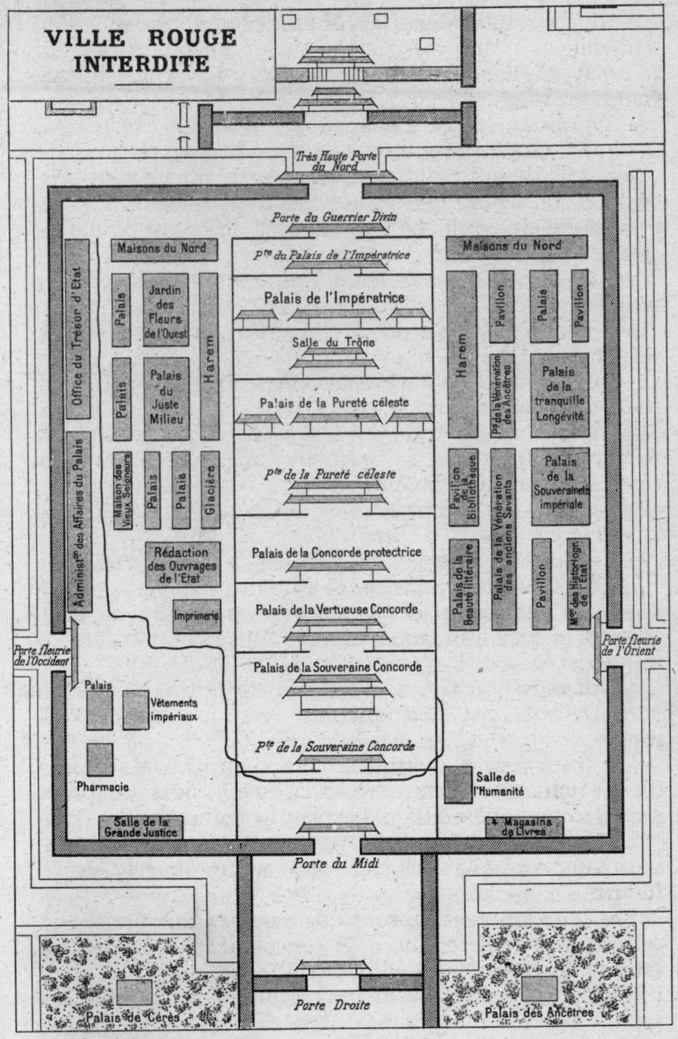
VILLE ROUGE INTERDITE
Très Haute Porte du Nord
Porte du Guerrier Divin
Pte du Palais de l'Impératrice
Palais de l'Impératrice
Salle du Trône
Palais de la Pureté céleste
Pte de la Pureté céleste
Palais de la Concorde protectrice
Palais de la Vertueuse Concorde
Palais de la Souveraine Concorde
Pte de la Souveraine Concorde
Porte du Midi
Porte Droite
Maisons du Nord
Office du Trésor d'Etat
Palais
Jardin des Fleurs de l'Ouest
Harem
Palais du Juste Milieu
Administn des Affaires du Palais
Maison des Vieux Seigneurs
Glacière
Rédaction des Ouvrages de l'Etat
Imprimerie
Porte fleurie de l'Occident
Vêtements impériaux
Pharmacie
Salle de la Grande Justice
Palais de Cérès
Maisons du Nord
Pavillon
Pd de la Vénération des Ancêtres
Palais de la tranquille Longévité
Pavillon de la Bibliothèque
Palais de la Vénération des anciens Savants
Palais de la Souveraineté impériale
Palais de la Beauté littéraire
Mon des Historiogr. de l'Etat
Porte fleurie de l'Orient
Salle de l'Humanité
Magasins de Livres
Palais des Ancêtres

— La discipline ! Parlez donc de cette chose à des guerriers, servant volontairement pour vivre à ne rien faire avec une solde modique. Mais ils démissionneraient en masse.

— Alors en cas de guerre...

— Oh ! fit-elle avec une nuance d'orgueil, en cas de guerre, ils savent combattre et mourir, car ils sont braves. Le Mandchou ignore la peur. Mais, durant la paix, ils répugnent aux besognes serviles de la vie de garnison.

— De sorte, ricana Cigale, que les portes du Palais ne sont pas gardées ?

Un sourire insouciant se joua sur les lèvres de la princesse :

— Qu'importe ! Si le respect des foules suffit à en écarter les profanes ?

Le trio était parvenu à l'entrée de la voûte étroite. Roseau-Fleuri passa la première; aussitôt le Parisien tira Loret par la manche :

— Vous avez entendu ?

— Quoi ?

— Cette porte n'a pas de gardiens à l'extérieur.

— Ils sont en dedans, mon ami.

— Oui, mais en suivant le chemin de ronde, on peut gagner le pavillon sous lequel nous sommes en ce moment.

— Et puis ?

— Dame !... par une fenêtre... avec une corde assez longue.

La princesse se retourna, appelant Loret auprès d'elle; mais une métamorphose, qu'elle ne soupçonna point, s'était opérée dans l'esprit du jeune homme.

Captif découragé un instant plus tôt, il avait maintenant, au propre et au figuré, une fenêtre ouverte sur la liberté.

Plus que jamais il importait de ne pas se trahir.

Aussi René redoubla-t-il de prévenances, de gaîté. La fatigue de la comédie qu'il jouait, il ne la sentait plus. L'espérance, cette fille divine du bonheur, chantait en lui.

Malgré tout, les heures lui parurent longues. Il attendait impatiemment le soir où, rentré chez lui, seul avec son compagnon, il pourrait parler de l'évasion dont la possibilité s'était révélée à lui.

Et il jetait des regards attendris sur cet enfant de Paris, si simplement « débrouillard », si naïvement intrépide, toujours prêt à s'engager dans les passes les plus difficiles, toujours gai, lançant avec l'insouciance d'un passereau la phrase imagée, cocasse, qui d'une morne situation dramatique fait un effet de vaudeville.

Comme tous ceux que, dès le berceau, la fortune a comblés de ses dons, le diplomate n'était pas exempt de préventions à l'égard du peuple parisien. Il l'avait vu de loin, railleur, indiscipliné, irrespectueux des hommes et des choses. Il l'avait cru ennemi de toute hiérarchie, de toute autorité, réfractaire à toute discipline, et voilà que l'intrusion de Cigale dans sa vie lui révélait le Parisien réel, toujours supérieur à sa condition, par le fait scul qu'il a poussé entre les pavés de la Grande Ville, au milieu des multiples manifestations de l'art, dans les rues où flotte la pensée dont s'abreuve le monde.

Son attitude frondeuse à l'égard des puissants lui apparaissait à présent légitime. Tant de grands personnages ne sont que des bulles gonflées de vent, et le gavroche, enfermé dans l'âme de tout Parisien, est trop fin, trop délié pour ne pas dépouiller le fantoche des oripeaux qui, seuls, lui prêtent une valeur.

Tout d'abord, il avait accueilli Cigale avec réserve, comme il convient entre gens d'éducation différente, alors même que le malheur les abaisse également, et peu à peu il avait été conquis par la franchise, par la rectitude de jugement, par la fermeté du jeune homme. Certes, l'expression chez l'ex-courrier du tsar n'était pas toujours d'une correction absolue; le langage trop imagé parfois pouvait effaroucher les oreilles prudes, mais la pensée en jaillissait, constamment sincère, droite, vaillante.

Tout à l'heure, sur une phrase à laquelle, lui, le lettré, n'avait pas prêté attention, le cerveau inventif de Cigale ne venait-il pas d'échafauder tout un plan d'évasion?

Le fils de bonne famille, le diplomate élégant, rentrant en lui-même, était obligé de s'avouer que, dans l'adversité commune, le Parisien s'était constamment montré supérieur à lui.

Et le soir, après les longs discours d'adieu à Roseau-Fleuri, quand les deux prisonniers se furent verrouillés dans leur appartement, Loret s'écria :

– A présent, mon cher ami, causons un peu de nos affaires.

Cigale eut un sourire narquois.

Il remarquait que, pour la première fois, son compagnon lui donnait ce titre d'ami; mais, bon prince, il se borna à lui renvoyer le terme :

– Causons donc, mon cher ami, puisque cela vous est agréable.

Cette nuit-là, les prisonniers dormirent profondément.

La matinée du lendemain s'écoula sans que la princesse donnât de ses nouvelles.

Le Parisien, tout à son idée de fuite, voulut s'assurer que dorénavant il serait libre de vaguer à son gré dans l'enceinte de la Ville Rouge. Il descendit, traversa la cour fleurie du Palais, escalada la muraille, parcourut le chemin de ronde.

Les serviteurs, eunuques, guerriers, qui le croisaient, le considéraient d'un air débonnaire. Quelques-uns même le saluaient de la tête, mais nul ne s'inquiéta de ses allées et venues.

Il rentra ravi. L'expérience était concluante. Désormais sa prison serait élargie de toute la superficie de la Ville Interdite.

Comme il détaillait à René les incidents de son excursion, des esclaves apportèrent le déjeuner.

– Ne verrons-nous pas la radieuse princesse Roseau-Fleuri ? demanda le secrétaire d'ambassade à ces serviteurs.

– Plus tard, répondirent-ils. Le très savant Liang est revenu de la Fête Impériale ce matin seulement. Il prend un repos dont il avait grand besoin, et la princesse, aux regards d'étoile, attend son réveil.

– Déjeunons donc, conclut René s'adressant à

Cigale (et baissant la voix :) Fasse le ciel qu'il dorme longtemps !

A sa grande surprise, le Parisien secoua la tête :

– Non, non, ne souhaitez pas cela.

– Pourquoi ?

– Parce que j'ai besoin de son concours.

– De son... ?

– Pour me procurer la corde... Vous n'avez point l'intention de sauter de la crête du mur... Un saut de douze mètres; avec cela on se brise les pattes et ça gêne pour la course à pied.

– C'est juste, je n'y songeais pas.

Mais, tout en attaquant les mets, le diplomate reprit :

– A propos, comment vous y prendrez-vous pour obtenir de Liang une corde assez longue ?... Il est très subtil, ce mandarin, et le soupçon...

– Bon ! Je ne la lui demanderai pas.

– Alors ?...

– Seulement il me conduira à l'endroit où il y en a. Une fois là, je me charge d'en cacher assez pour notre consommation.

Comme Loret insistait pour en savoir davantage, le Parisien cligna de l'œil et gaiement :

– Déjeunez tranquille. Si je vous dis tout, il n'y aura pas de surprise. Vous verrez... J'ai mon idée...

– Vous la croyez bonne ?

– Excellente.

– Cela me suffit. Je m'en rapporte à vous.

– Et bien vous faites. Ce soir ou demain, il faut compter avec l'humeur du mandarin, plus rien ne nous manquera pour fausser compagnie aux faces jaunes... Il s'agira seulement de guetter une occasion favorable.

Puis avec une de ces intonations inimitables dont les Parisiens ont le secret, Cigale conclut :

– Ça me chiffonne de ne pas emmener ce brave M. Liang... Il est bon garçon, et puis il n'a pas sa langue dans sa poche. *C'est un zig !*

Il était dit que les désirs de Cigale seraient exaucés ce jour-là.

Vers deux heures, le poète fit passer aux Européens sa carte rouge et se présenta peu après.

Avec des paroles aimables, il serra les mains de Loret, de son ami.

– Je viens vous voir et je vous accompagnerai à la promenade. Vous préféreriez sans doute le joli minois de ma nièce, mais il lui faut garder la chambre.

Rien ne pouvait être plus agréable à Loret dans la disposition d'esprit où il se trouvait; pourtant il affecta un air désolé :

– Serait-elle souffrante?

Liang se toucha le front.

– Oui, de là.

– Mal à la tête, migraine?

– Non; folies, superstitions. Je pensais l'avoir guérie de ces billevesées qui hantent mes compatriotes. Je me trompais. Toute croyance est une faiblesse. Depuis que Ta-Hsan, la déesse des unions heureuses, a étendu son manteau sur sa tête, elle consulte les astrologues, les diseurs de bonne aventure, les académiciens du Fong-Choué.

A ce dernier mot, Cigale leva les bras vers le ciel.

– Qu'est-ce que c'est que ce Fong-Tchoué? Avant-hier soir il vous a permis, paraît-il, de me sauver la vie... Aujourd'hui Mlle Roseau-Fleuri l'appelle à propos de son mariage.

– Bon, murmura Liang en haussant les épaules avec un indicible dédain, je n'en sais rien.

– Vous, un Chinois, vous ignorez?

– Absolument... et tous mes compatriotes ignorent également... Ils y croient d'ailleurs d'autant plus qu'il leur est impossible de le définir.

Puis cherchant ses mots :

– Ce n'est pas un génie... C'est une abstraction nuageuse, une sorte d'influence exercée par les choses sur les bons et les mauvais esprits. Un exemple vous éclairera plus que toutes les dissertations. Tenez... Vous connaissez de nom le seigneur Favier, qui est le vicaire métropolite des chrétiens de Péking?

– En effet.

– Bon. Alors écoutez son aventure. Autrefois la cathédrale catholique était installée à Pe-Tang, tout près des murailles de la Ville Impériale. On s'avisa que, du haut de son clocher, on dominait l'enceinte, et que l'on pouvait regarder par-dessus. Probablement quelque mandarin, zélé pour la chose publique et pour son avancement, rédigea un rapport sur la question. Bref, la Cour s'émut, entra en pourparlers avec le seigneur Favier et lui racheta la concession du terrain occupé par lui. En échange, l'Empereur lui reconnut une concession plus grande, mais plus éloignée, et lui attribua une indemnité pour le transfert de sa cathédrale.

– Mais le Fong-Choué ?

– Vous l'allez voir apparaître. Favier commence à reconstruire son église. Les fondations se creusent... La masse des constructions s'élève au-dessus du sol, de dix, de vingt, de trente mètres... Mais alors, il passe par la cervelle d'un habitant qu'un bâtiment aussi haut gênera peut-être les promenades aériennes des Purs Esprits, irritera ceux-ci, et déterminera un Fong-Choué défavorable. Vite il confie cette folie à un voisin qui la trouve sage. Bref, la billevesée se colporte, s'enfle, grossit, prend la consistance d'une Vérité Essentielle, et voilà le quartier en émoi. La foule apeurée court au yamen du mandarin, chargé de la sécurité. Celui-ci s'effare à son tour, se précipite chez le Ministre des Rites, lequel s'élance aussitôt vers les Palais du Fils du Ciel. Kouang-Sou frémit à la pensée du Fong-Choué mécontent. L'ordre est donné de suspendre l'édification de la cathédrale; frissonnant, le Ministre des Rites le transmet au mandarin de quartier qui tremble et qui, suivi par la foule grelottante d'angoisse, le signifie à M. Favier.

– C'est absurde, laissa échapper Cigale.

Liang le reprit doucement :

– Ne parle pas en barbare. Dis que mes compatriotes sont des enfants à la fois très crédules et très défiants.

– Si vous voulez. Mais comment l'évêque se tira-t-il de là ?

– Oh ! simplement au moyen du talisman d'or.

– Un pot-de-vin, traduisit le Parisien.

– Offert au premier astrologue de la Cour, et grâce auquel celui-ci déclara, en s'appuyant sur des textes indiscutables, que les génies se promenaient à cent mètres du sol. Le seigneur Favier promit d'arrêter son clocher à 99 mètres et la cathédrale fut achevée.

Si préoccupés que fussent les jeunes gens de leur propre situation, ils ne purent se tenir de rire de l'anecdote.

Ils étaient prêts d'ailleurs, et conduits par Liang, ils sortirent.

Le lettré, enchanté d'avoir des auditeurs en présence de qui sa verve sarcastique pouvait s'exercer sans contrainte, leur racontait maintenant la façon dont la fête impériale s'était terminée.

– Rien n'est plus drôle, disait-il tout en marchant à petits pas. Cela m'a coûté deux mille taëls, mais je ne les regrette pas, car ils m'ont été enlevés avec élégance. Le but de la réunion des mandarins était de faire de l'argent pour *armer* les Boxers, car les caisses du Trésor sont vides.

– Alors on vous a fait payer votre dîner ?

– Oui, mais suivant un mode original. Après le festin, nous passâmes dans les Maisons Réunies du Nord où un théâtre avait été dressé. Là, la Douairière, au nom de l'Empereur qui ne l'est réellement que de nom, nous tint le discours que voici : « O nobles hommes de Chine, nous avons voulu que ces fêtes fussent inoubliables et dépassassent en splendeur et en durée toutes celles qui les ont précédées. J'ai, pendant de longs jours, mis à la torture ma cervelle impériale, afin de vous assurer des plaisirs dignes de nous, de vous, et si je m'étais trompée, je n'aurais d'autre ressource que de faire tomber ma tête, puisqu'elle m'aurait induite en erreur. J'espère donc que vous aurez joie et amusement, et que nul, par une retraite précipitée, ne me mortifiera. »

Et avec un rire silencieux, le lettré ajouta :

– Vous comprenez le sens de l'invitation. Celui qui se retirerait deviendrait un ennemi et le châtiment de sa faute ne se ferait pas attendre. Or le spectacle a duré trente-six heures. D'abord les lecteurs du Palais ont donné une audition de mon poème : *La Guerre de Demain du Dragon chinois et du Diable Etranger.* Ci :

douze heures. Ensuite on donna la Trilogie de Confucius : *Confucius insensé, Confucius éclairé, Confucius sage :* environ dix-huit heures. Et enfin la pièce de *Tao-Tse forçant les Palais de Bouddha.*

– Brrr ! s'exclama Cigale, quelle tranche de littérature !

– L'invention est géniale, vous dis-je. Dès la quinzième heure, la faim tourmenta les spectateurs. Un buffet était dressé, ils s'y précipitèrent au premier entracte; mais sur le seuil, ils se heurtèrent au Ministre des Finances, qui leur déclara, ferme et net, que des sujets rebelles seuls se gorgeaient aux dépens de leurs Souverains, sans avoir l'idée de leur offrir un présent. Dans un discours très étudié, il leur rappela qu'un cadeau, pour être agréable, doit être proportionnel à la fortune du donateur, et il nous taxa en conséquence. Bref, quelques tasses de thé et des petits pains à la viande de porc m'ont coûté quinze mille francs de monnaie franque; mais le même repas fut évalué pour Tching à cent quarante mille, et à deux cent mille pour Li-Hung-Tchang. Les sommes recueillies se montèrent à quarante millions de francs, qui furent aussitôt remis à Tuan, généralissime de l'insurrection contre les étrangers. Originale, n'est-ce pas, cette manière de lever un impôt de guerre ?

Et le lettré riait, bien que victime du procédé, vantant l'adresse et l'imprévu artistique des combinaisons de la Douairière Tsou-Hsi.

A la grande surprise de Loret, Cigale fit chorus avec le poète. Très gravement, il exprima le regret que les gouvernements d'Europe n'usassent pas de pareils moyens.

– C'est un impôt facultatif sur le revenu, conclut-il, excellent pour équilibrer le budget; – ce qui transporta d'aise l'oncle de Roseau-Fleuri, à tel point qu'il ne s'aperçut pas de la désinvolture avec laquelle le Parisien fit dévier la conversation.

Un coup de coude dans les côtes de René l'avait averti que l'entretien sérieux allait commencer.

– Ma foi, reprit Cigale d'un ton pénétré, il faut venir

en Chine pour comprendre que ce pays a raison de se fermer aux Européens.

— Non, non, protesta Liang, dupe de la bonhomie de son interlocuteur. La Chine trouverait de grands avantages à étudier vos mœurs, vos coutumes et surtout votre industrie. Non pas qu'elle tende à opprimer les autres nations. Elle a le mépris des gloires militaires, car Confucius et, après lui, tous les penseurs l'ont sagement dit : La plus grande preuve d'amour qu'un homme puisse donner aux Divinités et aux Ancêtres, est de conserver, intact jusqu'à la mort, le corps qui lui a été confié... Or dans les batailles, on taille, on troue, on déchire, ce qui est malpropre et peu civilisé. Mais laissant aux étrangers la fabrication des canons, fusils et autres engins destructeurs, elle pourrait façonner les charrues, les vêtements, les conserves, que sais-je encore ?... Tout ce qui enrichit et rend l'existence plus supportable.

— Oh ! interrompit le Parisien en baissant modestement les yeux, ce n'est toujours pas sur le tissage de la soie que nous vous apprendrions quelque chose. Je regardais, l'autre jour, les robes des invités au dîner d'apparat.

— Ah ! pour cela, murmura Liang flatté...

— Et le costume de l'Empereur, continua le Parisien avec un enthousiasme croissant, du *vrai nanan*. Ah ! en voilà un prince dont la garde-robe doit être une exposition *pas ordinaire*. Seulement, acheva-t-il d'un ton contrit, *c'est pas* permis de visiter.

— Mais si.

— Quoi ! on peut... nous pourrions ?...

— Avec moi, oui.

Cigale joignit les mains.

— Oh ! conduisez-nous, dites !

Le lettré n'eut garde de refuser. Artiste, appréciant à sa haute valeur la perfection de la broderie chinoise sur soie, il ne se douta pas que la requête du Français cachait une arrière-pensée.

Aussi, traversant les cours successives, il franchit avec ses compagnons la grille aux Dragons, séparative des Palais et des Annexes, et atteignit bientôt le pavillon des Vêtements Impériaux.

Le chambellan, préposé à la Conservation des Parures du Fils du Ciel, s'empressa de déférer au désir exprimé par le poète, et prenant la tête de la petite troupe, il la guida à travers les salles, où dans de vastes armoires s'alignaient, soutenus par des patères d'or, les innombrables robes, vestes, pardessus, culottes, chapeaux, diadèmes, couronnes du Souverain Maître de l'Empire du Milieu.

Avec plus de bruit que de bonne foi, Cigale s'extasiait sur chaque chose et Loret, stimulé par d'incessants coups de coude, l'imitait de son mieux.

Le lettré souriait, le chambellan exultait d'entendre des barbares avouer leur étonnement devant ces soieries, merveilleuses en réalité.

Enfin on arriva à une petite pièce où, dans des casiers à jour, reposaient, en pile régulières, des objets dont les Français ne comprirent pas de suite la nature.

Un mot du cicérone les éclaira :

– La salle des Cadeaux Précieux.

Les Cadeaux Précieux, c'est-à-dire ceux que le Fils du Ciel envoie par ses eunuques à ceux qui doivent mourir.

En effet, des cahiers de feuilles d'or s'étageaient auprès de colonnes de paquets contenant des poisons variés.

Plus loin des tresses de soie blanche ou jaune enroulées remplissaient les casiers.

Cigale eut un regard expressif à l'adresse de Loret et, tandis que les deux Chinois lui tournaient le dos, sa main exécuta dans l'air un moulinet dont le diplomate ne comprit pas le sens.

Au même instant, du reste, un fracas épouvantable de vitres brisées retentit dans les salles que les visiteurs avaient traversées tout à l'heure.

Le Parisien eut un cri et, comme pris de peur, il se jeta vivement derrière le casier aux tresses de soie. Le chambellan, Liang, étonnés, coururent vers l'endroit où s'était produit le vacarme.

Comme Loret se disposait à les suivre, Cigale l'arrêta et accompagnant les Célestes d'un geste ironique :

– Restez donc, une pierre dans une vitrine. J'avais le caillou dans ma poche depuis hier, ramassé sur le mur de l'enceinte.

– Pourquoi faire cela ?

– Pour avoir le temps de cacher la corde de soie.

Et, rapide comme la pensée, le Parisien choisit un certain nombre de tresses qu'il fit disparaître sous son gilet.

René eut une exclamation. Il avait compris. Ainsi que Cigale l'avait affirmé, il avait utilisé Liang pour se munir de la cordelette nécessaire à l'évasion projetée.

Son larcin accompli, le jeune homme entraîna Loret vers la sortie. Ils trouvèrent Liang et le conservateur, discutant à perte de vue devant une vitrine dont la glace était en morceaux. Le second tenait à la main un fragment de brique. Qui donc avait pu se permettre de lancer ce projectile ? La cour, l'avenue de la Porte de l'Ouest étaient désertes.

– C'est un Dragon qui a passé dans l'air, fit le chambellan, s'abandonnant en désespoir de cause à l'une des superstitions nationales par lesquelles les Chinois expliquent tout ce qui paraît inexplicable.

L'incrédule Liang le toisa avec dédain, mais il ne protesta pas. L'expérience lui avait appris que la lutte contre certaines idées ridicules était impossible.

Mais pas plus qu'à son compatriote ne lui vint la pensée d'accuser les Français.

Quant au conservateur, satisfait de croire qu'un Dragon Volant avait, de son aile puissante, heurté le mur de la Ville Rouge et projeté un fragment de brique, il reconduisit les visiteurs jusqu'à la porte et se dirigea vers le Pavillon des Verreries et Porcelaines, afin de prescrire la réparation immédiate de l'armoire endommagée.

Cigale, que les cordelettes de soie, entassées sur sa poitrine, rendaient un peu plus gros qu'auparavant, déclara avec aplomb qu'il souffrait d'une dilatation d'estomac. Sous couleur de se soigner, il quitta ses compagnons et alla s'enfermer dans son appartement.

Là, la porte dûment verrouillée, il se mit activement à relier entre elles les tresses de soie dérobées, et quand Loret rentra à son tour, il lui annonça triomphalement qu'il disposait d'une corde de quinze mètres, nouvelle que le diplomate accueillit avec une émotion silencieuse, en pressant énergiquement les mains du brave garçon.

L'évasion était préparée; il ne s'agissait plus que de profiter d'un moment favorable.

Plusieurs jours s'écoulèrent pourtant sans que l'occasion se présentât.

Loret passait ses après-midi auprès de Roseau-Fleuri et de Liang. Cigale, prétextant de l'humeur chagrine résultant de sa « dilatation persistante », partait de son côté, faisant de longues stations solitaires sur le chemin de ronde.

Il étudiait le terrain, s'assurait que jamais un Mandchou ne montait la garde en dehors de la Porte du Midi.

Une ou deux fois, il eut maille à partir avec Nô. Le Bouddha Vivant l'avait pris en aversion et lui lançait des pierres, le forçant ainsi à battre en retraite; car, après l'aventure du Festin d'Apparat, le Parisien se rendait compte qu'une riposte le conduirait tout droit aux mains du bourreau.

Esprit inventif, il trouva un moyen terme : une corde tendue à un angle du chemin de ronde arrêta brusquement les jambes de Nô, comme ce vindicatif personnage pourchassait le Franc pour la troisième fois, et, victime de la vitesse acquise, le Bouddha Vivant s'étala rudement à terre.

Rien ne rend prudent autant qu'une culbute. A dater de ce moment, Nô n'inquiéta plus Cigale.

Mais Loret se consumait d'impatience. Chaque jour rapprochait l'heure où il lui faudrait, d'après l'ordre de l'Impératrice, épouser la gentille Roseau-Fleuri.

Le souvenir des martyrs le remplissait d'horreur à la pensée de s'unir à cette fille des bourreaux, et, en même temps, il avait la perception troublante que ce malheur lui serait doux, qu'il viderait ce calice avec plaisir.

C'est qu'elle était charmante, la mignonne princesse, et ses superstitions locales lui prêtaient une grâce de plus. Elle s'évertuait d'ailleurs à les dissimuler, à les remplacer par les idées françaises. Les progrès étaient lents, mais sa bonne volonté si grande, qu'il eût fallu un cœur de roc pour ne pas être touché.

Et Loret n'était pas du tout un cœur de roc, et il se rendait compte de l'affection qu'il inspirait par la persévérance avec laquelle sa « fiancée » essayait de rapprocher de la pensée française la pensée chinoise.

Il rêvait à ces choses en attendant Cigale.

Soudain la porte s'ouvrit. Le Parisien parut sur le seuil.

Son visage animé, ses yeux brillants indiquaient une surexcitation anormale.

D'un bond, il fut auprès du diplomate, et d'une voix assourdie :

– C'est pour ce soir, dit-il.

René se redressa tout d'une pièce.

– Pour ce soir ?

– Oui.

– Que se passe-t-il donc ?

– Un sacrifice extraordinaire sera fait aux dieux. Tout le personnel des résidences impériales a reçu l'ordre de rester la nuit entière en prières dans le temple des Dix Mille Bouddhas.

– Est-ce certain ?

– Je tiens la nouvelle de Liang, que je viens de rencontrer. On l'avait informé à l'instant de la volonté de l'Impératrice. Digne femme, en voilà une qui joue notre jeu. Tous les *cocos jaunes* enfermés dans leur temple, c'est la route libre pour nous.

– Cette nuit, murmura Loret avec un accent étrange, où un observateur attentif eût pu démêler une vague tristesse, nous quitterons la Ville Rouge.

– Pour n'y plus revenir, ajouta le Parisien.

Il ne remarqua pas le battement de paupières de son interlocuteur et, poursuivant son idée, il exposa « l'ordre et la marche des événements ».

Vers onze heures, on quitterait le pavillon, on gagnerait l'enceinte et, par le chemin de ronde, on se trouverait bientôt au-dessus de la Porte du Midi. Une fois là, la tresse de soie fixée à une barre d'appui, à un créneau, on se laisserait glisser au-dehors. On serait délivrés.

En proie à une nervosité extrême, Cigale ne tenait plus en place. Il comptait les heures, courant de la table devant laquelle René s'était assis, le front appuyé sur ses mains, à la fenêtre.

Il jetait un regard dans la cour fleurie, constatait qu'une à une les lumières s'éteignaient, que les allées et venues des fonctionnaires, des esclaves, se faisaient plus rares.

Puis il revenait auprès de son ami, consultait sa montre, appelant les heures, les demies, les quarts, tel un personnage automatique des horloges du moyen âge.

— Dix heures, dix heures et demie, dix heures quarante, quarante-cinq, cinquante. Plus une clarté aux croisées, plus une forme humaine dans les cours. On dirait un palais abandonné, une cité morte... Dix heures cinquante-cinq... Onze heures.

Ces derniers mots furent prononcés dans un sourd rugissement de joie.

En un instant, Cigale eut roulé sa corde de soie autour de sa taille, éteint la lampe de porcelaine qui éclairait la chambre, et saisissant le diplomate par la main, il l'entraîna dehors.

Déserte était la cour de l'Impératrice, déserte celle du Guerrier Divin, désert l'escalier de brique de l'enceinte, désert le chemin de ronde.

Tous deux vont avec précaution cependant, courbés derrière les parapets où les tuiles jaunes émaillées reflètent le scintillement des étoiles. Mais rien n'arrête leur marche. Cigale a dit vrai, le palais semble abandonné.

Ils parviennent en face du pavillon qui domine la Porte du Midi. Ainsi qu'une tour la construction s'élève, découpant sur l'indigo du ciel sa silhouette étrange, aux toits superposés, qui s'effilent en pointes recourbées.

Les voici sous la voûte, entre les piliers de soutien du

pavillon. Une porte est entrebâillée à leur droite. Parfait. Ils entrent. Ils sont dans une salle carrée; du centre part un escalier tournant qui accède aux étages supérieurs. Cela ne les intéresse pas. Leur attention s'est portée vers les fenêtres. C'est par l'une d'elles qu'ils vont descendre vers la liberté.

Déjà le Parisien s'apprête à ouvrir, quand des cris aigus retentissent derrière lui. Il se retourne et voit Loret aux prises avec un être qu'il prend d'abord pour un singe. Mais il regarde mieux. Il reconnaît Nô, masqué de porcelaine, vêtu de ses oripeaux de Bouddha Vivant.

Nô crie, siffle, rugit. Il va attirer les guerriers de garde; il faut qu'il se taise. Coups de poing, coups de pied pleuvent sur lui en manière d'avertissement. Il braille de plus belle.

Sapristi ! Cigale s'exaspère. Si la scène se prolonge, l'évasion sera manquée. Sous sa main, le jeune homme trouve un barreau de fer, morceau détaché par l'usure de la rampe de l'escalier, et qu'un esclave négligent a laissé là. Sans réfléchir, Cigale lève cette arme, la laisse retomber sur le crâne de Nô et soudain les cris cessent, le Bouddha Vivant chancelle, puis tombe sur le sol, assommé. Le Bouddha Vivant est mort.

– Tant pis pour lui, murmure le Parisien, il n'avait qu'à nous laisser tranquilles.

Mais il s'arrête, inquiet. Un bruit de pas, des voix résonnent au-dehors.

– On vient, chuchote René, on vient par le chemin de ronde.

– Cachons-nous, conseille Cigale.

– Où ?

– Là-haut !

Ce disant, le jeune homme enlève le corps de Nô et s'engage dans l'escalier. Ils atteignent le premier, le second palier. Ils écoutent. Le grincement de la porte leur annonce que d'autres personnes entrent dans le pavillon. Les marches de l'escalier gémissent sous un pas lourd.

– Dans le belvédère, ordonne Cigale. J'ai exploré cela... On peut s'y cacher.

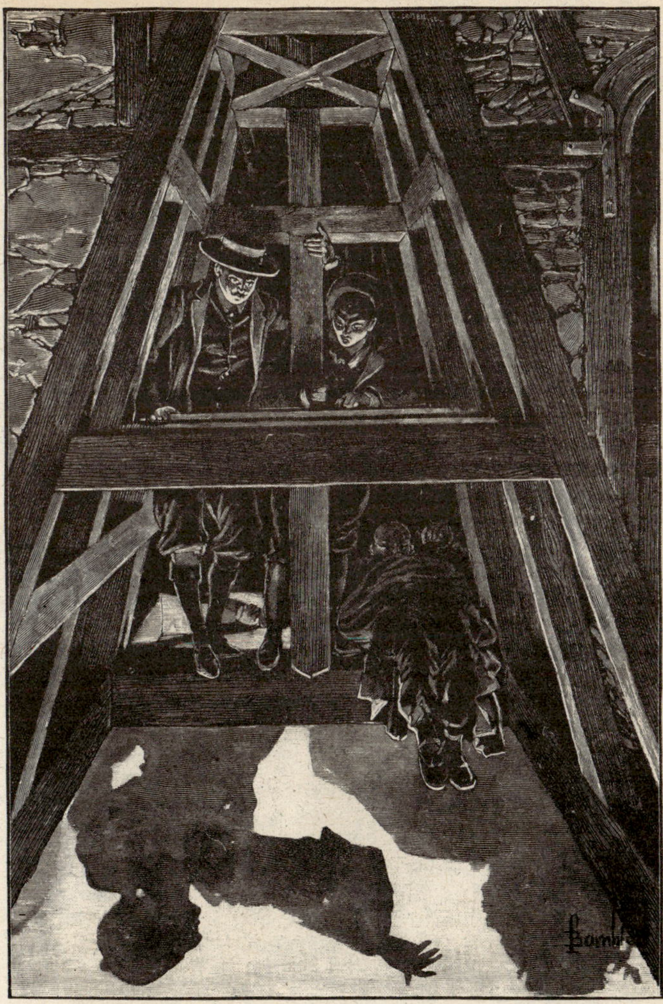

DES OMBRES SE PROFILENT SUR LE VÉLUM.

Et l'ascension est reprise. Les deux vivants, le défunt arrivent sans bruit dans une sorte de clocheton octogonal, dont les boiseries ajourées laissent le regard s'étendre au loin sur la capitale endormie, sur la campagne baignée d'une ombre bleutée.

Au-dessus de la tête des fugitifs, un vélum de cotonnade bleue est tendu.

— Grimpons, nous nous nicherons sur les solives entrecroisées.

Et joignant l'action à la parole, Cigale disparaît derrière le vélum. Puis il hisse Nô qu'il a fixé à l'extrémité de la tresse de soie. A son tour Loret exécute l'ascension.

Tous trois sont accroupis sur les solives en croisillons qui soutiennent le belvédère. Sous leurs pieds, le vélum se déploie, les cache de sa cotonnade protectrice.

Ils ne peuvent voir, mais ils entendent.

Ceux devant qui ils ont fui montent lentement, sans se presser. Ce n'est point l'allure de gens lancés à la poursuite de fugitifs.

Mais alors, qui donc, à cette heure, enfreint l'édit impérial prescrivant à tous de prier dans le temple des Dix Mille Bouddhas ?

Le vélum est éclairé par-dessous, des ombres se profilent à sa surface, ombres chinoises dans toute l'acception du mot, car elles appartiennent, les Français le reconnaissent, à Tsou-Hsi, au prince Tuan.

Que viennent faire ici l'Impératrice Douairière et le chef redouté des Boxers ?

Ils parlent, bien loin de penser qu'ils peuvent être entendus.

— Pourquoi m'avoir conduite ici ? interroge Tsou-Hsi en respirant avec bruit, car l'obèse souveraine est essoufflée.

— Pour te montrer le sacrifice que je dédie, en cette nuit, aux dix mille Bouddhas, répond l'organe dur du chef boxer.

— Un sacrifice ?

— Oui, l'encens, les fleurs, les agneaux sont des offrandes agréables venant de la part de lettrés, de femmes, d'enfants; mais nous, les hommes de guerre, il nous faut donner davantage.

Et après un silence :

– Regarde à l'Est. Que vois-tu?

– Une langue de feu qui jaillit du sol.

Loret et Cigale, à travers les découpures de la coupole, fixèrent leurs yeux sur le point désigné.

– Cette langue de flammes est celle de l'incendie qui va dévorer la résidence d'été des Anglais.

Les Français eurent un mouvement de surprise.

– Tourne ton attention vers le Sud, poursuivit Tuan. Des points lumineux courent sur la plaine, n'est-ce pas?

– Oui.

– Ce sont les torches qui allument les maisons des chrétiens, les greniers réservés aux Légations, la mission de La-Tbé.

Et à mesure qu'il parlait, les flammes grandissaient, se balançant sous la poussée du vent. Aux yeux terrifiés des fugitifs, la campagne se tachetait de lueurs rouges, sans cesse plus nombreuses. Et Tuan continuait, nommant les points à l'Ouest, au Nord, où le feu accomplissait l'œuvre de destruction. Son ombre, sur le vélum, s'agitait ainsi qu'un gnome sombre, malfaisant, jetant à poignées les calamités sur la terre. Ses bras s'étendaient menaçants; son nez recourbé en bec s'allongeait en caricature grotesque et effrayante; sa voix sonnait comme un glas funèbre :

– Le chemin de fer de Péking à Tien-Tsin est coupé, les gares détruites, le personnel massacré. Plus de communications télégraphiques entre les Légations et la côte. Nos braves occupent tout le pays. Aucun messager ne passera. Maintenant je vais lancer mes troupes sur les Légations. Qu'elles soient détruites, que les ruines écrasent les ambassadeurs étrangers, et que la nouvelle de cette hécatombe fasse trembler les nations barbares que notre longue clémence a poussées à nous envahir. Salue l'incendie, ô Reine, il éclaire l'indépendance chinoise enfin reconquise!

Maintenant la campagne s'empourprait, une clarté rougeâtre planait sur la ville, s'accrochant aux toits des pagodes, aux flèches des cathédrales, aux couvertures imbriquées des yamens.

Et l'ombre de Tuan se mouvait toujours sous les yeux éblouis des jeunes gens, leur donnant l'impression que là, sous leurs pieds, le génie cruel des enfers attisait les flammes qui devaient dévorer la cité.

Que dura ce rêve éveillé? ils n'auraient pu le dire. Tout à coup l'obscurité se fit au-dessous d'eux... Des pas sonnèrent sur les marches de l'escalier. Tuan et l'Impératrice Douairière partaient.

– A notre tour, fit Cigale d'une voix émue; et il se laissa glisser avec le corps de Nô à la place occupée naguère par le chef boxer.

Puis se secouant pour chasser une idée importune :

– Je vais déficeler mon Bouddha qui nous embarrasserait.

– Quoi, se récria Loret, vous allez le laisser ici?

– Ma foi,... vous ne voudriez pas que je le mette dans ma poche?

Le sel de la plaisanterie ne parut pas impressionner René, car il continua :

– On le trouvera, et tout naturellement on nous attribuera son trépas.

– Voilà qui m'est égal.

– A vous peut-être..., mais comme on supposera que nous nous sommes réfugiés à la Légation de France, c'est sur celle-ci que s'abattront les représailles.

Cette fois, Cigale se gratta la tête :

– Diable! diable!... Sale Bouddha... Ce que c'est que d'avoir été rasant toute sa vie : même *macchabée,* il continue.

Puis tout à coup se frappant le crâne :

– Bon. Faut pas qu'on le trouve... Eh bien, je l'emmène.

– Où?

– A la Légation. On l'enterrera dans le jardin. En route!

Dix minutes après, dans le rougeoiement des incendies allumés par les Boxers, le Bouddha Vivant était descendu par une fenêtre, puis Loret et Cigale se laissèrent glisser le long de la tresse de soie, solidement attachée à la barre d'appui.

Personne ne troubla cette opération.

– Libres! fit Cigale d'une voix légère comme un souffle.

Et chargeant sur son dos Nô, le Parisien s'engagea, suivi du diplomate, dans le dédale des ruelles de la capitale chinoise.

VII

LES COURRIERS

– En deux mots, messieurs, voici la situation... Ne partez pas, monsieur Cigale. Je sais que notre ami Loret nous est rendu, grâce à vous, je ne veux pas avoir de secret pour son sauveur.

Et M. Pichon, ministre de France à Péking, invita du geste le Parisien à se rasseoir.

Les ex-prisonniers de Roseau-Fleuri étaient en face de l'ambassadeur, séparés de lui par un large bureau encombré de papiers.

Arrivés à la Légation au milieu de la nuit, ils avaient trouvé tout le monde debout, considérant avec inquiétude le ciel rougi par les reflets des incendies qui faisaient à la ville une ceinture embrasée.

Des cris de joie les avaient accueillis. On les croyait morts et on était ravis de les revoir. Les nouvelles qu'ils apportaient rassurèrent leurs compatriotes; pour cette nuit-là du moins, la Légation n'avait pas à craindre une attaque.

Le corps du Bouddha Vivant fut enfoui au milieu d'une pelouse du jardin, non sans que Cigale l'eût débarrassé de ses vêtements bizarres et de son masque de porcelaine. Comme Loret lui reprochait de dépouiller le défunt, le Parisien répondit :

– Cause toujours. Ce sera un souvenir de voyage.

Et philosophiquement il s'alla coucher, emportant son maigre butin.

Dans sa chambre, Cigale tira de son portefeuille une photographie et la considéra longuement.

Une jeune fille y était représentée, dans le délicieux costume des nobles Hindoues, adorable avec son visage du plus pur ovale, illuminé d'yeux noirs très grands, très allongés.

– Pauvre petite Anoor, murmura-t-il. Toi morte, je pensais ne plus pouvoir vivre, et le Docteur Mystère, mon ami, mon père, me répétait : « Après la tendresse, il reste à l'homme un autre bonheur : le devoir. Va où il t'appelle et ta douleur s'apaisera. Cela est vrai. Depuis des semaines tu n'es apparue à ma pensée que comme une ombre fugitive. Pardonne, petite morte, pardonne ! Le devoir rempli, Cigale ira te retrouver dans le pays inconnu où tu t'es envolée. »

Constatation singulière. Le Parisien, dans son émotion, oubliait ses locutions pittoresques. Il pensait avec une sorte de poésie.

Brusquement, il essuya une larme tremblotante à l'extrémité de ses cils, réintégra le portrait d'Anoor dans son portefeuille et se coucha en répétant :

– Oui, je la rejoindrai quand nous aurons *brossé* les Chinois.

L'organisation du jeune homme était admirable, car, nonobstant ses réflexions mélancoliques, il s'endormit aussitôt pour ne se réveiller qu'au matin, quand Loret mandé, ainsi que lui-même, par M. Pichon, l'appela à grands cris.

Maintenant, les deux amis étaient en face du Ministre.

– Voici la situation, dit ce dernier. Nos communications télégraphiques ou par voie ferrée, avec Tien-Tsin et la côte, sont interceptées. Tout le pays est parcouru par des bandes de Boxers. A trois reprises, j'ai voulu aviser de notre situation réelle le Consul général de France à Tien-Tsin. De braves Chinois convertis ont consenti à se charger de messages.

– Et ?... interrogea Loret.

– Ils sont morts.

– Vous êtes certain, Excellence?

– Par trois fois, des mains invisibles ont jeté par-dessus les murs du jardin de la Légation les vêtements de nos courriers et les correspondances dont ils étaient porteurs; étoffes et papiers couverts de sang.

Les jeunes gens eurent un geste, mais M. Pichon poursuivit :

– Les indigènes chrétiens terrifiés refusent de nous servir; aucun de mes subordonnés français ne connaît la langue chinoise d'une façon suffisante pour tromper les rebelles. Tous iraient au danger avec courage, mais aucun n'atteindrait Tien-Tsin. Et nous sommes ici, au milieu d'un million de Célestes, qu'affolent des prédications sanguinaires; nous avons des munitions, c'est vrai; mais les vivres font défaut et les autorités veillent, avec un soin jaloux, à ce que nous ne puissions nous en procurer au delà des besoins journaliers. Vous m'avez dit que le prince Tuan projetait de nous attaquer de vive force. Parmi nous il aura une redoutable alliée : la famine. Eh! parbleu! je n'ai pas peur de mourir; ma femme est décidée à ne pas tomber vivante entre les mains des Chinois, de même que les vaillantes compagnes de Morisse et de Berteaux, nos interprètes, de même que Mmes Filippini et Saussine; mais notre mort sera le signal d'un soulèvement général des associations secrètes de l'Empire. Des millions, vous entendez bien, des millions de sectaires se rueront au massacre des Européens. Il faut que l'on nous mette en état de résister, jusqu'au jour où les forces militaires des nations civilisées pourront prononcer une vigoureuse offensive. Notre salut est lié à celui de tous les étrangers résidant en Chine.

Les traits du Ministre étaient bouleversés. On sentait qu'il disait vrai, qu'il avait fait le sacrifice de sa vie, qu'un conseil suprême avait été tenu, auquel avaient pris part, non seulement les membres de la Légation, mais leurs épouses, leurs enfants. Résolus à périr, les Français tremblaient seulement à l'idée que leur mort donnerait le signal du massacre général des étrangers dans toute l'étendue de l'immense Empire du Milieu.

Et, dans le silence lourd qui suivit, Loret, un peu pâle, mais ferme, éleva la voix :

– Excellence, nul ici ne parle suffisamment la langue du pays pour espérer franchir les lignes ennemies, disiez-vous. Cela, c'était vrai hier, mais ne l'est plus aujourd'hui.

Un rayonnement illumina le visage de M. Pichon.

– Il est quelqu'un, continua le jeune diplomate, qui a étudié le chinois avec passion, qui le possède à ce point que les gens du pays le prennent pour un habitant de Canton. Celui-là doit tenter l'aventure. Je partirai quand vous le jugerez convenable.

Le Ministre de France lui prit les mains :

– Ah ! mon enfant... C'était là ce que je voulais vous demander.

Très calme, Loret s'inclina :

– Je suis heureux d'être allé au-devant de vos désirs.

Les deux hommes se regardaient. Dans les yeux de René se lisait une froide résolution, dans ceux de M. Pichon une sorte d'attendrissement.

Celui-ci ne se dissimulait pas les difficultés de l'entreprise. Il y avait cent à parier contre un que le secrétaire d'ambassade paierait de sa vie sa tentative et, trompé par le flegme du jeune homme, le Ministre crut devoir l'en avertir.

– Loret, dit-il lentement, ne vous y trompez pas, vous vous engagez dans une voie peuplée d'embûches... C'est, selon toute probabilité, au trépas que vous marchez.

– Je le sais, fit simplement René.

M. Pichon se leva, lui saisit violemment les deux mains, et la gorge serrée par l'émotion :

– Alors, merci, Loret.

Puis se dominant :

– Vous partirez la nuit prochaine. Je vous remettrai une lettre d'introduction. Si vous réussissez à échapper aux Boxers, vous direz ce que vous avez vu. Tout le jour vous serez libre, et si vous avez quelques dispositions à prendre...

Un brouillard voila les yeux de René.

– Un testament, fit-il; à quoi bon? Je suis seul au monde, mes parents dorment dans la tombe, et personne ne pleurera ma mort.

Il s'arrêta. Le souvenir de Roseau-Fleuri traversa son cerveau. Celle-là le pleurerait. Et avec un étonnement mêlé de tristesse, Loret songea que, se dévouant pour la France, son trépas serait salué seulement par les pleurs d'une petite Chinoise, ennemie de la patrie française.

Il était injuste. Tous, à la Légation, eussent éprouvé une douleur cuisante en apprenant la fin du compagnon dévoué; mais qui ne serait injuste lorsque le cœur se gonfle à la pensée d'une absente chère, pour laquelle l'on ne peut s'avouer sa tendresse?

M. Pichon tendit la main aux jeunes gens :

– Allez, messieurs. Vous, monsieur Cigale, recevez encore mes remerciements pour le courage et l'adresse que vous avez dépensés afin de nous ramener M. Loret.

C'était un congé. Le secrétaire d'ambassade se dirigeait déjà vers la porte, quand l'organe du Parisien se fit entendre :

– Un instant donc, vous êtes pressé comme un homme *poursuivi par une botte.*

Et revenant à M. Pichon :

– Vous êtes content de moi, monsieur?

– Certes! Et j'ai plaisir à vous le répéter.

– Bon! En ce cas, je puis y aller d'une demande?

– Si la chose est en mon pouvoir, elle est accordée, répondit gracieusement le Ministre.

Cigale eut un rire sonore :

– Oh! elle l'est, et ça ne vous coûtera pas cher : un simple : Oui, *à coller au bout d'une phrase à laquelle je vais donner la volée.*

– J'écoute.

– Eh bien! Je voudrais bien *filer en balade* avec mon ami Loret.

Une nuance de froideur se marqua dans la réplique de M. Pichon :

– Vous n'êtes pas attaché à la Légation; je n'ai donc pas à vous empêcher d'en sortir.

Mais le Parisien l'interrompit :

— Là, là, *vous dérapez*, monsieur l'Ambassadeur. Je n'ai pas l'intention *de me tirer de la pochade;* je ne suis pas un lâcheur, moi. A preuve que, la commission faite, je reviendrai me battre à vos côtés.

Et M. Pichon, souriant malgré lui à l'audition de ces phrases imagées :

— Bon, ça va mieux, poursuivit Cigale; alors j'accompagne Loret.

— Non, pas cela!

— Quoi? Vous avez encore des idées de derrière la tête?

— Je vous jure que non, et je vous exprime mes regrets de la mauvaise pensée que j'ai laissé deviner. Celui qui est loyal, courageux, l'est partout, en toute circonstance. J'ai été coupable de l'oublier. Mais deux hommes attirent l'attention plus qu'un seul et je craindrais...

— Ça, *c'est rigolo,* s'écria le Parisien, c'est pas du tout mon avis!

M. Pichon, Loret échangèrent un regard. Celui du Ministre disait clairement :

« Ce brave garçon commence à me fatiguer. »

Celui de Loret au contraire exprimait l'espoir. C'est que le diplomate avait apprécié le gavroche à sa juste valeur. S'il parlait avec cette assurance, bien certainement une combinaison ingénieuse allait jaillir de son cerveau fantasque, mais inventif.

— *Passez-moi vos oreilles* seulement deux minutes, monsieur l'Ambassadeur, reprit Cigale. Loret parle le chinois comme un naturel du pays?

— Sans doute.

— Bien. Il n'a donc pas besoin de se cacher. Le monsieur qui se promène au grand jour, comme s'il n'avait rien à craindre, passe partout; personne ne songe à l'arrêter.

— Soit, mais où voulez-vous en venir?

— A ceci. Loret va se faire une tête, une toilette de marchand; moi je serai son domestique, la perle des serviteurs, car je serai muet pour ne pas faire entendre ma voix aux *nez jaunes,* muet comme le Bouddha Vivant qui *a lâché la rampe*. Nous nous *carrons* sur les routes; lui, jacasse avec les passants, moi, *je boucle mon clapet,* et nous arrivons à Tien-Tsin *en cinq sec,* je vous parie une bonne bouteille de cacheté.

A cette dernière proposition, le Ministre, Loret n'y tinrent plus. Ils éclatèrent de rire. Mais tous deux durent reconnaître que le raisonnement du Parisien était rempli de bon sens.

– C'est entendu, promit enfin M. Pichon dominant à grand-peine son hilarité.

– Bravo!... Je commence mon office de *larbin*, je prépare nos paquets. Il y a des chevaux ici?

– Oui.

– J'en prends deux. Vous concevez, un gros marchand, ça ne se trimbale pas à pied, il lui faut *des canards* pour le porter. Sur ce, je me mets à l'ouvrage. Au revoir, monsieur l'Ambassadeur.

Puis avec une révérence impayable à l'adresse de Loret :

– Au revoir, patron, acheva le joyeux garçon. Et il sortit de la pièce, laissant ses interlocuteurs partagés entre le désir de rire de son langage baroque, et celui d'admirer sa promptitude de décision.

A la même heure, Roseau-Fleuri confiait son corps gracieux à ses esclaves baigneuses, masseuses, parfumeuses.

Elle s'était levée ravie, car sur sa table à lettres, délicieux meuble sculpté et incrusté de nacre, elle avait trouvé une lettre de l'Impératrice, sur papier safran, sous enveloppe dorée.

Tsou-Hsi lui mandait que son mariage avec le Franc aurait lieu, le jour faste Pé-Huan, troisième de la Lune de Mâ – mois du cheval – c'est-à-dire, en bon français, une semaine plus tard.

Et tandis que ses esclaves l'habillaient, elle rêvait, ses paupières frangées de longs cils voilant ses yeux brillants, où dansaient des flammes joyeuses.

Avant huit jours, Loret serait son époux. Combien il serait heureux d'apprendre cette nouvelle d'azur! Et elle demandait l'heure, ennuyée que n'eût pas encore sonné la dixième, à partir de laquelle il est permis d'envoyer une missive à un ami.

Si grande que fût son impatience, Roseau-Fleuri n'eut pas l'idée d'enfreindre l'étiquette chinoise. L'Empereur, les membres de sa famille seuls peuvent sans impertinence correspondre avec leurs sujets avant dix heures du matin, et chez ce peuple, épris jusqu'à l'excès de politesse, les usages qui la régissent sont observés à l'égal des lois.

Tout au plus osa-t-elle enjoindre à un serviteur de courir, aussitôt la dixième heure sonné, à l'appartement du Franc.

Enfin le moment attendu arriva.

Avec une satisfaction évidente, elle vit son messager partir en trottant, ainsi qu'il convient à un domestique bien stylé.

Et elle le suivit par la pensée. Elle croyait pénétrer avec lui chez Loret, assister à la surprise joyeuse de celui-ci.

Bien certainement il allait venir. Le jour du mariage fixé si rapidement, ne devait-il pas remercier la gentille princesse de sa précipitation flatteuse?

Etrange, le messager rentre seul.

Au bourdonnement du gong, il se présente :

– Tu as parlé au seigneur franc?

– Non, Luciole des Bois, sa porte était close, et l'on n'a pas répondu à mes appels.

Roseau-Fleuri congédie le domestique. Inquiète d'abord, elle se rassure bientôt et murmure :

– Ces Diables Etrangers se lèvent en même temps que l'aurore. René se promène sans doute, ignorant du bonheur qu'il aura au retour.

Elle a dit : Diables Etrangers, employant le vocable sous lequel les ennemis des Européens les désignent, mais dans sa bouche, ces mots sont doux ainsi qu'une caresse; cela ressemble à la gronderie tendre d'une mère traitant son enfant bruyant de : petit démon.

Le quart après dix heures est marqué par les aiguilles des cadrans. La princesse songe qu'elle est tenue de présenter ses compliments de gratitude à sa Souveraine, si terrible à tous, si bienveillante à son égard.

Elle sort, se rend au logis de l'Impératrice, est reçue

aussitôt, et, après les trois génuflexions d'usage, les sept saluts de côté, les cinq élévations des mains unies en coupe, elle parle, ou plutôt elle laisse parler son cœur.

Elle est heureuse; le ciel est rose pour ses yeux, et Tsou-Hsi, dispensatrice de toute joie, lui semble divinement bonne. Elle la chérit comme un maître humain, comme un ancêtre célèbre, comme Bouddha descendu sur la terre pour semer les chemins de fleurs.

Confucius, Tao-Tzé, Va-Nink, Sa-ma-Tché, philosophes, poètes, s'ils revenaient dans l'Empire de Han, proclameraient la Douairière l'Etre de tendresse et de justice.

Et curieuse, comme toute femme âgée, des préludes d'hyménée qui troublent les jeunes filles, la vieille Impératrice questionne :

– Et lui, ton Barbare, est-il satisfait ?

– Il le sera, autant que moi.

– Il le sera, dis-tu ? Il ignore donc ?...

– Oui. J'ai envoyé chez lui, comme les cycles du temps – horloges – frappaient dix heures... Déjà il était sorti.

Tsou-Hsi dodeline de la tête d'un air apitoyé :

– Ils sont dehors avant l'aube. Quel plaisir trouvent-ils à voir le lever du soleil ? La nature est belle seulement quand l'astre du jour l'éclaire de sa grande lumière.

– Vivant avec nous, son goût se développera et il comprendra ces distinctions artistiques.

Le visage jaune de l'Impératrice indique le doute :

– Ces Barbares sont peu perfectibles, commence-t-elle.

Mais se reprenant aussitôt :

– Je ne prétends pas te décourager, ma fille; seulement les gens d'Europe déteignent sur mes sujets. Ce matin, j'eus l'idée de consulter notre Bouddha Vivant. Nô avait quitté son logis. Lui aussi se promène à des heures incorrectes... et je l'attends, et cinq de mes esclaves sont occupés à le chercher.

Au même instant, un eunuque entrait dans la salle,

se prosternait, et après avoir heurté du front la mosaïque du plancher, se tenait immobile, les yeux baissés.

– C'est toi, Li-Hou, dit la Douairière. As-tu trouvé Nô ?

– Hélas ! non, Grandeur Incomparable.

– Comment ? Malgré mon ordre formel ?

– Ne t'irrite pas, Lumière Céleste, je ne suis qu'un pauvre esclave et ne puis rencontrer qui me fuit.

– Veux-tu dire que Nô se sauve ?

– Bien plutôt qu'il s'est sauvé.

Roseau-Fleuri regarda l'Impératrice. L'Impératrice regarda Roseau-Fleuri. Les paroles de l'eunuque leur semblaient incompréhensibles.

Mais Tsou-Hsi reprit d'un ton sec :

– Voyons, explique-toi. Quel indice te fait supposer que Nô ait quitté le Palais ?

– Une corde de soie, qui pend à l'une des fenêtres du pavillon de la Porte du Midi. Quand on établit un chemin semblable entre la crête et le pied d'une muraille, c'est évidemment pour descendre.

Cette fois, la stupéfaction se peignit sur les traits des deux femmes.

– Quoi ! une corde ?

– Oui, Miroir des Etoiles.

– Et les gardes mandchous ?

– Ils n'ont rien vu, rien entendu.

– Les misérables ! Jamais en faction. Ils se vautraient sur les nattes du corps de garde, gorgés de riz et de thé... Et Nô erre à travers la ville et la Cité Rouge a perdu son Bouddha Vivant.

Roseau-Fleuri avait pâli soudain. Une idée douloureuse avait traversé son esprit.

Une corde, c'est l'amie du prisonnier qui, grâce à elle, échappe aux geôliers... Dans la Ville Interdite, quels captifs avaient pu songer à s'en servir ?

Deux seulement : Loret, Cigale.

– Tu es toute blanche, s'écria l'Impératrice. Crois-tu voir en cela un mauvais présage ?

Mais la jeune fille secoua la tête :

– Permets que j'interroge cet esclave? murmura-t-elle d'une voix tremblante.

– Tu es libre, enfant.

Vite Roseau-Fleuri s'adressa à l'eunuque :

– Comment as-tu découvert cette cordelette dont tu parles ?

– C'est un soldat qui me l'a montrée.

– Elle est de soie ? disais-tu tout à l'heure.

– Oui.

– De soie, fit la princesse se parlant à elle-même, où se la seraient-ils procurée ?

Puis soudain, une vive rougeur envahissant son front :

– A moins que... le récit de Liang... au pavillon des vêtements, la vitrine brisée.

Une agitation inexplicable pour les assistants bouleversait Roseau-Fleuri.

– Que supposes-tu donc ? demanda Tsou-Hsi.

La jeune fille ne lui répondit pas, mais se rapprochant de l'esclave :

– Tu as vu cette corde ?

– Je l'ai touchée.

– Comment est-elle ?

– Faite de morceaux blancs et jaunes, fixés les uns au bout des autres,... et même, continua l'eunuque, comme hésitant,... je n'y avais pas songé... Non, cela est impossible !

– Dis ta pensée tout entière.

– J'obéis... mais j'ai été fou de l'avoir...

– Parle donc.

La douce Roseau-Fleuri était méconnaissable. Ses yeux égarés luisaient, ses narines palpitaient précipitamment, ses mains se crispaient et ses petits pieds battaient le parquet.

Tout en elle était désolation, colère, effarement...

Effrayé, l'eunuque balbutia :

– Eh bien ! Blanche Etoile de Corail Rose, j'ai cru,... j'ai supposé,... il m'a semblé que les fragments de la corde pourraient être... à moins que...

– Etre quoi ? rugit la princesse.

– Des tresses que le Maître de l'Empire envoie à ses sujets coupables.

– Comme Cadeaux Précieux, acheva la jeune fille dans un râle.

Ses mains s'agitèrent dans le vide et elle fût tombée, si l'Impératrice elle-même ne l'eût soutenue.

Puis elle éclata en sanglots, bégayant.

– Il est parti, parti... Mon cœur est mort et j'ai perdu la face.

Mais ses larmes se tarirent bientôt. Une expression de rage délirante convulsa ses traits.

La Mandchoue se réveillait sous la Chinoise policée. En phrase brèves, hachées, elle conta l'incident du magasin des Vêtements Impériaux. Sans nul doute, les Francs avaient lancé une pierre dans la glace d'une vitrine, afin d'éloigner Liang et le conservateur. Ils avaient volé les tresses de soie.

Et avec une amertume sauvage, elle grondait :

– Tandis que son ami préparait les moyens d'évasion, Loret me berçait de tendres paroles, de serments trompeurs. Ah! qu'il soit maudit par les dieux! Qu'il soit maudit!

Puis retrouvant l'énergie de sa race :

– Il faut les poursuivre, les reprendre; je veux les voir marcher au supplice, me repaître de leurs souffrances.

La Douairière avait compris enfin.

D'un geste elle imposa silence à la jeune fille, et dit à l'eunuque impassible :

– Va prévenir Sa Hauteur le prince Tuan que je l'attends.

L'esclave sortit.

Alors Tsou-Hsi enlaça la taille de sa favorite, et avec cet accent calme qui rend plus terribles ses sentences :

– Tu seras vengée, ma chère petite! Les Barbares se sont évidemment réfugiés dans le yamen de leur ambassadeur. Ce soir, cette demeure sera rasée et les coupables dormiront sous les décombres.

Un pas ferme fit résonner les dalles du vestibule.

– C'est Tuan. Relève la tête, ma princesse. Voici le vengeur.

En effet, le chef boxer entrait. Sa tenue indiquait qu'il était sur le point de se mettre en route. Blouse courte de couleur marron, sans autre ornement que le carré de soie, aux signes princiers, cousu sur la poitrine. Une culotte bouffante, des guêtres de drap, un chapeau, auquel les bords retroussés en avant et en arrière donnaient une silhouette de bicorne. A sa ceinture de cuir fauve, un sabre cliquetait contre les pochettes, à travers la peau desquelles se dessinait la forme de revolvers.

– Tsou-Hsi, ma Souveraine bien-aimée, dit-il lentement, je me préparais à venir prendre congé de toi, lorsque tu m'as appelé.

– Tu veux quitter le palais ce matin ?

– Le palais et la ville de Péking, pour prendre le commandement des troupes échelonnées de la capitale à Tien-Tsin. Déjà mes généraux Chang, Tong, Lok-li, Tien ont rejoint leurs corps d'armée. L'heure est venue d'agir.

La Douairière le contempla avec stupéfaction. Celui-là au moins ne connaissait pas les hésitations qu'elle reprochait à son entourage. Toujours il était prêt à marcher droit devant lui, tel le boulet lancé par l'obusier. Et ce caractère lui plaisait, à elle femme de résolution, d'audace, à elle qui, grâce à ses qualités, s'était transformée de servante d'auberge en impératrice.

Sa voix se fit caressante pour dire :

– Ne peux-tu retarder ton départ de vingt-quatre heures, afin de frapper des coupables au nom de ma justice ?

Il fit : non, de la tête.

– Quoi !... Tu refuses ?

– Il le faut. La justice, c'est bien. La victoire, c'est mieux. Ce matin, un exprès m'en a averti, une armée de Diables Etrangers, commandée par un Anglais, l'amiral Seymour, a quitté Tien-Tsin avec la pensée audacieuse d'arriver à Péking. Je dois me porter à sa rencontre, l'écraser, l'anéantir. Un succès à cette heure, c'est cent, deux cents, mille timides, encore hésitants, qui se soulèvent et se joignent à nous. Battre cette troupe, c'est battre l'Europe. Général en chef, je n'ai pas le droit de me dérober une minute à ma tâche.

Il s'était animé quelque peu en parlant ainsi; une tache rouge se marquait comme un disque de sang sur ses joues pâles.

– Qui donc, si tu m'abandonnes, détruira la Légation de France? prononça l'Impératrice.

Il haussa les épaules :

– Personne, l'instant n'a pas encore sonné.

– Et pourtant, ce yamen abrite des misérables qui ont dédaigné mon hospitalité, qui ont brisé le cœur de ma chère Roseau-Fleuri.

Un ricanement distendit les lèvres du prince.

– Ceux que tu as graciés lors du festin d'apparat?

– Ceux-là en effet.

– Eh bien! Fais garder la Légation par les gens de la police. Les Barbares ne s'échapperont pas. Je te promets qu'une fois l'affaire de Tien-Tsin terminée, je songerai au quartier des Légations, et quand Tuan y aura passé, il n'en restera que les ruines.

Puis avec un rire strident :

– Les ruines sont belles... Ce sont les ruines qui attestent la grandeur d'un peuple.

– Oui, mais ceux que je poursuis s'échapperont peut-être.

– Où iraient-ils? Le pays est sillonné de mes régiments, de mes patrouilles. Va! il serait plus commode à un cheval de manier le pinceau des lettrés qu'à un étranger de traverser le pays. Toutefois je vais lancer des courriers, recommander une vigilance spéciale. Tes ennemis sont les miens, et si tu n'avais pas été trop clémente pour la tendresse irraisonnée d'une petite fille, leurs yeux seraient fermés, depuis ce jour où ils insultèrent ce pauvre Nô.

– Nô aussi a disparu.

– Ils l'ont emmené en captitivé. Tant mieux, ce sortilège permettra à Ming Tai, que je laisse à Péking, d'ameuter la populace. A mon retour, j'aurai sous la main la cohue fanatique qui dévastera les Légations.

Mais changeant de ton :

– Au revoir, ma Céleste Impératrice. Je pars. Toi, fais surveiller les ambassades par des tipaos et vis avec la tranquille espérance. Sous peu, tous tes ennemis seront couchés dans la poussière.

Sur ce, Tuan s'inclina profondément et laissa les deux femmes seules.

Elles demeuraient immobiles, étonnées de la précision des paroles de Tuan, précision si rare en Chine, où les hommes semblent se torturer l'esprit pour se maintenir toujours dans le vague, le brumeux, l'imprécis.

Et Roseau-Fleuri comprenait l'ascendant étrange que le prince avait pris sur la Douairière. Tsou-Hsi, pour la première fois, s'était trouvée en face d'un homme de résolution. Pas de vaines paroles, des actes; et fidèle à ce programme, il avait en quelques semaines tiré l'Empire du Milieu de sa torpeur, bouleversé les traditions qui régissent les conciliabules des lettrés, dont les membres se résolvaient, depuis de longues années, à démontrer par de filandreux discours qu'il convenait de ne rien résoudre du tout.

– Il vaincra les étrangers, affirma enfin l'Impératrice, sur un diapason admiratif.

– Il les vaincra, appuya la princesse.

Et se levant vivement :

– Consens à ce que j'exécute ses instructions.

– Lesquelles ?

– Cerner la Légation de France. J'irai prier le Maréchal de la Police de donner les ordres nécessaires.

– Va, mon enfant. Tu diras à ce digne prince Dje-Fou que je veux, tu entends, je veux que nul ne puisse sortir de la Légation sans être reconnu. Lui, Maréchal de la Police, a ignoré le vol des tresses de soie commis dans le magasin impérial; mais il reste encore des Cadeaux Précieux pour punir la nonchalance des fonctionnaires. Qu'il veille s'il craint mon mécontentement.

Elle caressa de sa main grasse, chargée de bagues, les joues tremblantes de sa favorite, et répéta :

– Va.

Roseau-Fleuri partit. Sur le perron, entre les dragons dorés des rampes, elle s'arrêta un moment. Tout tournait autour d'elle, il lui semblait qu'elle allait tomber.

Elle se sentait la tête vide, le cœur douloureux. Se venger, certes, elle le désirait de toutes ses forces, mais comme elle aurait préféré pardonner au coupable repentant!

Pardonner. Ce mot, traversant sa pensée, l'étonna. Pardonner... Est-ce qu'une Chinoise pardonne à celui qui l'a bafouée, ridiculisée? D'une perte de face, on se venge... et elle songeait au pardon. La perte de face lui était à peine sensible; ce dont elle souffrait, c'était d'être abandonnée, d'être séparée de Loret, de n'avoir plus l'espérance de le voir, assis auprès d'elle, l'envelopper de sa parole berceuse.

Oh! c'était un misérable que ce René. Il avait feint l'affection, il avait menti à sa tendresse si profonde. Il méritait la mort.

Cela passait à travers son cerveau dans un souffle de colère, auquel succédait l'excuse. N'était-elle pas fautive, elle-même, d'avoir enlevé violemment le secrétaire d'ambassade, de lui avoir intimé l'ordre de l'aimer? Est-ce donc ainsi que l'on conquiert l'âme dont on veut faire la compagne de son âme?

Le procédé était brutal et insensé...

Pour réparer le mal il fallait revoir René, le gagner par l'indulgence affectueuse... Oui, elle parlerait dans ce sens au maréchal Dje-Fou... Elle recommanderait qu'aucune insulte, aucun dommage ne fût fait au diplomate, si l'on réussissait à s'en emparer.

Forte de cette résolution, sans se rendre compte que son âme mandchoue, jadis inexorable, s'était amollie de surprenante façon, elle gagna l'habitation du Maréchal de Police.

Celui-ci reçut comme il convenait la favorite de l'Impératrice. Il l'assura de son dévouement, de son désir de lui être agréable, et sur-le-champ, il expédia ses instructions aux mandarins chargés de maintenir l'ordre dans la capitale.

Quarante tipaos s'aposteraient aux alentours de la Légation de France, avec mission d'arrêter les Francs Loret et Cigale s'ils mettaient le pied hors de ce lieu d'asile.

Plus tranquille maintenant, Roseau-Fleuri allait quitter le haut fonctionnaire, quand un scribe annonça qu'un Céleste, huissier de l'Ambassadeur de France, demandait à être entendu.

Sur l'invitation du Maréchal, la princesse assista à l'entretien. L'huissier, celui-là même dont Cigale avait tiré les oreilles le jour de son arrivée à Péking, venait annoncer que Loret et le Parisien, évadés de la Ville Interdite, étaient à la Légation.

La jeune fille eut un cri de joie; elle donna sa bourse, où luisaient des pièces d'or, au drôle qui l'empocha avec une dextérité prouvant plus de satisfaction que de reconnaissance.

Après quoi, le cœur plus léger, elle rentra chez elle, s'installa devant son secrétaire, et sur du papyrus d'un blanc immaculé, couleur chère aux cœurs en deuil, elle promena un pinceau mélancolique.

C'était une lettre pour Loret, ce traître qui s'était joué de sa tendresse, et cette lettre commençait ainsi :

« Doux Fiancé de Saphir que les Génies du Mal ont entraîné loin de moi... »

S'il l'avait lue, cette épître caressante et douloureuse, peut-être bien des chagrins eussent été évités.

Mais il ne devait pas la recevoir.

La présence des tipaos de guet autour de la Légation avait été signalée. M. Pichon, averti, avait voulu différer le départ de Loret et de son ami Cigale. Seulement, dès les premiers mots, celui-ci l'avait interrompu :

– Nous filerons à la nuit, et aucun de ces olibrius ne s'en apercevra.

– Mais les chevaux?

– Nous en achèterons en ville, car il n'y a pas moyen de les emmener par le chemin que nous prendrons.

– Est-il indiscret de demander à le connaître, ce chemin?

– Pas du tout. On nous attend aux portes; nous passerons par-dessus les murs des jardins voisins et nous parviendrons à la rue, en dehors du cercle des *sergots jaunes*.

– Bravo!

– Ah! s'écria Loret avec conviction. Vous verrez, Excellence, que nous atteindrons Tien-Tsin sans encombre. Cigale trouverait le moyen de sortir d'une boîte de basalte hermétiquement close.

Ce à quoi le Parisien répliqua :

– Des compliments, de la salive perdue... Mon idée vous convient-elle ?

– Parbleu !

– Alors, tout va bien.

Et la nuit venue, le Ministre de France, qui s'était retiré dans son cabinet aussitôt après le dîner, vit entrer tout à coup dans la pièce deux Chinois vêtus de la triple casaque de voyage, de la jupe courte retombant sur les culottes de drap.

A la vue des faces safranées, des moustaches tombantes, des nattes qui frétillaient sur le dos des visiteurs, M. Pichon se leva vivement et mit la main sur la crosse d'un revolver posé à côté de lui.

Mais les deux Célestes éclatèrent de rire, et l'un d'eux :

– C'est-il possible qu'un *Parigot* ressemble à un mandarin comme ça ?

– Loret, Cigale, est-ce donc vous ?

– Nous, en personnes naturelles. Hein ? on s'est maquillés *dans les grandes largeurs ?*

Plus grave, Loret ajouta :

– Excellence, nous venons prendre congé de vous.

Sans une parole, le Ministre tendit ses mains aux jeunes gens. Il n'eût pu parler. Une émotion soudaine l'étreignait en face de ces êtres qui, pour le salut commun, allaient s'enfoncer dans l'inconnu.

Les reverrait-il jamais ?

Sans doute, Cigale craignit une explication attendrissante, car il brusqua le mouvement :

– Nos paquets sont dehors, au fond du jardin. Pressons, pressons, au matin nous devons avoir fait du chemin.

Et à la voix de l'insouciant garçon, l'Ambassadeur, Loret cessèrent de s'étreindre les doigts.

– Je vous accompagne, dit seulement le premier.

Cigale consentit d'un signe de tête, et marchant en avant, comme s'il prenait le commandement, il entraîna ses compagnons dans le jardin.

A travers les allées, bordées de massifs, ils allèrent ainsi jusqu'à l'angle nord-ouest de la propriété.

Cigale fit halte à cet endroit même.

– C'est ici, dit-il.

Se baissant, il ramassa son ballot que l'obscurité avait empêché ses interlocuteurs d'apercevoir et le fixa sur ses épaules. Son opération menée à bien, il s'approcha du mur et, s'aidant d'un treillage, il grimpa avec l'agilité d'un chat sur le faîte où il se mit à cheval :

– Allons, Loret, en voyage. Monsieur le Ministre, j'ai bien l'honneur; mes respects à Madame.

Il aidait en même temps son ami à s'installer auprès de lui.

– Hop ! en route.

Tous deux se dressèrent sur la muraille.

– Au revoir, mes amis, balbutia M. Pichon d'une voix étranglée. Puissiez-vous revenir pour recevoir la récompense de votre dévouement.

– On reviendra, *vous faites pas tant de cheveux,* railla Cigale en s'engageant sur un mur voisin, se détachant de l'enceinte de la propriété.

René le suivit.

Un instant encore, M. Pichon demeura cloué sur place, écoutant le glissement léger des pas sur la crête des murs. Le bruit décrut, devint imperceptible, s'éteignit complètement. A partir de cette heure, les jeunes gens marchaient, livrés à leurs seules forces, parmi des millions de fanatiques ennemis.

Le Ministre secoua la tête et, pensif, revint vers le yamen en suivant la clôture. En un endroit la muraille s'abaissait à hauteur d'appui, en bordure de la deuxième route Infernale des Diables Etrangers ou rue de la Douane. M. Pichon se pencha, explorant la rue du regard. Dans les ténèbres il distingua plusieurs formes immobiles.

C'étaient les tipaos qui continuaient leur faction.

En dépit de ses pensées sérieuses, l'Ambassadeur sourit. Le premier danger, le plus pressant, avait été écarté par la fantaisie de Cigale. Ceux qui devaient surprendre les messagers au sortir de la Légation attendraient vainement leurs victimes, déjà hors de leur portée.

Et, réconforté par l'assurance matérielle, palpable, de ce succès, M. Pichon leva les yeux vers les deux fenêtres, derrière lesquelles il savait être la chambre de l'épouse courageuse qui, pouvant regagner la côte, se mettre à l'abri des Boxers, avait préféré rester là et partager le sort de son mari quel qu'il fût.

– Espérons, fit tout bas le Ministre.

Et il entra dans le yamen.

VIII

LA ROUTE MANDARINE DE TIEN-TSIN

– Ayez pitié, voyageurs. Faites l'aumône de la mort à un pauvre homme que ses souffrances rendent fou.

A ces paroles prononcées en français, Cigale et Loret retinrent si brusquement leurs chevaux que ceux-ci plièrent sur leurs jarrets.

A l'aube, les jeunes gens avaient quitté l'ambassade de Russie, où leur promenade sur les murs les avait conduits, s'étaient entendus avec un mafou (loueur de chevaux) et, montés sur deux petits poneys chinois, aux poils longs, s'étaient mis en route.

A travers la cité tartare, tous deux gagnèrent la porte du Soleil Levant, située à l'est de la ville, la franchirent et s'engagèrent tranquillement sur la route dallée de la sous-préfecture de Toung-Tcheou.

Un brouillard léger flottait sur les plaines qui avoisinent Péking, et les pavés de la chaussée, humides par la condensation de la brume, présentaient une surface glissante sur laquelle les sabots des poneys se posaient avec défiance.

A petite allure les Français avaient traversé le village des Marais-Bourbeux (Hoang-Tien-Tsé), puis la préfecture militaire de Premier Ordre (Ting-Fou), le Bourg

Fortifié (Pou-Che) et avaient enfin atteint la ville du Pont de 500 mètres (Pa-li-Kiao), sur la place principale de laquelle la route se divise en deux branches : l'une continuant vers l'est sous le nom de Voie Mandarine de Moukden, l'autre s'infléchissant au sud-sud-est vers Toung-Tcheou et Tien-Tsin.

Naturellement, les voyageurs choisirent cette dernière, franchirent sur le pont de marbre de Pa-li-Kiao la grande rivière de l'Est (Ta-Toung-Ho), canal artificiel qui amène à Péking les eaux d'un affluent de la rivière Blanche (Pei-Ho), et poursuivirent gaiement leur chemin.

Quinze kilomètres environ avaient été parcourus sans encombre, et les jeunes gens auguraient bien de ce début.

Ils étaient parvenus à la bifurcation de la voie de Tien-Tsin et de l'avenue plantée d'arbres qui mène aux portes de Toung-Tcheou, quand la voix lamentable avait fait entendre son douloureux appel.

Au bord du chemin, une forme humaine, enroulée dans un froc de missionnaire, se traînait sur les coudes et sur le ventre en laissant après elle une piste de sang.

– Qui êtes-vous ? demanda Loret, impressionné par cette apparition.

– Un pauvre missionnaire de Toung-Tcheou. Ils m'ont coupé les mains, les pieds, arraché la peau du crâne... L'un d'eux a fouillé ma poitrine avec une lance, malheureusement la pointe n'a pas rencontré le cœur. Je suis perdu... abrégez mon agonie... La mort, la mort, je vous en supplie.

A cet appel désespéré, les cavaliers mirent pied à terre et se rapprochèrent du moribond.

En se penchant vers lui, leurs yeux dominèrent le fossé d'écoulement des eaux, et ils reculèrent.

La tranchée était remplie de cadavres mutilés.

Le blessé remarqua leur mouvement :

– Mes frères de la mission et des indigènes convertis. Tous morts, tous. Moi seul je survis. Sans doute j'étais le plus coupable, puisque cette douleur me fut réservée.

– Les Boxers ?

Tout en questionnant, Loret examinait les horribles blessures du malheureux.

— Oui, les Boxers, haleta ce dernier, les Boxers. Ces insensés prétendaient posséder des amulettes qui mettaient leur corps à l'épreuve de la balle. Plusieurs furent tués, en attaquant un établissement voisin. Alors les marchands de sortilèges, afin de conserver leur crédit, affirmèrent que les chrétiens, par leurs sorcelleries et leur incantations, avaient frappé leurs « grigris » d'impuissance. On le crut, et vous voyez le résultat de ces mensonges. Notre mission saccagée, mes compagnons morts; moi, mourant.

Il disait vrai.

Tout espoir de le sauver devait être abandonné.

— Achevez-moi, supplia-t-il encore. Le feu de la fièvre me brûle, j'ai soif de l'éternel repos.

Un combat terrible se livrait dans la pensée de Loret. Il se trouvait en face d'une situation que jamais il n'avait envisagée.

En temps normal, c'est un crime d'arracher la vie à une créature; mais ici, mettre fin à l'épouvantable agonie du supplicié, n'était-ce pas faire acte d'humanité?

Horrible problème, posé par la guerre qui bouleverse toutes les notions de bien et de mal, qui fait du meurtre un devoir.

— N'hésitez pas, hoqueta le moribond... C'est à la charité que je vous convie.

La charité... cette vertu que Loret reprochait naguère à Roseau-Fleuri de ne pas concevoir, la charité!... Quelle singulière application en était exigée de lui!

A quoi se résoudrait-il? Lui-même ne le savait pas, quand un incident l'arracha à sa terrible indécision.

— Paix, paix, disait Cigale, voilà des *singes jaunes sur des canassons.*

Le mourant, René regardèrent dans la direction indiquée.

Plusieurs cavaliers chinois galopaient sur la route. C'étaient des soldats. En tête de la troupe caracolait un mandarin à la veste de soie bariolée de passementeries.

Parvenu à la hauteur du groupe, il considéra le supplicié, puis fit un signe.

Aussitôt un soldat sortit des rangs, et de la crosse de son fusil – un fusil de fabrication européenne – il brisa le crâne du missionnaire.

Loret leva les poings. Il allait oublier son déguisement, le but de son voyage. Cigale se pencha à son oreille et murmura :

– Il faut arriver à Tien-Tsin.

Et le diplomate se raidit, se contraignit à l'indifférence apparente. Après tout, le mandarin, dans sa brutalité, avait exaucé, sans le savoir, le dernier souhait du martyr.

L'officier maintenant observait les voyageurs.

– Que faites-vous en ce lieu ?

– Nous nous rendons à Tien-Tsin, répondit Loret. Je suis marchand et je viens de Péking où j'ai livré un lot de porcelaines. Je retourne à mon comptoir.

– Ah ! grommela le mandarin, trompé par la netteté de l'explication de celui-ci. Et celui-ci ?

Il désignait le Parisien.

– Mon domestique, un brave garçon à qui Bouddha a refusé la parole, mais qui ne m'en sert que mieux.

– Naturellement, il ne discute pas tes ordres.

Le soudard ponctua sa plaisanterie d'un gros rire.

– Pourquoi t'étais-tu arrêté auprès de ce maudit prêtre des Diables Etrangers ? continua-t-il en jetant un regard haineux sur le cadavre du missionnaire.

Loret frissonna; pourtant son calme ne se démentit pas :

– Il me priait de le tuer pour terminer ses souffrances, et je refusais quand tu es survenu...

– ... Pour accueillir sa requête, ricana le mandarin. Je regrette de l'avoir ignoré, sans cela il n'eût pas connu cette suprême satisfaction.

Puis faisant claquer ses doigts avec insouciance :

– Bah ! Je prolongerai la torture du premier qui me tombera sous la main. Cela fera compensation. Sur ce, je te quitte. Que les dieux te préservent d'une mauvaise rencontre.

Eperonnant son cheval, l'officier s'éloigna au galop, suivi de son peloton. Tous disparurent bientôt dans un nuage de poussière.

Le soleil était haut à présent. Il avait pompé les humidités matinales, et la plaine s'étendait à perte de vue, morne, désolée, parsemée de flaques d'eau stagnantes.

— En route! s'écria Cigale.

Et les deux voyageurs se remirent en selle, poussèrent leurs montures, non sans se retourner souvent pour jeter un regard d'adieu au martyr, dont le froc de laine brune faisait une tache sombre sur la blancheur du chemin.

A Tchang-Kio-Ouan, où les troupes franco-anglaises culbutèrent, le 18 septembre 1860, 30000 soldats chinois, on fit halte pour absorber un repas sommaire : infusion de thé commun et galettes de poisson; puis on repartit pour arriver à la nuit au bourg du Cheval — Ma-Teou — ainsi nommé parce qu'il est un des relais établis entre Péking et Tien-Tsin.

Une auberge primitive, semblable à toutes celles de la région, reçut les faux marchands.

Autour d'une vaste cour, des bâtiments bas, divisés en nombreuses cellules, dont les portes tenaient peu ou pas. Dans la cour, des charrettes, des litières, des harnachements, empilés au hasard de la fantaisie des voyageurs. Et au milieu de ces objets, des poules, des canards, et surtout des porcs noirs, d'un développement adipeux tel que leur ventre traînait à terre. Ces animaux étaient là comme chez eux, entrant dans les chambres, sortant. Dans la campagne chinoise, il semble que le porc fasse partie de la famille.

Deux cellules voisines étaient vacantes, disposées de façon identique : une pièce qu'une cloison divisait; le premier compartiment meublé d'une table et d'un escabeau; le second, l'alcôve, occupé par un poêle-lit de camp en brique recouvert d'une natte.

Par les grands froids, on allume ces poêles en glissant le combustible dans une ouverture ménagée à la partie inférieure, et on laisse la porte ouverte pour permettre à la fumée de s'échapper au-dehors, car jamais le cerveau d'un architecte chinois n'a conçu la pensée de s'inquiéter d'une cheminée.

Au demeurant, après la longue chevauchée du jour,

les jeunes gens trouvèrent le logis possible. Un coup de balai sur le plancher, un battage sérieux des nattes, le remplacement de quelques-uns des papiers huilés qui tenaient lieu de carreaux, et les cellules devinrent habitables.

Le dîner : riz bouilli au carry avec de la viande de porc coupée en languettes minces,... le tout arrosé de thé bouillant et d'un petit verre d'eau-de-vie de millet, répara les forces des Français; ceux-ci se couchèrent dans les plus heureuses dispositions.

En somme, ils avaient parcouru les deux cinquièmes de la distance qui sépare Péking de Tien-Tsin, et cela sans qu'un obstacle sérieux se fût dressé en travers de leur route.

La facilité avec laquelle ils circulaient dans ce pays occupé par les Boxers démontrait l'excellence de leur déguisement.

Bref, ils se congratulèrent respectivement, Cigale pouvant faire trêve de son mutisme dans le tête-à-tête : puis chacun gagna sa chambre – sa niche, comme disait le Parisien – et s'étendit sur son lit-poêle.

Il était assez tard.

Dans l'auberge, voyageurs, laquais, animaux dormaient. Le silence avait remplacé les bruits du jour.

Cigale ferma les yeux, songea un instant à « la tête » que devait faire Roseau-Fleuri, et, le sourire sur les lèvres, perdit la notion des choses.

Loc-Ping, le génie chinois des rêves, devait le punir de son manque de charité à l'égard de la petite princesse.

Tout d'abord le passé se déroula devant lui. Le Docteur Mystère, Na-Indra, Anoor se dressèrent à son chevet. Avec lui, avec elles, il avait parcouru naguère les plaines gangétiques et les plateaux abrupts de l'Afghanistan.

Les périls de la route, l'habitude du dévouement lui avaient fait éprouver pour Anoor, fillette à peu près de son âge, une de ces tendresses sincères qui décident de la vie d'un homme.

Puis on était rentrés en Europe, en Russie, dans ce pays moscovite pour qui le docteur, de son vrai nom prince Rama Rundjee, avait exécuté la reconnaissance topographique du chemin d'invasion de l'Inde.

Anoor en pension à Saint-Pétersbourg, afin de se façonner à l'éducation européenne, Cigale travaillant, à Moscou, auprès du médecin, une année s'était écoulée avec une rapidité incroyable.

Chaque mois, le Parisien recevait une lettre d'Anoor; chaque mois, il adressait à la jeune fille des pages nombreuses, où il ressassait sous mille formes les mêmes idées :

« Rien n'est aussi gracieux qu'Anoor. Je travaille à force pour devenir savant comme M. Mystère lui-même et être digne de ma chère Anoor, de ma fiancée. »

C'était le bonheur, c'était l'espoir.

Et tout à coup, la fatalité passait. Mystère annonçait à Cigale la mort de la jeune Hindoue.

Deuil, effondrement, plus de travail, plus de courage. L'argot dont le Parisien avait expurgé son langage reparaissait sur ses lèvres avec une persistance voulue, une obstination maladive.

Aux reproches paternels de Mystère, Cigale répondait :

— Je suis né dans le ruisseau; qu'importe que j'y retourne, puisque Anoor n'est plus !

Il songeait à mourir, à se jeter brusquement dans l'inconnu pour y retrouver celle que le trépas lui avait ravie.

Mystère s'interposait. Il lui créait ce devoir de concourir au salut des Européens menacés par le soudain soulèvement des Boxers. Courrier du tsar, il arrivait à Péking.

Et Roseau-Fleuri traversait son rêve, les sourcils contractés, la bouche colère. Elle lui disait avec une cruauté satisfaite :

— Tu m'as séparée de Loret, mais il vit et j'ai l'espérance de le rejoindre. Tandis que toi, tu auras beau faire, jamais tu ne reverras le sourire d'Anoor; la mort m'a vengée par avance, aussi je te pardonne et t'accorde le baiser de paix.

Cigale tentait de repousser la princesse. Peine inutile. Elle lui saisissait les bras avec une force irrésistible. Elle se penchait sur lui et appliquait ses lèvres brûlantes à son front.

Cigale eut un cri rauque et se débattit si violemment qu'il s'éveilla.

Horreur! l'impression persista. Le baiser brûlait toujours son front.

A travers les papiers huilés de la fenêtre, la lune éclairait vaguement la pièce et, stupéfait, le Parisien aperçut une masse informe dressée devant le poêle-lit de camp, sur lequel il était couché.

Combatif, le jeune homme ne perdit pas son temps à chercher de quelle nature était cet être, il lui allongea un coup de poing à assommer un bœuf.

Un cri aigu répondit à cette manifestation. La chose en question s'affala lourdement sur le plancher, soufflant, criant, grognant, et Cigale éclata de rire.

A la voix, il avait reconnu la qualité du visiteur.

C'était un cochon domestique, qui, avec l'indiscrétion habituelle à ses congénères, avait profité de la fermeture insuffisante de la porte pour s'introduire dans la cellule du voyageur.

Se lever, chasser à grand renfort de horions l'importun animal, fut pour le Parisien l'affaire d'un instant.

Le pourceau, évidemment surpris de cette réception plutôt hostile, s'enfuit dans la cour en poussant des cris de protestation. On peut supposer que, dans son cerveau obscur, destiné aux honneurs de la charcuterie, se formulaient des réflexions de ce genre :

« Cet homme est un brutal. Comment! Je vais lui rendre visite, je lui octroie un baiser, caresse dont les Européens sont prodigues entre eux; et il me chasse, il me rudoie. Ah! décidément, mon maître, les mandarins que j'entends discuter ont raison de stigmatiser la barbarie des Diables Etrangers! »

Heureusement, si toutefois nous ne nous avançons pas trop en lui attribuant ce raisonnement, le langage de maître porc n'était perceptible que pour lui seul; sans cela, il eût infailliblement trahi l'incognito du Français.

Celui-ci assujettit sa porte, plaça à portée de sa main le sabre court – parent du *machete* américain – dont les serviteurs chinois chargent leur ceinture en voyage, et s'installa de nouveau sur le poêle.

A deux ou trois reprises, il se tourna, grommela quelques malédictions à l'adresse des pourceaux, voire même des charcutiers, dont la coupable industrie a amené la multiplication de ces quadrupèdes, de ces « lards ambulants », selon la pittoresque locution du gavroche, et de nouveau il s'enfonça dans un profond sommeil.

Mais il était écrit qu'il ne goûterait pas un repos prolongé durant cette nuit-là.

Un vacarme épouvantable le tira de son engourdissement. On eût dit que tous les diables des légendes s'étaient donné rendez-vous dans la chambre.

Cigale regarda.

Ce n'était plus un cochon qui troublait sa quiétude. Sa victime de tout à l'heure avait été quérir du renfort. Quatre porcs se bousculaient, grognaient, cherchant à transformer en comestibles les bottes du voyageur.

A la vue de ses chaussures atrocement tiraillées, prêtes à disparaître dans cette tourmente porcine, Cigale rugit.

Il bondit vers le groupe, son sabre à la main, et vlan!... Dans sa colère, il frappa de la pointe, non du plat de l'arme, et embrocha de même qu'un simple poulet l'animal le plus proche.

L'infortuné porte-saucisson s'affaissa comme une masse, tandis que ses complices s'enfuyaient dans un galop éperdu.

Le premier soin du Parisien fut de ramasser ses bottes. Elles n'avaient pas trop souffert; le cuir, sans doute de qualité extra-supérieure, n'avait point cédé.

Rassuré sur ce point, Cigale songea au cochon dont le cadavre s'allongeait sur le plancher.

Voyons! il n'allait pas garder ce corps encombrant dans sa chambre?

Evidemment non. Alors où le placerait-il? Car il importait, non seulement de s'en défaire, mais encore de le cacher. Sans cela, au matin, on aurait maille à partir avec l'hôte. En Europe, on aurait conté l'aventure à l'aubergiste, payé le prix approximatif de l'animal, et tout eût été dit. Mais en Chine, dans ce pays processif par excellence, mille complications pouvaient surgir. Et des gens déguisés, chargés d'une mission de confiance d'où dépend la vie de nombreux Européens, ne devaient pas s'attarder en discussions oiseuses.

Le Parisien se gratta la tête. Ne sachant trop comment dissimuler sa violence, il en éprouvait un vif regret.

– Voyons, dit-il, où vais-je loger ce Père la Saucisse?

Puis après un instant de réflexion :

– Parbleu, s'il y a une chambre vide, rien de plus commode.

Ce disant, il s'habilla, se chaussa et, à pas de loup, sortit de sa chambre.

Dans la cour, la lune argentait les bâches des charrettes aux roues massives, les harnais entassés, le sol fangeux.

Toutes les portes des cellules semblaient closes. Cependant, en regardant avec plus d'attention, l'une d'elles parut à Cigale légèrement entrebâillée.

Il s'en approcha en prenant les mêmes précautions qu'un cambrioleur se livrant à son honorable profession.

Il avait bien vu. Cette porte n'était pas fermée. Pour plus de sûreté, le jeune homme la poussa; elle tourna sans bruit sur ses gonds. Cigale prêta l'oreille. Aucun bruit.

– Bravo, dit-il, c'est là que je vais caser mon *usine d'andouillettes.*

Rapidement il retourna à sa chambre, enleva le défunt par les pattes, et l'emporta devant la cellule vide.

Alors il le balança un moment et le lança à la volée dans la salle obscure, en disant d'un ton de soulagement.

– Bon voyage, gros paquet de lardons!

Mais la plaisanterie s'étrangla dans son gosier. Des hurlements, des imprécations retentissaient au fond de la chambre, et comme il était certain que ce n'était pas feu le pourceau qui donnait de la voix, il fallait conclure qu'en dépit des apparences, la cellule était occupée par un voyageur que la projection du quadrupède avait dérangé.

Moitié inquiet, moitié riant, – comment ne pas rire de la stupéfaction justifiée d'un honnête touriste qui reçoit un cochon sur la tête, – Cigale se précipita à toute course dans sa chambre, dont il assujettit solidement la porte. Puis l'oreille au guet, il attendit.

Le calme ne se rétablit pas.

Aux appels aigus de l'inconnu, d'autres cris répondirent.

On marchait dans la cour, des voix irritées échangeaient des phrases nasillardes, en chinois, par malheur, car l'auteur de tout le mal n'en comprenait aucunement le sens.

Et les portes claquaient. Tous les hôtes de l'auberge, réveillés par le tumulte, venaient en demander la cause.

Cigale se déclara que, pour ne pas se faire remarquer, il devait agir comme les autres, et audacieusement il se précipita dans la cour, se frottant les yeux comme un homme réveillé en sursaut.

La première personne qu'il rencontra fut Loret. Tout bas, il le mit au courant de l'incident, et le diplomate, en échange, lui apprit ce qui se passait.

La salle, que le Parisien avait cru inhabitée, était occupée par un mandarin de sixième classe « à bouton de cuivre uni », scribe auprès du mandarin du chef-lieu de district de la Petite-Rivière, – Hiang-Ho-Hsien – qui se rendait pour juger un litige au village du Tombeau Impérial – Lang Fang, – proche de l'ancienne station du chemin de fer de Tien-Tsin à Péking, aujourd'hui détruite par les Boxers.

Comme ils le font toujours en présence des choses inexplicables pour eux, les Chinois avaient attribué la mort et le jet du pourceau aux puissances surnaturelles.

– C'est le Dragon du Fleuve – la Rivière Blanche ou Pei-Ho, étroite et fangeuse, coule à peu de distance de Ma-Fou – qui m'a ainsi troublé, affirma le mandarin.

Ce à quoi l'aubergiste, troublé, riposta :

– A moins que ce soit le Fong-Choué du relais.

Parole malheureuse, car le fonctionnaire au bouton de cuivre, meurtri par le choc du corps du pourceau contre son propre individu, en profita pour s'indemniser en frappant l'hôte d'une amende de cinq ligatures, une ligature étant une cordelette sur laquelle sont enfilées cinquante sapèques de cuivre, d'une valeur totale de 0,37 cent.; soit, pour cinq ligatures, de 1 f. 85 en 350 pièces.

– Tu m'as manqué de respect, prononça le scribe, en exprimant une opinion contraire à la mienne. Je pourrais te déférer aux tribunaux, je me contente de t'imposer une amende. Bénis ma clémence.

Et l'hôtelier paya, se voyant du même coup dépossédé d'un porc et de cinq ligatures.

Le pauvre diable n'était pas de ceux auxquels la fortune vient en dormant.

Mais un Chinois aime trop l'argent (c'est sa caractéristique) pour ne pas réparer promptement une perte.

Aussi, lorsqu'à l'aube Loret et Cigale sortirent définitivement de leurs chambres pour se remettre en route, eurent-ils la désagréable surprise de constater que l'entrée de la cour de l'auberge était obstruée par un groupe nombreux de voyageurs, riant, plaisantant, en face... du porc, victime du Parisien, attaché à l'aide de cordes sur une croix de bois plantée au beau milieu du passage.

Une pancarte placée sur la poitrine de l'animal portait ces mots :

« Ceci est le Bouddha des chrétiens, qui mange les yeux et le cœur des petits enfants. Dignes Chinois, donnez quelques sapèques pour les Boxers, qui vont purger l'Empire du Milieu de cette détestable superstition. »

Le moyen de refuser l'obole réclamée au nom des Boxers.

L'hôtelier avait eu là un trait de génie.

– Sapristi, murmura Cigale, est-ce que ce pourceau va me poursuivre comme cela partout ?

Il n'eut pas le loisir de continuer ses réflexions.

Une voix connue s'éleva :

– Mon ami, disait-elle à l'aubergiste, ta plaisanterie

est stupide et du plus mauvais goût. Les dieux ont le droit de se nourrir des substances qui leur conviennent. Notre Dragon du Ciel est tourmenté du désir d'avaler la Lune, ce qui est bien plus grave que d'absorber les yeux de quelques enfants, et pourtant aucun de nous ne tolérerait qu'il fût comparé à un porc.

La main de Cigale s'était crispée sur le bras de Loret.

L'homme qui parlait était le lettré Liang en personne, et près de lui, drapée dans le manteau de voyage des Grandes Dames – Ta-Sia – la princesse Roseau-Fleuri se tenait toute pâle, les paupières cernées d'un halo de bistre, les yeux brillant d'un éclat fiévreux.

Comment l'oncle et la nièce se trouvaient-ils là ?

Le désir de rejoindre Loret les avait amenés.

Le lendemain du jour où la gentille Mandchoue avait découvert la fuite des Français, elle s'était levée plus calme. Sur son secrétaire, son premier regard rencontra une enveloppe mauve, scellée de cachets de laque argentée. Elle la considéra longuement. C'était la lettre écrite la veille et qui débutait par :

« Doux Fiancé de Saphir que les Génies du Mal ont emporté loin de moi. »

– Je vais la faire porter à la Légation. Je veux qu'il sache ma douleur. Il est bon, il ne me tiendra pas rancune.

Elle se leva, oubliant de « gonguer » ses esclaves.

Seule elle passa dans la chambre de toilette, s'habilla. Alors elle désira voir une figure étrangère, celle du messager qu'elle enverrait à René.

Mais avant qu'elle l'eût appelé, un garde mandchou se présenta. A la Porte du Midi, exposa ce guerrier, un Chinois, qui se dit huissier à la Légation de France, demande à entretenir la princesse Roseau-Fleuri. Se porte-t-elle garant de cet homme, et doit-on lui permettre de pénétrer dans la Ville Interdite ?

Huissier à la Légation de France... Ces six mots firent rougir la princesse. Loret lui écrivait peut-être. Ennuyé de la captivité, il avait pu fuir; mais il avait songé à elle.

– Qu'il entre! qu'il entre! dit la jeune fille.

Le Mandchou salua et sortit.

Dix minutes plus tard, il revenait, conduisant l'individu que Roseau-Fleuri avait rencontré la veille chez le Maréchal de la Police.

Le rusé Chinois aux yeux obliques, aux regards plus obliques encore, se prosterna devant elle, avec toutes les marques compliquées du respect de l'inférieur pour un puissant dignitaire.

— Princesse, susurra-t-il, à la beauté plus douce que le miel, hier tu as laissé tomber ta bourse dans la main d'un pauvre diable. Il t'est reconnaissant, car l'ingratitude est un vice ignoré des fils de Han. Il t'en apporte la preuve.

Et scandant les syllabes :

— Hier, sans y être contraint, j'informai l'illustre Maréchal de la Police de l'arrivée à la Légation de deux Diables Etrangers, fugitifs de ce Palais. Aujourd'hui, avant de faire mon rapport au Maréchal, je viens à toi.

La main du drôle se tendait, implorant une récompense. La princesse y mit quelques pièces d'or que son interlocuteur enfouit dans sa poche avec componction :

— La générosité des dix mille Bouddhas est en toi, Vénérée; bien certainement les Mânes des Ancêtres m'inspirèrent de me rendre auprès de Ta Noblesse. Voici donc ce qui m'amène. Les étrangers venus hier à la Légation ont disparu.

Un cri d'angoisse monta aux lèvres de la jeune fille. Elle le retint en serrant ses dents à les briser.

— Disparus?... répéta-t-elle d'une voix rauque.

— Oui. Ce matin, en souvenir de l'intérêt que tu leur portes, je les ai cherchés par toute la résidence. Ne les découvrant nulle part, je suis sorti, j'ai interrogé les tipaos de garde aux environs. Tous déclarèrent que personne n'avait quitté la résidence. Un autre se serait contenté de cette réponse; mais pour le service d'une noble personne aussi généreuse que toi, il n'est rien dont je ne sois capable. Au risque des horions, je questionnai les interprètes, le chancelier; aucun ne parut comprendre ce que je voulais de lui. C'était à se décourager, quand Mme Pichon parut à sa croisée du premier étage. J'étais en bas. Un secret instinct m'avertit que la vérité m'allait être révélée. Je me tins coi, feignant de dormir. Ces étrangers ne se méfient pas des gens qui dorment, et pourtant on voit si bien, les yeux fermés, et surtout on entend à merveille. – « Où donc est ce pauvre Loret ? demanda-t-elle à M. le Ministre de France qui causait, à quelques pas de moi, avec un attaché de l'ambassade russe.

« – Loret ? répéta M. Pichon en échangeant un sourire avec le Russe.

« – Oui, Loret.

« – Il est parti cette nuit.

« – Cette nuit ? Et les tipaos qui cernent le yamen n'ont pas donné l'alarme ? »

« Le Ministre rit plus fort :

« – Les tipaos sont toujours en faction. »

« La dame parut stupéfaite :

« – Comment a-t-il pu réussir ?...

« – Oh ! simplement, grâce à une idée de ce Parisien fantaisiste.

« – Cigale ?

« – Justement.

« – Qu'a imaginé ce jeune homme ?

« – Ceci : la rue est gardée, mais les maisons voisines ne le sont pas.

« – Les maisons voisines sont entourées de murs.

« – Vous y êtes, ma chère amie. En suivant la crête des murs, on atteint la Légation de Russie et l'on sort tranquillement de ce côté, tandis que les argousins du Fils du Ciel se brouillent les yeux à surveiller l'entrée de notre yamen.

« – Admirable, murmura Mme Pichon.

« Et tous trois riaient en se considérant. »

Roseau-Fleuri avait écouté. Ainsi Loret s'était éloigné de Péking. Chaque minute augmentait la distance qui le séparait d'elle.

– Où est-il allé ? fit-elle rudement.

L'huissier fit un geste vague.

– Cent taëls pour toi si tu peux me l'apprendre.

La face cauteleuse du Chinois exprima la rapacité :

– Vous donneriez pareille somme ?

– Parle, et elle est à toi.

– Eh bien ! je crois que M. Pichon l'a envoyé à Tien-

Tsin pour obtenir des renforts. Aux Légations on craint d'être attaqué par les Boxers.

– C'est bien; va trouver le chef de mes serviteurs. Qu'il te compte cent taëls.

Elle s'était dressée, elle poussait l'huissier vers la porte, en proie à une agitation qu'en tout autre circonstance elle eût jugée inconvenante et indigne d'une Chinoise policée.

Seule enfin, elle promena autour d'elle un regard hésitant, vide de pensée. Que ferait-elle ?

Puis tout à coup un éclair traversa son esprit. Se rapprocher du fugitif, cela seul l'empêcherait de mourir de chagrin et d'angoisse. Oui, c'est bien cela. Il se sauve, vite à sa poursuite !

Les gongs résonnèrent l'un après l'autre sous ses mains nerveuses. Porteurs, caméristes reçurent des ordres contradictoires, auxquels ils ne comprirent rien. Un esclave fut chargé d'aviser le poète Liang.

Puis Roseau-Fleuri, incapable de s'apercevoir que, dans le désordre de ses idées, elle ne donnait aucune instruction claire, s'emporta contre ses serviteurs impuissants à la deviner.

Le flagellateur fut appelé, et la lanière blanche de son fouet à manche de bambou cingla les épaules des esclaves terrifiés.

L'apparition de Liang mit heureusement fin à cette scène. Avec son calme imperturbable, le lettré observa sa nièce, tremblante de colère, les serviteurs bouleversés.

– Oh ! oh ! dit-il, ma chère petite fleur de Lotus a ses nerfs. Maladie de jeunesse dont l'âge guérit, comme le dit le docte Fa-Hou-Tcheou, ancêtre de la médecine. D'ordinaire la laitue cuite apaise ces crises, mais je te sais si douce, Roseau-Fleuri, que je dois chercher une cause morale à ta souffrance.

Elle courut à lui, et appuyant ses mains glacées sur les épaules du poète :

– Oncle, dit-elle, oncle, je veux partir, poursuivre Loret qui fuit vers Tien-Tsin.

Le lettré hocha la tête :

– Naturellement je dois t'accompagner ?

La jeune fille l'implora du regard.

– Eh bien, reprit-il, Tao-Tzé l'a dit : Le plus grand malheur pour le jardinier est de voir s'étioler ses fleurs. Je serai bon jardinier. Au rebut le poète ! Que ses rimes restent en friche;... courons à la recherche de ton fiancé. Si tu pensais comme moi, ma jolie, tu le mépriserais : car un homme si mobile ne saurait être un époux stable; mais la sagesse des anciens semble folie aux jeunes. Foin des discours superflus ! En litière, et que Bouddha, s'il est autre chose qu'une conception poétique, nous aide à rattraper cet enragé Loret.

Là-dessus, Liang commandant, l'oncle et la nièce avaient pu, au bout d'une demi-heure, présenter leurs adieux de déplacement à l'Impératrice et quitter la Ville Interdite.

C'est ainsi que ceux qu'ils cherchaient se trouvèrent à trois pas d'eux, dans l'auberge de Ma-Teou,... méconnaissables heureusement, grâce à leur costume chinois.

Cependant l'aubergiste, interloqué par l'admonestation, essayait de s'expliquer.

– Ecoute, reprit le poète. Ce qui fait l'esprit chinois plus grand que celui des autres peuples, c'est la tolérance. Nous laissons chacun libre de prier ou de ne pas prier, de croire ou de ne pas croire, à sa fantaisie. Dans notre Panthéon, le Temple des Dix Mille Bouddhas, nous recevons les Bouddhas, non seulement des nations soumises à notre Empire, mais encore des races lointaines, avec lesquelles nous n'avons que des rapports peu fréquents. Ce Fo, ce dieu des chrétiens, aurait été aussi admis dans ce temple, si ses adeptes n'avaient refusé pour lui cet honneur, sous le prétexte qu'il est le Chang-Ti (Roi des Rois) et ne saurait dès lors partager le logement des autres dieux. Alors pourquoi l'injurier ? N'est-ce pas ravaler la pensée chinoise, l'abaisser au niveau de celle des barbares ?

– Bouton de Corail, s'écria aussitôt le petit mandarin qui avait déjà puni l'hôtelier d'une amende, Bouton de Corail (il désignait Liang par son insigne), ta bouche exprime la sagesse, je me prosterne d'admiration. Simple *Kien-Tcheng* (bachelier), je me sens ébloui par le *Tchao* (éclat splendide) de ta parole. Si tu le désires, je condamnerai cet aubergiste qui t'a déplu à l'amende *louo* (maximum).

L'amende, toujours l'amende, la grande préoccupation des fonctionnaires chinois qui, de par la vénalité des charges, sont obligés de sacrifier un capital considérable pour obtenir un emploi toujours peu rétribué, et qui, par suite, une fois en fonction, ne considèrent l'administration que comme un moyen d'extorquer des sommes variables à leurs administrés.

Des vice-rois au plus infime des scribes, la formule est uniforme : tirer plume ou aile au peuple.

Liang le savait bien, aussi ce fut du ton le plus indifférent qu'il répondit :

– Bouton de Cuivre Poli, fais ainsi que tu le jugeras convenable, car il importe avant toute chose à la gloire de l'Empire que les mandarins, ses soutiens naturels, vivent hors de la misère.

On pense que le scribe usa de la permission. De nouveau l'aubergiste dut lui verser cinq ligatures. Le bachelier lui-même prêta la main à l'enlèvement du porc crucifié. Il semblait professer pour l'animal un respect presque exagéré.

Et de fait il le vénérait, voyant en lui l'origine de sa fortune. Le raisonnement du poète l'avait frappé; non qu'il en eût apprécié la haute portée philosophique, mais il y avait vu un moyen distingué, parfait, de prélever une dîme sur les belligérants, qu'ils fussent chrétiens ou non.

La porte de l'auberge était débarrassée. Cigale et Loret, déjà en selle, poussèrent aussitôt leurs chevaux sur la route, tremblant d'être reconnus par Roseau-Fleuri. Ils en furent quittes pour la peur.

La princesse ne les devina pas sous leur déguisement de marchands, et, talonnant les flancs de leurs montures, ils s'éloignèrent sans encombre.

Le chemin, à présent, n'avait plus de dallage. Il s'étalait à travers champs en pistes capricieuses, ornières tracées par les charrettes et se subdivisant sans cesse. Les voyageurs croisaient des voitures aux roues pleines, dont le conducteur, assis sur les brancards, stimulait l'attelage d'un long fouet au manche ressemblant à une gaule de pêcheur; puis des négociants replets, juchés sur des ânes, le parasol ouvert à la main; des bourgeoises aux joues enluminées de carmin, appuyant leurs chaussures de soie, à deux talons, sur un étrier de bois doré fixé à la selle de leurs petits poneys ou de leurs bourriques pacifiques; derrière ces dames, des domestiques couraient à pied, faisant avancer les montures paresseuses à grands coups de houssine.

Au loin vers le nord, le cours de la Rivière Blanche était décelé par le sommet des voiles des jonques, qui semblaient glisser à la surface du sol de la plaine monotone, interminable, au sol jaunâtre parsemé de mares stagnantes.

Les Français traversèrent Ta-Ngan-Ping, Ho-Si-Ou (Fond ouest du Golfe de la Rivière), ainsi nommé parce que les marées du Pacifique cessent d'être perceptibles en ce point.

Comme ils débouchaient de la rue principale du bourg, continuée par la route de Tien-Tsin, ils faillirent écraser deux personnages, un homme et une femme, gravement accroupis au milieu du chemin resserré en cet endroit entre des murs de brique.

– Gare ! cria Loret.

Le Chinois répliqua sans se déranger :

– Kouo ouaée (passe de côté). Mon épouse adore la Lune, moi je préfère le Soleil, nous sacrifions à nos dieux et ne pouvons nous interrompre.

Force fut aux voyageurs de faire halte et d'assister à la scène la plus singulière qui se puisse imaginer.

Assis dans la poussière, les jambes repliées sous eux, chacun des Célestes avait posé devant lui une pierre cubique. Celle de la dame était blanche, portant en noir le signe de la Lune; celle du mari était rouge, avec le signe blanc du Soleil.

Chacun des fidèles avait à la main un petit sac de soie brodée. L'époux en tirait des morceaux de bois recouverts d'un laquage vermillon, des cailloux rubescents, des grains de rubis, des fèves rouges; de son sachet, la femme extrayait du riz, des perles, des cristaux, des opales, et les offrandes rouges s'amoncelaient sur la pierre du Soleil, tandis que les cadeaux blancs s'empilaient sur celle de la Lune.

Loret sourit. Il savait que les fervents des deux astres ne pouvaient offrir, d'après les rites, que des objets blancs à la Lanterne des Nuits et des objets rutilants au Brasier du Jour.

Les deux Chinois ne s'occupaient plus des voyageurs. Tout à leur opération, ils levaient les mains en cadence, les ramenaient sur leur poitrine, les paumes tournées en dehors; marmottaient des sortes de litanies pouvant se traduire ainsi :

– A moi qui suis vis-à-vis de toi, ô Soleil, aussi généreux qu'un père vis-à-vis de sa famille, accorde les Grands Biens.

O Dragon du Feu,
O Tapis de Pourpre du Ciel,
O Père du Vermillon,
O Créateur de la Laque,
O Œil de rubis de la nature,
O Pagode rouge.

Cela était la partie modulée par l'homme. De son côté, la femme psalmodiait :

– Lune, tu le vois, je me prive de tout, pour te faire des présents dignes de toi : ainsi agirait une tendre mère soucieuse du bonheur de son enfant. Sois-moi clémente en échange, et rends ce que t'offre ta fidèle au centuple, ainsi qu'il convient à une divinité.

O Tour à la toiture blanche,
Amphore de lait,
Parasol de jade,
Sourire des perles,
Protectrice du riz.

Puis le silence se fit. Le ménage parut s'absorber dans une courte méditation. Après quoi, la Chinoise s'empara des présents rouges qu'elle enferma dans le sac de la Lune, tandis que le Céleste serrait les présents blancs dans le sac du Soleil.

Et ensemble, avec une gravité comique, ils prononcèrent :

– Je veillerai sur toi qui pratiques le culte des dieux, et je t'accorderai les Mille Bonheurs.

Se levant alors, ils prirent leurs pierres et se disposèrent à rentrer dans le village.

Mais la fin de la scène avait intrigué Loret.

– Pourquoi ce sacrifice sur la route, demanda-t-il, alors qu'il y a des temples ?

– Dans les temples, il y a des prêtres, bonzes ou lamas.

– Justement.

– Ceux-ci reçoivent les offrandes et les gardent.

Le diplomate éclata de rire :

– Tandis qu'avec ton système...

– Ma femme prend mes « générosités », je prends les siennes : nous les rapportons dans notre logis. La prochaine fois, elle sacrifiera au Soleil, moi à la Lune. De la sorte, nous honorons les dieux sans qu'il nous en coûte trop cher.

Et sur cette leçon d'économie religieuse, le couple s'en alla, la conscience paisible, avec la certitude d'avoir satisfait aux désirs des divinités... et aussi aux souhaits des ancêtres dont la volonté est surtout, d'après Confucius et Tao-Tzé, que leur lignée ne s'appauvrisse point.

– Joli pays! s'écria Cigale lorsqu'il fut seul avec René. Joli pays, où les mandarins volent le peuple, où le peuple vole les dieux!

– Qui le lui rendent avec usure, acheva Loret, par l'intermédiaire de leurs bonzes, bonzesses, lamas, bouddhas vivants, etc.

Mais changeant de ton :

– Tenez-vous sur vos gardes; nous nous rapprochons de Tien-Tsin, et il est probable que nous allons pénétrer dans la partie du pays où sont rassemblées les bandes du prince Tuan. C'est la zone la plus dangereuse à traverser.

– Compris, répliqua Cigale, j'avale ma langue.

Les petits chevaux bondirent sous les éperons et prirent une allure rapide.

Bientôt les prévisions du secrétaire d'ambassade se réalisèrent. Des camps se montrèrent à droite et à gauche de la route, gardés par des factionnaires qui avaient remplacé le « garde-à-vous » d'autrefois par un

C'ÉTAIENT DES BOXERS DE L'ARMÉE RÉGULIÈRE.

moyen plus bruyant de montrer leur vigilance. De temps à autre, l'un d'eux tirait un coup de fusil en l'air, et alors c'était, autour de la troupe au repos, un feu roulant de mousqueterie, chaque sentinelle se faisant un point d'honneur de répondre à la première détonation.

– Crétins, bougonna le Parisien. Voilà qui doit permettre à l'ennemi de connaître l'emplacement des troupes.

Mais peu à peu il cessa de rire. Des visions effrayantes se dressaient dans la campagne au milieu de l'agglomération en armes, toujours plus dense. Fermes incendiées, villages ruinés, cadavres mutilés, abandonnés là où la rage meurtrière des bourreaux s'était assouvie, se succédaient, et les voyageurs avaient l'impression que le vent apportait à leurs narines l'odeur fade du sang.

Puis c'étaient des malheureux, pendus ou agonisant sur des tables de supplice; des porcs crucifiés, avec, sur leur croix, l'inscription ironique :

« *Si fang tché jen, iou cheng tché ien* (les hommes d'Occident possèdent le saint par excellence). »

Des convois de vivres, de munitions, de matériel d'artillerie roulaient pesamment sur le sol, tirés par des files de petits chevaux mal hanarchés.

Des officiers se détachaient, accouraient au galop reconnaître les voyageurs, et s'en retournaient après que Loret leur avait dit en excellent chinois :

– Je suis négociant de Tien-Tsin. Je retourne à mon comptoir, après avoir conclu une affaire de porcelaine à Péking.

Parfois des bandes avinées traversaient le chemin. C'étaient des hommes déguenillés, aux visages abêtis, couverts de stigmates vicieux, chargés d'armes invraisemblables, fusils à pierre, lances, sabres anciens, pertuisanes, broches, bâtons, fanatiques étalant sur la poitrine un carré d'étoffe rouge avec la figure noire d'un poing fermé, signe de leur affiliation à la secte des Boxers.

Ces misérables chantaient, criaient, brandissant des étendards sur lesquels on lisait :

« *Ti Tien sing tao* (nous marchons sur l'ordre du ciel). »

Ils se ruaient sur les habitations isolées, en massacraient les habitants. Pillards et assassins, ils se gavaient de crimes et de butin.

Leur excuse était toute trouvée. Leurs victimes étaient flagellées de l'épithète : chrétiens. Cela suffisait. Les troupes régulières assistaient impassibles à ces sinistres exécutions, quand elles ne s'unissaient pas aux bandits.

A perte de vue, sur la surface de la plaine, c'était un pêle-mêle inexprimable, un grouillement d'hommes en délire; et au milieu des cohortes chinoises, en cent points différents, des colonnes de fumée s'élevaient, noires, opaques, rabattues bientôt sur le sol par le vent d'est, et indiquant que des maisons brûlaicnt, que d'inoffensifs agriculteurs rendaient l'âme.

Infernal tableau de dévastation qui serrait le cœur des jeunes gens. Ceux-ci pressaient leurs montures. Mais il était écrit que leur marche serait ralentie par les incidents les plus variés.

Près de Ma-Tchang (village du cheval), deuxième relais de la route, ils aperçurent devant eux un rassemblement de plusieurs centaines de personnes. C'étaient des Boxers, des soldats de l'armée régulière, des mandarins militaires suivis de leurs porte-glaive et de leurs porte-lance.

Les huit bannières étaient représentées là, guerriers avec la casaque et le chapeau jaunes, blancs, rouges, bleus, jaunes bordés de blanc, blancs lisérés de rouge, rouges cernés de blanc, ou enfin bleus cerclés de rouge.

Il y avait des artilleurs au dolman court, au pantalon flottant; des fantassins à la jupe ouverte sur le devant, à la façon des capotes de nos troupiers; des cavaliers à la robe ample, destinée à couvrir la croupe du cheval ainsi que les manteaux de nos dragons... Puis, des groupes de lamas, des bonzes, des bonzesses, aux tuniques blanches et noires, grises et jaunes, bleues, écarlates, vertes. Et ce monde pointait vers le ciel des parasols, des bannières, des lanternes, des planchettes à titres, donnant l'impression d'une foule abritée sous un énorme bouquet multicolore.

A l'approche des voyageurs, plusieurs cavaliers, qui semblaient monter la garde autour du rassemblement, piquèrent un temps de galop et cérémonieusement barrèrent la voie.

– Lumières Roses, dirent-ils, Vos Seigneuries sont priées de suspendre leur marche durant quelques instants.

– Pourquoi ? questionna Loret.

– Parce que Si-Leou, chef boxer renommé, est en ce moment confié à la terre, et que son esprit pourrait être troublé par le bruit des pas de vos chevaux à proximité de sa tombe.

Le diplomate sentit que toute résistance serait inutile, voire dangereuse. Les cérémonies de l'inhumation sont aussi compliquées que celles du mariage; les sorciers, les astrologues, les devins s'en mêlent, établissent des Pa-t'zeul – horoscopes – désignent l'endroit où la fosse doit être creusée, les jours et heures de la mise en marche du cortège, de l'enfouissement, des premiers sacrifices.

Ils sont obéis en tout, car la tradition déclare qu'un esprit, mécontent des honneurs qui lui sont rendus, devient un démon qui tourmente les vivants.

C'est ce que René expliquait à son compagnon, tandis qu'ils assistaient de loin à la cérémonie.

– La croyance à ces démons tourmenteurs, disait-il, est tellement enracinée dans les cervelles chinoises, qu'il existe partout des Sociétés des Cercueils, dont la mission est d'assurer aux pauvres une bière décente. Singulière conception sociale que celle qui consiste à laisser les misérables mourir de faim, mais leur alloue, après le trépas, un cercueil confortable de bourgeois cossus.

– Tiens, plaisanta Cigale. Tous égaux après le décès, c'est la *République des macchabées*.

Cependant, deux longues théories de lamas, aux robes jaunes et vertes, se disposaient en alignements, formant une croix, dont les bras étaient parallèles aux côtés de la sépulture. Les jaunes criaient à tue-tête :

– Le Tigre ! Le Tigre ! Le Tigre !

Les verts répondaient :

– Le Dragon !

– Qu'est-ce qu'ils braillent ? demanda Cigale, curieux comme à son ordinaire.

– Le Tigre et le Dragon.

– Qu'est cette ménagerie ?

– Un axiome physique que l'on enseigne gravement dans les écoles. D'après les docteurs chinois, la terre est traversée par deux courants d'air en croix. L'un est le Tigre et l'autre le Dragon. Une tombe doit être placée, suivant les rites, par rapport à ces vents, car sans cela les os seraient détruits en moins de vingt ans et l'esprit deviendrait un diable.

– Il n'y a pas à dire, murmura le Parisien, ça, c'est clair.

Leurs momeries terminées, les lamas dressèrent une colonne funéraire de bois laqué et doré, figurant une tour à sept toits superposés. Les toitures en nombre impair, trois, cinq, sept, sont en effet des gages de repos heureux pour le défunt. Alors la foule se livra à une prosternation générale et se dispersa en tous sens.

René arrêta l'un des passants :

– Qui est celui auquel on rend de tels honneurs ?

L'homme répondit avec respect :

– Si-Leou, vaillant guerrier, mort en rejetant les barbares dans Tien-Tsin.

Une pâleur monta au front du diplomate.

– Les gens d'Europe ont donc été vaincus ?

– Oui, et leurs morts bordent la voie ferrée sur laquelle ils faisaient circuler des *dragons de feu* (locomotives).

Loret ne trouva pas une parole; son interlocuteur s'éloigna, sans remarquer son trouble.

– Quoi ! s'exclama Cigale frappé de l'altération des traits de son ami, il y a une tuile ?

– Un corps européen, sorti de Tien-Tsin, sans doute pour marcher sur Péking, a été repoussé et détruit par les bandes chinoises.

– Vous êtes sûr ?

– Regardez autour de vous. Les camps sont tranquilles, on n'y sent aucune inquiétude.

– Eh bien ?

– Eh bien ! s'ils avaient été battus, tous ces irréguliers seraient en retraite.

– C'est vrai.

Les jeunes gens ne parlèrent plus. Des réflexions sombres emplissaient leurs cervelles.

Ainsi ils se rendaient à Tien-Tsin solliciter du secours pour leurs amis de Péking, et ils trouveraient la colonie plongée dans la tristesse d'une défaite, étroitement bloquée par l'ennemi, ayant assez à faire à se défendre elle-même. Les Légations étaient donc condamnées ?

A quoi songeaient les gouvernements d'Europe ? Les malsaines agitations des politiques viles, où s'entrechoquent les bas intérêts personnels, conduisaient la vieille terre des civilisations à laisser égorger les vaillants qui s'expatrient pour sa gloire et sa fortune ? Elle était donc pourrie jusqu'aux moelles, cette sénile Europe, comme le prétendent les pessimistes, qu'elle ne pût faire trêve à ses discussions pour voler au secours de ses meilleurs citoyens ?

Et profitant de l'abattement de leurs cavaliers, les poneys mongols marchaient au pas, broutant au passage les herbes rares jaillissant des ornières.

Tout à coup des cris, des appels attirèrent l'attention des voyageurs.

Plusieurs cavaliers, lancés à fond de train, les joignirent presque aussitôt. A leur grande surprise, les jeunes gens reconnurent l'aubergiste du relais de Ma-Teou, accompagné du mandarin à bouton de cuivre et de plusieurs soldats de la police. Ceux-ci les entourèrent, et le scribe s'inclinant cérémonieusement devant Loret :

– Riche marchand, homme considérable, le regret de t'arrêter me consume, mais les devoirs de ma charge m'y contraignent.

– M'arrêter ? s'exclama le diplomate avec un sursaut.

– A la requête de cet hôtelier qui prétend que ton

domestique a mis à mort, sans en avoir le droit, l'un de ses porcs.

Les voyageurs eurent un mouvement. Pourtant Loret s'efforça de paraître calme et demanda paisiblement :

– Sur quoi se fonde le réclamant ?

– Sur ce qu'il a trouvé des traces de sang dans la chambre occupée, la nuit dernière, par ton serviteur.

– Bon. Cela peut remonter à plusieurs jours.

– Le sang était fraîchement répandu.

Un instant, René demeura muet, puis il eut une inspiration :

– Tout cela est de la rébellion contre toi, Bouton de cuivre poli.

– Contre moi ? bégaya le mandarin en se redressant avec hauteur.

– Sans doute ! N'as-tu pas décidé que le Dragon du fleuve avait promené le pourceau dans les airs ?

– En effet.

– Tandis que ce Dragon s'amusait à cela, il a bien pu projeter quelques gouttes de sang dans une cellule mal close. Mais l'hôtelier ne veut pas qu'il en soit ainsi. Puni par ta large équité, pour avoir osé soutenir que le Fong-Choué seul était l'auteur de l'aventure, il n'ose plus accuser ce génie; seulement, préoccupé de te donner un démenti, il cherche un autre coupable.

Les sourcils du scribe se froncèrent; sa face bilieuse devint orangée.

– Par Fo, philosophe hindou, je crois que tu dis vrai.

Aussitôt l'hôtelier se mit à clamer sa justification, d'une voix perçante, avec force gestes oratoires.

Le scribe lui imposa silence du geste :

– Ecoutez, dit-il, vous me semblez avoir tous deux raison. Je devrais vous déférer au Tribunal du district, mais je songe que le procès vous coûterait bien des taëls et je veux tenter de trancher le différend à l'amiable.

– J'y suis tout disposé de mon côté, déclara Loret, devinant la pensée du fonctionnaire chinois.

Celui-ci lui adressa un regard bienveillant :

– Donc je précise la situation. L'accusation de cet

aubergiste est fondée ou non. Dans le premier cas, il mérite une indemnité; dans le second, une amende. De même pour toi, négociant, ta défense est selon la vérité, ou elle est entachée de mensonge. La première hypothèse te vaut une indemnité; l'autre, une amende.

– Tu raisonnes comme les dieux, souligna René.

Cette fois, le scribe lui sourit :

– Je réunis les quatre propositions que je viens d'exprimer, et de leur addition, je tire ce total : chacun de vous doit payer à l'autre un dédommagement; chacun de vous doit me verser l'amende.

L'aubergiste se récria, mais le Français applaudit :

– Quelle sagesse! Quelle science du droit! Je m'étonne qu'un lettré comme toi porte le bouton de cuivre. C'est le globule de corail qui devrait surmonter ton bonnet.

Le sourire du mandarin s'accentua :

– Tu es intelligent, tandis que cet hôtelier est stupide. Je poursuis mon raisonnement selon l'équité. Les dommages-intérêts que chacun de vous peut réclamer sont égaux, puisque le litige est un même pourceau, deux quantités égales retranchées l'une de l'autre produisent zéro. Donc vous êtes quittes. Restent seulement les amendes qui, elles, ne sont détruites par rien.

– Fixe-les toi-même, fit vivement Loret. Je serai heureux de payer cette leçon de jurisprudence.

– Décidément tu es intelligent, s'écria le mandarin. Vu ton bon vouloir, je t'imposerai seulement de cinq ligatures. Quant à ce niais – il désigna l'aubergiste – il m'en remettra dix. Cela lui apprendra peut-être à raisonner juste.

Sans perdre de temps, le diplomate paya et prit congé du scribe, aux pieds duquel le malheureux hôtelier s'était prosterné en glapissant :

– Tu me ruines, Bouton de cuivre poli, tu me ruines!

Mais si vite que René s'éloignât, il eut le loisir d'entendre le mandarin murmurer avec une jubilation évidente :

– Cela fait quatre amendes pour un seul porc. Le

cochon m'est salutaire, et pour l'honorer, je ferai graver son image sur mon cachet officiel.

Au galop maintenant les jeunes gens filaient dans la campagne. Tout en éperonnant sa monture, Loret contait au Parisien la scène étrange à laquelle ce dernier avait assisté. Mais Cigale l'interrompit :

– Inutile, j'ai compris.

– Comment ?

– D'abord, il y a un certain nombre de mots qui se sont incrustés dans ma cervelle, depuis que je vis en pays jaune, et puis les gestes étaient clairs.

Une fois de plus, le diplomate admira son insoucieux compagnon. Sans avoir l'air de rien, sans effort apparent, l'enfant de Paris s'était meublé l'esprit de vocables chinois et tout à coup il venait lui dire :

– N'expliquez pas, c'est compris.

Cependant les villages, les camps, les maisons en flammes n'attiraient plus le regard des voyageurs qui, tout à l'idée de franchir la plus grande distance possible, ne s'occupaient point des choses environnantes.

Enfin une agglomération assez importante se profila à l'horizon.

C'était Yang-Tsou (La Place Forte), dominant le cours du Pei-Ho et le pont sur lequel la ligne ferrée de Takou-Tien-Tsin-Péking franchit la rivière.

Là, les traces des Boxers étaient plus marquées encore. La voie était détruite, les rails arrachés, les poteaux télégraphiques renversés. La station située sur la rive droite du fleuve, vis-à-vis de Yang-Tsou, qui occupe la rive opposée, ne présentait plus qu'un amoncellement de décombres noircis par l'incendie. Tout autour, des cadavres. On avait dû se battre furieusement en ce point. Guerriers chinois, marins européens, allemands, anglais, français, gisaient pêle-mêle, côte à côte, dans la lugubre fraternité de la mort.

Et sur le pont, une musique chinoise, suivie d'une cohue balançant d'innombrables lanternes au bout de longues gaules, exécutait dans la nuit un épouvantable charivari. Les fils de Han célébraient leur victoire.

Et pâles, les sourcils froncés, les Français gagnèrent la ville. Ils ne doutaient plus. Les Européens avaient été vaincus, s'étaient mis en retraite, abandonnant leurs morts sur le champ de bataille. A l'auberge, Cigale et Loret s'enfermèrent dans leurs chambres et se couchèrent tristement.

IX

TIEN-TSIN

Au petit jour, les jeunes gens remontèrent à cheval, repassèrent sur la rive droite de la Rivière Blanche (Pei-Ho), et par la route de Tien-Tsin, traversèrent les villages de Siao-Tsé (Petit Violet), de Hang-Tsé (Grand Violet), qui doivent leur nom à une marne violacée extraite de carrières voisines. Puis le chemin s'étrangla entre deux plaines marécageuses, franchissant deux bourgades, appelées, en raison de leur situation, Pou-Keou (Village du passage étroit) et Siao-Pou-Keou (Petit Village du passage étroit).

Par moments, la voie s'élargissait en clairières bordées de roseaux. Or, comme les cavaliers débouchaient sur une de ces places, Cigale, qui chevauchait le premier, se rejeta en arrière avec une sourde exclamation.

— Flûte !

Pour incorrect que fût le vocable, il n'en était pas moins justifié par la présence d'un groupe dont la vue serra le cœur de Loret.

Trente ou quarante Boxers, sales, déguenillés, entouraient deux hommes attachés à des poteaux de supplice, et ces deux hommes étaient des Européens.

L'un portait l'uniforme de la marine anglaise; l'autre, un tout jeune garçon, était revêtu de la vareuse et du pantalon des matelots français. Le premier, sanglant, déchiqueté, râlait, tordu dans les convulsions d'une épouvantable agonie.

Quant au second, très pâle, mais ferme, il regardait mourir son compagnon, attendant son tour.

Un instant, il porta les yeux sur les voyageurs; mais trompé par leur accoutrement chinois, il détourna la tête.

Les Boxers, eux aussi, avaient aperçu les jeunes gens.

Un « Hann » (hourra des Célestes) rugissant les accueillit, puis quelques fanatiques les entourèrent et l'un, qui semblait le chef de ces bourreaux, les salua en ces termes :

– Salut ! Illustres voyageurs. Les Boxers, envoyés de la main du ciel, sont heureux de vous montrer comme ils traitent les Diables Etrangers.

– Notre route est longue, répliqua Loret, dont la voix tremblait légèrement.

– Qu'à cela ne tienne. Nous voulons donner à un noble Chinois le plaisir de porter le premier coup. Cinq minutes de ton temps précieux, et les fers qui rougissent dans ce réchaud (il montrait du doigt les instruments désignés) seront à blanc. Tu marqueras ce captif qu'une balle dans la jambe a empêché de suivre ses exécrables compagnons.

Comme s'il comprenait que l'on parlait de lui, le prisonnier considéra ses interlocuteurs.

Tout jeune, blond, le teint rose que le hâle de la mer n'avait pas encore fané, il fixait son regard bleu sur les cavaliers.

Et dans ses yeux se lisaient à la fois la crainte du supplice attendu et la résolution de celui qui veut bien mourir.

– Oh ! soupira le diplomate bouleversé.

Mais les Boxers rugirent :

– Quoi ! Hésiterais-tu ? Serais-tu un de ces fils de Han, renégats du culte des Ancêtres, qui pactisent avec les étrangers ?

Leur attitude devenait menaçante.

Cigale fit pointer son cheval, et utilisant le mouvement de recul provoqué par cet incident, il prononça tout bas :

– Légations... Tien-Tsin.

René tressaillit. Dans un éblouissement, il entrevit le devoir commandé par les circonstances. La destinée lui imposait une horrible épreuve; il n'avait pas le droit de s'y soustraire. Le salut de la colonie européenne de Péking dépendait de sa fermeté d'âme. Reconnu, arrêté, le dernier espoir des Légations disparaissait avec lui.

Il fit un effort surhumain, domina son trouble, et les dents serrées, il prononça lentement :

– Vous vous méprenez. Mon hésitation vient seulement de la crainte de n'être pas digne de l'honneur que vous désirez me faire.

Les visages des assassins s'éclairèrent :

– A la bonne heure! Voilà qui est parler. Nous allons expédier notre premier condamné, afin de ne pas te retarder.

Les voyageurs eurent la pensée d'enfoncer leurs éperons dans le ventre de leurs montures et de s'enfuir au galop, mais à l'autre extrémité de la barrière, d'autres Boxers barraient le chemin, de nouveau resserré entre les marais.

La fuite eût été une imprudence dont l'issue paraissait douteuse.

Il fallait se résigner, sous peine de manquer à la mission confiée à leur courage.

Et la tête basse, le cœur déchiré, ils attendirent.

Les Chinois s'étaient précipités vers le marin anglais. Ils secouaient son corps pantelant, activant ainsi la perte de sang, afin de hâter la mort de l'infortuné et de presser le moment où commencerait le supplice du jeune matelot français.

– Ignobles brutes! grommela celui-ci.

Ces mots, prononcés en français, bouleversèrent les jeunes gens. Quoi! ils allaient, eux, appliquer le fer rouge sur la chair d'un compatriote? Est-ce que le devoir, le patriotisme pouvaient excuser un pareil forfait?

– Obéissez, ordonna Cigale à son ami. Obéissez et ne vous occupez pas de moi.

Loret ouvrit la bouche pour lui demander une explication, mais déjà le Parisien avait poussé son cheval. Il s'avançait vers le groupe hurlant autour du moribond.

On eût dit qu'il prenait plaisir à ce spectacle barbare;

pourtant un observateur eût remarqué que, peu à peu, Cigale se rapprochait du prisonnier français.

Quand il fut assez près, il murmura sans tourner la tête :

– Pas un geste de surprise.

Le captif fut secoué par un tressaillement, le sang afflua à ses joues en entendant ces paroles prononcées dans sa langue maternelle; mais il ne regarda pas son interlocuteur.

– Des Français ! fit-il seulement.

D'un coup d'œil, le Parisien s'assura que nul ne faisait attention à lui :

– Oui, des Français, auxquels les Boxers viennent d'intimer l'ordre de te marquer au fer rouge.

– Moi ?

– Oui.

– Et vous obéirez ?

– Nous sommes envoyés à Tien-Tsin par les Légations de Péking, afin d'obtenir du secours. La vie de tous ceux qui sont là-bas dépend de notre salut.

Le petit marin courba la tête et douloureusement :

– Alors, marquez-moi.

Simplement, sans phrases, cet obscur enfant de la côte de France consentait un sacrifice pour la patrie.

– Attends donc, reprit Cigale d'une voix étranglée...; tu es blessé ?

– A la jambe, fit insoucieusement le condamné... une égratignure. En tombant, ma tête a porté sur une pierre, et je me suis évanoui comme une femmelette. Sans cela, ces bandits ne m'auraient pas pris, et je serais là-bas avec les camarades.

– Alors tu pourrais marcher ?

– Un peu.

– Bon. Les sauvages ne regardent pas... Tu as les mains liées derrière le poteau, du côté du marais... tiens... je te mets un couteau entre les doigts.

Le visage du petit matelot s'épanouit :

– Pour couper les cordes et me tuer... Au moins je ne souffrirai pas, merci... Puisse ta mère te revoir, toi qui as eu pitié de ma mère à moi.

– Non, pas te tuer, écoute...

Et précipitamment, Cigale prononça quelques mots à voix basse.

Un hurlement farouche déchira l'air, l'Anglais venait d'expirer et ses bourreaux clamaient :

– A l'autre ! A l'autre !

Retournant à Loret, Cigale lui glissa cette phrase :

– Quand je crierai : En avant ! suivez-moi au galop.

Il n'en put dire davantage. Les Chinois les entouraient.

– L'heure est venue, psalmodiaient ces fanatiques. Le Dragon des Marais a soif de sang... ; il faut lui verser à boire.

Certains apportaient le réchaud de terre, dans lequel rougissaient des barres de fer à poignées de bambou.

– Souriez donc, tonnerre ! souffla Cigale à l'oreille de son ami. Vous allez éveiller leurs soupçons, et ce n'est pas utile pour l'instant.

A ce moment, la voix du prisonnier s'éleva :

– Je n'ai pas fini, disait le malheureux.

Le Parisien pâlit, mais se ressaisissant aussitôt :

– Gagnez quelques minutes, murmura-t-il, si légèrement que René l'entendit à peine.

Gagner du temps était plus aisé à dire qu'à faire. Déjà l'un des Boxers présentait au diplomate l'un des fers de supplice.

Et, brusquement, Loret se souvint d'un usage chinois. Il leva la main pour commander l'attention.

– Je ne suis pas du pays, déclara-t-il gravement, le Dragon ne me connaît pas. Laissez-moi lui présenter un sacrifice, afin que les tortures de la victime lui soient agréables et qu'il répande sur vous les Innombrables Félicités.

Un appel à la superstition chinoise est toujours entendu. Les Boxers s'inclinèrent en disant avec ensemble :

– Tu parles selon la sagesse. Accomplis le sacrifice.

Alors, tirant de sa poche un bâtonnet d'encens, complément obligé de tout déguisement célestial, René l'enflamma à la tige de fer rouge.

Un nuage odorant s'éleva en volutes bleuâtres, et le jeune homme parut s'absorber dans la méditation.

Les Chinois se tenaient immobiles, la tête penchée, adressant pieusement une invocation aux dieux du meurtre.

Quant à Cigale, il avait les yeux fixés sur le captif. Enfin celui-ci lui annonça d'un signe de tête que les cordes avaient cédé.

– Marchez, fit le Parisien à son ami.

Aussitôt celui-ci se redressa et d'un ton sonore :

– Frères du Poing Fermé, je pense m'être rendu le Dragon favorable.

Un murmure satisfait accueillit cette déclaration. De nouveau on attisa le feu et l'on apporta au voyageur une lame de supplice.

Lentement, Loret fit avancer son cheval vers le prisonnier, il brandit sa lame flamboyante au-dessus de sa tête.

Mais au moment où elle allait atteindre le matelot, les indigènes eurent un cri de stupeur.

Brusquement le matelot s'était débarrassé de ses cordes, les avait rejetées loin de lui, avait plongé son couteau jusqu'au manche dans la poitrine d'un Boxer qui essayait de l'arrêter, et, d'un bond de tigre, s'était trouvé à califourchon sur la croupe du cheval du Parisien.

– En avant! rugit ce dernier en lançant sa monture au galop.

Avant que les Célestes fussent revenus de leur surprise, Loret, jetant au milieu d'eux le fer ardent, se précipitait à la suite de son compagnon.

En une foulée éperdue la clairière fut traversée. Quelques fanatiques, groupés à l'entrée resserrée de la route, tentèrent de retenir les chevaux; à coups de revolver, Cigale s'ouvrit passage et, toujours précédant René, fila à toute vitesse sur la chaussée en remblai zigzaguant à travers les marais.

Des hurlements s'élevèrent derrière eux, des coups de feu retentirent, des balles sifflèrent autour d'eux.

Il sembla bien au Parisien que le matelot, cramponné à ses épaules, se faisait plus lourd, mais il n'avait pas le loisir de s'inquiéter de semblable détail.

Bientôt les fugitifs furent hors de portée. Alors Cigale respira et reprenant sa verve gouailleuse :

– Te voilà sauvé, vieux; va falloir songer à te déguiser comme nous. Seulement, ne t'appuie pas comme cela, tu m'écrases.

Le petit marin ne répondit pas.

Un instant, Cigale attendit : mais le silence persistant, il essaya de regarder en arrière.

– Ah ça ! il dort !

Son mouvement fit sans doute perdre l'équilibre au matelot, car il glissa lourdement à terre.

– Eh bien, s'exclama le Parisien, où vas-tu donc ?

Mais la plaisanterie prête à s'échapper de ses lèvres s'arrêta dans sa gorge. Un trou sanglant béait au sommet du crâne du marin. Une balle lui avait traversé la cervelle.

Arrêter son cheval, courir au mort, fut pour le brave garçon l'affaire d'un instant. Loret, comme lui, avait mis pied à terre.

Et tous deux restaient là, douloureusement impressionnés par la fin de cet enfant de France qu'ils avaient espéré sauver.

– Après tout, balbutia enfin le Parisien, il n'a pas souffert... Une balle dans la tête, cela vaut mieux que la torture.

Puis par réflexion :

– Jetons-le dans le marais, afin que les brutes jaunes ne déchirent pas son pauvre corps.

La funèbre opération accomplie avec l'aide de René, il ajouta encore :

– C'est bête, les balles... Ce petit gars a une mère... et moi je n'en ai pas.

Sur cette réflexion qui, mieux que de longs discours, trahissait sa tristesse intérieure, Cigale se remit en selle. Loret l'imita, et tous deux poursuivirent en silence leur marche vers Tien-Tsin.

Ils passèrent par les villages de Li-Tao (l'île de cinq cents mètres), de Tao-Kouan-Keou (bourg de la Gorge Fortifiée), de Tang-Kia-Ouan (ville du Port de la famille dans les Marais), ainsi désignés d'après leur position au milieu des marécages.

Vers trois heures de l'après-midi, laissant en arrière Si-Kou (ville de l'Embouchure Ouest) située au confluent de la Rivière Blanche et de la Grande Rivière de l'Ouest (Ta-Si-Ho), ils pénétraient dans l'enceinte de la ville de Tien-Tsin (Ville au bord de la rivière), après avoir traversé les faubourgs populeux qui font à la Cité Close une ceinture.

Dans les agglomérations chinoises, la foule est toujours compacte, et Tien-Tsin, avec son million d'habitants, groupés sur une surface égale à peine au huitième de celle de Paris, n'échappe pas à cet usage général; mais quelle que fût son habitude de voir les Chinois se serrer comme harengs en caque, jamais encore Loret n'avait rencontré de gens empilés à ce point les uns sur les autres.

Dans cette ville, trop restreinte déjà pour sa population, avaient afflué trois ou quatre cent mille soldats, Boxers, malandrins, accourus de tous les points de l'Empire, à la nouvelle que le prince Tuan les conviait au pillage et à la tuerie.

Partout, dans les rues, sur les places, débordant même dans les cours et jardins privés, c'étaient des campements provisoires de ces bohémiens jaunes, que l'on rencontre partout où se produisent des troubles.

Les tentes de feutre des Mongols, les baraques des gens du Sud faites de toiles tendues sur un cadre de bois, les paillotes édifiées par les natifs des rives du Yang-Tsi-Kiang (Grand Fleuve Violet) et du Hoang-Ho (Fleuve Jaune) encombraient le passage, bouchaient l'entrée des maisons, masquaient les magasins.

Et les citoyens, il faut le dire, semblaient avoir plus de terreur que de plaisir à héberger les prétendus défenseurs de la Chine.

Les voyageurs, avançant avec difficulté, gagnèrent une auberge, proche de la partie des murailles faisant face au fleuve. Plusieurs centaines de mètres séparent l'enceinte de la berge et sur cette langue de terre s'étendent, d'abord un faubourg chinois, puis les terrains des Concessions européennes, qui se prolongent également sur la rive gauche du Pei-Ho.

Leurs chevaux dessellés, René et Cigale escaladèrent le rempart voisin et regardèrent.

Là aussi la guerre avait fait son œuvre.

Du faubourg indigène, il ne restait que des ruines. Pans de murs éventrés, toitures branlantes et crevées, amoncellements de pierres, de bois montraient que les premières victimes de la lutte des Européens et des Boxers avaient été les malheureux habitants.

Au delà se dressaient les bâtiments des Concessions, séparés par de larges avenues, barrées du côté de la Ville par de puissantes barricades. Au sommet des édifices, les pavillons d'Europe flottaient fièrement, et là-bas, non loin de la flèche élancée d'une église, les jeunes gens remarquèrent le drapeau tricolore, dont la vue leur fit battre le cœur.

C'était là le but de leur mission, là qu'ils devaient porter l'appel pressant de ces autres Français enfermés dans Péking.

– Il faudra attendre la nuit pour tenter l'aventure, dit Cigale en faisant remarquer à son ami les factionnaires espacés sur la muraille.

Le diplomate inclina la tête.

Quatre heures à peine. Pour dépenser les instants qui les séparaient du moment de l'action, René conta à son compagnon des anecdotes sur la vie chinoise.

– La superstition de Fong-Choué et du Dragon, disait-il, sévit partout. L'Empereur, les hauts mandarins, pour qui les dieux sont quantité négligeable, croient fermement aux présages, aux horoscopes, au Dragon. Ces réflexions me viennent en apercevant le drapeau britannique flotter là-bas, au bord du fleuve, sur le yamen du Consulat d'Angleterre. Je veux vous dire l'histoire, elle est instructive. Les Anglais avaient choisi comme emplacement la colline que vous apercevez en arrière près de l'Arsenal chinois. A l'altitude de trente ou quarante mètres, les attachés au Consulat n'auraient plus eu à craindre les brouillards puants du Pei-Ho, dont les vases, découvertes à marée basse, exhalent des miasmes pestilentiels. Donc on creusa les fondations et les murs commencèrent à s'élever. Par malheur, le Bouton de Corail, Gouverneur de Tien-Tsin, mandarin de première classe ayant droit à la casaque jaune et à la plume de paon, s'avisa que, sous l'éminence (vous savez que tout accident de terrain provient, selon la science célestiale, de l'existence souterraine d'un Dragon), s'avisa, dis-je, qu'en ce point les artères de la patte droite du Dragon Protecteur de la Ville affleuraient la surface du sol. Il adressa gravement à la cour de Péking un mémoire dont voici la substance :

« Considérant que sous cette colline sont, à une faible profondeur, les artères et os de la patte droite du Dragon, et que ces organes peuvent être incommodés par le poids des édifices du Consulat anglais;

« Considérant que le Dragon, mal à l'aise, peut avoir l'idée de se débattre, ce qui causerait tremblements de terre, inondations, calamités de toute nature,

« Sollicitons du Fils du Ciel, Empereur de la terre et des hommes, un décret enjoignant aux Anglais de transporter leur Consulat au bord du fleuve et de détruire les constructions commencées sur la colline. »

Au bas du mémoire, l'Empereur traça ces mots :

« Le décret est accordé. Il sera inséré dans la Gazette officielle de la Cour. Que l'on respecte ceci. »

– Voilà pourquoi, termina René, le Consulat britannique est sur la rive du fleuve, et pourquoi les consuls respirent un brouillard nauséabond.

Cigale riait encore de l'histoire, quand un grand bruit de cymbales, de flûtes et de gongs se fit entendre dans la rue qui longe intérieurement les remparts.

Les jeunes gens s'accoudèrent au parapet de la terrasse et regardèrent.

Un cortège se déroula sous leurs yeux.

Musiciens, porte-bannière, porte-lanterne, porte-parasol, licteurs, porte-glaive, précédaient un char tendu de drap vert, aux brancards et aux roues d'un rouge éclatant, attelé de chevaux noirs, dont les harnais étaient recouverts de soie jaune.

Et dans le véhicule, froid et calme comme à l'ordinaire, le prince Tuan étendu dardait son regard acéré sur la foule qui se prosternait sur son passage.

– Hein, gronda Cigale. Si j'avais un fusil,... je mettrais fin à la guerre.

Tuan passa. Après lui des soldats, des mandarins dans leurs voitures bleues ou noires, des eunuques dont les équipages étaient reconnaissables à leurs chevaux blancs, que seuls ils ont le droit de posséder, défilèrent en procession bigarrée, bruyante, grotesque et terrible.

Puis le silence se rétablit.

Le jour baissait. Pensifs et impressionnés par le souvenir du prince Tuan, cet apôtre de la destruction, qui venait de leur apparaître pour la troisième fois, les Français regagnèrent leur auberge. Ils dînèrent rapidement et, abandonnant leurs chevaux devenus inutiles, ils se mêlèrent à la cohue qui se pressait à la porte de l'enceinte la plus proche. Emportés par la bousculade, secoués par les remous humains, ils se trouvèrent, sans trop savoir comment, au delà du pont de bois jeté sur le fossé extérieur.

Tous les Chinois, une fois hors de la Ville Close, se dirigeaient vers le sud, tournant le dos aux faubourgs dévastés et aux Concessions européennes. Cigale et Loret firent de même, afin de n'être pas remarqués. Mais à quelques centaines de mètres de là, ils se jetèrent dans une ruelle latérale, et, se blottissant derrière un mur écrêté par les obus, ils attendirent impatiemment que la clôture des portes arrêtât l'incessant va-et-vient des passants affairés.

A mesure qu'approchait le moment d'agir, que la fin du voyage fécond en émotions apparaissait plus nettement, leur nervosité augmentait.

Bien certainement, si les agriculteurs, marchands ou soldats, qui circulaient sur la route, avaient deviné que, cachés dans une maison délabrée, deux Européens les vouaient à tous les diables, Fong-Choué, dragons passés, présents et futurs, ils auraient lapidé sans pitié ces étrangers malveillants.

Mais le soupçon de cette inimitié invisible ne leur vint pas. Neuf heures, puis dix, sonnèrent dans la nuit. Le grondement des portes se fermant parvint jusqu'aux Français. Un instant encore les cris, les lamentations des retardataires surpris par cette clôture se croisèrent dans l'air, puis le silence se fit; la route devint déserte.

Par prudence, Loret et Cigale conservèrent l'immobilité durant une demi-heure encore, et enfin, rassurés par le calme qui régnait autour d'eux, ils se décidèrent à sortir de leur cachette.

A tâtons, ils se glissèrent parmi les ruines, contournant à distance l'enceinte de la ville chinoise. Leur but était d'atteindre le Canal Impérial, qui relie la Rivière Blanche (Pei-Ho) au Fleuve Jaune (Hoang-Ho). Le long de ses rives, ils ne risqueraient pas de s'égarer et parviendraient sans difficulté aux Concessions.

Un kilomètre à peine, ils le savaient, les séparait de ce cours d'eau artificiel... Ils mirent près de deux heures à le parcourir. Enfin la tranchée, où l'eau noire se moirait de rides brillantes reflétant les étoiles, se montra à leurs yeux.

Un même soupir de satisfaction dégonfla leur poitrine. Désormais, le parcours serait aisé, et ils s'accordèrent quelques instants de repos. Le besoin s'en faisait sentir après la gymnastique à laquelle leur marche dans les ruines les avait contraints.

Leur respiration haletante se fit régulière, les pulsations de leur cœur se ralentirent et ils se sentirent prêts à continuer.

— En route, dit doucement Cigale.

— En route, répéta Loret.

Le long du canal, tous deux se glissèrent silencieusement. De temps à autre, un éclair traversait la nuit, faisant sortir de l'ombre la crête du rempart du vieux Tien-Tsin ou les autres clôtures de l'arsenal. Immédiatement un jet de lumière partait, comme une réponse, des murs crénelés des Concessions européennes. Des balles sifflaient dans l'air.

— Mâtin, grommelait le Parisien; ils ne se font sûrement pas de mal, il fait noir comme en un four, et ils sont tous derrière de bonnes murailles. Cette fusillade n'est dangereuse que pour nous. En arrivant, nous aurons la peau trouée comme une écumoire.

Cependant, les jeunes gens avançaient toujours.

Bientôt ils aperçurent en avant d'eux une ligne plus sombre que l'obscurité environnante.

– Les Concessions, murmura René.

– Bon! Alors, attention. Si nos amis nous voient, ils nous prendront pour des Chinois et...

– C'est vrai!

– ... Et ils nous donneront une maison de campagne au cimetière.

La réflexion était juste. Le moyen de se faire reconnaître dans cette nuit opaque?

Aussi tous deux s'arrêtèrent d'un commun accord et tinrent conseil.

– Il faut pourtant que nous arrivions auprès de notre consul général, M. le comte du Chaylard, commença le diplomate avec impatience : nous sommes envoyés pour cela par M. Pichon.

– Sans doute, sans doute, chantonna Cigale.

– Vous avez l'air de plaisanter.

– Non... Seulement une réflexion me tourmente.

– Laquelle?

– Celle-ci. Il est indispensable que nous arrivions vivants, car fussions-nous trépassés en héros, la commission du *papa* Pichon n'y gagnerait rien.

– Qui vous dit le contraire?

– Personne, je le reconnais; mais personne non plus ne m'indique la façon de gagner les Concessions sans recevoir une *douzaine de pruneaux dans le coffre.* J'ai ouï affirmer souvent que l'or ne fait pas le bonheur, même frappé à l'effigie d'un monarque. Mais il me semble que le plomb, voire le nickel modelé en balles coniques, ne doivent pas davantage mettre un homme en gaieté.

– Quel bavard! interrompit Loret.

– Bavard... Je crois bien, je profite de mon reste... A la première balle dans la tête, Cigale *fera couic, et alors ni-ni, finie la bavette, le grand ressort est cassé.* Allez, allez, mon cher Loret, vous regretterez ma conversation.

Tout ennuyé qu'il fût, René ne put s'empêcher de rire de la boutade.

– Je serais désolé qu'il vous arrivât malheur,

soyez-en certain, reprit-il; seulement, à cette heure, il n'est de paroles utiles que celles qui peuvent nous rapprocher du but.

– Bon ! Je suis de votre avis. Comme ces paroles-là ne se présentent pas à la sortie, je mets les autres dehors, histoire de dégager la porte.

Brusquement, Cigale se tut.

– Quoi ? Qu'y a-t-il ? interrogea son compagnon.

– Chut ! on vient de ce côté.

– On vient ?

Et, prêtant l'oreille, Loret perçut un bruit qui s'élevait en arrière, entre l'endroit où ils se trouvaient et les retranchements de la ville close.

On eût dit que plusieurs personnes, chaussées d'espadrilles ou de souliers de feutre, marchaient avec précaution au milicu des maisons éventrées par la canonnade.

Quels étaient ceux-là ? Des amis ou des ennemis ? Le doute ne pouvait exister. Pourquoi les Européens seraient-ils sortis de leurs murailles ? Inférieurs en nombre, ils devaient, jusqu'à l'arrivée de renforts suffisants, rester sur la défensive.

Donc les promeneurs mystérieux étaient des Chinois, des Boxers.

Que feraient les jeunes gens, perdus dans l'obscurité, entourés de ruines dont la configuration leur était inconnue ?

Cependant les pas se rapprochaient.

– Bon, fit Cigale d'une voix légère comme un souffle, tâchons de nous dissimuler. Pendant que nous y sommes, nous cacher un peu plus ou un peu moins, cela n'a pas d'importance.

Et avec une ironie héroïque :

– C'est égal ! Je voudrais bien tenir M. Mystère ici pour lui dire : « Prince, ce n'était pas la peine de m'empêcher de me faire *sauter la calebasse*, pour m'envoyer *dans ce pétrin-là*. »

Puis par réflexion :

– Un vrai pétrin... De quelque côté que l'on tourne, on ne voit que des *pains* à recevoir.

Contrairement à ce qui se passe chez le plus grand

nombre des bavards, la langue du Parisien pouvait se mouvoir sans priver ses membres de leurs facultés; aussi, tout en philosophant à sa manière, le jeune homme, suivi par Loret, se faufilait entre les murs de clôture éboulés et parvenait, non sans difficulté, à se glisser sous un hangar dont la toiture, privée de la moitié de ses solives de support, penchait vers le sol d'inquiétante façon.

Là, tous deux respirèrent. Des futailles, des débris de toute espèce formaient une barricade derrière laquelle ils étaient à l'abri.

– Eh bien, demanda René au bout d'un instant, vous n'entendez plus rien?

– Je vous demande pardon, mes *curieuses* – oreilles – fonctionnent.

Une seconde, le brave garçon garda le silence, puis sourdement :

– Le diable leur brûle le nez avec les *chimiques* – allumettes – de la régie!... On jurerait qu'ils suivent le même chemin que nous.

Remplis d'anxiété, les Français écoutèrent. Cigale ne se trompait pas. Les promeneurs inconnus venaient de leur côté.

Bientôt d'ailleurs toute incertitude cessa. Plusieurs silhouettes humaines se dressèrent lentement sur les tas de décombres, ainsi que des statues noires sur un piédestal; immobiles, retenant leur haleine, les jeunes gens comptèrent une douzaine d'hommes vêtus de la blouse courte et du pantalon large des artilleurs chinois. Processionnellement, ces soldats passèrent à deux pas de leur cachette sans soupçonner leur présence et s'éloignèrent dans la direction des Concessions.

– Que vont-ils faire par là, dit Loret entre haut et bas, pas assez nombreux pour tenter une attaque sérieuse?...

– Sûr que non, appuya Cigale... Mais on pourrait savoir ce qu'ils manigancent.

– Comment?

– Tiens!... En leur emboîtant le pas.

– Oui, mais s'ils nous surprennent?...

– On se battra;... cela me fera plaisir. Depuis deux

heures que je meurs d'ennui dans ces plâtras, je ne serais pas fâché d'assommer quelques-uns de ces *singes jaunes*.

– Et s'ils vous tuent ?

– C'est leur droit.

– Et s'ils me tuent également ?

– Ah ! plaisanta Cigale, vous n'espérez pas que je vous plaigne plus que moi ?

– Ce n'est point là la question; mais notre mort entraînera peut-être celle des Européens enfermés dans Péking.

A ces paroles qui le ramenaient brusquement à la réalité douloureuse de la situation, le Parisien tressaillit.

– Je suis bête à manger du foin, fit-il d'un ton pénétré.

– Non; vous êtes brave et insouciant. Si je vous ai parlé de nos amis des Légations, c'est uniquement pour vous indiquer la nécessité de la prudence.

– Alors, nous restons là ?

– Non. Nous allons essayer de surveiller les Chinois qui sont passés près de nous tout à l'heure; mais à la moindre alerte, pas de combat, la fuite.

– Entendu... On se *carapatera*.

– En route donc !

Et tous deux quittèrent leur abri.

En se hissant sur un monceau de gravats, les jeunes gens distinguèrent bientôt des ombres mouvantes dans l'obscurité.

Un examen plus attentif les convainquit que c'étaient bien là ceux qu'ils cherchaient, et avec des précautions de sauvages, se collant au sol au moindre bruit, pour se relever l'alerte passée, le diplomate et son ami rampèrent sur la piste des mystérieux promeneurs.

Escaladant les éboulements, contournant les murs prêts à s'écrouler, se coulant par des brèches, se heurtant à d'invisibles obstacles, le tout sur un sol couvert de pierrailles qui roulaient sous leurs pieds, préoccupés en outre de n'être pas découverts par les Chinois, René et Cigale ruisselaient de sueur.

Heureusement, l'expédition à travers les ruines ne devait pas être longue.

En débouchant dans une dernière cour, les Français se rejetèrent soudain en arrière. Ceux qu'ils pourchassaient étaient là, groupés à l'abri d'un mur, et paraissant très intéressés par une scène qui se passait de l'autre côté de ce rempart improvisé.

Les jeunes gens ne voyaient rien. Brusquement, un appel résonna dans la nuit, puis un coup de feu. A la lueur rapide du jet de flammes, Cigale et son compagnon entrevirent une large avenue bordant des maisons, des barricades.

– L'enceinte des Concessions, murmura Loret.

Mais il se tut aussitôt. Les Chinois fuyaient à toutes jambes, venant vers eux. Les Célestes les frôlèrent au passage et se perdirent dans les décombres, pas si vite cependant que René ne saisît au vol cette phrase lancée par l'un d'eux :

– L'affiche est appliquée.

– Ils ont collé sur le mur un placard de menaces, expliqua le diplomate à son ami. Ils sont très forts dans ce genre d'expédition.

Cependant la première détonation avait donné l'éveil à la garnison des Concessions; les retranchements s'embrasaient sur toute leur longueur, couvrant les ruines d'une pluie de projectiles qui n'atteignaient personne.

Allongés au pied du massif de pierres qui les protégeait, les messagers de M. Pichon attendirent que la fusillade s'éteignît, ce qui ne tarda guère. Alors, se courbant vers le sol, ils se glissèrent jusqu'au pan de mur où se trouvaient naguère les Chinois. Ils ne s'étaient pas trompés. La clôture bordait une avenue large d'une cinquantaine de pas. En face, les « yamens » des Concessions, réunis par des barricades puissantes, dressaient leurs murs percés de meurtrières.

Impossible de traverser l'espace découvert sans s'exposer au feu des Européens.

– Morbleu, gronda Cigale, nous ne sommes pas venus de Péking pour servir de cible aux soldats d'Europe !

Mais changeant de ton :

– Je suis naïf comme *un gosse au biberon*. Faut les avertir que nous sommes là.

Et sans donner à René le temps de répondre, le Parisien cria à tue-tête :

– Ohé! ohé! des Concessions.

Il n'avait pas achevé que trois voix répondirent :

– Qui vive? en français.

– Halt! Werda? en allemand.

– Who goes there? en anglais.

Cigale éclata de rire.

– C'est la tour de Babel; seulement, moi, je ne sais que le français.

Et avec force :

– Ohé! camarades. Nous sommes deux Français arrivant de Péking, avec une commission du Ministre de France pour le consul général de Tien-Tsin.

Un silence suivit.

Sans doute, le factionnaire transmettait les paroles du Parisien, puis de nouveau un organe rude s'éleva :

– Avance à l'ordre.

– Un mot encore, clama Cigale. Nous nous sommes déguisés en Chinois pour traverser les lignes ennemies, ne nous *canardez* pas.

Bravement, il quittait son abri.

– Avance jusqu'à la barricade, reprit le factionnaire invisible, on t'y recevra.

– Bien. Vous venez, Loret.

Et les deux jeunes gens s'avancèrent sur l'avenue.

Quatre hommes, baïonnette au canon, semblèrent surgir de terre à leur approche, et la crête de la barrière se garnit de fusils menaçants.

– Bonsoir, les enfants, plaisanta le Parisien; ne présentez pas les armes, mais conduisez-nous au plus tôt...

– Auprès de M. le comte du Chaylard, consul général de France, à Tien-Tsin, acheva René.

Les soldats d'infanterie de marine qui entouraient les jeunes gens se déridèrent. En dépit de leur accoutrement, ils avaient reconnu les nouveaux venus pour des compatriotes.

L'accent, cette chose impalpable pour les étrangers,

et que tous les habitants d'une même nation ont dans l'oreille, était pour eux le meilleur passeport.

Un officier s'avança.

C'était le capitaine Pernot qui, quelques jours plus tard, devait être blessé grièvement.

– Messieurs, dit-il, veuillez me suivre. Je vais envoyer prévenir M. le Consul général.

Et leur indiquant des gradins ménagés pour escalader l'ouvrage :

– Venez.

Un instant après, tous étaient rassemblés derrière la barricade.

– Quel est le sergent de service ? demanda le capitaine d'une voix forte.

– C'est moi, mon capitaine.

– Ah ! Angélini. Allez au Consulat et avertissez que des messagers des Légations de Péking sont arrivés. Ils désirent voir M. du Chaylard sans délai.

Le sergent s'éloigna au pas gymnastique, ne soupçonnant pas, le brave garçon, que la mort était sur lui. Le 13 juin, en effet, une balle chinoise devait lui trouer la poitrine et déterminer l'envol de son âme vaillante.

Quant à l'officier, il invita courtoisement les jeunes gens à se rafraîchir, et les emmena dans une maison voisine transformée en corps de garde.

Tandis qu'ils discouraient, devant la porte ouverte, des soldats, des marins se rassemblaient, regardant curieusement.

Avec la rapidité de la foudre, la nouvelle s'était répandue que des Français apportaient un message de Péking, et tous voulaient voir ces Européens qui venaient de traverser le pays occupé par l'ennemi.

Russes, Japonais, Allemands, Américains, Anglais, Autrichiens, Italiens coudoyaient les marsouins de France. Les rivalités de peuple à peuple étaient oubliées dans le danger commun, dans l'anxiété générale.

Chacun, dans sa langue, exprimait les mêmes inquiétudes, et le capitaine Pernot, avec l'assentiment de Loret, vint sur le seuil pour dire :

– Il y a quatre jours, les Légations n'avaient pas

encore été attaquées; mais elles prévoient un assaut prochain et demandent du secours. Avec vous tous, on leur en donnera. Notre première tentative de marche sur Péking a échoué, mais la seconde réussira.

Ces paroles assombrirent le visage de Cigale et de son ami. Tout aux difficultés de l'heure présente, ils avaient oublié un instant la défaite des troupes alliées, défaite qu'ils avaient vaguement apprise des Chinois.

Ils ouvraient la bouche pour solliciter des détails, quand le sergent Angélini reparut :

– Monsieur le comte du Chaylard était couché, mais à l'annonce de courriers de Péking, il s'est levé en hâte et a ordonné qu'on les lui amenât.

Les jeunes gens prirent donc congé de l'aimable capitaine Pernot et suivirent Angélini.

Au-dehors, ils croisèrent les lieutenants Fabre, Sallens, le sous-lieutenant Gariez qui accouraient pour les interroger.

Une rapide poignée de main à ces officiers, marqués, eux aussi, pour verser leur sang sur la terre de Chine, et ils s'enfoncèrent dans les rues des Concessions.

En quelques minutes, les Français et leur guide atteignirent la rive du Pei-Ho, longèrent le Ouang-Haé-Leou, quartier des missionnaires, où se dresse l'église imposante de Notre-Dame-des-Victoires, détruite par les rebelles, lors des massacres de 1870, et relevée de ses ruines, puis ils parvinrent au Consulat général de France.

Ils étaient attendus, car ils eurent à peine le temps d'adresser un remerciement au sous-officier, et ils furent poussés plutôt qu'introduits dans une salle spacieuse.

Deux personnages, enfoncés dans des fauteuils, se levèrent et l'un d'eux prononça d'une voix claire :

– Je suis le Consul général de France, et voici lord Seymour, amiral commandant en chef des troupes alliées de Tien-Tsin, que j'ai prié d'assister à notre entretien.

Les jeunes gens s'inclinèrent respectueusement, et considérèrent leurs interlocuteurs, attendant qu'on les interrogeât.

M. le comte du Chaylard, ancien préfet, puis successivement consul à Panama, à Rio de Janeiro et enfin à Tien-Tsin, portait les cheveux en brosse et la fine moustache retroussée. Son visage distingué, fait pour le sourire, ainsi que l'affirmaient les plis zygomatiques, avait à cette heure une expression soucieuse. A la hâte, le Consul s'était enveloppé dans une robe de chambre.

Lord Seymour, la face calme et impassible, encadrée par une barbe grisonnante, était loin de paraître son âge, soixante ans. Commandant de la station navale anglaise dans les mers de Chine, il avait, comme doyen des amiraux, été chargé de diriger la colonne internationale envoyée de Tien-Tsin contre les Boxers.

L'échec de la tentative ne l'avait pas découragé. Un homme qui a passé son existence à combattre ne s'émeut pas d'un insuccès; il sait que la fortune des armes est changeante. Ayant pris une part importante à la campagne de Chine, en 1860, où il commandait la baleinière *Calcutta*, qui sombra, après la destruction de la flottille anglaise dans la baie de Fatichan, il avait assisté à la prise de Canton sur le vaisseau *Cheepseake* et à celle de Singpo et de Kahding sur l'*Imperious.*

Maintenant il affirmait, avec une gravité désarmante, qu'il avait été non pas battu, mais *retardé* dans sa marche sur Péking.

Cependant, sur l'invitation de M. du Chaylard, Loret exposait la situation : il disait sa dernière entrevue avec M. Pichon, la façon subreptice dont Cigale et lui avaient dû quitter la Légation, leur voyage, les incidents de route.

Il ne manqua pas de mettre en lumière le courage, le sang-froid de son ami, ce qui amena le Parisien à lancer deux ou trois protestations étranges :

– Peuh! il n'y a pas de quoi *friser la queue d'un chat!... Rouler le mandarin la jaunisse, c'est le fil à couper le beurre... une grenouille au biberon en ferait autant.*

Protestations qui parurent surprendre beaucoup l'amiral anglais, et qui amenèrent une douce gaieté dans les yeux du comte.

Puis ce fut au tour de lord Seymour de questionner :

Les Boxers étaient-ils nombreux ? Les troupes régulières chinoises étaient disposées de quelle façon ? Où se trouvaient leurs campements ? etc.

Et René satisfaisait de son mieux la curiosité de l'amiral, dont il comprenait bien la portée.

A plusieurs reprises, la morgue britannique du commandant en chef de la colonne européenne donna lieu à des incidents qui réjouirent Cigale.

Ainsi Loret racontant la rencontre des deux prisonniers morts sur la chaussée des marécages, Seymour murmura :

– Supplicier un Anglais, cela est inconcevable. Ces Boxers ont un front d'airain.

Enfin, l'entretien allait être clos, quand Loret dit :

– Monsieur le Consul général, il me reste une prière à vous adresser.

– Tiens, moi aussi ! s'écria le Parisien.

– Elle est exaucée d'avance, affirma courtoisement M. du Chaylard.

– Eh bien... Nous avons vu le pays dévasté, les lignes de chemin de fer détruites, les cadavres abandonnés sur la terre rougie, et nous ignorons tout de la défaite qui s'est appesantie sur les armes européennes.

Lord Seymour fronça le sourcil.

– Non pas *défaite*, rectifia-t-il sèchement, mais *retraite*.

D'un clignement d'yeux, le comte invita René à ne pas contrarier le susceptible amiral, et le jeune homme s'empressa de s'excuser :

– C'est ce que je voulais dire, pardonnez-moi; ma langue n'a pas traduit ma pensée.

– Je vais vous mettre au courant, reprit le Consul; il importe d'ailleurs que vous n'ignoriez aucun détail, car je devrai vous faire continuer votre voyage jusqu'à l'embouchure du fleuve, jusqu'à Takou. Nous-mêmes ne pouvons rien pour les Légations, nous sommes assiégés. C'est là-bas seulement que l'on sera peut-être en mesure de venir au secours de Tien-Tsin et de Péking.

Loret s'inclina :

– Nous partirons quand il vous plaira, car les minutes sont précieuses; une demi-heure perdue peut amener une catastrophe.

– Vous quitterez Tien-Tsin demain dans la journée... Je veillerai à ce qu'un *sampan* (bateau) vous transporte. Je vous accréditerai auprès de l'amiral Courrejolles, qui commande la division navale française d'Extrême-Orient. Lui seul peut prendre les mesures utiles... Moi, j'ai expédié cent onze marins à Péking, je ne saurais en éloigner un de plus. Sont-ils arrivés seulement, les pauvres gens ?

Un silence suivit cette anxieuse interrogation.

Mais M. du Chaylard releva la tête et doucement :

– Vous m'exprimiez le désir de connaître les incidents du *raid* sur Péking, que notre digne amiral Seymour a tenté. Ecoutez donc. Lord Seymour était à Takou, lorsque arriva une dépêche de la Légation anglaise traçant un tableau très noir de la situation à Péking. Une réunion des officiers supérieurs des huit nations représentées par leurs navires, des commandants russes, français, anglais, allemands, américains, japonais, autrichiens et italiens, tinrent conseil à bord de la canonnière *Centurion* et décidèrent que, coûte que coûte, les communications entre la mer, Tien-Tsin et Péking devaient être assurées.

– All right ! approuva l'amiral.

– Une colonne fut formée sous le haut commandement de lord Seymour, doyen de grade des officiers présents. Elle se rendit ici sans grande difficulté. Composée de 2000 hommes, se répartissant ainsi : 1125 Anglais, 224 Américains, 50 Autrichiens, 80 Italiens, 158 Français, 459 Allemands, 312 Russes et 54 Japonais, la petite armée paraissait suffisante. Hélas ! elle allait se heurter à la multitude des Boxers, appuyés par les 35 bataillons réguliers chinois placés, par le prince Tuan, sous les ordres du mandarin général Nick. Jusqu'à la ville de Lanfang on put utiliser la voie ferrée, mais à partir de ce point, malgré tous les efforts tentés par l'amiral et les chefs du détachement, le major Christ, le capitaine Von Usedom du contingent allemand, le général russe Stavel, Mac Calla de la marine américaine, il fut impossible de poursuivre la marche sur Péking. L'audace des ennemis, croissant avec leur nombre, la gare de Lanfang fut détruite.

– No, no, protesta l'amiral, détruire la gare si près de nous, je ne l'aurais pas permis; ils l'ont seulement « *jetée par terre* ».

– C'est cela même, continua le comte d'un ton gracieux, les Boxers ont jeté la gare par terre et ils y ont quelque peu mis le feu. De plus, ils coupèrent le chemin de fer en arrière à Lo-Fa, si bien que l'armée européenne, ne pouvant plus s'appuyer sur la voie ferrée, fut obligée de se rejeter sur le fleuve Pei-Ho et de reculer...

– Reculer... oh! vilain mot! Les Anglais ne reculent jamais! s'écria le lord avec impatience... Les autres ils ont reculé... mais les soldats britanniques, ils ont simplement *marché en arrière.*

– Pour rentrer à Tien-Tsin, poursuivit M. du Chaylard. Des masses innombrables de Chinois les harcelaient. De toute maison, du moindre hameau partaient des coups de feu. Tout le pays s'acharnait à la perte de cette poignée de héros. Des jonques de munitions, d'approvisionnements, coulèrent dans le fleuve, une partie de l'artillerie tomba aux mains des Boxers.

– Oh! ils ne l'ont pas prise, grommela encore Seymour... Nous l'avons laissée pour assurer le transport de nos blessés.

– Enfin, conclut le Consul, il fallut se replier en toute hâte sur Tien-Tsin.

– Nous ne nous sommes pas repliés, interrompit de nouveau l'amiral. Nous avons fait *une trouée en choisissant le côté où il y avait le plus d'ennemis.*

Et comme Cigale souriait ironiquement, le comte lui dit :

– Cela est exact. Les Chinois cherchaient à séparer l'armée de son point d'appui, mais les braves soldats d'Europe ont percé leurs lignes, en détruisant au passage l'arsenal de Hsi-Ho.

Malgré les interruptions vaniteuses de l'officier anglais, les jeunes gens comprenaient qu'il avait dirigé une entreprise impossible avec un courage, une fermeté dignes d'un meilleur sort.

Et une angoisse les prenait à la pensée de leurs amis de Péking, séparés du monde civilisé par les hordes fanatiques qui avaient vaincu les troupes alliées.

– Je vais vous faire donner des chambres, dit M. du Chaylard, car vous me semblez tomber de fatigue.

– Autre chose, monsieur le Consul général, supplia Cigale... Tâchez donc de nous procurer deux vêtements d'Européens, car les *frusques chinoises* me brûlent la peau.

– Cependant il sera prudent de les conserver pour aller à Takou.

– On les remettra... Mais vrai, j'ai besoin de respirer, j'étouffe *en iroquois jaune !*

Cette dernière exclamation assura le succès de la requête du Parisien. Le Consul promit qu'au réveil les Français trouveraient des vêtements européens. Et les confiant à un secrétaire du Consulat, il les congédia.

Une demi-heure ne s'était pas écoulée que Loret et Cigale, installés dans des chambres confortables, dormaient à poings fermés.

Il faisait grand jour quand Cigale rouvrit les yeux. La première chose qu'il aperçut en reprenant conscience de l'existence, fut un complet de coton blanc, costume colonial, soigneusement plié sur une chaise.

S'en revêtir fut pour lui l'affaire d'un instant, et il courut chez Loret.

– Regardez donc, s'écria-t-il, comme je suis flambant...

Mais le diplomate l'interrompit :

– M. du Chaylard a bien voulu nous prier à dîner. Ce soir, nous nous embarquerons sur la jonque *Yang-Lou* (petit cerf).

– Ce soir ! Alors... il faudra se remettre en mandarin ?

– Et redevenir muet, mon pauvre camarade.

Le Parisien leva les bras au ciel d'un air consterné :

– En voilà un chien de métier !

Puis reprenant sa gaieté :

– Bah ! J'ai quelques heures devant moi, je vais bavarder comme dix *pipelettes* ; je veux me donner une courbature de la langue, et, pour commencer, une proposition.

– Dites ?

– Si nous retournions à la barricade par-dessus laquelle nous sommes entrés dans les Concessions ?

– Pour ?...

– Pour lire l'affiche que les Chinois ont collée au mur.

– Soit, allons.

Et tous deux sortirent.

Sur le quai du Pei-Ho ils s'arrêtèrent devant la cathédrale, admirèrent les canonnières qui protégeaient les Concessions de ce côté; puis ce fut le tour de la résidence des prêtres attachés au diocèse, du yamen des sœurs de charité, braves femmes qui ont remplacé leurs devancières, massacrées pendant l'insurrection de 1870. Seulement, aujourd'hui, le pont de bateaux jeté sur le Pei-Ho, qui naguère avait livré passage aux rebelles, était gardé par des fusiliers marins, et deux pièces, débarquées la veille, allongeaient leurs gueules d'acier, prêtes à cracher la mitraille si une bande quelconque s'aventurait sur le tablier de bois soutenu par les pontons.

A travers les belles avenues des Concessions, transformées en camp, bordées de fusils en faisceaux, de factionnaires, de matelots, de soldats faisant la soupe ou le café en plein air, ou bien de matériel d'artillerie, d'alignements de caissons dont chacun contenait assez d'explosifs pour envoyer une cité dans les nuages, les deux amis se dirigèrent vers l'endroit qui leur avait livré passage la nuit précédente.

Bientôt ils atteignirent la barricade, appuyée à deux maisons de briques égratignées en tous sens par les projectiles des assiégeants.

Tout était tranquille. Probablement les troupes du prince Tuan se reposaient de leurs fatigues, faisant provision de forces pour les assauts futurs.

Cigale se hissa jusqu'au sommet du retranchement. Devant lui, sur plusieurs centaines de mètres, s'étendait le dédale de ruines à travers lesquelles son ami et lui avaient eu tant de peine à se diriger. Murs éventrés, abattus, fûts de piliers de soutènement décapités par les obus, c'était le lamentable spectacle d'une ville dévastée par un bombardement.

Au loin, dominant la plaine, les murailles sombres de l'Arsenal, où flottaient les bannières des contingents chinois rassemblés dans la ville. Et puis la Cité Close, dont l'enceinte énorme semblait enfermer les Concessions.

Loret avait rejoint le Parisien; il regardait comme lui, pris de rage à la pensée du million d'habitants, des deux cent mille soldats et affiliés du Poing Fermé, entassés dans la ville chinoise, s'excitant au massacre de cette poignée de braves gens, qui défendaient les Concessions, terre devenue européenne, contre les hordes de la barbarie asiatique.

Ce mot : barbarie, le plongeait dans un trouble inexprimable. Barbarie ? Etait-il juste de qualifier ainsi une nation ayant à sa tête ces mandarins lettrés, cette cour fastueuse, parée de fleurs, de bronzes, de peintures, de bibelots précieux, embaumée des plus suaves parfums ? Et la Chine lui apparaissait telle qu'elle est, semblable à l'ancienne Rome Impériale, avec, en haut, ses sénateurs, ses patriciens, gorgés de richesses, d'honneurs, idoles vivantes pour qui le monde s'épuisait au travail, et en bas, la plèbe misérable, en haillons, dont on trompait la faim, la misère, en remplissant les cirques de victimes, de gladiateurs, de martyrs.

Oui, ce soulèvement des Boxers, au fond, n'était pas autre chose qu'un dérivatif à la misère générale, imaginé par l'entourage de l'Empereur, par les hauts mandarins dévoués à la dynastie tartare-mandchoue, traitant l'Immense Empire du Milieu en pays conquis; cette guerre était une simple duperie du peuple. À la masse des ignorants, de ceux qui *manquent de tout*, ceux qui *prennent tout* avaient désigné un ennemi, un coupable, l'Européen.

Et tandis que le sang coule, que la poudre gronde, là-bas dans les palais de la Ville Rouge, ils continuent à rire, à écouter des musiques, à respirer des fleurs, à discuter de poésie, de philosophie, de religion. Le perpétuel banquet impérial est protégé par le carnage.

Palatin romain, Ville Rouge pékinoise, comme vous êtes bien la même ville d'égoïsme et d'orgueil !

– Eh bien ! qu'en pensez-vous ? dit une voix auprès de Loret.

Brusquement tiré de sa rêverie, le diplomate regarda Cigale qui venait de parler.

– Que désirez-vous ?

– Paraît que vous êtes distrait; cela m'oblige à être *à répétition, boîtier en or, huit rubis, mouvement garanti.*

– Excusez-moi...

– C'est fait... Ça m'arrive aussi de ruminer des choses qui m'entraînent bien loin de l'endroit où je suis... Voyons, revenons à nos moutons : une sortie vous paraît-elle possible ?... Notre affiche est là, en dehors, sur le mur de la maison de droite.

– Je suis à vos ordres, déclara René.

Les ruines masquaient complètement le pied des constructions. De la Ville Close on ne pouvait apercevoir les promeneurs. Aussi, se laissant glisser à l'extérieur du retranchement, s'approchèrent-ils gaiement de l'affiche.

C'était une grande feuille rouge, un manifeste, imprimé en chinois populaire, c'est-à-dire en signes figurant des syllabes et non des idées entières. Loret traduisit sans difficulté :

Vous tous lisez ceci :
Les dieux assistent les valeureux Boxers.
Unis en société très droite et très pleine d'harmonie.
Ces dieux vous enjoignent d'écraser les diables étrangers,
Vaniteux sorciers, désireux de troubler les fils de Han.

Vous tous,
Exterminez ces démons à la face blanche des jours de deuil,
Mettez en pièces leurs chemins de fer,
Et les poteaux télégraphiques
Qui irritent les Dragons Bienfaisants.

Vous tous,
Coulez au fond des eaux mugissantes
De colère de les porter, leurs bateaux à vapeur,
Ainsi vous glacerez le cœur
de la France,
de l'Angleterre,
de la Russie.

Vous réduirez ces empires en poussière,
Assurant à jamais des jours prospères
A l'Empire élégant de laque et de porphyre
de notre Empereur Aimé
Kouang Sou
De la dynastie éblouissante
du Grand Tsing.

Au-dessous de la proclamation se développait, ainsi qu'un défi suprême, cette laconique inscription :

Imprimé par ordre du Prince Tuan, aux yeux de saphir, favori des dix mille Bouddhas.

– Sont-ils bêtes ! lança Cigale en haussant les épaules.

– Bêtes et cruels, acheva gravement Loret.

– Oh ! la cruauté de cette affiche...

– Est manifeste, mon ami. Les mandarins s'adressent à la plèbe la plus ignorante du monde. C'est la lie de la population, l'écume qui remonte à la surface dans les périodes troublées, qui reçoit ainsi licence de tuer, de piller, de promener où bon lui semble le fer et le feu. L'histoire des rapports de l'Europe avec la Chine tient tout entière dans une interminable liste de martyrs. Et toujours des avis analogues ont été présentés à la populace. Taï-Pings, Nénuphar Blanc, Boxers, Grands Couteaux, secte du Frère Aîné, de la Pure Raison, des Mangeurs d'Ivoire, peu importe le nom; sous ces appellations diverses, adoptées par les sociétés secrètes, se cachent surtout des misérables non affiliés. La secte est utile en temps de paix, car elle permet, par la force de l'association, de résister au pouvoir des mandarins. Que la guerre éclate, au contraire, les Boutons de Corail, de Jade, de Lapis, d'Argent ou de Cuivre n'oppriment plus, car ils doivent obtenir le concours du plus grand nombre. Alors une secte se dévoue. Quelques-uns de ses membres déclarent prendre en main le mouvement. Ils recrutent des mécontents, des gens sans aveu, des déclassés, et le tour est joué. Une secte a fait tout le mal, le gouvernement n'y est pour rien. Il se lave les mains de tout le sang versé. Quant aux sectaires, le calme rétabli, ils changent l'appellation de la société devenue trop célèbre. Le Lotus Blanc, après 1870, est devenu le Nénuphar, les anciens Taï-Pings sont aujourd'hui les Zélateurs de la Pure Raison, et ainsi de suite. Voilà la fantasmagorie dont l'Europe se laisse berner.

Une salve de mousqueterie, une volée de balles s'aplatissant avec un bruit mat sur la muraille interrompirent le jeune homme.

Lui et son compagnon avaient été aperçus par les Boxers.

Sans perdre un instant, ils s'élancèrent vers la barricade, l'escaladèrent et disparurent derrière l'abri, juste à l'instant où une nouvelle passée de projectiles tombait sifflante dans la terre dont était formé le revêtement.

La promenade du côté de la Ville Close étant impossible, les amis revinrent sur le quai du fleuve; mais comme ils arrivaient à hauteur du yamen occupé par le Consulat général, ils se trouvèrent face à face avec deux personnes qui en sortaient.

C'étaient le lettré Liang et Roseau-Fleuri.

Comme piqué par un serpent, Cigale fit un pas en arrière, en murmurant avec l'inimitable accent du camelot parisien :

– Horrible rencontre au coin du quai... effroyables détails, cinq centimes, un sou.

La princesse pâlit, René rougit, et tous deux balbutièrent.

– René !

– Roseau-Fleuri !

Seul Liang conserva son flegme souriant.

– Par Sou-Ou, inventeur des caractères chinois, et

qui du signe « papillon » forma le qualificatif « volage », je pense, neveu Loret, que pour exprimer cette idée, le digne calligraphe eût pris votre ressemblance s'il vous avait connu.

Mais Roseau-Fleuri interrompit son persiflage :

– J'ai su que deux hommes, habillés en Chinois, avaient arraché un prisonnier européen aux Boxers... J'ai deviné que tu étais l'un de ceux-là. Ce matin, j'ai obtenu du prince Tuan de venir ici en ambassadrice... porter des conditions inacceptables, je le savais... J'espérais te rencontrer et les *Pa Tien,* « huit immortels », m'ont prise en pitié, puisque je te vois, puisque je te parle.

Et comme il voulait répondre...

– Non, continua-t-elle, écoute d'abord. Tu t'es enfui de la Ville Impériale, et j'ai ressenti de ton départ grande colère et humiliation. Puis j'ai réfléchi. Tu as l'orgueil de ta race; captif, tu souffrais de te laisser conduire à l'autel sans jouir de ton libre arbitre. Je n'avais pas songé à cela. J'ai eu tort... je l'avoue, doux ami aux regards de lotus. Pardonne-moi. Maintenant tu es au milieu des tiens. Si tu le veux, je serai ta prisonnière à mon tour... tu es le maître... rends-moi ton cœur.

Elle était exquise en débitant ces choses d'une voix tremblante. Tout son être priait et ses grands yeux veloutés, implorants, jetaient un trouble indicible dans l'esprit du diplomate.

Une fois encore il avait à choisir entre sa tendresse et son devoir. Il lui eût été doux de répondre à la jeune fille :

– Moi aussi je suis attiré vers toi. En ta présence, les crimes de tes compatriotes s'effacent de mon souvenir; je ne vois plus que ton charme, ta grâce.

Mais ne devait-il pas, avant de songer à lui-même, penser au salut des Européens enfermés dans les Légations à Péking ? Ne devait-il pas se rendre à Takou, tâcher d'obtenir des renforts, les guider, fusil au poing, vers la capitale du Nord, « Pe-King », semer la route de cadavres chinois ?

Comment expliquer cela à cette enfant ?

Il l'essaya cependant.

– Ecoute à ton tour, Roseau-Fleuri, dit-il. Lorsque je fus conduit au Palais d'Été, j'ai ressenti de l'irritation contre toi. Puis peu à peu, ta gentillesse, ton désir de comprendre mes pensées ont dissipé mes préventions. Crois en mes paroles, elles sont vraies. Souvent, depuis que j'erre sur les routes, ton image a flotté devant mes yeux comme un regret. Mon cœur est-il à toi comme tu le demandes ? Je ne sais, mais je sens qu'il se rapproche du tien, il me semble que nos âmes ennemies se fondront un jour.

– Oh ! merci, merci, fit-elle.

– Attends encore. A présent, un devoir m'oblige à m'éloigner de toi, mais ce devoir rempli, je reviendrai.

La princesse tressaillit; son visage rayonnant s'assombrit soudain :

– Tu veux me quitter encore ?

– Il le faut.

– Non, non, ne répète pas cela. Tu reviendras, dis-tu... Je ne puis te croire. Là-bas, dans la Ville Interdite, tu promettais aussi, tu avais aussi de douces paroles... Tu m'as fuie cependant.

– Prisonnier, j'ai déguisé la vérité. Libre, je n'ai aucune raison pour te tromper.

– Cela est une proposition logique, remarqua Liang.

Ces mots parurent impressionner la jeune fille. Pourtant elle demanda encore :

– Quel motif peut t'entraîner loin de moi, si ton cœur est touché par ma souffrance ?

Et lui doucement répondit :

– La Patrie.

Le regard de Roseau-Fleuri exprima l'étonnement :

– La Patrie ?... Que nommes-tu ainsi ? La Patrie n'est-elle pas le pays où croissent les fleurs d'affection ?

La réponse fut douloureuse à l'âme de Loret.

De nouveau la princesse et lui cessaient de se comprendre. De nouveau les esprits différents des deux races se révélaient, démasquant l'abîme séparatif un instant oublié.

Il hésitait à répondre.

Cigale en profita :

— La Patrie, s'écria-t-il, c'est le pays où l'on a vu le jour, où est la tombe des parents... ceux qui en ont eu, s'entend, ajouta-t-il avec une nuance de mélancolie... C'est la terre que l'on aime parce qu'elle nourrit des hommes qui ont les mêmes idées, et pour laquelle *on se fait démolir* quand elle est menacée...

Il était lancé, le Parisien, mais le lettré coupa court à son enthousiasme :

— Comme le dit fort bien l'illustre historien Pan-Chao(1), chez le barbare il existe un attachement instinctif pour le sol lui-même. C'est la période où l'homme, non encore affiné, est dominé par la matière et n'en saurait concevoir les abstractions. Alors la force brutale est en honneur. Les grands capitaines sont plus honorés que les lettrés, et le soldat a le droit de préséance sur l'agriculteur. Ainsi était encore la Chine au début de la grande dynastie des Han. Mais quatre cents ans plus tard, la philosophie amenda le monde, et l'Empire Fleuri eut la gloire de découvrir que les choses ne sont rien, tandis que leur essence est tout. La fleur, simple calice matériel sans valeur, contenant vulgaire de l'esprit parfumé qui, lui, est adorable. Le bronze, métal commun, qui vaut seulement par l'impression fugitive que sa forme donne au regard. Et alors les Chinois dédaignèrent les talents militaires. A quoi bon des soldats capables seulement de défendre la Patrie matérielle? C'est l'émanation de l'esprit qu'il importe de protéger, et celle-là, nul conquérant ne la saurait conquérir. La Patrie est donc, pour le civilisé, une conception immatérielle que chacun emporte avec soi, là où il va.

Roseau-Fleuri approuvait de la tête; oui, c'était bien ainsi que son cerveau chinois comprenait la Patrie.

Du coup Loret regimba :

— Des mots vides de sens, des sophismes que tout cela.

— Allons donc!

— La Patrie divisée ainsi que tu la fais, après Pan-

(1) Pan-Chao vivait environ deux cents ans avant notre ère. Cet historien est appelé l'Hérodote chinois.

Chao, n'existe plus. C'est la négation de la Patrie de dire : C'est une idée que chacun emporte avec soi. Oui, certes, cette idée existe, mais elle n'est qu'une part du patriotisme, et le pays matériel a droit à notre tendresse.

– Propos barbare.

– Non; propos sain et vrai. Tu me fais l'effet, Liang, d'un homme qui, ayant choisi une épouse, s'exprimerait ainsi : La valeur de cette personne est tout entière dans l'émotion cérébrale qu'elle provoque chez moi. Cette chose immatérielle, je puis la renouveler à volonté par le souvenir, donc je méprise l'être dont elle émane. Je vais laisser mourir de faim ma femme matérielle, et ainsi j'agirai en civilisé.

Puis revenant à la jeune fille :

– Roseau-Fleuri, entends-moi. Ma Patrie, ceux qui parlent ma langue, dont l'esprit palpite aux mêmes idées, est menacée en Chine dans ses enfants. Comme tous les Français, je dois combattre pour elle.

– Combattre contre ceux qui emploient le même idiome, qui ont la même intellectualité que moi ? dit la princesse avec un commencement de nervosité. Si je comprenais la Patrie comme toi, nous serions donc ennemis ?

– Non, non... pas toi...

– Et ennemis pour quoi, pour qui ?... Pour une contrée lointaine, que tu as quittée quand tu es venu t'installer en Chine; pour des gens qui, barricadés dans leurs maisons à Péking, t'ont envoyé par les chemins, au milieu des dangers, que t'a permis de surmonter la protection spéciale de La-Che-Oou-Sin, déesse de la Vie, devant les autels de qui j'ai brûlé les bâtonnets d'encens et immolé les colombes consacrées. Je viens dire ceci : Les dieux se révèlent à nous et nous poussent à la sympathie, nous indiquant ainsi le but de nos existences, créant la famille, cent fois plus sainte que la Patrie, car elle est la Patrie des tendresses, et tu réponds : « Non, les immortels se trompent. Je vis pour me sacrifier à des inconnus, à des Européens illettrés, qui ne sont ni de ma caste ni de mon essence... » C'est de la démence ou du mensonge.

– Ah ! gémit Loret avec une profonde tristesse, pourquoi nous est-il interdit de nous comprendre ?

– Oh ! je te devine, moi. Ton admiration va à ces femmes d'Europe si vaines de leurs toilettes ridicules, si libres d'allures et de langage. Tu méprises la fille de la Terre Fleurie dont tu as ravi le cœur, la paix de l'esprit. Je reviendrai, affirmais-tu... Tromperie ; tu voulais m'éloigner, éviter mes reproches.

Et René ne répondait pas, ne trouvant rien à dire pour calmer la jeune fille dont le chagrin réel lui faisait mal.

– Va-t'en donc loin de moi, abandonne dans les larmes celle qui avait rêvé pour toi l'éternel sourire du printemps. Va-t'en ! Que Kouang-Ju et Yen-Ouan, les terribles divinités de la guerre et des enfers, te rendent la torture que tu m'infliges !

Et prête à défaillir, se tenant debout par un incroyable effort de volonté et d'orgueil, elle s'appuya au bras de Liang. Le lettré essaya de parler. Elle ne le permit pas et l'entraîna vers une barque amarrée au quai.

C'était dans ce canot que, par le Canal Impérial, tous deux étaient venus de la Ville Close aux Concessions. La princesse tomba plutôt qu'elle ne s'assit sur le banc des passagers, et les bateliers, maniant d'un mouvement rythmé les perches qui, sur la Rivière Blanche, remplacent les avirons, poussèrent la légère embarcation dans le méandre des passes ménagées au milieu des bancs vaseux.

X

DEUX ESCALES SUR LE PEI-HO

La jonque, tirée à la cordelle par des ânes attelés à la file, glissait lentement sur les eaux limoneuses, dont la teinte crayeuse a valu au Pei-Ho son nom de « Rivière Blanche ».

Assez vaste, l'embarcation mesurait, de proue en poupe, environ vingt-cinq mètres. Basse de l'avant, l'arrière surélevé à la façon des galères antiques, elle emportait une vingtaine de passagers.

Ceux-ci, passant le jour sur le pont, se retiraient la nuit dans de petites cabines séparées par des cloisons mobiles, coupant en cellules la vaste salle ménagée sous le « gaillard d'arrière ». Ces cabines, décorées de tons vifs, de peintures retraçant les hauts faits des héros, avaient de plus une qualité remarquable dans un pays où le peuple vit dans une saleté repoussante. Elles étaient propres.

De grands panneaux, cernés de boiseries dorées, se dressaient entre les portes laquées. Ils contenaient les signes des « Souhaits à l'Empereur, aux passagers » :

« Mille et mille félicités à Celui que le soleil ne peut regarder en face(1).

« Onde calme et brise propice au noble voyageur. »

Au moment du départ, les « jonquiers » ou hommes du bateau *Tcheoujin* avaient égorgé un coq blanc, afin de se rendre favorables les divinités de la rivière, tandis que Cigale, amusé par ces usages nouveaux pour lui, en discutait sur le pont avec son ami Loret.

Tous deux avaient repris leur déguisement chinois, mais Cigale avait emporté son *singapoor* dans son sac de voyage, où déjà étaient entassés divers objets sur la nature desquels il refusait de s'expliquer.

Ils devaient être précieux, car le Parisien veillait sur sa valise avec un soin jaloux. Pour l'instant, il interrogeait le diplomate :

– Pas intéressants les autres passagers, des marchands quelconques, sauf un cependant. Ce gros homme qui cause avec le patron. Qu'est ce poussah ? On lui rend des honneurs extraordinaires.

René sourit :

– On l'honore en effet.

– C'est donc *une grosse légume* ?

– C'est un banquier en fuite.

(1) C'est à peu près, singulière coïncidence, la vaniteuse devise de Louis XIV, Roi-Soleil : *Nec pluribus impar.*

– Hein ?

Cigale demeura bouche bée, et son compagnon qui, sans doute, avait escompté cet effet, s'abandonna à une douce hilarité.

– Comment, reprit le Parisien après un silence, on vénère les banquiers qui lèvent le pied ?

– Oui, et vous allez comprendre pourquoi.

– Comprendre cela ?... Jamais.

– Attendez. Le billet de banque émis par une administration d'Etat, tel qu'il est usité en Europe, n'existe pas chez les Chinois. Chaque banquier ici met en circulation des billets de banque. Au public à se renseigner avant de les recevoir.

– C'est commode pour les voleurs.

– Incontestablement. Supposez maintenant un de ces manieurs d'argent qui a encaissé un ou deux millions de numéraire, dont ses « effets » en circulation représentent la valeur.

– Je suppose, allez toujours.

– Le banquier passe, non pas en Belgique ainsi que les nôtres, mais dans la province chinoise voisine, avec l'or et l'argent, bien entendu. Son agence fermée, son « papier » ne vaut plus rien. Le bon de cent taëls tombe à une sapèque.

– Naturellement.

– Eh bien, notre homme a des agents qui rachètent ses titres à vil prix, et quand la plus grosse part est ainsi rentrée en sa possession, il rouvre sa boutique, paie à beaux deniers trébuchants les « billets » conservés par de rusés spéculateurs et est réputé un honnête homme. Il a doublé sa fortune, ruiné la foule des naïfs, mais légalement, il a fait honneur à sa signature.

– Alors ce personnage ventripotent ?...

– Etait à la tête d'une banque fluviale du Fleuve Jaune. Il a employé les bateliers de la Rivière Blanche au rachat de son « papier », leur a fait réaliser de jolis bénéfices et il est leur idole. Avant peu, il retournera triomphant sur le théâtre de ses premiers exploits.

– Quelle canaille ! grommela Cigale dont le bon sens parisien ne pouvait être égaré par les subtiles distinctions de la « probité chinoise »; en voilà un qui ne me *montera pas une colonne*.

Mais Loret l'interrompit :

– Pas d'imprudence. Jusqu'à Takou, nous sommes Célestes, et nous devons sembler avoir les idées du pays dont nous portons le costume.

– Alors, si ce coquin me parle, il faudra être aimable.

– Pas aimable puisque vous êtes muet, mais attentif comme un domestique bien stylé.

Du coup Cigale bondit :

– Domestique !

– Oubliez-vous que vous êtes le mien depuis Péking ?

– Au fait, c'est vrai.

– Vous me rendrez votre tablier à Takou, mais jusque-là...

– Bon, bon, grommela l'enfant de Paris d'un ton intraduisible, on sera *larbin*, puisque c'est pour la France.

Et avec une ironie mélancolique :

– Tout de même, en voilà une façon d'être soldat !

– Un soldat sert son pays et vous aussi.

Le front de Cigale se dérida :

– Vous avez raison... Je sers la cause française. Domestique de la Patrie... *ça me botte.*

Heureusement que cela « bottait » le jeune homme, car le banquier, le jour même, manœuvra si habilement, qu'il entra en relations avec Loret.

Sans doute, il avait jugé les autres passagers gens inférieurs, indignes de son attention.

Seul, le diplomate, en dépit de son accoutrement, présentait aux regards ce port de tête fier, cette attitude ferme qui sont l'apanage des hommes accoutumés au commandement.

La présentation eut lieu selon les règles compliquées de la politesse chinoise, et le seigneur Khioué – nom prédestiné qui signifie « caverne » – ne quitta plus Loret d'une semelle.

Aussi vers midi, lorsque les mariniers fatigués firent

une escale non prévue à Tchen-Kia (Ancienne Famille, Ancienne Ville), le banquier proposa à René une promenade à terre. Celui-ci accepta par prudence.

Suivis de Cigale, qui, outre sa précieuse valise, portait en maugréant les parasols de ces « Messieurs », tous deux débarquèrent et se dirigèrent vers une construction assez importante que l'on apercevait à quelque distance.

– Où allons-nous ? demanda le diplomate.

– Au temple de la Fortune. Elle semble me sourire, et je veux m'assurer que ce n'est pas là une vaine apparence.

Intrigué par cette réplique, Loret n'insista cependant pas. Il importait à sa sécurité de ne manifester aucun étonnement.

Bientôt, du reste, il devait avoir l'explication de la phrase énoncée par le banquier.

Dans le temple aux parois de bois ajourées, laquées et surchargées de dorures, une déesse étrange. Devant elle s'étendait une balustrade destinée à maintenir les fidèles à distance, et de chaque côté du cube de marbre qui lui servait de piédestal, des sapèques géantes dessinaient sur la muraille leur forme circulaire.

Khioué exécuta ponctuellement les génuflexions exigées par les rites, puis il puisa dans sa poche quelques pièces de monnaie et, les lançant, tenta d'atteindre d'un de ces projectiles la sapèque murale la plus rapprochée.

A la troisième épreuve il réussit.

– La félicité est sur moi ! s'écria-t-il le visage épanoui. Je suis heureux et veux vous offrir une tasse de thé.

Tout Chinois eût compris sa joie. La fortune en effet, d'après la superstition locale, doit échoir à celui qui, avec moins de cinq pièces de monnaie, touche une sapèque du temple de la capricieuse déesse.

Les trois voyageurs entrèrent donc dans une maison de thé du village et ingurgitèrent une tasse du breuvage parfumé.

Après quoi, ils reprirent le chemin de la rive, où stationnait leur jonque.

On n'attendait plus qu'eux, tout était disposé pour le départ. A peine avaient-ils mis le pied sur le pont que les ânes, attachés à la cordelle, se mettaient en marche, et que le bateau, halé lentement par les patients animaux, glissait sur les eaux troubles de la rivière. Khioué s'était retiré dans sa cabine.

A ce moment, le patron de la jonque s'approcha de Loret.

– Lumière du jour, dit-il, un messager est venu à bord en ton absence; il a apporté pour toi une lettre et un petit paquet; les voici.

Loret rougit, son cœur se prit à battre à coups précipités. Le Chinois lui tendait un paquet long entouré de faveurs bleues et une enveloppe argentée, telle que celles dont Roseau-Fleuri se servait habituellement.

Il saisit les deux objets... Le doute n'était pas possible... le « Cachet parlant » de la princesse – Roseau en fleur – se détachait gracieux sur le papier brillant.

Cigale, lui aussi, reconnut la provenance de la missive.

– Encore la « *mandarine* », murmura-t-il.

Puis remarquant l'émotion de son ami :

– Alors quoi, continua-t-il avec impatience, on a un cœur *de papier mâché.* On s'émeut en recevant *un poulet d'une espèce de mauviette chinoise,* qui trouve tout naturels les massacres présents. Vous songez peut-être à l'épouser vraiment... Oh! cela fera un beau mariage. Faudra inviter les spectres de tous nos morts.

Mais René leva sur lui un regard si douloureux, qu'il interrompit sa diatribe pour grommeler :

– *Nom d'une casserole*, peut-on s'attacher à des espèces pareilles !

Mais pitoyable à la souffrance de son compagnon :

– Quand vous retournerez cette lettre entre vos doigts, cela ne vous avancera à rien. Lisez-la, puisque vous en mourez d'envie.

On eût dit que Loret attendait cette permission, car d'un geste brusque il brisa le cachet et déplia la feuille où le pinceau, « Yü », de la jeune fille avait dessiné les caractères suivants :

« Ami plus doux que les Turquoises dont s'habille le Ciel,

Je me repens. Le volcan de mon âme méchante a jeté sa flamme et tes yeux ont exprimé les colères dédaigneuses et la surprise pénible.

Je me repens. Loin de toi, la Cangue de la Torture pèse sur mon cœur, l'écrase. Il me semble qu'il va éclater comme les Dragons de feu (obus) que lancent les chars de guerre à tubes d'airain (canons).

Je me repens. Verse sur moi les huiles parfumées du Pardon. Reviens avec cette lettre, Jardin des Fleurs de mon âme : je t'envoie l'éventail sauveur des Boxers. Grâce à lui, tu seras respecté en tout lieu.

Je me repens. Reviens, Oiseau Bleu de ma Pensée. Reviens, sinon la mort desséchera

L'Esclave d'Onyx qui pleure de s'être révoltée.

ROSEAU-FLEURI. »

Comme l'annonçait la missive, le paquet, dont elle était accompagnée, contenait un éventail. Des images du Dieu de la guerre, des génies belliqueux y étaient figurés et la monture d'ivoire se terminait par une monture ciselée en forme de Poing Fermé boxer.

Du regard Loret consulta le Parisien.

Celui-ci haussa les épaules.

– Nous allons à Takou, commença-t-il...

Mais le diplomate ne le laissa pas continuer et avec violence il s'écria :

– Sans doute... Il y aurait trahison à interrompre le voyage;... mais après cela, après..., que ferai-je ?

Sa voix était tremblante, tout son être disait l'angoisse.

Cigale se sentit ému.

– Ecoutez, Loret, dit-il. Moi, je suis un enfant du peuple, je ne raisonne pas comme vous, car mes sentiments sont simples, étant plus proches de la nature. Je n'ai, croyez-le bien, aucune haine contre les exotiques. La preuve est que je pleure Anoor, une Hindoue, à qui appartenait mon âme. Mais je vous le jure, eussé-je dû mourir de chagrin, j'aurais fui Anoor elle-même si sa race avait été ennemie de mon pays, si elle n'avait elle-même répudié ses compatriotes, condamné leurs excès.

– Mais Roseau-Fleuri est chinoise.

– Oui, je vous entends. Elle juge les choses à la chinoise, allez-vous dire... Ce n'est pas sa faute.

– Sans doute.

– Possible, mais ce n'est pas la vôtre non plus, et comme, au bout de tout cela, il ne peut y avoir que tristesse et ennuis, j'aimerais autant en finir de suite.

– En finir?...

– C'est-à-dire rayer la princesse de mes préoccupations.

– Je ne puis pas.

– Allons donc! On peut ce que l'on veut, ami Loret. Je me suis bien contraint à oublier ma chère petite morte pour ne songer qu'au devoir. Perdez le souvenir d'une petite vivante qui n'est entrée dans votre existence que pour vous taquiner.

René courba la tête et ne répondit pas.

Il comprenait bien que le Parisien parlait selon la raison; lui-même ne songeait pas à déserter le devoir; mais il aurait voulu répondre à la jolie princesse :

« Bientôt tu me verras. »

N'y plus penser, biffer de sa mémoire la charmante figure, couper le roman commencé, lui apparaissait, non plus comme une tristesse, mais ainsi qu'un déchirement.

La Mandchoue, colère et humble, altière et suppliante, s'était emparée de son cœur sans qu'il s'en doutât. C'est ainsi que nous prennent les enfants, par leur faiblesse même, par l'incohérence de leur âme, dont le développement est incomplet.

Cependant il se rendait compte de la distance qui les séparait. Jamais Roseau-Fleuri ne deviendrait sa femme dans le sens élevé du mot. Elle ne serait pas la compagne intelligente, partageant les joies et les peines. Elle resterait un être joli, gracieux, bibelot de luxe que l'on pare, que l'on aime parfois beaucoup, tout en le méprisant un peu.

En se disant ces choses, René souffrait cruellement. Sa pensée griffait son cœur. Ce garçon rêveur, mais précis, se désolait d'être indécis, de flotter dans l'imprécision.

Le banquier Khioué vint heureusement l'arracher à cette méditation pénible.

– Lumière Rose, lui dit-il, nous allons être gratifiés d'une seconde escale à Ta-Kang (grand fort); s'il vous plaît, nous irons visiter le Temple du Ciel et de la Terre.

– Volontiers, répliqua Loret, enchanté de la distraction qui s'offrait à lui.

Et le bateau amarré au rivage, les deux hommes, toujours accompagnés de Cigale, chargé de son inséparable valise et des parasols, se mirent en marche à travers la campagne.

Sur la rive droite du Pei-Ho, de l'autre côté du fleuve, ils apercevaient des masses de soldats. Un vaste camp retranché se trouvait là, où grouillaient des bandes armées, où flottaient des milliers d'étendards de toutes couleurs.

– L'armée du général mandarin Bouton de Jade Tich, déclara le banquier; c'est elle qui garde la route de Takou à Tien-Tsin. Les Diables Etrangers, s'ils osaient attaquer, se briseraient contre une telle multitude.

– Oui, oui, murmura René les dents serrées, mécontent de la réflexion, qui lui rappelait l'antagonisme de l'Europe et de la Chine, et surtout l'abîme creusé entre lui-même et Roseau-Fleuri.

Du reste, Khioué passa aussitôt à un autre ordre d'idées :

– Nous arrivons, voici le portique devant lequel les cavaliers sont tenus de mettre pied à terre.

En effet, un arc de triomphe s'élevait sur le côté de la route, portant dans un cartouche les signes indiquant l'interdiction du cheval, ou signes Ma-Kin (cheval défendu).

Les voyageurs passèrent sous le portique et s'engagèrent sur la voie sacrée du Temple du Ciel et de la Terre.

La route était bordée de statues de marbre : deux colonnes sculptées alternant avec deux lions couchés, deux lions debout, deux béliers étendus, deux béliers dressés, quatre chameaux, quatre éléphants, quatre chimères (Ki-Lin), quatre chevaux, quatre mandarins militaires, quatre mandarins civils et quatre hommes célèbres.

Parmi ce peuple de pierre, circulait un peuple vivant qui donnait au sanctuaire l'apparence d'un champ de foire, impression analogue à celle des « Pardons » de Bretagne. Cuisines en plein air, barbiers rasant la pratique en plein vent, pédicures ambulants annonçant leur approche par un grand bruit de castagnettes, acrobates, jongleurs ou danseurs de corde, marchands de sucre filé, de gâteaux, conteurs de la rue, sorte de troubadours des places publiques, s'entassaient, appelant les spectateurs à l'aide de cris variés, de cymbales, de tambours.

– Tiens, remarqua le banquier. Voici No-Si-Kio, le célèbre prestidigitateur. Il va exécuter le tour des aiguilles. Regardez cela. Il est impossible de rien voir de plus curieux.

Docilement Loret se glissa dans le cercle formé autour d'un homme maigre, nu jusqu'à la ceinture, qui se tenait debout devant une petite table pliante de bambou, dont la tablette supportait les appareils rudimentaires de l'escamotage.

Celui-ci annonçait le tour des aiguilles.

Au public, il présenta dix de ces instruments aigus, les introduisit dans sa bouche, les avala. Ensuite, il fit suivre le même chemin à un peloton de fil, puis après un instant, un bout de fil passa entre ses lèvres, il le tira et ramena les dix aiguilles enfilées.

C'est là un « numéro » qui fait fureur dans l'Empire Fleuri, et avec juste raison, car le procédé des prestidigitateurs n'a pu être reconnu. Certains exécutent ce tour de passe-passe les bras attachés derrière le dos, un spectateur glissant entre leurs lèvres les aiguilles et le fil.

Les promeneurs s'éloignèrent, devisant de l'habileté de ces industriels. Cigale les suivait, se racontant à lui-même ses impressions.

Soudain il tomba en arrêt devant une guérite de bois, dans laquelle un bonze à la robe grise était enfermé. Toute la surface de la caisse était traversée par des clous, dont les pointes passaient à l'intérieur, obligeant le bonze à ne s'appuyer nulle part, sous peine de se blesser.

Des passants s'approchaient, remettaient quelques pièces de monnaie au prêtre et s'en allaient après avoir arraché un clou.

Loret expliqua plus tard au Parisien que les bonzes mendiants procèdent ainsi pour exciter la charité publique. La pointe de fer que les particuliers ont le droit d'emporter, en échange de leur aumône, est considérée comme un passeport pour le ciel.

Cigale dut courir, afin de rejoindre ses « maîtres », lesquels fort à propos avaient été forcés de faire halte pour laisser passer une étrange procession, précédée d'une musique endiablée.

Des hommes, des femmes, des enfants emboîtaient le pas aux musiciens et présentaient aux spectateurs des troncs de quête affectant la forme macabre de petits cercueils.

Par une ouverture ménagée à la partie supérieure de ces singuliers objets, les badauds introduisaient les offrandes.

Loret et Khioué se montrèrent généreux, celui-là par calcul, celui-ci par ostentation.

Au surplus, nul ne se dérobait à l'appel des quêteurs de la Société du Cercueil gratuit, car tel était le titre des quémandeurs.

Le cercueil est, en effet, la grande préoccupation du Chinois. Alors que l'Européen songe surtout à améliorer les conditions de son existence terrestre, le Céleste a pour le confort de la vie la plus parfaite indifférence. Une seule crainte le hante : ne pas économiser assez pour s'assurer après décès une bière, sinon luxueusement ornée et capitonnée, du moins soigneusement façonnée et vernie.

Aussi la question sociale qu'il a fallu résoudre est la question des cercueils.

Des sociétés se sont formées. Par cotisations, quêtes, ventes de charité, attractions diverses, elles recueillent des capitaux considérables, uniquement employés à assurer aux pauvres diables passant de vie à trépas une bière décente qui, dans l'esprit du pays, est, pour se présenter dans l'autre monde, de rigueur tout autant que l'habit dans nos soirées d'Occident.

C'est l'Assistance Publique des Trépassés.

Cependant, les promeneurs, un instant arrêtés, avaient repris leur marche, et après deux heures passées dans les cours des Temples, ils eurent l'impression que le moment de rejoindre leur jonque avait sonné.

Par la voie sacrée, ils rejoignirent la route. Le soleil commençait à s'abaisser sur l'horizon; des teintes violacées montaient de l'est dans le ciel, comme l'avant-garde des bataillons sombres de la nuit.

Khioué pressait le pas, tout en bavardant avec la faconde intarissable des fils de Han, lesquels sont bien les plus diserts des êtres de la création.

Tout à coup il fit halte, eut un cri :

– La jonque brûle!

– La jonque? répéta Loret.

C'était vrai. Les voyageurs avaient atteint la sortie d'un petit bois, qui jusque-là avait masqué la rivière et, à cent mètres d'eux à peine, apparaissait l'embarcation environnée de flammes.

Sur la rive un groupe de Boxers entravait les hommes de l'équipage; quelques cadavres couchés sur le sol indiquaient qu'un combat venait d'avoir lieu.

– Cachons-nous, fit prudemment le banquier en se rejetant sous bois. Ces drôles ont su ma présence à bord; l'espoir du butin les a guidés. Plus malin qu'eux, par bonheur, je ne voyage pas avec ma fortune. Elle est en sûreté dans les coffres-forts de la banque anglo-chinoise de Hong-Kong.

« Heureusement, se dit Cigale, j'ai emporté ma valise. »

Les trois hommes, cachés derrière les buissons de la lisière du bois, assistèrent au départ des bandits.

Pendant ce temps la nuit était venue. La jonque détruite, il fallait s'enquérir d'un gîte. Mais auparavant René proposa de descendre au bord de la rivière, afin de s'assurer qu'aucun des malheureux frappés par les Boxers ne respirait encore.

Khioué, avec le superbe égoïsme des Célestes, avait déclaré qu'il ne comprenait pas l'utilité de cette démarche. Tant pis pour ceux que les sectaires avaient atteints. Mais Loret, ne tenant aucun compte de ses paroles, s'était engagé sur la pente douce qui conduisait au Pei-Ho, et le banquier, peu soucieux de rester seul dans les ténèbres, l'avait suivi en maugréant.

Il triompha d'ailleurs en constatant que les Boxers avaient bien frappé leurs victimes.

Aucun blessé, rien que des morts.

Seulement, à l'extrémité de la planchette, jetée naguère comme une passerelle entre le plat-bord de la jonque et la rive, planchette que le feu n'avait pas atteinte, une lance était fichée en terre et portait une banderole couverte de caractères chinois.

Le diplomate lut avec une douleur stupéfaite :

« Ainsi périront ceux qui cacheront Kin-Wen (traduction syllabique de Loret), esclave rebelle, évadé du palais de la toute-puissante princesse Roseau-Fleuri, aimée de l'Etoile, Impératrice Douairière, et de l'élégant prince Tuan. »

Ainsi le crime avait été ordonné par la jeune fille. Irritée sans doute de ne recevoir aucune réponse à sa dernière lettre, elle avait lancé les fanatiques à la poursuite de la jonque, avec ordre de ramener, mort ou vif, le Français fugitif.

Pour un peu, René eût sangloté. Son rêve de tendresse était éclaboussé de sang. Autour de lui, les cadavres déjà froids des mariniers accusaient la cruauté de celle que son cœur s'obstinait à considérer comme sa fiancée.

Que n'avait-il le courage, conseillé par Cigale, d'arracher de sa pensée le souvenir de la jolie Chinoise !

Il la méprisait, il avait horreur de cette âme sauvage, caressante et féroce, et en même temps, il l'aimait, se surprenant à l'excuser, à espérer la transformation impossible d'un esprit faussé par l'atavisme, par l'éducation.

Le verbiage du banquier le tira de ses réflexions.

– Qu'est-ce que ce Kin-Wen dont parle leur pancarte ? disait ce dernier. Où donc se cachait-il à bord de

LE DIPLOMATE LUT AVEC DOULEUR.

la jonque? L'avez-vous vu? Non? Moi non plus. C'est inconcevable de mettre les gens dans l'embarras pour un esclave fugitif. Nous voici, nous personnages riches, perdus dans la campagne pour un si mince individu. Décidément la folie des Diables Etrangers gagne les Chinois. On protège les faibles, sans s'inquiéter de savoir si cela gêne les forts. Tout s'en va. C'est la décadence de l'Empire Fleuri.

En fin de compte, Khioué eut cependant une pensée judicieuse :

— Où passerons-nous la nuit?

Certes, la question méritait d'être résolue au plus vite. Dans ce pays parcouru par des bandes de malandrins, il eût été imprudent de demeurer en plein air, exposés à toutes les surprises.

Mais où aller?

Tout à coup Loret se souvint que, pour se rendre au Temple du Ciel et de la Tere, lui et ses compagnons avaient côtoyé de vastes bâtiments affectés à l'emmagasage des grains de l'armée.

Etant donné l'incurie coutumière des Célestes, ces magasins devaient être vides et abandonnés.

En tout cas, on pouvait y aller voir. Le banquier applaudit à la proposition, et, revenant sur leurs pas, les voyageurs se dirigèrent vers les constructions du grenier militaire que l'on distinguait confusément dans la plaine.

Les suppositions de Loret se trouvèrent justifiées.

Les halls spacieux, divisés par des cloisons coupées à hauteur d'appui, où devaient s'entasser les réserves de l'intendance mandarine, ne contenaient pas un grain de céréales; mais, conséquence heureuse, les préposés à la garde des provisions étaient également absents.

Ravis de cette constatation, les trois hommes se souhaitèrent bonne nuit, et chacun s'installa dans un des *boxes* ménagés par les cloisons.

Seulement Loret retint Cigale auprès de lui.

— Nous ne sommes pas éloignés de Takou, murmura-t-il, et ce brave Khioué va terriblement nous gêner.

— C'est mon avis. Il est *collant* cet être-là, et puis j'en ai assez de porter son parasol.

La réflexion du Parisien fit sourire René.

– Il faudrait nous séparer de lui.

– Le *semer*, je ne demande pas mieux. Laissons-le s'endormir et filons à l'anglaise.

– Non. Au jour, il nous chercherait, attirerait l'attention sur nous, devinerait peut-être qui nous sommes.

– Deviner ça ?... il est donc bien malin ?

– Il connaît mon nom.

– Lui ?

En deux mots, le diplomate expliqua à son compagnon la teneur de l'affiche laissée par les Boxers auprès de la jonque dévorée par le feu.

– Abandonné par nous, sans raison, le banquier s'en souviendra. De là à conclure que je suis l'esclave réclamé, il n'y a qu'un pas. Tout le pays s'ameutera contre nous, notre déguisement connu ne nous protégera plus.

– Juste !

Brusquement, Cigale s'appliqua une calotte retentissante sur la tête.

Au claquement, un remue-ménage se produisit dans le compartiment occupé par le seigneur Khioué qui demanda d'une voix tremblante :

– Quel est ce bruit ? Est-ce le battement d'ailes d'un Dragon ?

Et les Français se gardant de répondre, le banquier marmotta une oraison en l'honneur des Dragons de la terre, du ciel et de l'onde.

Puis le silence se rétablit.

– Il cst superstitieux comme tous les Jaunes, reprit alors Cigale à qui Loret avait traduit les paroles de leur compagnon. Eh bien ! c'est facile de nous séparer de lui, ou plutôt de le séparer de nous.

– Facile ?

– Oui. Ecrivez-moi seulement en chinois la phrase que je vais vous dire en français.

Se penchant à l'oreille de son ami, le Parisien articula à voix basse quelques mots, dont le premier résultat fut de provoquer chez René un accès de fou rire incoercible.

Le diplomate se calma pourtant, déchira une page de son carnet, y traça des signes et remettant le papier à Cigale :

– Voilà la formule.

– Merci. Et maintenant dormez bien. Je vais faire un somme en attendant le moment d'agir.

Sur ce, le jeune homme s'éloigna en rampant et gagna sans bruit un compartiment voisin d'une porte qui ne pouvait être aperçue du box où ronflait le banquier.

Un grand silence régna dans le hall; Loret, secoué encore par l'hilarité, ne tarda pas à s'endormir.

Combien de temps demeura-t-il dans le pays des rêves ? C'est là une question qu'il lui eût été impossible d'élucider, quand un vacarme assourdissant le réveilla.

Il se dressa sur son séant, croyant à une attaque de Boxers; mais presque aussitôt il se rassura. Il avait compris. C'était Cigale qui produisait tout ce vacarme.

Par exemple, le Parisien faisait du tapage comme dix hommes ordinaires.

Coups de sifflet stridents, hululements lugubres, coups de poing dont résonnaient les cloisons, tout cela, enflé par l'écho de la salle, aboutissait à une effrayante cacophonie.

Khioué avait sauté hors de son compartiment. Il accourut vers celui de Loret, qui feignait de dormir.

– Qu'est cela ? bégayait le banquier épouvanté. Les esprits de l'ombre sont déchaînés. Au secours ! Fô, Bouddhas Bienfaisants, Confucius, Tao-Tzé, venez à mon secours !

Puis se campant devant Loret immobile :

– Ah ça ! Cet homme a le sommeil du juste. Il n'entend pas.

– Ecoute ! clama une voix retentissante derrière l'infortuné Céleste.

Du coup les jambes de Khioué plièrent sous lui : il tomba à genoux. Certes, un homme plus brave aurait été surpris. La grande porte du hall s'était ouverte, et sur le seuil, auréolée par les rayons de la lune, se montrait une figure étrangement vêtue.

Une longue robe rouge, à parements jaunes, flottait

autour d'une forme humaine, dont le visage était caché par un masque de porcelaine.

– Qui es-tu ? balbutia le banquier.

– L'esprit du Bouddha Vivant qui veille sur toi, répondit l'apparition.

– Ta présence indique un danger ?

– Oui. Tes compagnons doivent mourir avant l'aube. Si tu ne les fuis, tu partageras leur sort.

Le banquier se prosterna, expectorant les actions de grâces usitées en cas de faveurs inespérées du ciel.

Quand il releva la tête, le fantôme avait disparu, et le Chinois, faisant son profit de l'avertissement, se glissa dehors sans prendre congé de ses compagnons de voyage.

Mais il n'avait pas parcouru cent mètres dans la plaine, que Cigale faisait irruption dans le box de René. Encore revêtu de la tunique rouge et jaune, et tenant à la main son masque de porcelaine, le Parisien riait aux larmes :

– Hein ? Quelle *frousse !* Il trotte comme si les diables le poursuivaient. Ai-je bien fait de conserver la défroque de Nô, le pauvre ex-Bouddha Vivant du palais impérial ? En voilà *un complet de fantôme qui a du chic !*

Les jeunes gens s'égayèrent longtemps du stratagème grâce auquel ils étaient délivrés de la compagnie du banquier.

Au matin, ils gagnèrent le village de Leou-Tchi et, franchissant le Pei-Ho sur le pont de Leang, ils rejoignirent la grande route de Takou située sur la rive droite de la rivière.

A onze heures du matin, laissant en arrière le bourg de Si-Kou (embouchure ouest), ils entrèrent à Ta-Kou (grande embouchure), remarquant en passant que ces deux villes doivent leurs noms à leur situation respective au bord de l'estuaire de la Rivière Blanche.

XI

AVANT LA BATAILLE

La cité était littéralement inondée de troupes chinoises. Infanterie, artillerie, cavalerie emplissaient les places, les rues, débordaient hors de la ville.

Toute la campagne environnante était transformée en un camp, où les réguliers et les bandes insurgées fraternisaient.

Partout des théorics de soudards ivres de vin, d'alcool de riz, se répandaient, bousculant les Chinois inoffensifs, violentant les passants.

Et les habitants, navrés par cette invasion plus terrible que celle de l'ennemi, hochaient la tête d'un air pensif, faisant frétiller la longue natte qui brimbalait sur leur dos, semblant dire :

« Qui nous délivrera des cohortes venues pour nous délivrer des Diables Etrangers ? »

Non sans recevoir quelques horions qu'ils supportèrent avec l'impassibilité de véritables fils de Han, Loret et Cigale parvinrent à se faire jour à travers la cohue. Ils se procurèrent quelque nourriture, puis sortant de la cité sale, puante, ils se dirigèrent vers la mer en suivant les berges plates et grises de l'estuaire du Pei-Ho.

Ils respiraient avec délices l'air chargé de senteurs marines. C'était là, sur ces flots encore invisibles, que flottaient les navires d'Europe, auxquels ils apportaient l'appel des Légations.

Leur marche s'accélère de toute leur impatience. Voici les monticules que dominent les forts chinois du Nord et du Sud, « Pé et Nan », chargés de barrer l'entrée du fleuve.

Les Français les contournent, et alors ils ont un cri de joie, ils se serrent les mains.

L'Océan est devant eux, poussant ses vagues indolentes vers la côte; à l'horizon, dans un poudroiement de soleil, se dessinent les silhouettes des vaisseaux de guerre.

Les flottes alliées se trouvent là.

Mais il ne suffit pas de les apercevoir. Il faut les atteindre, et, pour cela, se procurer une barque.

Une barque. Il y en a beaucoup dans une petite anse; bateaux de pêcheurs qui ne sortent pas, dans la crainte d'être capturés par les canonnières européennes, auxquelles leur faible tirant d'eau a permis de s'avancer près du rivage. Elles sont à deux kilomètres à peine, ces canonnières, se développant en une longue ligne, presque à hauteur du bateau-feu de Takou, ancré au bord du banc vaseux dont la côte est bordée.

Ce sont les alluvions du Pei-Ho qui forment cette barrière sablonneuse, incessamment surélevée, élargie et gagnant sur la mer.

Les jeunes gens sont sur le point de se présenter chez les pêcheurs, de louer un canot, mais ils se ravisent.

La démarche serait imprudente. On se demanderait pourquoi ils veulent affronter le voisinage des escadres, alors que les habitants du pays restent à terre. On les arrêterait peut-être.

Non, il valait mieux ruser, attendre la nuit, puis alors, à la faveur de l'obscurité, se glisser dans une barque et pousser au large.

Une auberge se présente à eux.

Ils y entrent, se font servir des mets grossiers, les seuls que l'on trouve en cette bourgade de pêcheurs.

Le temps leur paraît long, à Cigale surtout, que le mutisme obligatoire, complément de son déguisement, exaspère jusqu'à la rage.

Mais si lentes qu'elles soient, les heures passent cependant.

Voici que le soleil s'enfonce sous l'horizon occidental, que les étoiles s'allument au ciel, les fanaux à bord des vaisseaux lointains. Les canonnières se sont éloignées, ralliant les gros bâtiments.

Une brume bleue se répand sur les flots, sur la terre. C'est le moment d'agir. Loret et Cigale règlent leur dépense. Ils s'engagent sur la route de Takou, comme des promeneurs attardés rentrant en ville.

Mais à quelques centaines de mètres du hameau, ils se jettent dans les terres et, courbés vers le sol, ils reviennent du côté de la mer.

Des ajoncs croissent en touffes nourries qui leur piquent les jambes de leurs aiguillons. Ils n'y prennent pas garde. Après tout, cette végétation désagréable augmente leur sécurité. Les promeneurs, s'il y en a à cette heure tardive, demeurent sur la route. Il faut avoir besoin de se cacher pour adopter un chemin aussi difficile.

De nouveau, ils sont sur la grève. Le port de pêche est tout proche. Ils distinguent dans la brume la petite flottille. Des barques sont allongées sur le sable, d'autres flottent à quelque distance du bord, d'autres encore ont la poupe à l'eau, tandis que l'avant est échoué dans le sol ferme.

Personne ne se montre. Rassurés par le silence, par l'apparence déserte de la plage, les Français s'avancèrent jusqu'au bord de la mer.

Rien ne bougeait.

Avec leur insouciance habituelle, les Célestes avaient amarré leurs bateaux à la diable, y laissant les voiles, les avirons.

Enhardis par le calme qui régnait autour d'eux, par la brume qui couvrait leurs mouvements de son voile protecteur, ils choisirent un canot léger que deux rameurs pouvaient manœuvrer avec aisance. Après tout, l'onde était calme et le voyage court. Déjà ils prenaient place, quand une silhouette humaine se profila dans le brouillard.

– Sapristi ! murmura Cigale, un gêneur.

– Vite, éloignons-nous du rivage, ordonna le diplomate en appuyant sa rame sur le sable.

– Oui.

Unissant leurs efforts, les jeunes gens parvinrent à dégager la quille enfoncée dans le sable. La chaloupe flottait. Vite ils bordèrent les avirons et commencèrent à nager vigoureusement.

Mais l'inconnu les héla, et avec une surprise compréhensible, tous deux reconnurent l'organe du banquier Khioué.

– Encore lui ? fit Cigale d'une voix légère comme un souffle.

– Ne répondez pas et ramons.

Conseil inutile. Jamais un Parisien ne résiste à l'envie de faire une farce. Aussi, enflant le ton, Cigale lança-t-il à Khioué la phrase chinoise prononcée déjà dans le magasin militaire :

– Tes compagnons doivent mourir avant l'aube; si tu ne les fuis, tu partageras leur sort.

A travers les buées, les matelots improvisés aperçurent confusément une masse noire s'affalant sur le sol. C'était le banquier qui, terrifié, perdait connaissance. Puis, sous la poussée des avirons, la barque continua de s'éloigner du rivage. Celui-ci se noya dans le brouillard, le balancement des lames annonça aux Français qu'ils étaient sortis du bassin abrité du petit port. Bientôt la brume accumulée le long de la côte devint moins dense, elle se dissipa et les étoiles brillèrent dans un ciel sans nuages.

Une longue houle soulevait le canot, qui se rapprochait peu à peu du bateau-phare, chargé d'indiquer aux navires la limite des bancs vaseux.

Au delà, dans la passe séparative des hauts-fonds du Bœuf et de l'Hirondelle, les fanaux de position de plusieurs navires apparaissaient. Les jeunes gens eurent une hésitation. Sur lequel de ces bâtiments se dirigeraient-ils ? Dans la nuit, il était impossible de distinguer les pavillons et de reconnaître un vaisseau français.

– Bon ! au hasard de la fourchette ! s'écria Cigale.

Sous l'impulsion de ses avirons, la barque piqua droit sur le vapeur le moins éloigné.

Bientôt les rameurs reconnurent qu'ils avaient en face d'eux un grand croiseur. Plus près encore, ils discernèrent à l'arrière le drapeau blanc aux barres transversales bleues de la marine russe. Ils allaient obliquer vers un autre bâtiment, quand une voix rude cria en français :

– Ohé ! du canot, qui es-tu ?

– Messager de Péking, répliqua Loret.

– Accoste.

Etonnés d'entendre parler leur langue à bord d'un bâtiment russe, les jeunes gens obéirent cependant, et bientôt le mystère leur fut expliqué.

Le long de la coque, un canot-major se balançait à la lame; les couleurs de France flottaient à sa poupe.

– L'amiral Courrejolles confère avec les autres commandants des flottes alliées, déclara le patron de l'embarcation. Il est à bord de ce croiseur le *Russia*.

– Parfait.

Un instant après, René et Cigale sautaient sur le pont; un officier les conduisait aussitôt à la cabine du vice-amiral Ildebrandt, commandant l'escadre russe devant Takou, en l'absence de l'amiral Alexeieff, à ce moment encore à Port-Arthur.

L'officier russe avait avec lui le vice-amiral Courrejolles, le capitaine de vaisseau Dobrovolski, les commandants des escadres allemande, américaine, japonaise.

A l'entrée des jeunes gens, il se fit un grand silence. Et l'amiral Courrejolles dit d'une voix anxieuse :

– Vous arrivez de Péking ?

– Oui, par Tien-Tsin.

– Vous êtes chargés... ?

– De vous faire connaître la situation des Légations et celle des Concessions.

– Parlez.

Alors Loret, d'une voix claire, raconta ses entrevues avec M. Pichon, puis avec le comte du Chaylard.

Tous écoutaient, muets, immobiles, telles des statues. Mais sur les visages énergiques se lisaient la colère, l'impatience et la tristesse.

Tous ces officiers comprenaient le français, cette langue des lettrés de toutes nationalités; car si l'anglais est l'idiome commercial, le « parler de France » est demeuré le préféré de la diplomatie, des hauts commandements militaires, des savants.

Répartition juste des deux langues nées, l'une dans le pays où l'on vend, l'autre dans le pays où l'on rêve.

Loret se tut et pendant quelques minutes nul ne prit la parole.

On sentait que chacun avait conscience du danger des Européens enfermés dans Péking, dans Tien-Tsin, mais que personne n'osait prendre la responsabilité des mesures énergiques, immédiates, nécessitées par les circonstances.

Jusqu'à ce moment, en effet, on avait combattu sans être en état de guerre déclarée.

La duplicité du gouvernement chinois avait présenté les faits de telle sorte que les flottes alliées, assemblées devant Takou, au fond du golfe de Petchi-li, avaient pour mission d'aider l'Empereur à vaincre les rebelles boxers.

Et tout à coup, la situation changeait. On apprenait de la bouche de messagers venant de Péking que l'armée chinoise faisait cause commune avec les sectaires du Poing Fermé, que le généralissime des bandes lancées contre les étrangers était le prince Tuan, conseiller de la Douairière Tsou-Hsi, auquel la Cour avait donné pleins pouvoirs, argent, crédit, pour diriger les massacres.

– Il faut consulter nos gouvernements respectifs, proposa enfin une voix.

Cigale s'était montré bien sage depuis le début de l'entretien, mais cette réflexion l'exapéra :

– Une idée *de premier calibre*, celle-là ! s'écria-t-il. Les chancelleries d'Europe vont échanger des petits papiers pendant six mois, et quand on se décidera à agir, ça n'en vaudra plus la peine, car Concessions et Légations ne contiendront plus que des *macchabées*.

Cette apostrophe violente secoua l'assemblée. MM. Courrejolles, Ildebrandt eurent un sourire approbateur et le premier demanda :

– Que faut-il donc faire, à votre avis ?

– Marcher sur Péking sans perdre un jour, une heure, débloquer Tien-Tsin en passant. Quand tout le monde sera sauvé, il sera bien temps de consulter les ronds-de-cuir, qui causent des événements, devant un bon feu, dans les ministères d'Europe.

Il n'était pas besoin d'insister pour rallier à l'opinion du Parisien les hommes d'action réunis dans la cabine.

L'amiral russe le comprit.

– Messieurs, dit-il, de votre consentement unanime, j'ai pris le commandement suprême des escadres alliées. Je parlerai donc le premier. Il faut sans tarder remonter le Pei-Ho avec toutes nos forces disponibles, compagnies de débarquement, troupes amenées par les transports, et atteindre Péking. Est-ce votre avis ?

– Entièrement, déclara l'amiral Courrejolles; mais il faut. avant tout, assurer la libre pratique du fleuve. Les Chinois, ces jours derniers, ont renforcé l'armement, les garnisons des forts qui commandent son embouchure. Ces forts doivent être évacués, car il est inadmissible qu'ils puissent, à un moment donné, interrompre les communications entre la colonne expéditionnaire et l'escadre.

Tous les assistants approuvèrent du geste.

– Vous proposez donc ? interrogea le chef russe.

– D'envoyer un ultimatum au gouverneur de Takou, le mandarin Huen. Les forts seront abandonnés par ses troupes, remises à la garde de nos soldats.

– Et s'il refuse ?

– Nous les prendrons d'assaut.

Ces mots, prononcés d'une voix douce, avec la belle tranquillité d'un Français insouciant du danger, galvanisèrent tous les officiers.

– Hoch ! murmurèrent les Allemands.

– E perfetto ! s'écrièrent les Italiens, tandis que les Japonais grondaient : Orda !... que les Anglais lançaient leur : All right ! les Américains leur : Well I guess !... et que Russes et Français s'unissaient pour dire : Bravo !

Mais le silence se rétablit comme par enchantement sur un geste du vice-amiral Ildebrandt.

– Qui possède une connaissance suffisante de la langue mandarine pour discuter avec le gouverneur ? Cela est important, car je tiens à employer le plus longtemps possible les formes courtoises.

On se regarda d'un air embarrassé.

Evidemment tous, croisant dans les mers de Chine, connaissaient le vocabulaire restreint, nécessaire pour les rapports usuels avec les indigènes dans les villes maritimes ouvertes, mais de là à discourir avec un lettré retors, prêt à jouer sur les mots, il y avait un abîme.

Loret, qui s'était modestement tenu à l'écart, remarqua cette indécision : il s'avança au milieu du cercle :

– Amiral, dit-il, si je vous semble un parlementaire suffisant, je porterai votre ultimatum.

– Vous connaissez...

– La langue de Han, oui, amiral.

– Alors j'accepte avec reconnaissance... (Et se tournant vers l'amiral Courrejolles :) C'est une canonnière française qui est dans les eaux du *Russia ?*

– Oui, le *Lion.*

– Eh bien, qu'on lui fasse les signaux utiles. C'est elle qui conduira à terre M. René Loret.

– Hé là ! Hé là ! monsieur l'amiral, interrompit Cigale, ne m'oubliez pas ! J'y vais aussi, moi.

L'attention des officiers se concentra aussitôt sur le Parisien qui, tout en parlant, était venu se mettre à côté de son ami.

– Vous, et pourquoi ? fit le Russe avec une nuance de mécontentement.

– Pourquoi ? mais parce que je ne le quitte pas.

– Cette fois, vous dérogerez à vos habitudes.

– Moi ? jamais de la vie ! J'ai mon canot en bas, au rez-de-chaussée... je retourne à terre.

Peut-être le commandant en chef allait-il se fâcher, mais Loret intervint :

– Amiral, faites droit à la requête de mon ami Cigale.

Et comme l'amiral ne cachait pas son étonnement :

– Si je suis en votre présence, continua le diplomate, c'est à lui, à son audace joyeuse, à sa fantaisie primesautière, que je le dois. Captif dans la Ville Interdite, c'est lui qui m'a fait évader; lui encore qui m'a permis de m'échapper des Légations surveillées par la police; toujours lui qui, à l'instant où je croyais la partie perdue, avait l'intuition du chemin conduisant au salut. Nous sommes nés aux deux extrémités de l'échelle sociale, nous nous sommes rencontrés sur le terrain du patriotisme, du dévouement, et aujourd'hui il est mon frère. Laissez deux frères continuer ensemble la mission qu'ils ont ensemble commencé à remplir.

Nul ne comprend comme les officiers les affections profondes nées du péril bravé en commun. Tous se sentirent émus en entendant la déclaration du diplomate et le vice-amiral Courrejolles, d'un mouvement instinctif, tendit les mains à ces braves jeunes gens soucieux de partager le danger comme d'autres le plaisir. Ildebrandt se mit à rire :

– Ah ! Français bouillant, vous répondez pour moi. Je n'ai plus qu'à dire : Allez, messieurs ! C'est ce que je fais.

Et à son tour il pressa les doigts des deux amis.

Un quart d'heure après, Cigale et Loret, ayant revêtu leurs complets de toile, tirés de leurs sacs, passaient du *Russia* sur la canonnière *Lion* et celle-ci, se couronnant d'un panache de fumée, se dirigeait vers la terre.

Bientôt elle embouqua la passe praticable que bordent les alluvions de la Rivière Blanche. Elle stoppa en face du fort du Nord sur lequel flottait l'étendard au Dragon chinois et dont les remparts, construits par des ingénieurs belges, garnis de canons sortis des ateliers allemands de Krupp, menaçaient les flottes européennes.

– Bienfaits de la concurrence commerciale, remarqua Loret avec amertume. Pour que certains industriels gagnent la forte somme, on leur permet de mettre en péril la vie de braves gens. O argent ! ô argent ! ennemi des sentiments nobles, plaie de l'humanité, dire que tu méprises les vaillants qui meurent pour que tu règnes !

– Oui, oui, appuya Cigale. S'il n'y avait pas de soldats préoccupés seulement du sacrifice héroïque, il ferait une drôle de tête, l'argent, en ce moment-ci; mais c'est toujours la même histoire : les voleurs débinent les gendarmes, les financiers dédaignent les militaires et les imbéciles ne trouvent d'esprit à personne.

Une chaloupe conduisit les jeunes gens au rivage, et tous deux, refusant l'escorte de marins mise à leur disposition, s'engagèrent sur la pente douce qui montait vers le plateau supportant la forteresse chinoise.

En quelques minutes, ils eurent parcouru la faible distance intermédiaire. Sur les parapets, des réguliers de l'armée du Tchi-Li les regardaient venir, se les montraient du doigt, riaient entre eux. Sans nul doute, ces gens s'amusaient de l'audace de ces deux Diables Etrangers qui se présentaient seuls au fort.

Sur des piquets de grandes affiches se dressaient, oscillant sous la poussée du vent. Loret les déchiffra au passage. Toutes excitaient les Célestiaux au massacre des Européens; toutes affirmaient que les étrangers tremblaient de peur, qu'ils n'oseraient attaquer la Chine invincible, laquelle déjà, en 1860, leur avait infligé une terrible défaite.

– Voici, grommela le diplomate, comment ces fourbes interprètent notre longanimité, mais nous touchons au terme de la patience. Peuple stupide comme tous les peuples, insensible à la bonté, n'ayant d'admiration que pour la force brutale qui opprime.

La porte Sud du fort s'ouvrait devant eux. Un piquet de soldats arrêta les Français; mais, après quelques pourparlers, on les laissa entrer sous la garde de plusieurs réguliers et on les conduisit ainsi jusqu'à une cahute ronde située au centre des ouvrages défensifs.

Les planchettes à titres appuyées contre les parois de cette construction désignaient celle-ci comme la demeure du Gouverneur militaire Hueu, Bouton de Corail du Fils du Ciel, honoré de la casque jaune et de la plume de paon.

Un court arrêt eut lieu, puis la porte s'ouvrit et les envoyés des amiraux furent introduits dans une salle basse, où un homme, étendu sur des coussins, fumait voluptueusement une pipe à fourneau minuscule, à long tuyau d'ambre et d'argent.

Ce personnage ne daigna pas se déranger. Il regarda sournoisement les visiteurs, puis d'un ton dolent :

– Lourde est ma charge. Jamais de repos favorable aux distractions aimables de l'esprit. Enfin, les dieux en ont décidé ainsi, ils sont les maîtres et je me prosterne devant leur sagesse.

Puis, coupant court à son homélie, le Chinois continua :

– Je suis le mandarin Hueu, sur qui le Ciel fixe son

regard bienveillant; on me dit que vous venez de la mer pour m'entretenir. Je consens à vous entendre parler.

Il est impossible de rendre l'impertinence du ton, de l'attitude du Gouverneur.

Ce haut dignitaire était sûrement persuadé, comme le dernier de ses soldats, de l'impuissance absolue de l'Europe à combattre l'Empire du Milieu.

Il ne se donnait même pas la peine de voiler son dédain sous les arabesques de la civilité chinoise.

Loret en avait fait la remarque : aussi répondit-il d'un ton tranchant :

— En effet, j'ai à t'entretenir et je souhaite pour toi que ton esprit soit capable de prévoir le sens de ma communication. Mais un parlementaire de mon importance ne saurait deviser debout.

Sur ce, il prit un siège et s'assit.

Cigale s'empressa de l'imiter. Il s'installa même avec une telle ardeur de protestation que le choc du siège de bois et du fond de son pantalon de toile lui arracha une grimace de douleur.

Cependant Hueu, surpris de la fermeté de René, s'était soulevé à demi sur ses coussins. Il considérait le diplomate avec une expression de visage qui se traduisait clairement ainsi : Cet homme ne jouit pas de sa raison.

Mais Loret, sans paraître remarquer ce changement d'attitude, reprenait :

— Les Légations européennes de Péking, les Concessions de Tien-Tsin, tu le sais sans doute, ne peuvent plus communiquer avec la côte.

— En effet, en effet, répliqua le mandarin d'un ton léger.

— Eh bien, cette situation doit cesser.

— Cesser?...

— Et de suite, car nous voulons que cela soit.

— Vous voulez, répéta Hueu en se dressant cette fois. Vous voulez... Qu'est la volonté de l'homme?... Une vapeur légère, une essence volatile dont la brise se joue.

— Notre poudre de guerre, riposta le diplomate d'un ton sec, ne donne pas même une fumée légère et cependant elle envoie à seize kilomètres des obus qui auraient bientôt réduit ce fort en poussière.

Du coup, le mandarin posa les pieds à terre et resta assis, les yeux agrandis par une stupeur croissante :

– Les navires d'Europe auraient-ils l'intention d'attaquer ? murmura-t-il.

– Non, car ils espèrent que vous entendrez la voix de la raison.

– Que dit cette voix ?

– Ceci. La route du Pei-Ho doit être libre, afin que les flottes alliées puissent communiquer sans obstacle avec les détachements qui opèrent dans l'intérieur du pays.

– N'est-elle donc pas libre ? s'écria hypocritement Hueu en levant les bras au ciel.

– Elle ne l'est pas. Vous avez des canons, des obus, des soldats dont le nombre augmente sans cesse... D'un instant à l'autre, les Boxers du prince Tuan pousseront une pointe de ce côté, et, alors, l'entrée de la rivière sera barrée.

– Que puis-je contre des suppositions ?...

– Très vraisemblables, convenez-en... Vous pouvez faire que ces prévisions pessimistes ne se réalisent pas.

– Comment cela ?

– En abandonnant les forts de Takou, forts du Nord-Ouest, du Sud et ouvrages intermédiaires, à la garde des compagnies de débarquement des escadres alliées.

– Abandonner les retranchements dont l'Empereur m'a confié la défense !

Et le mandarin, jouant l'indignation, se leva.

– Je ne saurais consentir à pareille chose, acheva-t-il comme suffoqué par l'audace de la proposition.

Loret haussa les épaules. Il avait trop vécu parmi les Chinois pour être dupe de la feinte colère du Gouverneur.

– Vous êtes libre de refuser, seulement laissez-moi vous dire ce qui arrivera.

– Epargnez-moi les menaces. Vous ouvririez le feu contre mes troupes, n'est-ce pas ?

– Vous nous y aurez contraints.

– Et vous pensez m'effrayer? Retournez vers ceux qui vous ont dicté vos paroles. Dites-leur que Hueu se rit de leurs obus, que les invincibles phalanges du Fils du Ciel ont aussi des armes crachant la mort au loin. Dites-leur qu'à chacun des projectiles lancés contre nous, dix projectiles répondront, et que de vos jonques de guerre il ne restera bientôt plus que des débris flottant à la cime des vagues. Allez, j'ai dit.

D'un coup sec appliqué sur la surface polie d'un gong, le mandarin rappela les soldats qui avaient escorté les Français et, entourés de ces gardiens, ceux-ci furent ramenés à la porte du fort.

Le sort en était jeté. Les prédications incendiaires des affiliés aux Boxers, des courtisans de Tuan avaient surchauffé les cervelles chinoises. Positivement, les chefs militaires se croyaient à l'abri de la défaite, et si la vieille Terre Fleurie pouvait être galvanisée, le prince Tuan était le chef rêvé.

Les jeunes gens regagnant la côte se disaient cela, et leur retour à bord de la canonnière *Lion*, le récit de leur entrevue avec Hueu allaient être le signal de la conflagration dont nul n'était en mesure de prévenir le résultat.

Pensifs, Loret et Cigale reprirent place dans le canot qui les attendait.

A la vue de leurs visages assombris, les matelots hochèrent la tête et se dirent entre eux, avec cette insouciance de la race gauloise :

– Eh! vieux! paraît que l'on va se cogner.

Puis ils rirent silencieusement, dédaigneux de l'adversaire, et, sur l'ordre du patron, plongèrent leurs rames dans l'eau.

La nuit était claire. A quelques encablures, une masse noire se balance sur les vagues. C'est la canonnière qui, elle aussi, attend. Des minutes rapides s'écoulent, martelées par le choc des pales sur les flots.

– La barre à bâbord... encore... toute!

Et le canot évolue, décrit un arc de cercle et vient s'arrêter au pied de l'échelle de la coupée.

René et son ami gravissent les échelons. Sur le pont,

un officier les arrête. C'est le lieutenant de vaisseau Frot, commandant du *Lion*, qui demande :

– Eh bien ?

Loret répond en étendant les bras, en avançant les lèvres pour un « peuh » qui accuse l'insuccès de sa démarche.

L'officier, lui, ne voit là que matière à réjouissance. Il court à ses subordonnés groupés à l'arrière :

– Messieurs, annonce-t-il, le bal est commandé. Tout en retournant au *Rossia*, faites préparer l'orchestre. Les gros bateaux seront retenus au large, ils calent trop; c'est nous, l'escadre légère, à faible tirant d'eau, qui conduirons la danse.

Et tous les visages s'illuminent. Chacun se précipite à son poste de combat. Des ordres brefs froufroutent dans l'air, mettant en mouvement les groupes de matelots.

Le petit navire prend l'apparence d'une ruche au travail. Les canons sont débarrassés de leurs gaines, démuselés, comme disent les loustics.

Sapristi, la main démange à tous ces braves gens. Si le commandant Frot faisait un signe, la poignée de marins qui montent le *Lion* engagerait l'action.

Mais lui, lui sur qui tous les yeux sont fixés, regarde au loin, là où brillent, ainsi que des étoiles, les fanaux du *Rossia*.

On est à mi-route.

Soudain, la côte laissée en arrière semble s'embraser, des détonations emplissent l'atmosphère de grondements sinistres et des corps lourds, tels des bolides. s'engouffrent en ronflant dans les eaux. Ce sont les obus des forts de Takou qui canonnent le navire français qui porte des parlementaires.

. . . .

A la même heure, dans l'une des chambres du palais du Gouverneur de Tien-Tsin, établi au centre de la Ville Close, Roseau-Fleuri pleurait.

L'avant-veille, encore sous le coup de sa scène violente avec Loret, désespérée qu'il n'eût pas répondu à sa missive éplorée, à l'envoi de l'éventail protecteur, elle avait exprimé sa douleur en présence du prince Tuan et de ses fidèles : Tong-Fou-Siang, général des armées de la province des Kan-Sou, et Kang-Yi, grand secrétaire d'Etat.

Ce dernier était arrivé de Péking dans la journée, envoyé par l'Impératrice Douairière à laquelle il devait rapporter des nouvelles, et il était accompagné de sous-ordres non moins acharnés que lui-même à l'extermination des Européens, dont les noms signifient : Incendie, Vol, Violence, Assassinat.

C'étaient Lipring-Hong, ancien gouverneur de Chan-Toung, révoqué naguère sous la pression du Gouvernement allemand, lors de l'occupation par celui-ci de la ville et de la baie de Kiao-Tchéou.

C'était le prince Lan, frère de Tuan, et enfin le prince Tchouang, le grand recruteur des Boxers.

Dans la plainte de la jeune fille, ces hommes cruels n'avaient vu qu'un prétexte à verser du sang.

Des bandes de coquins avaient été lancées à la poursuite de la jonque emportant vers Takou les messagers des Légations. Au milieu de la journée qui venait de s'écouler, les drôles étaient venus, annonçant l'incendie du navire, le massacre ou la capture de ceux qui le montaient.

La princesse avait couru à la prison où l'on avait enfermé les captifs enchaînés.

Loret n'était pas parmi eux.

Figurait-il donc au nombre des morts ?

Oh non ! Cela n'était pas possible. Les Bouddhas bienveillants n'avaient pu vouloir la frapper aussi cruellement, elle, jeune fille qui les honorait.

Et puis un doute terrible la saisit. Ces prêtres venus d'Occident, ces prêtres qui avaient refusé orgueilleusement un autel dans le Panthéon des Dix Mille Bouddhas pour leur dieu, leur Charist, disaient-ils vrai, lorsqu'ils prétendaient que celui-ci était plus grand, plus puissant que tous les autres ?

Et si cela était, à quoi lui servait, à elle, Roseau-Fleuri, d'avoir brûlé l'encens, offert les sacrifices dans les temples chinois ? Charist pouvait la punir sans difficulté de n'avoir pas reconnu sa toute-puissance.

La lutte des croyances martelait son cerveau. Des mots, jadis prononcés par Loret, s'y traçaient en lettres de feu : Charité, Dévouement, Oubli de soi-même.

Par moments, elle applaudissait au meurtre des bateliers coupables d'avoir entraîné le Français loin d'elle. Puis elle les plaignait, se lamentait sur le sang versé, qui peut-être était retombé sur le front de son fiancé.

Elle supportait toutes les tortures morales naissant d'une éducation atavique aux prises avec une philosophie encore embryonnaire.

Dans l'après-midi, un Boxer, soucieux de se montrer zélé aux yeux de la favorite de Tsou-Hsi, vint lui raconter qu'aucun Européen ne se trouvait à bord de la jonque détruite.

Alors ce fut autre chose. Loret vivait; elle était folle d'avoir cru le contraire. N'avait-il pas en sa possession l'éventail dont la vue eût écarté de lui les armes des Boxers ?

Vivant, libre, il n'était pas accouru à elle.

Il la haïssait donc? Il n'avait donc aucune pitié des souffrances qu'elle subissait à cause de lui ?

Et son effroi religieux se transformait en tempête féminine : rage de fiancée dédaignée, supplications de femme dont la tristesse étreint le cœur.

Elle n'était plus entièrement chinoise d'esprit; elle n'était pas encore européenne. De là dans sa pensée un trouble vertigineux, une blessure lancinante, un affolement traversé par des éclairs de raison.

En vain le lettré Liang, toujours souriant et sceptique, avait tenté de l'apaiser au moyen des sophismes de la dialectique chinoise.

La philosophie que la princesse admirait naguère lui avait paru vide, creuse; d'autres formules elle sentait le besoin, et ces formules pressenties, non devinées, ne s'offraient pas à sa pensée.

Voilà pourquoi, colère et douloureuse, Roseau-Fleuri pleurait, enfermée dans sa chambre, au centre de la Ville Close.

XII

LE CANON

Les détonations se succèdent sans relâche; les obus ronflent en l'air, s'abattent lourdement dans l'eau qui rejaillit en fusées liquides autour de la canonnière *Lion*.

Mais, impassible sous l'averse de feu, le lieutenant de vaisseau Frot interdit à ses marins de riposter. On ne commencera le feu que sur l'ordre du commandant en chef des escadres.

Et Cigale s'irrite contre la discipline admirable qui dicte sa résolution au vaillant officier.

Soudain un halètement de vapeur se fait entendre en avant.

Qu'est-ce ? On n'aperçoit aucune lumière, pourtant le bruit continue. Il y a là, noyée dans la nuit, une embarcation.

– Stop! ordonne le lieutenant Frot.

L'hélice du *Lion* cesse de battre les flots. La canonnière, emportée par la vitesse acquise, glisse silencieusement sur son erre.

Elle s'ancre, bercée à la houle. Tous sont penchés sur le bastingage, cherchant à percer les ténèbres.

Le son se rapproche. L'ombre s'ouvre ainsi qu'un rideau que l'on écarte, et l'on distingue une, puis deux chaloupes à vapeur, remorquant des canots remplis d'hommes armés.

– Les compagnies de débarquement, murmure Frot. On va attaquer les forts chinois.

Une même commotion secoue tous les assistants. On va attaquer ces hommes jaunes dont le canon fait rage, l'équipage du *Lion* est attaché à bord. Il ne sera pas de la partie.

C'est un désappointement terrible. Les matelots se regardent, des lueurs fauves dans leurs yeux. Ils mâchonnent, les lèvres serrées :

– Et nous ? et nous ?

Plus haut que les autres, Cigale gronde :

– Et nous ? Quoi... la main me démange, moi !

Mais dans le silence une voix s'élève :

– Ohé ! du *Lion*.

Frot répond aussitôt :

– J'écoute.

– Eteignez les fanaux qui servent de point de mire à l'ennemi.

Le lieutenant fait un signe. Les marins se précipitent, les lumières s'éteignent.

– Bien, reprend la voix. Restez où vous êtes, et au signal du vaisseau amiral, fusée rouge, ouvrez le feu sur le fort du Nord.

Les visages s'éclairent, les mains calleuses se frottent avec satisfaction. On va donc rendre aux Chinois « la monnaie de leur pièce ».

– Les pruneaux de leurs pièces, rectifie Cigale que la joie porte aux calembours.

Et tout à coup, il a une inspiration. Il court au lieutenant de vaisseau :

– Commandant !

– Vous désirez ?

– Aller là-bas, à l'assaut des Chinois... Je prendrai le fusil du premier qui « avalera sa gaffe ».

Le Parisien prie, tout son être exprime le désir de la bataille, il est beau d'héroïsme inconscient. Malgré lui, M. Frot subit l'ascendant de ce jeune courage. Il hèle les chaloupes.

– Ohé ! pouvez-vous prendre...

– Deux hommes, interrompt Loret... les messagers des Légations qui souhaitent combattre avec vous.

La réponse se fait attendre un instant. Elle parvient enfin aux oreilles anxieuses des passagers du *Lion*.

– Envoyez les volontaires; ils représenteront la France parmi nous.

C'est vrai. Les contingents français ne sont pas encore arrivés en face de Takou. Les troupes d'assaut, 958 hommes, se décomposent ainsi : 308 Japonais, 150 Russes, 200 Allemands et 300 Anglais.

Dans la lutte prochaine, Cigale et Loret seront l'armée de terre, le *Lion* sera la marine de France.

Vite un canot est mis à l'eau; les jeunes gens y descendent et, cinq minutes après, ils sautent dans une embarcation déjà surchargée de matelots russes qui se serrent pour leur faire place.

Et les chaloupes se remettent en marche; la petite flottille défile devant le *Lion*; sur le pont de la canonnière l'équipage pousse des hourras.

– Au revoir, bonne chance!

Puis on s'éloigne. Le navire français se perd dans la nuit.

Côte à côte, le diplomate et Cigale regardent en avant dans la direction où est la terre.

Ils cherchent à distinguer la côte... inutilement du reste. Le silence, l'obscurité planent sur les eaux.

L'artillerie chinoise s'est tue. Les éclairs des coups de feu, qui tout à l'heure encore indiquaient la position du rivage, manquent maintenant. Sur l'onde noire, les bateaux sombres glissent dans un cercle de nuit. C'est une navigation de fantômes et d'aveugles.

Les hommes, impressionnés par l'obscurité épaisse qui les enserre, ne parlent pas. Seul le bruit de la vapeur fusant par les tuyaux des remorqueurs se fait entendre, respiration de cette flottille de guerre, bourdonnement de cette petite armée marchant au danger.

Et tout à coup, après une demi-heure de mutisme fatigant, les langues se délient. Des chuchotements, des exclamations jaillissent des groupes, arrêtés aussitôt par la voix impérative des officiers.

– Silence!

A deux encablures se profilait la côte.

Les remorqueurs ralentirent leur allure, avançant prudemment à la sonde. Bientôt le fond manqua.

Des ordres brefs passèrent et les marins se jetèrent à l'eau qui leur montait à la ceinture : élevant leurs armes au-dessus de leurs têtes, ils atteignaient la terre ferme et se formaient en colonne par nationalités.

Les deux volontaires suivirent les Russes.

La colonne avait débarqué à Tang-Kou, au nord de Takou. Sur un commandement transmis à voix basse par les officiers, la petite armée s'ébranla bientôt et vint se mettre en position de chaque côté de la route parallèle à la côte, qui relie ce dernier port à celui de Paï-Tong, « marais septentrional ».

Sans doute un signal fut fait, car soudain l'horizon s'embrasa.

Les canonnières alliées : *Koriets, Ghiliak, Bobr, Algerive, Iltis* et *Lion,* bombardaient à leur tour le fort, qui tout à l'heure avait commencé les hostilités.

Celui-ci riposta. La hauteur qu'il dominait se couronna d'une ceinture d'éclairs. Au loin, de l'autre côté du Pei-Ho, le fort du Sud se mit en action et les colères humaines se fondirent en un orage d'explosions ininterrompues.

Immobiles, attendant l'heure de donner l'assaut suprême, les troupes de débarquement regardaient.

Ce duel d'artillerie dura longtemps. Et brusquement une gerbe de feu s'éleva au-dessus du fort du Sud, le sol trembla, une explosion, dont la violence dépassa celle de toutes les autres, ébranla l'atmosphère.

Une poudrière venait de sauter.

Et presque au même moment les batteries de la redoute du Nord, bouleversées par les obus, étaient réduites au silence.

Il était quatre heures et demie du matin.

Le jour venait. Au loin, on apercevait les canonnières embossées.

Certaines semblaient avoir souffert. L'*Iltis*, la *Ghiliak*, le *Koriets* naviguaient lourdement, leur cale remplie d'eau ayant subi des avaries nombreuses.

C'était à la colonne de débarquement à donner à son tour. D'un coup elle se met en mouvement.

La fusillade crépite de toutes parts. Les balles sifflent, des hommes tombent. Cigale a dit vrai : il ramasse le fusil d'un mort, lui enlève ses cartouches. Il est ivre de poudre, il court, entraînant à sa suite les Russes électrisés.

Japonais, Anglais, Allemands se ruent à l'envi vers les retranchements chinois.

Le commandant Pohl, de la marine allcmande,

allonge ses longues jambes. Il a rejoint le Parisien, il veut le dépasser.

Plus grand que son concurrent, il va réussir, mais il butte et tombe.

C'est un caillou, pense-t-il, qui a roulé sous son pied. Erreur, Cigale lui fait un croc-en-jambe et a déterminé sa chute.

C'est que le brave garçon veut fouler le premier les retranchements ennemis. Deux Français seulement font partie de la colonne; l'un des deux entrera avant tout le monde dans le fort enlevé d'assaut.

Cette idée l'hypnotise. Il lui semble que l'honneur de la France est engagé à ce qu'il réussisse.

Une balle ricoche auprès de lui, lui érafle le front. Au choc, il chancelle, ses genoux plient jusqu'à terre; mais il se relève et, furieux, aveuglé par le sang qui coule jusque dans ses yeux, il repart, escalade les talus de terre, se rue sur l'étendard du dragon vert flottant au sommet de l'escarpement, l'arrache et roule à terre évanoui, à bout de forces, enroulé dans l'emblème qu'il vient de conquérir.

Ce fut pour lui, comme pour les marins de la canonnière *Lion*, que l'amiral Ildebrandt, commandant en chef de l'escadre russe devant Takou, écrivit le lendemain à l'amiral Courrejolles :

« Monsieur l'Amiral,

« Le capitaine de vaisseau Dobrovolski, qui commandait la colonne de canonnières pendant le bombardement de Takou, me fait un rapport sur la vaillante conduite du lieutenant de vaisseau Frot et de MM. les officiers et hommes de la canonnière *Lion*, qui ont fait preuve d'un rare courage et de bonne discipline pendant tout l'engagement.

« Je me fais un plaisir d'être l'interprète de ses sentiments élogieux auprès de Votre Excellence, et je n'ai pas besoin de vous dire que nous partageons la joie de voir la fraternité de nos armes consacrée par une si brillante épreuve.

« *Signé :* ILDEBRANDT. »

Ce jour-là même, l'amiral Courrejolles mandait auprès de lui Loret et Cigale, déjà remis de sa légère blessure.

Après les compliments mérités à leur bravoure, il leur posait cette question :

– Que puis-je faire pour vous ?

Et tous deux répondirent d'une seule voix :

– Nous permettre de retourner à Péking, apprendre à nos amis le succès des armes alliées...

– Et partager leur sort si nous arrivons trop tard, acheva l'amiral d'une voix émue.

Ils s'inclinèrent silencieusement.

– Allez donc, mes braves, et que ma poignée de main vous dise tout ce que je ne saurais exprimer.

Les mains des trois hommes se serrèrent nerveusement, étreinte éloquente de vaillants qui sentent la mort sur eux, qui pensent à la fois les deux vocables d'espoir et de désespérance :

– Au revoir !... Adieu !...

FIN DE LA PREMIÈRE PARTIE

DEUXIÈME PARTIE

LE SIÈGE DES LÉGATIONS

I

DEUX CROIX
ET UN MASQUE DE PORCELAINE

– Il n'y a pas à dire : Mon bel ami, il faut déboulonner les Chinois, gronda Cigale.

– Il faudrait, dit d'un ton songeur Loret agenouillé auprès de lui derrière un pan de mur.

Tous deux avaient le fusil à la main.

En arrière se dressaient les bâtiments à demi détruits des Concessions européennes de Tien-Tsin. En avant une digue large de 15 mètres à peine, longue d'environ 800, traversait des terrains en contrebas, inondés par des pluies récentes et parsemés de ruines. Au delà le terrain s'élevait et les faubourgs s'étageaient jusqu'aux murailles de la Villc Close.

Là-bas les maisons étaient garnies de réguliers chinois, l'œil aux aguets, prêts à couvrir la digue de projectiles si les troupes alliées tentaient l'assaut de la cité chinoise.

Car un combat terrible se préparait pour la délivrance de Tien-Tsin, pour la marche en avant sur Péking.

Arrivés de Takou depuis une semaine, les deux amis s'étaient présentés aussitôt chez M. du Chaylard.

Le Consul général de France avait écouté avec intérêt

le récit de la bataille qui avait déblayé le cours inférieur de la Rivière Blanche, mais il s'était obstinément refusé à permettre aux jeunes gens de quitter Tien-Tsin.

— Vous n'arriveriez pas à Péking, leur avait-il dit. Depuis votre passage ici, la situation a bien changé. Les Concessions ne sont que des décombres et, tout autour de nous, des milliers d'yeux soupçonneux guettent nos moindres mouvements. A peine hors de nos barricades, vous seriez signalés, arrêtés. Autoriser votre départ serait vous envoyer à une mort certaine, sans profit pour personne. Deux braves comme vous doivent être conservés à leur pays; aussi je vous prie, au besoin je vous ordonne, en ma qualité de représentant de la France, de ne pas vous éloigner.

Et Cigale protestant :

— Attendez quelques jours. Des renforts nous arrivent maintenant par le fleuve. Avant peu nous pourrons passer à l'offensive. Tien-Tsin enlevé aux Chinois, je vous promets de ne plus m'opposer à votre départ.

Force avait été aux aventureux jeunes gens de s'incliner.

Une semaine interminable avait commencé pour eux. Chaque matin, Cigale se rendait au quai, s'enquérait du nombre des soldats arrivés à Takou; puis il rentrait la figure longue, maugréant :

— Ce n'est pas encore pour aujourd'hui.

Il était connu dans tout le corps expéditionnaire.

Occupant son impatience en vaines démarches pour presser l'attaque, il allait du général Stoessel, commandant les forces russes, aux chefs des détachements japonais, allemand, anglais, américain.

Et quand on lui avait répondu dans toutes les langues :

— Impossible, unmoglich, varia, notro, unable...
il se tournait, en désespoir de cause, vers les officiers français, poursuivant de ses doléances rageuses le colonel de Pélacot, chef du contingent de Gaule et ses subordonnés, le lieutenant-colonel Ytasse, les commandants Brenot, Roux, Feldmann, les capitaines Poch, Verdant, Martin Pailleus, Genty, etc.

Partout il recevait le même conseil :

– Attendez !

Attendre ! Ah ! le Parisien en avait assez, et l'on ne saurait prévoir à quelles résolutions extrêmes il se serait porté, si les commandants alliés n'avaient enfin décidé d'attaquer le cercle de troupes chinoises qui enfermait les Concessions.

La bataille durait depuis trois jours.

Commencée sur la rive gauche du fleuve Pei-Ho, près de la gare de Tien-Tsin, elle continuait de ce côté, où étaient engagés les bataillons russes, le contingent allemand et une batterie française.

Maintenant la lutte allait s'étendre sur la rive droite, où les détachements français, japonais, anglais et américains, devaient emporter de concert la Ville Close.

En première ligne Cigale et Loret, abrités derrière leur mur, les poches gonflées de cartouches, considéraient de leurs yeux étincelants ces murailles qu'il fallait enlever d'assaut pour qu'ils fussent libres de rejoindre à Péking les assiégés des Légations, d'aller là-bas chercher la mort auprès du Ministre de France.

Tout près, des officiers tenaient conseil.

Le colonel de Pélacot, le général japonais, les officiers anglais et américains discutaient.

Les deux premiers opinaient pour lancer des troupes sur la digue, arriver dans la partie des faubourgs voisine de la muraille. Une fois là, le canon ouvrirait aisément la brèche et l'opération serait terminée.

Les Anglais et Américains, plus prudents, s'opposaient à cette manœuvre hardie.

– On perdrait beaucoup de monde ainsi.

– Moins qu'en demeurant inactifs, interrompit vivement le Japonais.

– C'est de la témérité !

– Eh ! messieurs, fit impatiemment de Pélacot. Officiers, vous devez le savoir, il est des moments où la témérité devient de la prudence.

Mais la race saxonne est entêtée; de plus, elle n'a pas l'élan qui caractérise les gens de France ou du Japon, ces gens qui devraient s'aimer, se soutenir partout, car ils ont des natures semblables, et la discussion menaçait de s'éterniser.

Soudain la voix railleuse de Cigale s'éleva :

– C'est pourtant pas malin de traverser cette digue ! Regardez donc. De distance en distance il y a des cahutes qui semblent mises là exprès pour servir d'abri.

C'était vrai. Cinq à six masures formaient deux groupes partageant l'espace découvert en trois tronçons.

Le colonel de Pélacot sourit :

– Ah ! c'est vous.

– Oui, mon colonel.

– Vous trouvez la chose faisable; vous n'êtes pas soldat cependant.

– Bon... je suis français et parisien encore.

Les Saxons écoutaient d'un air gourmé, froissés évidemment que ce jeune homme, à l'allure excentrique, se permît d'émettre un avis en leur présence.

– Savez-vous ce que je ferais, mon colonel ? reprit Cigale avec un clignement d'yeux expressif.

– Je serais charmé de l'apprendre.

– Eh bien ! Je mettrais les gens prudents en réserve, et avec les autres, je prendrais la ville.

– Aoh ! grommela l'officier britannique.

– I guess, gronda son collègue américain.

Le Parisien éclata de rire, et se levant d'un mouvement brusque :

– Au surplus, je vais vous attendre. Je pense bien que vous ne me permettrez pas d'emporter la ville tout seul.

Avant que M. de Pélacot eût pu répondre, le jeune homme s'était élancé en courant sur la digue.

Trois cents mètres le séparaient des premières cabanes. Un quart de la distance fut parcourue sans encombre.

Evidemment les Chinois, réguliers et boxers, retranchés dans les faubourgs, s'étonnaient de voir un homme seul faire mine de foncer sur eux.

Mais la surprise dura peu et une grêle de balles siffla aux oreilles du courageux garçon.

Il eût dû être atteint mille fois; mais de même que l'on dit : il y a un dieu pour les ivrognes ! il est permis de croire qu'un Dieu existe aussi qui veille sur les vaillants.

Une fois aux cabanes, le jeune homme souleva son casque en signe de triomphe, puis il se mit à tirailler contre les ennemis.

Les soldats français et japonais ont les yeux fixés sur leurs chefs. On sent que tous brûlent du désir d'imiter la prouesse de l'enfant de Paris.

Le général du Mikado échange un regard avec M. de Pélacot.

– Hein ! colonel ?

– Oui, général.

Cela suffit. Les deux hommes se sont compris. M. de Pélacot lève son sabre.

– En avant ! crient les capitaines.

Et, par échelon, les troupes d'infanterie de marine se précipitent sur la digue.

Les Japonais suivent sans hésiter, partie sur le chemin surélevé, partie dans les terrains inondés qui le bordent.

Alors une fusillade épouvantable part des faubourgs occupés par les Chinois. Du haut des remparts de la Ville Close les canons tonnent, vomissant des obus qui éclatent au milieu des tirailleurs alliés.

Mais les batteries françaises ouvrent le feu, couvrant l'ennemi de projectiles à balles.

C'est un vacarme assourdissant; des hommes tombent avec des cris d'agonie; les autres bondissent pardessus les cadavres.

Les assaillants franco-japonais ont atteint les premières masures sur la digue.

En dix minutes, ils s'y sont établis et ripostent au feu des ennemis.

Puis de nouveau retentit le cri : « En avant ! »

Et la course folle recommence, danse macabre de la mort, dont l'artillerie, la mousqueterie rythment les figures.

Beaucoup de ces braves sont restés en arrière, les uns tués sur le coup, les autres blessés seulement; ceux-ci étendus à terre, dans une mare de sang toujours élargie, usent leurs suprêmes forces à regarder là-bas, où leurs camarades chargent.

Les deux tiers de l'espace découvert sont franchis.

Cigale et Loret qui, durant la marche en avant, n'ont cessé d'être côte à côte, se serrent la main.

L'attaque va bien. Ils ont la joie de prisonniers courant à la liberté, car la ville prise, M. du Chaylard le leur a promis, ils pourront se rendre à Péking.

Que leur importent les balles, les obus; ils n'y songent même pas, aveuglés par une seule idée : aller partager le sort des malheureux Européens enfermés dans les Légations.

– En avant!

Ce cri sonne pour la troisième fois.

Comme une troupe de démons, les soldats d'infanterie de marine, les fantassins du Japon, bondissent sur la digue.

En vain, un feu meurtrier les décime, en vain les canons de la Ville Close font rage; rien ne brise leur élan; rien ne les arrête.

C'est un ouragan humain qui se rue sur les faubourgs de Tien-Tsin.

Les voici à hauteur des premières maisons, des barricades édifiées par les soldats du prince Tuan.

– A la baïonnette!

Un cliquetis sinistre d'acier répond à cet ordre répété par les officiers, les sergents.

Français et Japonais rivalisent d'entrain, la *furia francese* est aussi *japonese*.

En désordre, terrifiés, éperdus, les Chinois abandonnent la ligne de défense qu'ils occupaient. Ils se replient sur la ville, poursuivis, la baïonnette dans les reins, par les vaillants qui ne se préoccupent ni du nombre ni du danger.

Soudain deux pièces de campagne, dissimulées derrière une réserve de réguliers chinois, se démasquent.

Cigale et Loret ont à peine le temps de se jeter à terre. Un coup de tonnerre éclate, une tempête de mitraille passe au-dessus d'eux, éraflant les murailles, s'enfonçant avec un son mat dans les chairs.

La surprise cause une minute d'indécision.

Et brusquement le Parisien a un cri :

– Tuan, le prince Tuan !

C'est vrai. Là-bas, auprès des canons que les artilleurs « célestiaux » rechargent précipitamment, le chef des Boxers, monté sur un cheval bai, désigne la digue de la main.

On n'entend pas ses paroles, mais son geste est clair. Il veut que l'on balaie la route sur laquelle s'avancent les soutiens, la réserve.

Son frère Lan pointe une pièce.

Tous deux sont calmes. Ils ont le même profil d'aigle, le même regard dur et métallique, la même impassibilité sauvage et grandiose.

Les jeunes gens ne peuvent s'empêcher de les admirer.

Ah ! ces deux-là sont bien de la grande race guerrière des Mongols ; de cette race dont les migrations ont bouleversé l'Asie, ont fait trembler l'Europe. Ils ne connaissent pas la peur, et au milieu de la panique de leurs soldats, entourés d'une garde d'élite, ils préparent le coup imprévu qui peut ramener la victoire.

– Vite, en joue ! s'écrie Cigale.

Loret ne demande pas d'explication. La pensée de son ami lui apparaît. Il faut frapper Tuan, décapiter ainsi l'insurrection.

La crosse à l'épaule, tous deux visent.

Mais les canons sont chargés, prêts à couvrir la digue de projectiles... les Français se pressent involontairement.

Pan ! pan ! deux détonations, deux sifflements dans l'air... Tuan n'a pas bougé, l'heure de son trépas n'a pas encore sonné à l'horloge de l'éternité. Cependant une sorte d'intuition l'avertit que les projectiles qui viennent de faire vibrer l'air à ses oreilles ne sont point des balles lancées par des fusils indifférents.

Il se penche sur l'encolure de son cheval, il regarde, aperçoit les jeunes gens qui, debout, ne songeant pas à se cacher, constatent avec colère l'inefficacité de leur tir.

Un sourire contracte les traits du prince. Il a reconnu les anciens prisonniers de la Ville Interdite.

Des mots brefs font frissonner son entourage. De nouveau les canons tonnent, et quand les Français, qui se sont jetés derrière une maison, reviennent après l'explosion à leur poste d'observation, Tuan et Lan ont disparu, les canons, attelés de mules, s'enfoncent au galop dans une ruelle latérale, et le groupe de soldats, qui entourait les chefs boxers, s'est éclipsé.

Que signifie cela ? Pourquoi cette retraite précipitée ?

Un bourdonnement confus de voix, le sol qui tremble sous des pas nombreux les incitent à se retourner.

Les soutiens ont rejoint le premier échelon d'assaut. Les troupes alliées s'avancent, occupant les maisons, les jardins.

A travers les murailles éventrées, les enclos ravagés, soldats, officiers courent. On s'arrête de loin en loin pour diriger un feu nourri sur les parties des faubourgs encore au pouvoir des ennemis, puis un bond en avant permet de gagner 50 mètres.

– En avant ! en avant !

Les petits troupiers japonais, dont la figure pleine s'anime au feu de la bataille d'un rire satisfait, répètent le cri de France :

– En avant !

Ils échangent des regards ravis avec les « Marsouins ». Ils ont l'air d'exprimer : Hein ? votre mot : En avant ! nous savons aussi ce qu'il veut dire.

Un instant le colonel de Pélacot se montre. Il accompagne deux obusiers avec leurs caissons sur lesquels se cramponnent les servants.

De la main, il désigne la porte principale de la Ville Close.

Un hourra enthousiaste s'élève des rangs des combattants, domine le fracas de la fusillade.

Les « pioupious » ont compris. Le colonel se prépare à ouvrir la brèche.

Un dernier effort porte la ligne des tirailleurs à l'extrême limite des faubourgs. La cité murée est en face d'eux, dressant la ligne noire de ses fortifications, renforcées de 40 en 40 mètres par des tours massives, du haut desquelles tombe une averse incessante de projectiles.

Et les pièces amenées par le colonel prennent position derrière un remblai qui les cache entièrement; leur voix grave se mêle à la note aiguë de la mousqueterie.

Mais bientôt un bruit se répand parmi les soldats. Les artilleurs n'ont que des obus à balles, insuffisants pour faire brèche.

Et le soir approche. Il faudra attendre au lendemain pour s'emparer de la ville, afin de pouvoir dans la nuit amener des Concessions des obus chargés à la mélinite.

C'est une rage aveugle que cause la nouvelle.

Quelques exaltés, suivant Cigale affolé de colère, Loret qui ne veut pas abandonner son ami, se ruent inconsidérément sur la porte que couvre une demi-lune de terre et de maçonnerie.

Tentative folle, que des cerveaux surexcités par une lutte acharnée sont seuls capables de concevoir.

Essoufflés, ils viennent se heurter contre le retranchement. Et tout à coup des milliers de balles sifflent autour d'eux, jetant sur le sol le plus grand nombre; une trombe de cavaliers sortis on ne sait d'où passe au milieu des survivants.

Cigale aperçoit confusément Loret se débattant aux mains de deux des assaillants. Il veut courir à son secours, il n'en a pas le temps. Un coup violent l'étourdit, le renverse évanoui.

Et devant les soldats impuissants à venger leurs camarades, victimes de leur généreuse ardeur, les cavaliers s'engouffrent dans l'enceinte de la Ville Close et disparaissent, emmenant des prisonniers, parmi lesquels René Loret.

. . . .

Cigale avait bien vu. Deux cavaliers mandchous, aux proportions athlétiques, avaient combiné leurs efforts pour isoler le diplomate de ses compagnons. Puis, s'élançant de chaque côté du jeune homme, ils l'avaient saisi, chacun par un bras, et l'enlevant de terre comme ils eussent fait d'un enfant, ils l'avaient emporté au galop dans la ville.

Ahuri, incapable de résister, René franchit ainsi la

voûte de la porte principale et se trouva à l'intérieur de la muraille.

Là, les gardiens lui lièrent les mains, les jambes; quand il fut entièrement ficelé, dans l'impossibilité de faire un mouvement, l'un des cavaliers le jeta en travers de sa selle.

Dans cet équipage, on parcourut plusieurs ruelles sinueuses, sales, de la cité chinoise; l'on s'arrêta enfin devant un yamen assez spacieux.

Des hommes en guenilles remplissaient les cours. Cette foule accueillit le prisonnier par des hurlements. Noirs de poudre, sanglants, hideux, tous avaient pris part au combat. La rage de la défaite exaltait leurs instincts cruels; Loret eût été déchiré séance tenante si les gardiens ne l'avaient protégé.

– Prisonnier de Tuan, disaient-ils en écartant les plus acharnés de la pointe de leurs sabres.

Les Boxers hésitaient devant ce nom redoutable et les cavaliers profitaient de leur indécision pour pousser plus avant.

Enfin on atteignit un pavillon isolé, autour duquel campaient, dans le jardin ravagé, une cinquantaine de soldats portant le même uniforme que les gardiens du captif.

Ce dernier y fut enfermé et put s'abandonner à ses réflexions.

Elles n'avaient rien de folâtre. Prisonnier de Tuan, les paroles des Mandchous ne lui laissaient aucun doute à cet égard, il devinait qu'il était réservé à un effroyable supplice. Lui seul paierait l'échec des armes chinoises. Il serait la victime expiatoire que les barbares immoleraient pour se rendre leurs dieux propices.

L'attente de la mort ne trouble pas les courageux; mais la crainte de la souffrance abat les plus vaillants.

Mourir foudroyé par la décapitation, la fusillade, la pendaison, n'est rien. C'est une minute d'agonie morale à passer et puis tout est fini; mais songer que, durant de longues heures, on appellera la mort comme une libératrice, que la chair torturée, le corps couvert de plaies saignantes, on subira, suprême douleur, l'ironie féroce de ses bourreaux, c'est subir mille fois le trépas,

S'ÉLANÇANT DE CHAQUE CÔTÉ DU JEUNE HOMME, ILS L'AVAIENT SAISI.

c'est l'agonie multipliée par l'infini de la souffrance nerveuse.

René se souvenait du petit matelot de France, que Cigale et lui avaient sauvé sur la route de Péking à Tien-Tsin. Il se rappelait l'oraison funèbre prononcée par le Parisien en face du cadavre :

– Bah! une balle dans la tête, c'est peu de chose auprès de ce qui l'attendait!

Aujourd'hui, il aurait sollicité avec ardeur cette balle qui l'eût arraché à la torture.

Et Roseau-Fleuri?

Comme un trait de flamme, le souvenir de la jolie Chinoise traversa son esprit. Une larme roula sur les joues du captif. Du fond de son être monta un bouillonnement; à ses oreilles bourdonnèrent des pensées confuses, et, tout à coup, il lui parut épouvantable de quitter la vie qu'il eût pu consacrer à la jeune fille. Des sentiments imprécis, qui jusqu'alors avaient échappé à son analyse, se fondaient en une affirmation déchirante :

« Malgré la différence de nos races, de nos âmes, elle eût été l'épouse incomparable. J'ai été bête et cruel de résister au bonheur où me conviait sa voix. Le temps, la douceur, la tendresse n'auraient-ils pas été les maîtres qui eussent façonné son cerveau? »

Puis l'image de M. Pichon, des compagnons de la Légation française se présentant à lui, il murmurait :

– Non, je dois mourir, pour qu'ils ne m'accusent pas de trahison. Peut-être déjà sont-ils dans l'autre monde. Ils m'y attendent. Je dois aller à eux et leur dire : Me voici, j'ai tout tenté pour vous dérober au trépas, je n'ai pas réussi. Aussi, je suis mort comme vous.

Un tumulte confus arracha Loret à ses méditations; des piétinements, des froissements d'acier résonnaient au-dehors.

La porte de sa prison fut ouverte brutalement. Ses gardiens entrèrent. L'un d'eux le chargea sur ses épaules et l'on quitta le pavillon.

De nouveau le diplomate fut jeté sur un cheval; les Mandchous, escortés par les cavaliers qui bivouaquaient dans le jardin, lors de leur arrivée, sortirent du yamen.

Dans les rues sombres, la troupe s'avança silencieuse. Une foule armée grouillait entre les maisons. Elle s'écartait pour livrer passage aux gardes du prince Tuan et se refermait derrière eux. Un silence menaçant planait sur la ville, troublé parfois par des cris de douleur, des imprécations, des cliquetis d'acier.

Le cortège gagna la porte de l'Ouest, traversa les faubourgs et s'engagea sur la digue élevée entre les plaines basses qu'inonde le Pei-Ho à l'époque des grandes eaux. Le chemin était encombré de piétons, de cavaliers, d'artillerie, tout cela mêlé, confondu dans le désordre d'une déroute : des détachements pressés de dépasser cette cohue coupaient à travers champs, barbotant dans les marais. Une réflexion attrista Loret :

« Les Chinois évacuent Tien-Tsin. Au jour, les drapeaux alliés flotteront sur les vieux remparts. Les vainqueurs pousseront des vivats d'allégresse et ils n'entendront pas mes cris d'agonie qui leur répondront peut-être au même instant. »

Le prisonnier devinait juste.

Tuan avait compris que ses troupes, démoralisées par la vigueur de l'attaque des Européens, n'opposeraient pas une résistance efficace, même à l'abri des murailles de la Ville Close.

Il fallait reformer les bataillons, les enflammer par de prédications incendiaires, avant de les ramener au combat. Aussi avait-il donné l'ordre de la retraite. On se retrancherait plus à l'Ouest, sur la route de Péking, où des réserves considérables étaient rassemblées. La partie pouvait encore être gagnée. Le nombre pouvait triompher du courage, de la discipline.

La tête basse, le front soucieux, l'œil plus dur, la bouche plus amère, Tuan chevauchait au milieu de son armée en retraite, regardant l'avenir avec l'âpre tristesse de ceux chez qui la confiance chancelle.

Ainsi Napoléon revint-il de Waterloo, écoutant au loin les détonations de l'artillerie anglaise qui fauchait sa dernière garde, qui anéantissait sa dernière espérance, son suprême rêve de gloire.

Tuan précédait ses Mandchous de quelque cent mètres. En un point où la digue écroulée rendait le passage plus difficile, le prince dut s'arrêter une minute. Les cavaliers le rejoignirent et Loret l'aperçut.

Le jeune homme fut frappé de la grandeur sauvage que conservait Tuan dans la défaite.

Tels devaient être Gengis-Khan, Attila, Tamerlan, Koubi laï-Khan, lorsque la fortune leur était contraire.

Même tactique également. La fuite vers la terre mongole aux immenses steppes herbeuses, où croissent côte à côte les hommes, les chevaux, pépinière d'armées d'invasion sans cesse renouvelées.

Et René avait la perception nette que le prince ne se soumcttrait jamais. L'Ouest inconnu, avec ses prairies sans bornes, s'ouvrirait à sa fuite. Il se tiendrait là, à l'affût, rassemblant des bataillons, prêt à fondre sur les Européens à la moindre occasion favorable. Il était la tête et l'âme du soulèvement chinois. Lui vivant, la paix ne serait jamais assurée.

Cependant l'escorte allait toujours. Dans l'ombre on traversait des villages, des hameaux, dont les habitants se tenaient prudemment enfermés chez eux.

Maintenant on avait quitté la route de Péking. On traversait un pays que Loret ne connaissait pas.

Le jour vint; vers dix heures, on fit halte dans le village de Hoang-Héou-Tien – rizière du Lac Jaune –, situé au centre du damier de levées et de champs en déblais dans lesquels croissaient, les pieds dans l'eau, les tiges pressées du riz.

Jeté brutalement dans une cabane malpropre, Loret fut pris d'un lourd sommeil.

Les fatigues de la journée précédente, de la nuit, le défaut de nourriture avaient épuisé ses forces. Les cordes passées à ses poignets, à ses chevilles, s'étaient resserrées sous l'influence de l'humidité. Elles entraient dans les chairs, gênant la circulation.

Le jeune homme crut entendre vaguement une canonnade lointaine; c'était l'artillerie alliée qui pratiquait la brèche dans les murailles de Tien-Tsin, mais la pensée flottante ne se fixa point et il perdit la notion du monde extérieur.

Des secousses brutales le rappelèrent à la réalité.

Il ouvrit les yeux. Des Mandchous en armes remplissaient sa prison. Deux d'entre eux le saisirent par les épaules et le mirent sur ses pieds. Ses jambes engourdies plièrent sous lui; il fût infailliblement tombé, si les soldats ne l'avaient soutenu.

– Déliez-lui les jambes, ordonna un mandarin. Il ne s'échappera pas, ce Diable Etranger, et du moins vous ne serez pas obligés à le porter ainsi qu'un objet précieux.

L'ordre fut exécuté, puis René, poussé au-dehors, fut entraîné vers une place octogonale qu'entouraient des colonnettes de cinq à six mètres de hauteur, colonnettes propitiatoires élevées aux dieux ou aux ancêtres, qui portaient trois, cinq, sept toits superposés.

Trois, cinq, sept, chiffres impairs, chiffres heureux au dire des Chinois, pour qui les pairs sont néfastes et de mauvais augure.

Auprès de la plus importante de ces constructions, une sorte d'estrade était dressée, recouverte d'étoffes rouges, encadrée de bannières empourprées sur lesquelles, au souffle du vent, des dragons noirs semblaient dérouler leurs anneaux.

Avec un serrement de cœur, le jeune homme reconnut, assis sur le plateau surélevé, Tuan, son frère Lan, des chefs boxers aux jaquettes écarlates. Il ne pouvait se tromper à cet appareil... Il était devant un tribunal qui allait décider de son sort.

Mais cette certitude, qui eût terrassé un esprit moins vaillant, lui rendit toute son énergie. En une seconde, fatigue, faiblesse s'envolèrent. Le diplomate redressa sa taille, appela le mépris dans ses yeux, et dédaigneux, hautain, il se plaça en face du prince. L'orgueil de bien mourir survivait seul en lui.

Cependant il considérait Tuan avec surprise. Celui-ci n'était plus le courtisan aux vêtements de soie, qui naguère banquetait à la droite de l'Impératrice.

Il portait la cuirasse d'acier, à écailles, des anciens conquérants mandchous, la courte jupe de mailles de cuivre, les jambières, les brassards; sur son front volontaire, jetant une ombre autour de ses yeux perçants, reposait le casque à crinière en chimère des guerriers mongols. Toute la barbarie des invasions antiques revivait en cet homme étrange, entourant de la défroque asiatique son profil de César.

Cependant une foule compacte formait le cercle autour des juges, du prisonnier.

Soldats réguliers des Huit Bannières, contingents du Kan-Sou, Boxers, artilleurs, fantassins, lamas thibétains ou du Nord, Mongols, Turkmènes de l'Ouest se coudoyaient, se pressaient, chacun essayant, dans une lutte silencieuse et hypocrite, d'atteindre les premiers rangs. Les respirations sifflaient, des jurons proférés à mi-voix grondaient. On eût dit une meute de loups prêts à se ruer sur la proie convoitée.

Tuan se leva.

Aussitôt un profond silence plana sur l'assistance. Les contestations cessèrent, tous attendirent dans une immobilité figée ce que le généralissime allait dire.

« Frères, amis, unis dans une haine commune de la domination étrangère, écoutez ceci. »

Son accent était calme. Rien en lui ne rappelait les terribles émotions qu'il avait dû éprouver pendant la nuit.

« Les lamas vénérés, continua le prince, consultèrent les dix mille Bouddhas. Ils obtinrent d'eux que les braves, s'engageant dans la croisade contre les Diables Etrangers, deviendraient invulnérables. »

Un murmure fugitif s'éleva, Tuan l'apaisa d'un signe :

« Pourtant, en dépit de ces promesses, beaucoup sont tombés sous les balles de nos ennemis maudits. Des femmes, des enfants pleurent dans les yamens et dans les chaumières, les voiles blancs du deuil s'étendent sur la Chine. Il semble que nous sommes vaincus ! »

Sa voix se faisait morne, désolée, pour dire ces choses lugubres, et la foule courbait le front.

Brusquement, l'accent de Tuan changea :

« Les épreuves, s'écria-t-il, font les hommes plus forts, ainsi l'a écrit Confucius. Les dieux ont voulu porter à leur paroxysme l'amour de l'indépendance, le désir de se venger. Certes, les missionnaires ont offert des sacrifices à leur bouddha Charist, pour diminuer notre valeur, pour nous faire tomber sous les coups des barbares; mais ce n'est point là ce qui nous a vaincus. Le coupable, le seul, est celui que vous voyez garrotté devant vous. »

Un rugissement répondit à cette accusation.

« Il sera puni; soyez paisibles, frères, et la victoire, un instant infidèle, reviendra sous nos bannières. »

La foule trépignait. Le discours de Tuan, conçu dans le goût chinois le plus pur, électrisait les fanatiques.

« J'ai dit, acheva le prince. A présent, que le silence règne. Le tribunal va entrer en séance. »

Tout se tut.

Le chef boxer promena sur l'assistance un regard satisfait. Il était content de voir que son influence sur les masses n'était pas ébranlée; dans son cerveau dominateur renaissait l'espérance de la revanche.

Mais son visage reprit son apparence glaciale; la flamme de ses yeux s'éteignit s'adressant à Loret :

– Ton nom?

Loret se raidit ainsi que l'athlète engageant le combat :

– Loret. Un nom qui signifie : Loyauté, comme le tien signifie : Mensonge.

Les soldats murmurèrent. Tuan leva la main; les lèvres irritées se fermèrent.

– Je comprends le but de ton insolence, fit-il d'un ton railleur. Tu espères me tirer de mon calme, m'amener à te frapper d'un coup mortel. Tu te trompes, rien ne me contraindra à t'épargner le supplice nécessaire à la satisfaction des dieux. Sois donc poli, tu le peux. Reste élégant quoique barbare. Montre que ceux de ta nation ne sont pas seulement braves lorsqu'ils ont des fusils et des canons.

Le diplomate haussa les épaules.

– Tu es du pays des Francs, n'est-ce pas?

– Oui.

– Est-on donc si malheureux en cette contrée, le riz y est-il si rare et le ciel si peu clément, que tu aies quitté la terre de tes ancêtres pour venir dérober aux fils de Han une part de leur air, de leur nourriture, de leur bonheur ?

Des sourires détendirent les traits des auditeurs. Ah ! Tuan savait bien traduire les pensées secrètes des foules.

– Tu n'espères pas, répliqua René, que je réponde à cette question ridicule, faite non pour moi, mais pour les êtres stupides et ignorants qui nous écoutent.

Des cris, des sifflets accueillirent cette insulte. Mais, de même qu'un instant plus tôt, un signe du prince apaisa l'orage.

– Est-ce ton dieu Charist qui te pousse à la grossièreté ?

– Il n'est pas besoin d'un dieu pour cela... le mépris suffit.

– Tu méprises donc tes supérieurs ?

– Qui désignes-tu ainsi, prince ?

– Moi.

– En ce cas, tu te trompes. Un supérieur me dominerait; or, mon esprit a besoin de se baisser pour se mettre à ta hauteur.

Cette fois, l'ironie avait touché juste. Tuan rougit légèrement, ses sourcils se froncèrent et d'une voix frémissante :

– Prends garde !

– A quoi ? Ne m'as-tu pas averti que j'étais destiné au supplice ? Que puis-je craindre de plus ?

L'impassibilité du jeune homme impressionna les spectateurs. Telle est la puissance du vrai courage, que les fanatiques eux-mêmes sont incapables de s'y soustraire.

Le chef boxer voulut ressaisir l'avantage.

– Si l'on t'offrait la vie sauve, tu changerais de langage, car tu es lâche comme tous les barbares.

Loret eut un éclat de rire nerveux :

– Lâche ! tu prononces ce mot qui te soufflette.

– Qu'oses-tu dire ?

– La vérité !

Et se retournant vers la foule, René cria :

– Répondez, vous autres. Lequel est lâche, de celui

qui, environné de soldats, insulte un captif, ou du captif qui, les mains garrottées, brave cet homme ?

Une houle se produisit dans l'assistance. Devant le regard flamboyant du Franc, les yeux se baissaient. A sa hautaine interrogation, chacun sentait passer en soi la réponse de justice et de vérité.

– Tu es un rhéteur, s'écria vivement le prince; tu excelles dans les joutes de la parole, tels nos lettrés qui ont proscrit le noble métier des armes; nos lettrés qui ont chassé la vaillance, qui se cachent dans leurs palais alors que nous affrontons le danger. Je dédaigne ces vains succès et j'ai tenu à le montrer à tous, afin que jamais aucun de mes soldats ne me confonde avec les philosophes à phrases creuses.

Ridicule était la sortie. Cependant elle produisit l'effet désiré. Un revirement se marqua dans la foule abrutie qui entourait le tribunal.

Reprocher à un homme de manier la parole avec art réussit toujours en face des ignorants.

Loret sentit l'inutilité d'une plus longue discussion :

– Soit ! Tu ne sais pas parler;... alors montre que tu sais agir. Ordonne mon supplice. La mort aura du moins cet avantage de m'enlever le déplaisir de te voir.

Tuan eut un geste violent. Un instant, René put croire qu'il allait exaucer sa prière; mais le chef boxer se calma, redevint froid.

– Tu auras satisfaction avant peu, déclara-t-il de sa voix sèche. Auparavant je souhaite démontrer à mes fidèles que ton sacrifice sera agréable aux dieux.

– Démontre, général de bourreaux, démontre.

– A l'aide de philtres inconnus, tu as troublé la pensée de la favorite de notre trois fois aimée Impératrice Tsou-Hsi.

– De Roseau-Fleuri !

Ce nom s'échappa des lèvres de Loret sans qu'il pût le retenir. Son cœur se prit à battre avec violence. Ah ! Tuan était plus cruel encore qu'on ne l'imaginait. Il avait deviné l'état d'âme de son prisonnier, et il lui infligeait la suprême tristesse du doux souvenir de la jeune fille.

– Oui, Roseau-Fleuri, répéta le Boxer avec une intonation triomphante, Roseau-Fleuri dont tu as dérobé le cœur; Roseau-Fleuri dont l'esprit est sans cesse auprès de toi. Rends la liberté à son âme, détruis les effets funestes du philtre enchanté...; et la torture te sera épargnée. Une mort brève punira doucement ton crime.

La foule rugit :

– Rends la liberté à son âme... Rends-lui la liberté.

La superstition chinoise exaspérait les spectateurs. Tuan avait été adroit en l'appelant à son aide. L'incompréhensible est encore ce que croient le mieux comprendre les masses, qu'elle soient chinoises ou européennes.

Les menaces se croisaient dans l'air, les poings se tendaient vers le captif; une poussée amena les premiers rangs à quelques pas de lui.

Allait-il être déchiré par ces brutes affolées ?

Non. L'organe métallique de Tuan domina le bruit :

– Silence. A vos places !

Et tels des moutons obéissant à l'aboiement du chien qui les garde, les fanatiques reculèrent, les braillards se turent.

Sévèrement le prince poursuivit :

– Vous oubliez que ce prisonnier doit être immolé aux dieux, que la longue torture du barbare peut seule les apaiser.

Tous baissèrent la tête ainsi que des enfants pris en faute.

– Au reste, l'expiation ne tardera pas. Loret, qu'as-tu à dire pour ta défense ?

Le diplomate demeura immobile, comme s'il n'avait pas entendu.

– Rien, conclut Tuan : alors, voici ma sentence. Cet homme sera attaché au poteau des suppliciés et exposé à la vue de tous. Lorsque le soleil descendra vers l'horizon occidental, le diable étranger sera cloué sur une croix ainsi que le dieu Charist qu'adorent les barbares. Ainsi, ajouta-t-il avec une sinistre ironie, il sera assuré d'une bonne réception dans le ciel de ce dieu. Les fils de Han sont tolérants en cette circonstance comme en toutes.

La foule applaudit.

Des soldats se ruèrent sur René, l'entraînèrent vers une solive rouge, fichée en terre devant une des colonnes votives et l'y attachèrent.

Dans la bousculade, son dolman blanc s'ouvrit et l'éventail de Roseau-Fleuri, l'éventail au Poing Fermé, que le captif portait dans sa poche intérieure, tomba à terre.

Il y eut parmi les Boxers un mouvement de recul.

Quiconque possédait un éventail semblable devait être sacré. C'était le sauf-conduit admis par les fanatiques.

Mais Tuan s'approcha, ramassa le fragile objet et durement :

– De qui tiens-tu ceci? Parle, afin que celui,... ou celle,... qui nous a trahis soit voué aux supplices.

Dire la vérité eût été condamner la princesse. René garda le silence.

– Tu te tais. Tu l'as donc dérobé?

Doucement, le diplomate répondit :

– Oui.

Et une joie l'envahit. Il venait d'écarter le danger de la jolie tête de celle qui avait été sa fiancée.

Dévouement! Oubli de soi-même!... Ces mots qu'il enseignait naguère à la jeune fille chantèrent à ses oreilles. Avant de mourir, il était heureux de racheter ainsi la tristesse que sa raison l'avait obligé d'imposer à la chère absente. Son abnégation lui assurait déjà sa récompense.

Mais soudain un voile s'épandit sur ses yeux, un cri rauque s'échappa de sa gorge.

Dans le cercle de Boxers, une femme venait d'entrer, soucieuse, éplorée...; il avait reconnu Roseau-Fleuri elle-même.

Devant la princesse, favorite de Tsou-Hsi, les barbares avaient ouvert leurs rangs.

Elle venait vers Tuan, avec un sourire contraint. On sentait les larmes prêtes à jaillir de ses yeux, mais sa volonté, trahie par un pli profond qui barrait son front, les refoulait.

– Salut, Tuan, dit-elle. Je te remercie d'avoir pris cet esclave qui a fui de ma demeure. Je vais l'emmener à Péking, où il recevra le châtiment mérité de son escapade.

Sa voix tremblait. Elle jouait la comédie de la gaieté, mais son cœur était en deuil,... et elle tentait une démarche hasardeuse pour sauver le Français.

– J'ai appris tout à l'heure ton exploit, reprit la princesse. Mon oncle Liang fait diligence vers Péking pour renseigner l'Impératrice, dont la bonté s'est intéressée à mes ennuis de maîtresse de maison. C'est elle qui décidera de la punition du fugitif. Livre-le-moi, mes serviteurs attendent ici près. Ils l'escorteront jusqu'aux Palais Interdits.

Elle s'arrêta. Tuan la considérait avec un mauvais rire :

– Je ne puis te rendre ce Franc, il est condamné.

– Condamné ? Mais il m'appartient.

– Il appartient surtout aux Boxers qu'il a combattus à Tien-Tsin.

– Tuan ! supplia la malheureuse enfant d'un accent déchirant.

Il l'interrompit durement :

– Remercie-moi de te sauver, en le sacrifiant.

Et tirant de sa casaque l'éventail enlevé tout à l'heure à René :

– Ce sauf-conduit était entre ses mains, ou bien quelqu'un le lui a donné, et ce quelqu'un doit périr du même supplice que lui... Veux-tu être crucifiée ?

– Non, non, balbutia Roseau-Fleuri épouvantée.

Elle leva les yeux vers Loret, et abaissa aussitôt ses paupières. Elle avait honte de l'abandonner, mais l'épouvante de la souffrance était trop grande, elle ne se sentait pas la force de mourir.

– Ou bien, continua flegmatiquement le chef boxer, il a volé cet emblème de la société sainte du Poing Fermé, et il doit disparaître, ainsi que l'ont souhaité les lamas assemblés par moi.

Elle eut un gémissement sourd.

– Il vivra jusqu'au soleil couchant. Tu es libre de demeurer auprès du barbare; songe, en face de cet homme, au mal qu'il t'a fait, aux maux que lui et les siens déchaînent sur l'Empire du Milieu. Alors ta raison se dégagera des nuages qui l'obscurcissent. Tu comprendras que j'ai statué selon la sagesse. Délivrée d'un rêve avilissant, tu redeviendras celle que Tsou-Hsi aimait justement, la fleur des Palais Impériaux, le joyau précieux de la Ville Interdite.

Et lentement, sa cuirasse bruissant à chaque pas avec un cliquetis lugubre, le prince Tuan s'éloigna.

Des gardes furent placés en sentinelles autour du poteau d'exposition, ménageant un large espace libre, dans lequel la foule n'était pas admise à pénétrer.

Dans cet espace, deux êtres se trouvaient en présence, pour qui commençait le plus affreux martyre moral : Loret, Roseau-Fleuri.

Elle tenta de s'approcher de lui;... mais ses pieds semblaient rivés au sol. Elle eut un geste d'impuissance, s'accroupit à terre, le visage dans les mains, les coudes appuyés sur les genoux repliés, et elle se mit à sangloter.

Lui, la regardait, livide; de ses yeux agrandis par l'horreur, de grosses larmes coulaient une à une, roulaient sur ses joues blêmes, venaient se perdre dans sa moustache.

Le tête-à-tête tragique parut bientôt intolérable au condamné. Il avait besoin de toutes ses forces pour mourir avec courage, puisqu'un trépas vaillant était le seul hommage qu'il pût offrir à la patrie.

Se raidissant dans un suprême effort de volonté, contraignant sa voix à ne pas trembler :

— Eloigne-toi, dit-il, éloigne-toi, Roseau-Fleuri. A l'heure où je n'appartiens déjà plus à la terre, à l'heure où l'on ne ment pas, je te le déclare, mon âme est toute à toi. Pars, jeune fille, emporte la foi en mes dernières paroles, crois que je disparaîtrai heureux de t'avoir préservée du supplice.

La princesse avait relevé la tête. Elle le considérait, le regard fixe, la poitrine haletante, les lèvres entrouvertes comme pour boire les mots de tendresse de l'ultime adieu.

Mais elle ne bougea pas, et Loret insistant :

— Pars, ne laisse pas aux fanatiques qui nous entourent la joie sauvage de comprendre ta pensée.

Elle répondit d'un ton déchirant :

– Pourquoi ne m'as-tu pas accusée ?

– Accusée, toi ?

– Oui, je t'ai donné l'éventail qui devait te protéger, tu ne l'as pas dérobé.

– En disant cela, je t'entraînais dans la mort.

– Je t'aurais remercié. Je n'ai pas le courage, moi toute seule, d'appeler le supplice, et cependant je ne veux pas vivre séparée de toi.

– Ne parle pas ainsi.

– Pourquoi ? La vérité m'aveugle de ses rayons. Aie pitié de ma faiblesse. Tu es un homme, un Franc, fils d'une race qui ne connaît pas la crainte. Aie pitié, sois brave pour nous deux... Accuse-moi.

Un tremblement convulsif secouait son corps gracieux et, de même que si les infortunés n'avaient eu qu'une âme, René se sentait agité de longs frissons qui faisaient heurter sa chair contre le bois du poteau.

– Tais-toi, Roseau-Fleuri, tais-toi. Ta voix aimée brise en moi toute vaillance. Laisse-moi mourir en fils de France.

– Mourir ! redit-elle en se soulevant à demi. Tu parles de mourir... Tu ne comprends donc pas que c'est la séparation sans fin, c'est ta voix muette à jamais, tes yeux éteints, la terre se refermant sur toi.

– Si, ma fiancée, si, je le comprends.

– C'est la défense pour moi de te revoir; c'est l'agonie de mon existence captive d'un souvenir, c'est la mort versée goutte à goutte, durant des mois, des années... et cela sans la ressource du suicide.

Elle se tordit les mains :

– Le suicide. Je n'oserai jamais... je suis lâche;... puis, si les lamas, les bonzes ne nous trompaient pas, si les Bouddhas Bienveillants détournaient leur face de ceux qui ne savent pas supporter l'existence donnée par eux... Non, je ne saurai pas abréger la séparation par le trépas volontaire. Il faut que tu m'accuses, que la déesse des sépultures, aux grandes ailes blanches, nous emporte tous deux dans ses bras décharnés.

Pauvre petite Roseau-Fleuri ! Son doux visage se crispait d'épouvante et du désir de la fin.

Loret secoua douloureusement la tête. Il était incapable de prononcer une syllabe.

– Tu refuses ? bégaya-t-elle.

Et lui, s'obstinant dans le silence.

– Tu refuses ? reprit la princesse. Tu veux seul partir au pays des ancêtres ?

Il ne répondit pas encore :

– Et moi ? et moi ? gémit-elle avec une explosion de larmes, tu m'abandonneras.

Puis nerveusement, en phrases hachées par les sanglots, désolée et superbe, héroïque et tremblante :

– Que parlais-tu de charité, de dévouement, d'oubli de soi-même. Ces mots sont donc vides de sens que tu n'aies pas pitié de moi, que tu songes seulement à mourir orgueilleux sans un regret apparent de la vie. Ce n'est donc pas vrai ? Ton âme européenne ne connaît pas ces sentiments que je m'efforçais de comprendre...

Elle joignit les mains :

– Non, je ne veux pas te blesser... Je crois en toutes les choses que tu aimes... Mais je te supplie, je te demande prosternée devant toi : charité, dévouement, oubli de toi-même. Rejette ton orgueil de guerrier, abaisse ton regard sur moi; dis-toi que tu ne peux m'exiler sur la terre, alors que tu t'en vas avec mon esprit.

Elle implorait, les paupières baissées. Soudain, elle les releva et la voix expira sur ses lèvres. Loret semblait prêt à perdre connaissance. La tête renversée en arrière, les joues d'un ton de cire, il respirait difficilement.

A cette vue, Roseau-Fleuri oublia tout. Ses pieds se détachèrent du sol, elle courut au jeune homme :

– Tu souffres, doux ami de Jade, tu souffres par ma faute. Pardonne ! oh ! pardonne !

Il eut un regard d'une indicible tendresse :

– Excuse ma faiblesse, murmura-t-il. Je n'ai rien mangé depuis hier et la fatigue a été grande.

– Il a faim, dit la princesse avec égarement.

Mais son accent changea aussitôt :

– Tant mieux. Affaibli, la souffrance sera abrégée.

Il fit non du geste :

– Quoi ? Que veux-tu dire ?

– Qu'il me faut prendre quelque nourriture, prononça Loret avec effort.

– Ce serait retrouver ta vigueur pour être torturé plus longtemps.

– Il le faut, balbutia le jeune homme. Quand la chair souffre, l'esprit doit être plus fort; il perd sa vigueur dans un corps débile.

Elle répéta, pensant qu'il n'avait pas entendu :

– Ce sera la torture plus longue.

René eut un triste sourire :

– Je le sais, mais je dois à ma Patrie de mourir la tête haute. L'honneur m'en fait un devoir. C'est une victoire morale de montrer à la lâche populace, rassemblée autour de nous, qu'un Franc ne craint pas la mort. Ma fiancée, mon honneur est le tien, il t'appartient de m'aider à le défendre. Rends-moi les forces dont j'ai besoin pour finir en brave.

Il avait proféré ces paroles avec un accent de commandement irrésistible.

Roseau-Fleuri ne protesta pas. Elle courba le front, essuya ses larmes, et résignée, servante volontaire du condamné, elle dit :

– Je vais te chercher à manger.

A petits pas elle traversa le cercle, se glissa entre les factionnaires et disparut dans la foule, suivie par le regard du Français.

Celui-ci éprouvait un sentiment effroyable et infiniment tendre.

Dans quelques instants le signal de son supplice serait donné. Les plus horribles imaginations des bourreaux chinois s'exerceraient sur lui, le faisant entrer tout vivant dans la mort.

Et à cette heure sombre, il comprenait que l'abîme, qu'autrefois il supposait exister entre son âme et celle de la mignonne princesse, était à peine un minuscule fossé que l'affection eût comblé sans peine.

Sa raison s'était trompée, comme elle se trompe toujours en face de l'affection. La raison est bornée en effet et la tendresse est infinie.

Il eut un éblouissement. Roseau-Fleuri revenait.

La jeune fille était tranformée; la tête droite, le pas assuré, elle s'avançait vers lui, portant sur l'épaule, dans l'attitude gracieuse d'une Hébé, un vase de terre à long col, que soutenait sa main gauche. Dans la droite, elle serrait l'anse d'un récipient vernissé.

Silencieuse elle s'approcha; avec des précautions maternelles, elle avança le goulot de l'amphore vers les lèvres du captif garrotté.

Il but avidement, s'interrompit pour murmurer ce seul mot :

– Merci! merci!

Nul autre ne se présentait à sa pensée, mais l'accent pénétrant dont il était prononcé lui donnait une éloquence intraduisible.

Elle souriait, elle, maintenant. Quand René eut bu, elle puisa, dans le vase vernissé, de la viande, du riz, qu'elle porta à la bouche de son fiancé, à l'aide de bâtonnets d'ivoire.

Les Boxers, massés en arrière des sentinelles, applaudirent.

La princesse ne détourna pas la tête, mais elle dit :

– Ils voient que tu manges. Ils se réjouissent... Chaque bouchée leur promet quelques minutes de torture de plus.

René inclina le chef pour exprimer que cela ne lui échappait point.

Et elle continua de manœuvrer adroitement les bâtonnets d'ivoire.

– Merci, Roseau-Fleuri, fit-il encore, grâce à toi je finirai dignement. Sois bénie, dans le monde d'au-delà, où tout ce qui sépare sur la terre n'existe plus, j'attendrai ma fiancée.

De nouveau un sourire énigmatique flotta sur la bouche pâlie de la jeune fille.

Posant vase et amphore par terre, elle s'assit les jambes repliées sous elle, à deux pas du condamné, et elle resta là, sans mouvement, sans voix, la vie n'étant trahie chez elle que par l'éclat fiévreux de ses yeux fixés sur lui, comme si avant la séparation éternelle elle voulait graver son image en son cerveau, afin de poursuivre à jamais le rêve interrompu par la mort.

Isolés par leur tendresse, ils ne voyaient plus les gardes farouches, la cohue barbare, attendant le spectacle de sang. Ils ne voyaient plus le soleil, dont le disque embrasé descendait vers l'horizon de l'ouest, dépassant, sur son orbe immuable, les heures, les minutes, les secondes d'existence encore accordées au prisonnier.

Mais une acclamation formidable ébranle l'atmosphère; les corbeaux, perchés sur les toits des cabanes, sur le faîte des colonnes votives, qui attendent la curée que leur instinct a devinée prochaine, s'envolent effrayés, planent en tournoyant au-dessus de la foule, avec de lugubres croassements.

Ce bruit, ce mouvement tirèrent les jeunes gens de leur contemplation. Que se passait-il donc ?

La réponse à cette question anxieuse se présenta devant eux. Le prince Tuan, escorté des lamas aux robes rouges, prenait place sur l'estrade du tribunal.

L'heure de mourir était venue.

Mais tandis que Loret, en dépit de ses liens, se redressait fièrement pour braver une dernière fois ses bourreaux, Roseau-Fleuri s'écrasa contre terre avec un cri déchirant.

Elle tremblait éperdument; tout son corps était agité de sursauts, ses dents claquaient avec un bruit de castagnettes.

René ouvrit la bouche pour encourager l'infortunée; il n'eut pas le temps de parler.

Brusquement, hagarde, les cheveux épars, la princesse se releva, et courant devant l'estrade, d'une voix déchirante, surhumaine, qui fut entendue même des derniers rangs de l'assistance, elle clama :

– Je dois périr avec lui... C'est moi, Roseau-Fleuri, favorite de l'Impératrice, qui lui ai livré l'éventail du Poing Fermé !

Un cri d'angoisse répondit à cet aveu, Loret l'avait poussé... Loret qui venait de comprendre que la jeune fille se perdait pour ne pas lui survivre.

Mais une clameur rugissante couvrit sa voix. Les Boxers, les soldats hurlaient avec fureur :

– A mort ! à mort !

Tuan essaya de rétablir le silence; cette fois, son autorité fut méconnue. Plus sonores, plus farouches, retentirent les menaçantes paroles :

– A mort ! à mort !

Les lamas se levèrent; le plus élevé en dignité s'avança vers Tuan :

– Celle qui a trahi notre cause, dit-il, doit périr du même supplice que celui qui a bénéficié de la trahison.

Le peuple n'entendit pas, mais il devina l'arrêt, et une tempête d'acclamations joyeuses l'accueillit.

Tuan sentit qu'il devait céder. Un instant, il avait songé à faire conduire la jeune fille auprès de la Douairière Tsou-Hsi; mais résister à la volonté populaire eût été dangereux, impolitique, au lendemain d'une défaite.

Il s'inclina devant le lama :

– Qu'il soit fait ainsi que ta sagesse en a décidé.

Alors, la force factice qui avait soutenu Roseau-Fleuri l'abandonna. Elle revint à Loret, s'agenouilla auprès de lui et l'enlaçant de ses bras :

– J'ai voulu mourir avec toi;... mais j'ai peur,... j'ai peur... Toi, mon maître, verse-moi le courage.

Terrifié, il ne pouvait faire ce qu'elle demandait. Son cœur se déchirait à la pensée du dévouement inutile de la gémissante enfant.

Ah ! pourquoi avait-elle dit cela ? Pourquoi lui avait-elle infligé cette douleur, plus grande que toutes les autres, de la voir pleurer, puis hurler d'effroi et de souffrance sous les coups des tortionnaires ?

Ceux-ci se mettaient déjà à la besogne. Côte à côte ils couchaient deux croix grossièrement façonnées. Les fiancés allaient être crucifiés.

II

DE CHARYBDE EN SCYLLA

Le spectacle sanglant est proche. Les bourreaux détachent Loret, repoussent brutalement Roseau-Fleuri qui essaie de se cramponner à lui. Tous deux sont traînés devant les croix.

Autour d'eux un vacarme assourdissant. Les fanatiques Boxers éructent des imprécations, des railleries macabres, des injures sans nom.

Sur les épaules de Loret, des mains lourdes s'appuient, courbant le jeune homme vers l'instrument de supplice, où il doit rendre le dernier soupir.

Mais tout à coup, la pression brutale cesse. Les vociférations prennent fin, un silence morne leur succède.

Une chose inexplicable se passe.

Les spectateurs n'ont plus les yeux fixés sur eux; ils sont tournés vers l'Est, d'où s'avance un murmure grossissant de seconde en seconde. La lente mélopée des chants des lamaseries bourdonne au-dessus des têtes inclinées.

Les lamas du tribunal eux-mêmes se sont levés. Du haut de l'estrade ils dominent la foule; leur attitude exprime l'étonnement, l'attente.

Bientôt, les premiers rangs de curieux, qui masquent encore le lointain aux captifs, s'écartent. On se prosterne, on psalmodie des prières. Et dans l'espace laissé libre, avenue triomphale que bordent des fanatiques agenouillés, Loret, Roseau-Fleuri aperçoivent un être étrange qui s'avance sans se presser, d'un pas ondulant.

Avec sa tunique longue, rouge bordée de jaune, son masque de porcelaine enluminé de carmin, on dirait une poupée animée. Ce personnage approche toujours; il entre dans le cercle gardé par les guerriers de Tuan, il passe au milieu des bourreaux qui, abandonnant maillets, clous, accessoires de torture, se jettent le front dans la poussière.

Les lamas se prosternent à leur tour en murmurant :

– Le Boudhha Vivant de la Ville Interdite. Le Bouddha Vivant !

Tuan lui-même reconnaît la tenue adoptée par celui qu'il plaça jadis auprès de l'Impératrice Douairière, cet allié que le vœu de rester muet avait désigné à l'adoration des foules.

– Le Bouddha Vivant !... Nô, dit-il à mi-voix.

Nô ne s'occupe ni du prince, ni des prêtres, ni de la populace. Il vient aux captifs, les prend par la main, les entraîne vers l'estrade; puis, étendant ses paumes au-dessus de leurs têtes en signe de protection, il demeure immobile, attendant.

Si tout autre agissait ainsi, l'assistance le déchirerait; mais les volontés d'un Bouddha Vivant ne se discutent pas.

Son geste était clair. Il voulait la vie des prisonniers. Nul n'éleva une protestation.

Mimant ses désirs, Nô réclama trois chevaux, on les lui amena. Il obligea les condamnés à sauter en selle, lui-même se jucha sur l'un des coursiers : on le laissa faire. Du doigt, il désigna l'Ouest, direction de Péking, indiquant ainsi qu'il souhaitait aller de ce côté, et la foule s'écarta de lui.

Alors, précédant les captifs, il traversa les flots pressés du peuple. Sa monture allait au pas : sur son passage tous les genoux fléchissaient.

Les trois personnages gagnèrent ainsi la limite du camp provisoire dressé par les troupes de Tuan; les derniers postes, les derniers factionnaires restèrent en arrière.

Les captifs n'en pouvaient croire leurs yeux. La route s'étendait libre en avant d'eux. La mort était évitée; là-bas, au carrefour des Tourelles votives, gisaient les croix de bois qui resteraient veuves de crucifiés.

D'un même mouvement, René, Roseau-Fleuri tendirent leurs mains tremblantes vers leur sauveur, mais celui-ci, sans paraître comprendre leur émotion, lança avec cet accent qu'ils connaissaient bien :

— *Mes amours, on a semé les Chinois, s'agit de se carapater dans les grandes largeurs.*

Prêchant d'exemple, il éperonna son cheval, qui bondit avec un hennissement de douleur et partit au galop.

— Cigale, brave Cigale, murmurèrent ses protégés, en échangeant un regard brillant de reconnaissance.

Mais le Parisien détalait devant eux; ils enlevèrent leurs montures et se précipitèrent sur ses traces.

. . . .

Comment Cigale était-il arrivé si à propos ? De la façon la plus simple; ramassé sans connaissance devant la porte de Tien-Tsin, il était revenu à lui dans l'ambulance, la tête enveloppée de compresses.

Une forte migraine était la seule suite de son accident.

Malgré les infirmiers, les docteurs, il se leva, courut chez M. du Chaylard, mit ce dernier au courant de l'aventure, lui extorqua la permission de se mettre à la recherche de son ami.

Un prisonnier fait dans la nuit avait déclaré que Tuan se retirait vers Hoang-Heou-Tien.

Muni de cette indication, le Parisien, affublé de la défroque de Nô, qu'un pressentiment inexplicable lui avait fait conserver, s'était mis en route.

Entouré des marques de respect des fuyards, il avait gagné Hoang-Heou-Tien à point pour arracher le diplomate et sa fiancée à la plus horrible des morts.

Maintenant il excitait son cheval, se retournant de temps à autre pour crier à ses compagnons de se presser :

— Allez, ho! du leste!... Hue, pour l'heure, *faut se déguiser en locomotive.*

Ou bien il lançait un coup de sifflet aigu :

— L'Orient-Express, à toute vapeur, file, mon bonhomme, et ne déraille pas.

Ses compagnons se taisaient. La bonne humeur insouciante de l'enfant de Paris les remplissait d'étonnement.

La nuit était noire quand ils s'arrêtèrent à Youn-Teou-Tien (village du grand jardin fleuri).

Continuer leur marche dans l'obscurité était impossible. Force leur fut de s'arrêter dans l'auberge de la localité.

Le costume de Cigale produisit son effet ordinaire. L'hôtelier mit à la disposition des voyageurs les chambres réservées aux mandarins de passage.

Mais avant de se séparer de ses amis, Cigale leur dit :

– Nous partirons au petit jour.

– Oui.

– J'ai dû, pour ne pas éveiller les soupçons, prendre la route de Péking.

– Vous avez agi sagement.

– Je m'en flatte. Mais demain, nous remonterons vers le Nord, et par un long crochet nous tâcherons de regagner Tien-Tsin.

Il pensait à tout, le brave garçon. Dans les circonstances les plus critiques il trouvait, comme en se jouant, la solution pratique, le procédé de salut.

Ce diable de Parisien apportait avec lui la confiance. Quand il parlait, plus rien ne semblait difficile, le danger se transformait en jeu, et la mort elle-même devenait matière à plaisanterie.

Roseau-Fleuri lui saisit les deux mains :

– Monsieur Cigale, fit-elle doucement, merci de m'avoir conservé René.

Au souvenir des terribles heures écoulées, les larmes lui montaient aux yeux.

– Allons, bon, interrompit le jeune homme, *vous ouvrez les écluses des mirettes* (yeux), *pas de ça, Lisette.*

Et gravement :

– Je vais vous faire sourire, Mam'zelle la Princesse. Vous autres, gens de Chine, vous ne vous embrassez jamais. Vous ne connaissez pas le baiser, sans doute parce que vous fréquentez surtout des Anglais, qui l'appellent : Kiss, mot ridicule dont nous usons pour exciter les chiens, kiss ! kiss !... Eh bien ! aujourd'hui, où vous avez failli être mise en croix, c'est une occasion de tenter l'expérience... Marchez, Mam'zelle la Princesse, un peu de courage; embrassez votre fiancé comme une petite Européenne.

A ces paroles, Roseau-Fleuri frissonna. Une rougeur monta à ses joues; ses paupières se baissèrent. Loret avait eu un geste mécontent; il craignait que la proposition du Parisien, si contraire aux usages chinois, n'eût blessé la jeune fille.

Mais elle murmura :

– Comme une petite Européenne.

Brusquement ses paupières se levèrent, démasquant ses grands yeux brillant d'une clarté inaccoutumée :

– René, dit-elle encore.

Il fit un pas vers elle.

– René, enseigne-moi le baiser des fiancés.

Il eut un cri, il la prit dans ses bras. Deux baisers sonnèrent, Roseau-Fleuri avait répondu au sien.

Et chancelante, devenue subitement pâle, comme si tout son sang avait reflué à son cœur, elle bégaya d'une voix défaillante :

– Européenne, je suis européenne, j'ai donné le baiser.

Cigale riait, satisfait de son œuvre. Devant ce bonheur créé par lui, il oubliait que la tombe lui avait ravi Anoor, et qu'il assistait, l'âme en deuil, à l'hymen de deux âmes amies.

– Là, s'écria-t-il, assez travaillé pour un jour. Dormons, afin de fournir demain une longue traite.

Décidément, il était le chef incontesté de la petite troupe. Chacun s'enferma dans la chambre qui lui était destinée, et bientôt tous dormaient d'un sommeil bien gagné.

Rien ne troubla leur repos.

Les porcs noirs, grouillant dans la cour de l'auberge comme dans tout caravansérail chinois qui se respecte, se montrèrent discrets. Sans doute, ils avaient choisi d'autres personnes comme but de leurs facéties envahissantes.

– Debout! debout! clama Cigale en tambourinant successivement aux portes de ses compagnons.

Le jour pointait, gris, terne, tombant d'un ciel sombre, où couraient des nuages échevelés.

Un vent humide soufflait de l'ouest. Le Parisien regarda en l'air avec une moue significative.

– On va se faire saucer, c'est de la pluie pour sûr... de l'eau à tire-larigot...

Et philosophiquement, il fredonna.

Puis il se mit à seller les chevaux en sifflant un air de fanfare.

Il achevait quand Loret sortit de sa cabine. Un instant plus tard, Roseau-Fleuri ouvrait à son tour la porte de sa chambre.

– Ça va tomber, déclara Cigale. A cheval, à cheval.

D'un bond de clown, il sauta en même temps sur le dos de sa monture.

Loret, la jeune fille se mirent en selle.

Mais à ce moment même, par la grande porte de l'auberge, un peloton nombreux de guerriers mandchous pénétra dans la cour.

En tête caracolait un mandarin à casaque jaune, à plume de paon.

Une sueur froide mouilla les tempes du diplomate. Les soldats portaient l'uniforme des gardes de Tuan.

Le mandarin s'avança courtoisement :

– Bouddha Vivant, dit-il, Tuan, prince et lumière de la terre de Han, a pensé qu'il était inconvenant pour un personnage tel que toi de voyager sans escorte. Il nous a dépêchés vers Ta Grandeur, avec mission de t'accompagner jusqu'auprès de notre trois fois haute Impératrice.

Et comme Cigale, ne comprenant pas le sens de la harangue, le considérait les yeux écarquillés, Roseau-Fleuri gémit :

– Les hommes de Tuan doivent nous conduire devant Tsou-Hsi. Nous sommes perdus.

Cette fois, le Parisien comprit, mais si une émotion contracta son visage, le masque de porcelaine n'en laissa rien voir.

Il s'inclina avec grâce, tel un homme sensible à un honneur inattendu, puis tranquillement prit la tête du cortège.

Seulement, si quelqu'un s'était approché de lui, on l'eût entendu murmurer :

– Nous voilà *dans la nasse*, cette fois, *je crois bien que nous sommes frits !*

En effet, c'étaient des gardiens que Tuan venait de donner aux voyageurs, des gardiens ayant pour mission de les amener à l'Impératrice Douairière.

A quel soupçon avait obéi le chef boxer en agissant ainsi ? Il est impossible de le savoir.

Peut-être avait-il voulu simplement protéger celui qu'il croyait être Nô, contre une attaque possible du Franc Loret.

Quoi qu'il en soit, les jeunes gens furent étroitement surveillés pendant la route. A la halte du soir, des factionnaires furent apostés autour de la ferme où l'on devait passer la nuit.

– Cette précaution est pour vous honorer, affirma le mandarin d'un ton obséquieux, et pour éloigner les détachements dont la venue interromprait votre sommeil.

Ah ! cette nuit-là, le repos ne fut pas dévolu aux voyageurs.

Ils étaient plus prisonniers que jamais.

La sentence de Tsou-Hsi serait terrible, ils en avaient la certitude. L'altière Impératrice serait sans pitié pour sa favorite, qui avait trahi la cause des Boxers, sans pitié pour les Français qui l'avaient amenée à ce crime de lèse-majesté.

Car Cigale, entouré du respect des guerriers, s'avouait qu'une fois dans les palais impériaux, il lui serait impossible de continuer son rôle de Bouddha Vivant.

Ah ! s'il avait compris le chinois, la situation eût été tout autre et peut-être eût-il réussi à sauver ses amis.

Muet était Nô, par un vœu connu. Cigale n'avait donc pas besoin de parler; mais on lui parlerait, on s'apercevrait qu'il n'entendait pas les phrases prononcées... Le mutisme ne suffisait pas, il aurait fallu y joindre la surdité.

Ces réflexions n'avaient rien de gai. Au surplus, le jeune homme eût-il conservé sa faconde habituelle, n'aurait pu l'exprimer, livré qu'il était à l'étroite surveillance des gardes de Tuan.

Aussi se bornait-il à secouer la tête d'un air mélancolique, en mâchonnant entre ses dents :

– A Takou, j'ai *écopé*, une balle m'a égratigné le front; à Tien-Tsin j'ai *encore écopé, un coup de matraque sur la boule;* cette fois-ci, mon compte est réglé, le troisième coup fait feu.

Puis couvrant ses amis d'un regard attendri :

– Et ces pauvres gens qui *se gobent...* on va leur *supprimer leur pépin...* C'est égal, *je ne suis pas bidart, il y a toujours du macchabée* dans mes histoires de mariage.

Réflexions peu faites pour le disposer à la gaieté.

Cependant l'on avançait toujours. Le pont de Palikao avait été franchi et les sabots des chevaux sonnaient sur la route mandarine dallée de Péking à Tong-Tchéou.

Le paysage avait bien changé depuis le départ de Loret et de Cigale de Tien-Tsin et Takou. Dans la plaine, plus une habitation, plus un arbre. Partout des taches noires, au-dessus desquelles le vent soulevait des nuages de suie. Partout la trace de l'incendie, de la dévastation. Les Boxers avaient marqué de leur empreinte la campagne pékinoise.

A l'ouest se profilait la ligne sombre des murailles de la ville tartare. On était arrivé.

– Le commencement de la fin, marmotta le Parisien. *Numérote tes abattis, mon gros, le bourreau affûte son surin, cric, crac, cuiller à pot, lève ton sabot, on va te découper le jabot pour faire l'hachis du bourreau.*

Bien qu'exprimé en formules fantaisistes, le chagrin du faux Bouddha Vivant n'en était pas moins vif.

La porte de l'Est grandissait. On eût dit qu'elle se précipitait au-devant des prisonniers.

A quelque cent mètres de l'enceinte, le mandarin officier s'arrêta devant un groupe de Boxers, pressés autour d'une marmite dont le contenu bouillait sur un feu clair. Seul, un homme déguenillé se tenait à l'écart.

– Eh! mon brave, dit l'officier, quelles nouvelles de la Cour?

L'individu ne répondit pas; et comme son interlocuteur répétait la question, un autre Boxer se retourna :

– Pas la peine de lui parler, mon mandarin, il est sourd comme une potiche.

– Mais toi, tu ne l'es pas ?

– Certes, non.

– En ce cas, réponds pour lui, quoi de nouveau ?

Le déguenillé haussa les épaules :

– Rien. Les Diables Etrangers tiennent bon aux Légations et à la mission du Pé-Tang. Ils nous ont tué plus de quinze cents hommes.

– Et l'Empereur, l'Impératrice ?

– Ils se font l'existence douce, pendant que nous combattons. Sans doute la fusillade les a empêchés de dormir, car ils se sont retirés au Palais d'Eté.

– Au Palais d'Eté, fâcheuse idée, grommela le mandarin; notre route se trouve allongée. Merci, digne Boxer, que le succès couronne tes efforts.

Et la troupe de cavaliers reprit le trot.

Seulement Cigale montrait une attitude toute différente de celle qu'il avait un instant plus tôt.

Loret lui avait traduit, à voix basse, le rapide dialogue de l'officier et du Boxer. Le Parisien s'était aussitôt frotté les mains :

– Ah ! ce vieux mendiant sourd ne répond pas. C'est vrai, au fait, un dur d'oreille n'entend goutte. Il ne peut être tenu de répondre.

Et son cheval trottant à l'unisson du peloton :

– Sourd ! parbleu, la voilà *la planche de salut.* Muet et sourd, *ça fait la rue Michel* (1), avec ces deux infirmités-là, je reste valide. Enfoncés les tyrans ! Vive Krüger !

L'escorte, au lieu de pénétrer dans la ville, remontait vers le Nord, longeant les murs. Puis, suivant la direction de l'enceinte, elle obliqua à l'ouest et rejoignit la route du Palais d'Eté, après avoir dépassé l'Etang des Roseaux ainsi que le Palais de la Communion des Saints et le Temple de l'Aspiration Céleste.

De là, un cavalier se détacha de la troupe et partit en avant à toute bride.

(1) Expression populaire : Il existe à Paris une rue Michel-le-Comte. Les gavroches disent volontiers : faire la rue Michel pour « faire le compte ».

Il allait annoncer la venue prochaine des prisonniers.

Le Mandchou atteignit bientôt le but de sa course. Il pénétra dans le parc par la porte de l'Ouest, franchit le grand pont de Marbre aux dix-sept arches, jeté sur le lac des Lotus Désirables, n'accorda pas un regard au grand bœuf de bronze qui, couché sur son piédestal, semble garder la rampe d'accès au pont, et mit pied à terre à l'une des extrémités de l'avenue des Clochettes.

Une pancarte sur laquelle se lisait : Ma-Kin (cheval défendu) l'avait averti qu'à partir de ce point, la marche pédestre s'imposait.

Mais son entrée dans la résidence estivale avait déjà été signalée.

Des eunuques l'attendaient pour lui poser les questions d'usage auxquelles le guerrier répondit :

– Envoyé par Tuan, campé près de Tien-Tsin, pour parler à l'Impératrice.

Au nom du chef boxer, les eunuques s'inclinèrent, et quelques instants plus tard, le Mandchou contait à la Douairière l'arrestation de Loret et de Roseau-Fleuri, l'apparition de Nô, la façon dont il avait réclamé les captifs, sans doute pour les ramener à Tsou-Hsi, et comment l'escorte l'avait suivi.

Tsou-Hsi poussa des gloussements de joie en apprenant que le Bouddha Vivant était retrouvé.

Vite, elle manda l'Empereur et les rares fidèles de Tuan qui ne fussent pas à l'armée, Kang-Yi, qui venait d'apporter la nouvelle de la prise de Tien-Tsin par les Européens, Liping-Heng, le prince Tchouang.

– Nô est retrouvé, leur dit-elle. Le brave enfant ! Je devine pourquoi il a quitté naguère la Ville Interdite ! Il s'est lancé sur les traces des Européens fugitifs, ne les perdant pas de vue, jusqu'au jour où il a pu s'emparer d'eux. L'un de ces hommes est mort devant Tien-Tsin. On m'amène l'autre.

Puis avec un mélange de colère et de pitié :

– On m'amène aussi Roseau-Fleuri, autrefois ma favorite, qui, emportée par une affection exécrable, a trahi la cause chinoise.

– Trahi ? répétèrent les auditeurs.

– Oui. Cette malheureuse n'a-t-elle pas donné au Franc Loret l'Eventail du Poing Fermé?

Les visages exprimèrent l'indignation :

– Que pensez-vous de ce crime?

– Impardonnable.

– Je ne puis faire grâce?

– Non.

– Alors vous conseillez?...

– De déférer la coupable au Tribunal suprême des Rites.

La Douairière eut un mouvement de révolte, mais Yang-Yi prit la parole :

– Le salut de l'Empire Fleuri commande la sévérité. Vaincus à Tien-Tsin, tenus en échec par les Légations de Péking, qui donc voudra combattre pour nous, si nous semblons faibles à l'égard des traîtres?

– Roseau-Fleuri est une enfant.

– Cette enfant a été distinguée par Ta Grandeur, et elle est par suite cent fois plus coupable qu'une personne non vivifiée par ton regard affectueux. Il faut que ta sévérité inspire le dévouement aux moindres des combattants. Il faut qu'ils disent : Ni le sexe, ni l'âge, ni les titres n'arrêtent la justice de l'Impératrice.

Et tous inclinant la tête pour appuyer l'orateur :

– Soit donc! consentit Tsou-Hsi. Prince Tchang, occupez-vous de faire emprisonner les coupables, dès leur arrivée, et de convoquer le Tribunal suprême.

Une heure après, Loret et Roseau-Fleuri, reçus par Tchang, étaient jetés dans les cachots souterrains de la pagode des Pensées Funèbres (prison).

Quant à Cigale, revêtu de la défroque de Nô, il était entouré de soins et d'honneurs.

Seulement, pour tous, il n'était plus seulement muet, mais encore sourd à ne pas entendre le canon.

L'ingénieux Parisien avait trouvé le moyen d'expliquer par une mimique expressive qu'à son premier vœu il avait ajouté celui de surdité.

Cela en somme avait été assez facile.

A l'aide d'un ruban, il avait fixé sur ses oreilles deux tampons d'étoffe, puis aussitôt descendu de cheval, il s'était précipité vers la Pagode de bronze de Quan-chochan, consacrée aux Bouddhas de la famille impériale, s'était prosterné devant les statues ventripotentes et avait indiqué par gestes qu'il faisait don aux dieux de ses appareils auditifs.

Cette cérémonie funambulesque avait semblé impressionner vivement la foule des courtisans.

– Quel dévouement à la Cour ! murmuraient les uns.

– Oui, c'est un être rare que ce Nô ! ripostaient les autres.

Pour tous, il était évident que, dans une situation critique, Nô, possédé du désir de ramener à la Douairière les gens qui conspiraient contre elle, avait proposé aux dieux un marché :

– Faites que je réussise, ô Bouddhas, et mes oreilles sont à vous.

Aussi l'aimable garçon fut-il caressé par la Douairière et accompagné jusqu'au pavillon, mis à sa disposition, par une foule respectueuse.

Enfin il se trouva seul. Alors, il verrouilla sa porte, se débarrassa de son masque, de ses oreillons, et avec un soupir :

– Petit bonhomme vit encore... les Chinois sont bêtes à manger du foin, il s'agit de leur souffler les futurs époux !

Cependant, malgré sa confiance, malgré ses efforts, huit jours se passèrent sans améliorer la situation.

En vain il se creusa la tête. En vain il tourna et retourna autour du pavillon des Pensées Funèbres. La prison était sévèrement gardée, il ne put même pas apercevoir les prisonniers.

Or, navré, il se promenait à travers le parc. Fatigué, désolé de voir sa faculté coutumière d'improvisation lui faire défaut, le jeune homme s'était étendu à terre dans un massif d'arbustes avoisinant le bassin célèbre de la Résidence Impériale d'été, la Jonque de Marbre.

Long de cinquante mètres, affectant la forme d'un navire enfoncé en terre jusqu'à la flottaison, ce bassin original, dont les eaux vertes frissonnaient au vent entre les parois de marbre blanc, n'avait même pas attiré les regards du Parisien.

Il ne voyait qu'une chose, ne pensait qu'à une seule :

Loret et Roseau-Fleuri captifs, comptant sur lui pour les délivrer.

Les délivrer... Comment ?

Pour la millième fois peut-être, il s'adressait cette question, à laquelle la réponse se refusait obstinément, quand il se souleva brusquement, les yeux fixés sur le bassin au bord duquel deux personnages venaient d'apparaître.

Il les avait reconnus. C'étaient l'Impératrice Tsou-Hsi et Lan, le frère sanguinaire du prince Tuan.

Que venaient-ils chercher en ce lieu écarté ? Quelles paroles mystérieuses voulaient-ils échanger, qu'ils eussent cru devoir quitter l'avenue des Clochettes, s'éloigner de la foule des courtisans ?

En l'espace d'une seconde, Cigale eut l'intuition qu'il lui serait utile de les écouter, mais aussitôt il eut un haussement d'épaules.

Les écouter, cela il le pouvait; mais les comprendre, c'était autre chose. Certes, depuis son arrivée en Chine, il avait appris un certain nombre de mots de la langue usuelle – la plus facile des langues connues, car elle est la plus pauvre – mais était-ce suffisant pour deviner les autres ?

– Bah ! grommela-t-il, qui ne risque rien, n'a rien.

Et s'aplatissant sur la terre, se dissimulant derrière les feuillages, il rampa sans bruit vers l'endroit où les promeneurs s'étaient arrêtés.

Tsou-Hsi, essoufflée comme toujours, s'était assise sur le rebord de la jonque de marbre et Lan, debout devant elle, parlait.

Parvenu à portée, Cigale écouta un instant, puis il eut un geste satisfait. Il ne comprenait pas tout évidemment, mais les mots perçus par son esprit lui indiquaient le sens général du reste. Au surplus, Lan, élevé à l'école de son frère, ne semait point son discours de fleurs de rhétorique, selon l'usage mandarinal. Non, ses phrases courtes, hachées, étaient d'une précision étrange en ce pays chinois. Et dans le cas présent, la concision claire du discours fit le bonheur du Parisien, qui se traduisit à peu près ainsi la conversation du prince et de sa souveraine :

– Les Francs occupent Tien-Tsin.

– Kang-Yi me l'avait annoncé, Lan.

– Mon frère l'avait dépêché vers toi à cet effet; mais depuis son départ, les Diables Etrangers reçoivent chaque jour des renforts; ils se préparent à marcher sur Péking.

– Le valeureux Tuan leur barrera le passage.

– Il l'espère; mais il compte sur toi pour donner confiance à ses soldats.

– Et comment le pourrai-je?

– Je suis venu ici, laissant mon frère seul en face de l'ennemi, uniquement pour te le dire.

Et après un temps, Lan continua :

– Les soldats, les Boxers ont vu avec tristesse la retraite de la Cour au Palais d'Eté.

– La Ville Interdite est bien proche des Légations. Les balles tombaient dans les cours, rendant la situation dangereuse.

– Je ne l'ignore pas, Lumière du Ciel.

– Eh bien, en ce cas...

Lan interrompit la Douairière :

– La foule ne sait pas ces choses. Elle considère le départ de ses souverains comme un abandon moral. Le bruit se répand que l'Empereur n'approuve pas la guerre.

– Eh! il ne l'approuvera jamais.

– Le peuple ne doit pas soupçonner cela. Qu'importe l'avis de Kouang-Sou, si tu le contrains à sembler d'accord avec toi, avec nous?

– Rien, c'est vrai, mais comment lui donnerai-je cette apparence?

– En rentrant d'abord dans la Ville Interdite.

– J'y rentrerai.

– Le plus promptement possible.

– Demain.

L'altière Impératrice ne résistait pas. Les conseils, en passant par la bouche des messagers de Tuan, devenaient des ordres. Oh! elle était bien la servante couronnée de ceux qu'elle avait lancés contre les Européens.

– Me voici donc à Péking, dans la Cité Rouge des

Palais. Les maudites Légations, l'orgueilleuse cathédrale de Pé-Tang résisteront-elles moins aux attaques des compagnons du Poing Fermé ?

– Oui, car le découragement des assaillants a fait jusqu'ici la principale force des assiégés. Songe donc : aux Légations, ils sont, ou plutôt ils étaient quatre cents combattants à peine, avec deux mille femmes, enfants chinois convertis à la religion de Charist, incapables de concourir à la défense. A Pé-Tang, c'est plus fort encore : un troupeau tremblant de peur de trois mille chrétiens est protégé par quarante marins, trente de la nation des Francs, dix d'un autre pays d'Occident, que l'on nomme Italie. Crois-tu que nos troupes nombreuses n'auraient pas depuis longtemps écrasé ces détachements, détruit Légations et cathédrale, donnant ainsi le signal du soulèvement général de toutes les provinces de l'Empire, si l'attaque n'avait manqué de confiance, d'énergie, de foi ?

La Douairière inclina la tête.

– Tu juges comme moi, Etoile du Ciel ?

– Oui sans doute, mais que puis-je changer à cela ?

– Tu peux exalter les courages, rendre intrépides les plus poltrons...

– Moi ?

– Toi-même.

Elle eut un sourire contraint :

– Explique-toi, car véritablement, je crains que tu n'aies trop bonne opinion de mon pouvoir.

– Ecoute donc. Tu retournes demain dans la Ville Rouge, tu annonces que dans l'Hippodrome Impérial, dont le vaste amphithéâtre elliptique contient vingt mille spectateurs, une grande fête sera donnée. Tu y convies les bandes boxers, les soldats actuellement engagés dans la lutte contre les Européens. Ce sont tes amis, tu entends bien, tes amis dont tu veux t'entourer en ce jour.

– Bien, après ?

– Après ? Un spectacle digne d'eux. Combats de gladiateurs, de ces femmes dressées aux luttes meurtrières dans les palais du cirque; que le sang coule à flots, comme dans les réjouissances les plus fameuses des fastes impériaux. Pour finir, que les traîtres, Loret le Franc, Roseau-Fleuri la perfide, soient livrés aux panthères et aux serpents, ainsi que l'a décidé le Tribunal Suprême.

– Tu veux ?

– Devant toi, je n'ai point de volonté. J'exprime seulement ce que je crois être avantageux à la grandeur de ton règne.

Tsou-Hsi hésitait encore :

– Ton peuple qui t'aime a raison, poursuivit le Prince Lan d'un ton persuasif. Comment les dieux s'intéresseraient-ils à toi, si tu sembles, toi-même, abandonner tes intérêts ? Prends garde que les Bouddhas Souriants ne détournent leur visage de ta face, et que l'Adversité, fille du Dragon des Ténèbres, ne punisse toi et les tiens de ton insouciance.

Jusque-là l'Impératrice avait résisté, mais à cet appel à la superstition, elle se décida brusquement :

– Il sera fait comme tu le souhaites, mon fidèle, les traîtres périront.

Puis le ton changé, elle ajouta :

– J'ai froid auprès de ce bassin. Accompagne-moi jusqu'à l'avenue des Clochettes.

Et retirant de son doigt une bague, dont le chaton volumineux représentait le fabuleux Phénix :

– Prends cet anneau. Il te permettra de me représenter, de tout ordonner ainsi que tu le jugeras convenable.

La bague du Phénix est la plus haute marque de faveur que la Douairière puisse donner à l'un de ses sujets. C'est comme une délégation de son autorité, une régence temporaire établie par son bon plaisir.

Lan s'inclina cérémonieusement, saisit l'emblème vénéré avec les marques du plus profond respect et le passa à son doigt.

La Douairière ne vit pas l'éclair triomphant qui traversa le regard du prince. Lui exultait. A cette heure il était souverain maître de la Chine.

Mais si le frère de Tuan était joyeux, Cigale se sentait rempli d'une satisfaction non moindre.

Et quand les causeurs se furent éloignés, Lan droit et

raide, Tsou-Hsi avec la démarche oscillante d'un palmipède, le Parisien quitta sa cachette et se frictionna énergiquement les mains.

– La superstition, s'écria-t-il, voilà le moyen cherché. Sourd, muet, j'ai la ressource d'écrire... Nous rentrerons demain à Péking; à la bibliothèque de la Ville Interdite, je trouverai tout ce qu'il me faudra. En route,... et vive la superstition qui sauvera mes amis.

Pour calmer ses nerfs surexcités, il fit une longue promenade à travers le parc, puis une longue station dans les ruines du Palais Européen à la porte monumentale du plus pur Louis XV, édifié jadis sur l'ordre de l'Empereur de la dynastie des Tsing, Kien-Loung, par le moine Castiglione et les mandarins Soun-Iou et Chen-Iuen.

Après quoi, reposé, rafraîchi, l'esprit plus tranquille, il regagna son logis, non sans avoir salué au passage le pavillon des Pensées Funèbres, où Loret, où la princesse Roseau-Fleuri étaient enfermés.

Cette dernière ne se doutait pas que le brave enfant de Paris venait d'imaginer un mode de salut inédit.

Elle n'espérait plus rien.

Jetée dans un cachot souterrain, sans lumière, sans air, ne recevant pour toute nourriture que de l'eau douteuse, puisée aux lacs stagnants du Palais d'Eté, et des galettes rances de millet, sa captivité l'avait abattue au suprême degré.

Huit journées passées dans l'ombre avec, pour toute distraction, l'apparition du geôlier apportant la nourriture, éclairé par une lanterne de papier huilé, cela lui avait semblé interminable.

Et sa pensée, libre, elle, comme pour ajouter la torture morale à la douleur physique, s'envolait vers René, enfoui dans un cachot dont elle ignorait même l'emplacement.

Elle s'accusait, la mignonne créature. C'était pour elle, par elle qu'il souffrait.

Pourquoi avait-elle eu cette pensée barbare de le faire enlever, de le retenir prisonnier dans la Cité Impériale?

Il lui avait pardonné, il est vrai. Il lui avait dit les

doux mots de tendresse; mais était-il possible qu'il oubliât le passé, ce passé dont elle rougissait maintenant ?

Comme elle avait agi en chinoise !

En chinoise ! Ces mots lui arrachaient des larmes, et avec une ironie cinglante, elle repassait son existence ridicule, d'enfant, de fillette « célestiale ».

Elle se figurait se revoir toute petite, les poignets cerclés des lacets rouges qui prédisposent au bonheur.

Puis elle se tenait sur ses petits pieds, et le chef de la famille après des sacrifices, des bâtonnets d'encens consumés, déclarait que l'heure de lui permettre la marche avait sonné. Avec un sabre, ce chef faisait le simulacre de trancher le lien invisible qui est censé emprisonner les chevilles des enfants.

Dès lors, elle courait dans le yamen, demi-nue, jouant, tyran mignon, avec les enfants des esclaves.

Elle grandissait, apprenait à lire, puis préparait ses examens, car son père, sa mère étaient morts, et son oncle Liang, l'ayant adoptée, voulait qu'il en fût ainsi.

Son oncle, le seul être vraiment bon, sous un masque de scepticisme, qu'elle eût rencontré parmi les Chinois.

Et des épisodes affreux qu'elle avait oubliés jaillissaient des profondeurs de sa mémoire. Elle se souvenait de la cérémonie atroce qui accompagne la naissance d'un enfant.

Elle se revoyait dans les pauvres familles où sa charité l'avait conduite. Elle entendait les femmes, présentant à la mère, d'une main le bébé, de l'autre un seau rempli d'eau, disant avec un calme effroyable :

— Faut-il que l'enfant vive, ou préfères-tu qu'il soit noyé ?

Combien acceptaient le crime, autorisé par la loi chinoise en dépit des flétrissures des philosophes, Confucius en tête.

Elle-même avait trouvé cela tout naturel, comme les autres. Il ne lui était jamais venu à l'esprit d'intercéder en faveur des petits êtres menacés.

Elle frissonnait maintenant à ces souvenirs. Comme Loret avait raison jadis de mépriser l'âme chinoise.

Combien les mandarins méritaient l'épithète de « Barbares » qu'ils décernent aux étrangers.

Et ce rêve désolant continuait, éveil d'une âme, d'une pensée nouvelle, métamorphose de la fille de Han en femme aimante, sensible et bonne.

Avec horreur, elle se remémorait un dîner, où Li-Hung-Chang avait raconté, au milieu des rires de l'assistance, une anecdote de sa carrière.

– C'était à la mort du dernier Empereur, avait plaisanté le vieux diplomate. D'après les rites, nul ne devait en pareil cas se raser ni changer de vêtements durant une année. Cela m'était fort désagréable, vous le pensez. Aussi je résolus de m'enfermer chez moi, sous couleur de maladie, et de me débarbouiller tout à mon aise. Aussitôt pensé, aussitôt fait. Tout marcha bien pendant le premier mois, mais au début du second, quelqu'un me trahit-il, ou la fatalité fut-elle seule coupable ? Je l'ignore. Toujours est-il qu'un beau jour, un Mandarin-Inspecteur, accrédité par l'Empereur Kouang-Sou, se présenta à mon yamen, insista pour me voir, à tel point que je dus céder. Le résultat fut la privation de la plume de paon et une amende considérable. Vous jugez de ma colère. Alors, je laissai pousser mes ornements pileux, je me barbouillai de suie, je répandis des sauces variées sur mes vêtements, et dans cet équipage, ignoble, repoussant, je me montrai par la ville. Or, savez-vous ce que je vis dès ma première sortie ? Non... Je vais vous l'apprendre, sans vous contraindre à chercher. Je vis... un porteur d'eau rasé de frais. Il n'avait pas de plume de paon, naturellement, pas de grands biens sur lesquels on pût prélever une amende. Le drôle ne possédait que sa tête, je la lui fis couper sans délai, et Kouang-Sou, touché de mon zèle, estima qu'une tête de porteur d'eau valait bien une plume de paon. Il me rendit la mienne. Voilà comment un rasoir me fit dégrader, comment un autre rasoir me réintégra dans mes honneurs. Depuis ce temps, j'ai mis les rasoirs et les porteurs d'eau au nombre des dieux.

Oh ! l'horrible indifférence de la vie d'autrui ! Roseau-Fleuri frissonnait à ces souvenirs. Et comme un refrain mélancolique revenait cette phrase :

– Combien Loret avait raison de mépriser l'âme chinoise.

Des larmes coulaient des yeux de la jeune fille. Elle ne comprenait pas, la pauvre créature, que ce martyre moral l'élevait au-dessus de ses concitoyens, l'enlevait vers les sublimes hauteurs de la charité que son fiancé lui avait indiquées autrefois.

Dans ce bouillonnement incessant de transformation d'une âme, les jours s'écoulaient. Le quatrième, la captive fut extraite de sa prison, conduite, la cangue au cou, devant le Tribunal Suprême des Rites.

Les magistrats en leurs tuniques multicolores, leurs longues robes tombant jusqu'à terre, procédèrent à un simulacre d'interrogatoire.

Puis Loret, chargé également de la cangue, fut introduit. Les jeunes gens se croisèrent, ils se virent pâles, brisés, ils tendirent les mains l'un vers l'autre.

Mais leurs gardiens les séparèrent brutalement et ils se perdirent de vue, emportant, nouvelle souffrance, l'image blême de celui que chacun chérissait de toutes les forces de son être. Chacun s'accusait des malheurs de l'autre. Roseau-Fleuri, dans son cachot, gémissait :

– Il souffre par moi.

Loret grondait du fond de sa prison :

– C'est moi qui l'ai entraînée à la torture.

Le lendemain, ce fut bien autre chose. Un héraut, sorte d'huissier du Tribunal, visita les prisonniers. Froidement, éclairé par deux lanternes jaunes, soutenues au bout de longues hampes par des valets vêtus de blanc, couleur du deuil, il venait leur lire la sentense :

« Loret, barbare franc; Roseau-Fleuri, princesse mandchoue, reconnus coupables de haute trahison envers le Fils du Ciel, étaient condamnés au supplice des traîtres. Ils seraient livrés aux fauves et aux reptiles venimeux. »

Après quoi, le héraut, ses porte-lanterne se retirèrent.

De nouveau, l'obscurité régna dans le cachot souterrain de Roseau-Fleuri.

Ah! ces ténèbres! Comme elles se peuplèrent de fantômes.

Les panthères, les serpents, dans une hallucination enfantée par le cerveau troublé de la prisonnière, rampèrent, bondirent, rugirent, sifflèrent autour d'elle. Oui, elle serait déchirée par ces immondes animaux. Son corps serait dévoré, réduit en morceaux, condamnant son âme, selon la tradition de Confucius, à errer éternellement dans l'espace intersidéral sans atteindre jamais la région des Mille Félicités.

Elle se tordait les mains, pleurait, faible devant le supplice. Et soudain, dans le trouble de son esprit, ainsi qu'une lumière, une pensée brilla.

– Le bouddha Charist des missionnaires ne dit pas cela.

La religion de bonté, ce premier pionnier des civilisations modernes, fondées sur le droit et non sur la force, opérait sur cette enfant la transmutation effectuée, il y a deux mille ans, sur les peuples. D'abord, cela fut vague, confus, nimbé de brouillard, puis le rayon devint plus éclatant, il se fixa et, suprême joie, la jeune fille cessa de trembler pour elle-même; tout son être se concentra en Loret, dont le sort seul l'inquiéta désormais.

Aux portes de la tombe, le souhait du Français devenait réalité. L'âme européenne était née chez Roseau-Fleuri.

III

OU CIGALE BATAILLE AVEC LA GRAMMAIRE CHINOISE

– Et puis, et puis,... il n'y a pas à *chercher midi à quatorze heures, ni à dire : Mon bel ami, tu as le nez fait comme un salsifis,* faut que je trouve *le joint* d'écrire une lettre à l'Impératrice, et une lettre d'aplomb encore!

Ainsi monologuait Cigale, perché sur une échelle de bibliothèque, dont les montants se contorsionnaient en serpents enroulés autour des échelons que le constructeur avait façonnés en branches d'arbres.

Revenu la veille dans la Ville Interdite, avec toute la Cour, le Parisien, après une nuit consacrée au sommeil, s'était levé au point du jour et avait couru au Pavillon des Parchemins peints.

Nul n'inquiéta le faux Bouddha Vivant, qui put circuler à travers les salles, où dormaient dans des casiers sculptés, ornés de cuivre, dressés du sol jusqu'au plafond, d'innombrables rouleaux, cahiers, couverts de signes bleus, rouges, noirs, verts ou jaunes.

– Voilà le *garde-manger de la jugeote,* marmotta le jeune homme; il s'agit d'en tirer un petit plat *pour la vieille dame Safran.*

Et avec malice :

– Un tout petit plat dans ce goût : Moi, Bouddha Vivant, inspiré par les dieux, je pressens la tristesse pour toi, pour les tiens, si le Franc Loret n'est pas reconduit en bonne santé à la Légation de France.

Une fusillade lointaine arrêta la parole sur ses lèvres. Il eut un geste intraduisible :

– Les voilà encore qui usent leur poudre contre les Légations. *Ces Chinois, c'est des vrais Turcs.*

Sur cette affirmation, d'une ethnique troublante, Cigale poursuivit son monologue.

– Tout ça n'est pas difficile, je sais presque tous les mots, mais le diable, c'est de les écrire. Faut-il être assez chinois pour avoir une écriture pareille.

Et faisant rouler son échelle, montant, descendant, il allait de casier en casier, prenant les manuscrits, les remettant en place avec une activité inlassable. Seulement le résultat de ses recherches était loin de répondre à ses efforts.

Toujours à ses yeux se présentaient des colonnes verticales de caractères indéchiffrables, grimoire sur lequel les plus lettrés des mandarins eussent pâli, durant des mois, pour en deviner le sens.

Tout le jour, le Parisien fureta ainsi, s'arrêtant parfois pour prêter l'oreille aux bruits confus, apportés par la brise par-dessus les murailles de la Cité Impéraile, coups de fusil, feux de salve, rumeurs de foules au combat, dominés de temps à autre par la basse profonde du canon.

Quand ce brouhaha belliqueux arrivait du Sud, Cigale grommelait :

– Ça se passe aux Légations !

Quand le son venait de l'Ouest, il disait :

– Allons, ils *aboient* après la cathédrale de Pé-Tang.

Puis avec insouciance :

– Bah ! achevait-il, il y a d'un côté Pichon, de l'autre Favier; c'est des *lapins qui regimbent contre la gibelotte... Ils ne sont pas cuits encore.*

Et il reprenait sa recherche avec une nouvelle ardeur.

Le soir pourtant, il dut réintégrer son logis sans que sa science calligraphique eût avancé d'un signe. Aussi, renfermé dans sa chambre, dépouillé du masque et de la tunique de Nô, se jeta-t-il dans un fauteuil.

– Mâtin, c'est dur l'écriture. Ça me paraissait moins difficile ce matin.

Avec une fureur comique il serra les poings.

– Dire que *ces singes en jupons se sont creusé la calebasse à inventer cette écriture de babouins.* Est-ce qu'ils ne feraient pas mieux d'envoyer leurs *mômes* à l'école communale, en France. A la laïque, on leur apprendrait l'alphabet...

Il eut un cri :

– Alphabet !

Et se décochant une vigoureuse calotte :

– L'alphabet, pardi..., tout est là...; je suis *tourte* d'une façon royale de n'y avoir pas songé de suite... l'alphabet, voilà ce qu'il me faut. Où vais-je trouver cela... ? Dans une grammaire donc...

Son enthousiasme tomba soudain :

– Avec ça, ils n'ont peut-être pas de grammaire, ces pantouflards de mandarins.

Puis par réflexion :

– Mais si, puisqu'ils ont des écrivains, des poètes...

il doit exister des règles pour écrire, pour faire des vers...; c'est une espèce de grammaire, cela... Allons, je remets mon uniforme, je vais souper, demain il fera jour.

Il sortit gaillardement, se rendit au temple des Dix Mille Bouddhas pour y prélever la part des offrandes qui lui revenait en sa qualité d'héritier des prérogatives sacerdotales de Nô, puis regagna son domicile, mangea de bon appétit et se coucha, certain que, le lendemain, la bibliothèque impériale lui serait plus favorable qu'en ce jour.

En dépit de sa confiance, la guigne ne parut pas l'abandonner.

En vain il dépensa la matinée suivante à remuer la poussière des manuscrits, rien qui ressemblât à une grammaire ne lui apparut.

L'après-midi était commencé, quand dans un coin, jeté là comme objet sans valeur, Cigale découvrit un vieux livre à reliure de cuir fauve aux tranches jaspées.

— Tiens, on dirait un bouquin d'Europe!

Ce disant, Cigale ouvre, jette les yeux sur la première page et a un éblouissement.

Les caractères anciens mais bien lisibles forment des mots français. Le jeune homme a lu :

CONSIDÉRATIONS SUR LA GRAMMAIRE CHINOISE
ET LA FORMATION RATIONNELLE
DES MOTS
DE LA LANGUE PARLÉE
ET DES SIGNES
DE LA LANGUE FIGURÉE OU ÉCRITURE
par
le R. P. UNITUS STRABONI
Imprimerie des Etudes Orientales
Angers, MDCCXXVIII.

D'un coup d'œil circulaire, Cigale s'assure que personne ne l'observe, et, d'un geste brusque, il cache sa trouvaille sous sa tunique de Bouddha.

Une grammaire, il a l'arme cherchée. Maintenant, il pourra écrire à la Douairière, sauver son ami, et du même coup, délivrer la petite princesse; car, Loret étant réputé le plus coupable, s'il est l'objet d'une grâce, tout naturellement sa complice, c'est ainsi que le Tribunal Suprême a désigné Roseau-Fleuri – sa complice ne saurait être exécutée.

Tandis que ces réflexions s'agitaient sous le crâne du Parisien, ses jambes ne demeuraient pas inactives. Elles l'emportaient hors de la bibliothèque.

Comme il arrivait dans la cour, il aperçut plusieurs serviteurs qui couraient vers la muraille, au sommet de laquelle se montraient déjà de nombreuses silhouettes humaines.

Il était curieux – on l'a vu souvent au cours de ce récit – aussi, sans hésiter, suivit-il les badauds, et deux minutes après, les oripeaux du Bouddha Vivant ayant incité les assistants à lui livrer respectueusement passage, il se trouvait sur le chemin de ronde, accoudé au parapet recouvert de tuiles.

Tout d'abord, il ne vit pas ce qui attirait l'attention de ceux dont il était entouré. Ses regards s'étaient portés sur un îlot de maisons et de jardins auquel la fumée d'une incessante fusillade faisait une ceinture bleuâtre.

Il eut un sursaut.

Comme le quartier des Légations avait changé depuis le jour où il l'avait quitté!

A trois cents mètres à peine se dressaient les clôtures de la Légation britannique, et grâce à ce point de repère, le jeune homme distinguait l'emplacement des autres résidences, russe, française.

Oui, oui, il comprenait. Les assiégés, pour n'être pas séparés les uns des autres, avaient occupé le Fou, grand parc situé au nord de l'ambassade de France. Bravo! ils tenaient ferme, car le carré demeurait intact. Nulle part, les Boxers n'avaient pu forcer l'entrée du quadrilatère défendu par les Européens. Mais autour de ce quartier tout était en ruine.

Plus de rues, plus d'avenues, des maisons incendiées, dont quelques-unes fumaient encore, des amoncellements de décombres, des barricades, et partout où un amas de débris, un pan de mur pouvaient abriter quelques tireurs, des réguliers chinois, des Boxers étaient embusqués, tirant avec rage sur les murailles protégeant les Diables Etrangers.

Aussi loin que la vue pouvait s'étendre, on n'apercevait que des ruines.

– Hardi ! murmura le Parisien, avant de démolir les Légations, ils ont détruit la moitié de Péking. Allons, tant mieux, il y aura de l'ouvrage pour les maçons après la guerre, et quand le bâtiment va, tout va !

Mais, suivant la direction des regards des curieux juchés sur le rempart, Cigale reconnut alors qu'il était seul à considérer les Légations. Les autres s'intéressaient uniquement à ce qui se passait dans une rue parallèle à la face est de l'enceinte impériale et située à trois ou quatre cents mètres.

Une rue... le mot est impropre. C'en était une autrefois, alors que des constructions la bordaient, aujourd'hui c'était un simple chemin courant entre deux plaines, couvertes de débris, presque nivelées par l'incendie et la mine. Non sans peine, le jeune homme se rendit compte que cette rue conduisait naguère au Tsong-Li-Yamen.

Et, apparition étrange, une litière bleue, soutenue par quatre porteurs coiffés de turbans de soie, aux couleurs de la Légation d'Allemagne, circulait lentement à travers les ruines.

Que voulait dire cette sortie du ministre allemand ?

Mais des Boxers s'approchent du pied des murailles, hélés par les spectateurs. Une conversation s'engage entre les curieux entassés sur le chemin de ronde et les fanatiques réunis en bas. Ceux-ci donnent les nouvelles.

Un conseil a été tenu par les ministres étrangers, qui protestent contre les attaques dont leurs résidences sont l'objet. L'ambassadeur d'Allemagne, le baron Von Ketteler, a voulu porter lui-même ces doléances au Ministère des Affaires étrangères, le Tsong-Li-Yamen. En vain l'a-t-on supplié de n'en rien faire. Il s'est obstiné.

Les mandarins, qui dirigent le siège du quartier européen, ont consenti à laisser passer la litière du baron. Et des plaisanteries s'échangent :

– Pourquoi contrarier ce Diable Etranger ? Sorti des Légations, il n'y rentrera plus.

– Cela n'est pas certain.

– Si, si, des soldats des Huit Bannières ont filé en avant. Ils attendent l'Européen à côté du Tsong-Li; ils vont lui ôter le goût des promenades.

Des éclats de rire ponctuent ces cruelles paroles. La foule se presse, s'écrase sur le chemin de ronde. Chacun voudrait être au premier rang, pour ne rien perdre du drame annoncé. Des servantes du Palais, en toquet de velours, ayant, brodés sur leurs manches courtes, les signes de la fidélité et de l'obéissance, ricanent :

– Ce Von Ketteler montre le chemin aux autres.

– Non, non, c'est un égoïste!

– Un égoïste?

– Sans doute, et un gourmand. Il craint que nos guerriers n'aient pas assez de plomb pour tout le monde, il veut s'en donner une indigestion, tandis que les autres ne sont pas encore à table.

Cela est prononcé avec de petites voix douces, des mines coquettes et les voisins rient, applaudissent à ces railleries cruelles.

Tout à coup, tout se tait.

Presque en face du Tsong-Li-Yamen, derrière une pagode écroulée, qui est mitoyenne de certaines constructions du palais du prince Tching, des réguliers chinois se montrent. Le ministre d'Allemagne, les porteurs, l'interprète qui accompagne le baron Von Ketteler ne peuvent les apercevoir.

Cigale voudrait crier à ceux qui marchent à la mort :

« Prenez garde! les assassins sont là! »

Mais la distance est trop grande, sa voix n'arriverait pas aux oreilles des victimes. Elle le trahirait lui-même et perdrait ses amis que seul, il peut sauver. Et il serre les dents pour barrer le passage aux malédictions qui montent de son cœur à ses lèvres; il étreint sa poitrine de ses mains crispées afin d'apaiser les battements de son cœur.

Une fumée, une détonation. Les Chinois ont tiré.

On distingue l'interprète se penchant vers la litière, levant les bras en un geste désespéré, puis cet homme tire un revolver de sa poche, il menace les porteurs, et ceux-ci se mettent à courir, cahotant affreusement la chaise où gît le cadavre de l'ambassadeur, tué sur le coup.

Les guerriers des Bannières font mine de s'opposer à la marche de la petite troupe, mais le revolver de l'interprète les écarte. Chaise, porteurs, salués d'une dernière salve de mousqueterie, s'engouffrent dans le Yamen du Tsong-Li.

Et la foule reste sur le chemin de ronde, commentant l'incident, se demandant avec un intérêt féroce :

– Est-il mort ?

– Oh ! ces maladroits l'ont blessé seulement.

Moyennant quelques sapèques, l'un des bandits du Poing Fermé, installé au-dehors de la muraille, consent à aller aux nouvelles.

Il part en courant. Dix minutes s'écoulent. Les spectateurs sont anxieux comme on l'est en Europe après une catastrophe; mais chez eux le sentiment est inverse. Ils craignent que les Européens aient échappé aux assassins.

Le Boxer revient enfin :

– Le baron Von Ketteler est mort, son interprète est blessé; mais il y a des traîtres au Tsong-Li-Yamen.

– Des traîtres, répète-t-on avec la colère aveugle des masses, toujours portées à accepter comme véridique la plus stupide calomnie, des traîtres ?

– Oui.

– Lesquels ?

– Je les nommerai à mes chefs... Ils les recommanderont à Lan, illustre frère de Tuan, et il fera tomber leur tête.

– Mais enfin qu'ont-ils fait ?

– Cinq d'entre eux ont blâmé les braves qui ont frappé le Diable Etranger.

Un murmure d'improbation s'élève; on injurie ces mandarins qui n'admettent pas un assassinat.

– Bien plus, ajoute le Boxer, ils viennent de proposer au Conseil d'acheter une bière luxueuse pour y enfermer le défunt, et montrer ainsi les regrets de l'Assemblée des Affaires étrangères.

– Mort aux traîtres ! clame la foule.

– Oui... A mort !... Soyez tranquilles, le prince Lan, à

qui je ferai mon rapport, saura punir les coupables. Soyez tranquilles.

Cigale n'en put entendre davantage. La colère montait en lui. S'il était resté là, il eût craché son mépris aux brutes sanguinaires, pour qui l'hommage suprême, rendu au trépassé, devenait un crime.

Il descendit l'escalier étroit du rempart et s'enfuit vers le pavillon du Palais de l'Impératrice, qui lui avait été affecté comme résidence.

Une fois rentré chez lui, dûment enfermé à l'abri des regards indiscrets, le jeune homme s'installa devant un guéridon laqué, dont le tiroir, par une ingénieuse combinaison mécanique, se doublait d'une boîte à musique, jouant, quand on l'ouvrait, les *Pioupious d'Auvergne* ou la *Marche des Commis voyageurs.*

Puis, étalant sous ses yeux le livre du R. P. Unitus Straboni, il grommela :

– Allons, oublions les « Célestes » pour nous occuper seulement du... chinois.

Et le front appuyé sur les mains, les coudes reposant sur la table, il lut ce qui suit, entrecoupant sa lecture de réflexions exprimées à haute voix :

« La différence capitale entre la calligraphie chinoise et les écritures européennes réside en ceci, que les caractères graphiques d'Europe sont littéraux, c'est-à-dire correspondent à des lettres dont la valeur est déterminée de façon fixe par les lettres voisines, tandis qu'au pays de Han, un signe représente une idée complète.

« Conséquence : l'alphabet latin de 25 lettres suffit aux Français pour représenter sur le vélin toutes leurs pensées; les Chinois au contraire avec 40000 signes différents, dont 25000 dits « capitaux » ou indispensables, ne réussissent pas toujours à figurer les sensations de leur cerveau. »

– Bon! grommela Cigale, cela commence bien. 40000 signes, et on n'écrit pas ce que l'on veut... Ça va être gentil de correspondre avec la Douairière!

Mais avec un geste entêté :

– *Tant plus que c'est difficile, tant plus que c'est chic!*

Et il reprit sa lecture.

« Les caractères chinois sont de trois sortes :

« Les figuratifs ou hiéroglyphiques, représentant ou censés représenter les objets eux-mêmes.

« Les phonétiques ou imitatifs des sons, inscrivant simplement certains sons.

« Le mot : chat, offre un exemple de ces deux classes de signes et démontre du même coup que la langue chinoise est à la fois le plus pauvre idiome parlé (à peine 800 mots servant à former tous les autres) et la plus riche des langues écrites.

« Chat se dit : Khiouen-miao.

« Chatte se prononce : Khiouen-miao-niu.

« Sans doute, les Célestes connurent le chien dès la plus haute Antiquité car *Khiouen* est un caractère figuratif.

« Puis le chat fut importé de la Perse probablement, et les fils de Han se dirent :

« Tiens, tiens... voilà une bête qui a quatre pattes, une queue comme un Khiouen : cependant ce n'est pas un Khiouen.

« Le chat alors poussa son cri : miao !

« Et les Chinois ravis l'appelèrent : le chien qui fait miao (Khiouen-miao).

« Et le beau sexe félin, représenté par la chatte, fut dénommé : le chien miao femme : Khiouen-miao-niu. »

– Non, monologua Cigale, en voilà une langue. Alors tous les animaux peuvent devenir des chiens. Il n'y a pas de raison pour ne pas appeler une vache : chien à cornes femme, et la femelle de l'éléphant : chien long nez femme.

« En résumé, continuait le docte Unitus Straboni, avec les figuratifs et les phonétiques, les Chinois ont quelques signes syllabiques... Mais quelles syllabes, ciel !

« Ainsi le mot France, où règne le bien-aimé roi Louis XV, se décompose en trois syllabes : F-Ran-Ce, et se prononce Fou-lan-si. »

– Alors, grommela le jeune homme, je suis un Parigot de Fou-lan-si. Sont-ils crétins !

Mais avec acharnement il se replongea dans sa lecture.

« En résumé, trente années de la vie d'un lettré suffisent à peine pour apprendre les innombrables caractères écrits. L'Européen fera donc sagement de ne pas viser à la littérature chinoise.

« Par contre, il se mettra facilement en état de converser et de se faire entendre des indigènes. Pour cela, il aura à s'assimiler 214 signes, 214 mots, qui sont les radicaux de la langue, et grâce auxquels il pourra, dans la plupart des circonstances, exprimer sa pensée et comprendre ses interlocuteurs. »

Le livre donnait ensuite, sous forme de tableau, les radicaux en cause, leur représentation graphique, leur sens français et le nombre des dérivés de chacun d'eux.

– Ça, fit Cigale, c'est comme une espèce d'alphabet. 214 lettres, et quelles lettres, bon sang! Les premières encore, cela irait. Elles ne comportent qu'un seul trait... mais les dernières! Oh la la! quinze, seize et dix-sept traits.

Il souffla bruyamment :

– Et ce ne sont que les radicaux. Bon, en voilà un : thsao (roseau), qui a 1902 dérivés. Alors quoi? Pour écrire le dix-neuf cent deuxième, il faut des centaines de lignes. La vie d'un homme pour inscrire un mot. Le cric me croque, je n'arriverai jamais à faire lire ma prose à cette *Impératrice de la jaunisse!*

Soudain deux détonations violentes retentirent; le sol trembla et les porcelaines cloisonnées, modelées en animaux réels ou fantastiques, tintèrent sur les planchettes des étagères.

– Qu'est-ce que c'est que ça?

Remettre son masque, se précipiter au-dehors fut pour le Parisien l'affaire d'une seconde.

Dans les cours, dans les jardins, parmi les fleurs et les arbustes, autour des statues, des lions dorés, des vases de bronze, de jade, de stuc, les eunuques multicolores, les esclaves, les mandarins se groupaient, causant avec animation, désignant du geste la partie sud de la Cité Interdite.

Que se passait-il donc?

C'était vers le sud que se trouvaient les Légations, et de ce côté sur le mur d'enceinte s'élevaient à chaque détonation des volutes de fumée.

Plus de doute, les Chinois ont hissé des pièces d'artillerie sur le rempart; ils canonnent les Européens.

Les yamens, construits en bois, en briques légères, pourront-ils résister à la bousculade effroyable des obus ?

Inquiet, le Parisien traverse les cours, se hâte à travers le dédale des palais. Il arrive en face du point où il était tout à l'heure, de cet angle de l'enceinte d'où il assista impuissant et muet à l'assassinat.

– Ah ça ! gronde-t-il, c'est donc le coin des méchantes affaires.

Deux canons sont perchés sur le chemin de ronde.

Des artilleurs de l'armée régulière les « servent ». A chaque coup des tonitruants engins, ces Mandchous poussent des acclamations.

Ils font donc du mal à l'ennemi.

L'ennemi ! Ceux que l'on désigne ainsi, sont ces Européens avec qui Cigale est de cœur, parmi lesquels il voudrait courir avec son ami Loret délivré.

Le voilà au milieu des Mandchous, dans la fumée âcre de la poudre.

Sur l'une des pièces un pointeur s'allonge; il vise attentivement. Le coup part. En ronflant, le projectile décrit sa trajectoire, il passe au-dessus des toitures de la Légation anglaise et va tomber là-bas dans les arbres de Fou, ce parc que les Résidents ont occupé.

Cigale respire. La batterie chinoise est placée trop haut. Il lui est impossible de toucher les murailles. Ce n'est pas ainsi qu'elle fera brèche.

Et une volée de balles siffle dans l'air, renversant plusieurs servants.

Ce sont des Européens, abrités par des barricades élevées en dehors de l'ambassade britannique, qui ripostent au feu de leurs adversaires.

Décimés, les artilleurs abandonnent leur poste. Au surplus, il est six heures. La nuit va venir. La canonnade reprendra demain.

Le faux Bouddha Vivant demeure sur le rempart.

Il s'assoit de façon à être protégé par le parapet, car, songe-t-il, ce serait trop maladroit de se faire « trouer par ses amis » et il rêve.

Il rêve à ceux qui combattent, à ceux qui gémissent dans une prison de la Ville Rouge Interdite, à la grammaire chinoise, à la lettre que plus que jamais il veut écrire à la Douairière Tsou-Hsi.

Dans ses pensées il s'enfonce, oubliant le monde extérieur. Des spectres charmants évoluent autour de lui. C'est Roseau-Fleuri, Loret qui sont enlacés, souriants, qui le remercient de les avoir sauvés. C'est M. Pichon qui le complimente.

Et puis la chère morte, Anoor, sa sœur Na-Indra, le prince Rundjee ou docteur Mystère, ces amis éloignés, restés dans la Russie perdue là-bas, derrière l'horizon ouest qui s'embrume d'obscurité.

Il lui semble qu'Anoor, douce apparition, le regarde tendrement, que ses lèvres d'esprit errant s'agitent, qu'elle parle.

– Je suis fière de toi, Cigale, fière de ta tendresse. Tu vaincras et j'attends ce moment pour venir à toi.

Oh! le bon rêve. Puisse-t-il ne plus finir! Et la forme charmante continue :

– Mystère, ce père d'adoption, a voulu que tu fusses digne de moi. Le monde cruel eût trouvé étrange que l'enfant perdu de Paris devînt l'époux de la noble fille des rajahs; il applaudira au mariage du héros de Péking. Continue, achève ce que tu as commencé.

Brusquement Cigale se dresse. Il est seul sur le rempart, dans la nuit épandue sur toutes choses. A deux pas de lui, les canons abandonnés allongent leur bronze menaçant vers les Légations.

Voilà ce qui est vrai, le reste n'était que fantaisie de l'imagination. Pourquoi donc rêver pour aboutir à ce réveil cruel?

– Allons, mon vieux, murmure le Parisien, debout! Le bonheur a déménagé de chez toi, mais il existe encore pour les autres. Faut le leur donner, va piocher la grammaire.

Secouant les épaules, comme pour chasser les dernières velléités de tristesse, le brave garçon quitte le chemin de ronde et retourne à sa demeure, où sur le guéridon de laque le livre d'Unitus Straboni est resté ouvert.

Il veut lire, mais son imagination surexcitée ne le lui permet pas. Devant ses yeux passent des images aimées, Anoor, Na-Indra, Mystère.

Son corps est à Péking dans la Ville Rouge Interdite; mais son âme est en Russie, à Moscou, auprès des vivants; à Saint-Pétersbourg, dans le cimetière morne où dort la morte.

De guerre lasse il ferme le vénérable bouquin et remet au lendemain son étude de la calligraphie chinoise.

Dès l'aube, il fut debout. Une bonne nuit avait chassé les brouillards qui, la veille, obscurcissaient son esprit. Avec ardeur, il reprit les *Considérations* d'Unitus et continua son voyage à travers le dédale de la linguistique céleste.

« La pauvreté de cet idiome, parlé par quatre cents millions d'hommes, est incroyable, affirmait le savant auteur. C'est par des exemples seulement que nous pouvons espérer faire passer cette conviction chez nos lecteurs.

« Ainsi, en 1772, une ambassade du Pape de Rome vint à Péking.

« Parmi les présents qu'elle apportait, se trouvait un canon, offrande qui paraîtrait étrange de la part du Souverain Pontife, si l'on ne comprenait qu'il a voulu donner ainsi à l'Empereur une haute idée de la puissance des Occidentaux.

« Grand fut l'émoi parmi les lettrés.

« Comment désignerait-on cet engin nouveau?

« Après bien des controverses, on s'arrêta à l'appellation de « Char de guerre qui fait pan »; en céleste : Tché-pao; littéralement Tché : char de guerre; pao-pan.

« De là pour un mousquet, « tube qui fait pan » ou tube-pao. »

Malgré son énervement de sentir qu'au point de vue épistolaire, il ne faisait pas un pas en avant, Cigale ne pouvait s'empêcher de rire en parcourant ces lignes.

« Cela a l'air d'un dialogue pour enfants, se disait-il.

A ce compte, on doit nommer un tambour : Caisse qui fait rataplan; une grosse caisse : Boîte qui fait boum-boum. C'est cocasse, mais incommode. Pour lancer une phrase, il est nécessaire d'employer un nombre incalculable de mots. »

« Mieux que cela encore, poursuivait Unitus Straboni. En Chine, les pronoms personnels n'existent pas. Cette absence si remarquable dans les anciennes langues grecque et latine, ne présentait chez les peuples de l'Hellade et du Latium aucun inconvénient, ils avaient obvié à cela par la modification de la terminaison des différentes personnes du verbe, tout comme ils se passaient d'articles au moyen de la déclinaison des substantifs.

« Les Chinois ont eu recours à une combinaison autrement compliquée.

« Ils ont le mot : soi-même.

« Et voici comment ils l'accommodent pour lui faire signifier : je, tu, il, nous, vous, ils.

soi-même	Je
2e soi-même	Tu
3e soi-même	Il
grand soi-même	Nous
2e – soi-même	Vous
3e – soi-même	Ils

– Eh bien, bougonna Cigale en montrant le poing à son livre : second soi-même, tu me rases.

Nonobstant cette boutade, il n'abandonna pas l'antique recueil.

« La conjugaison des verbes est l'enfance du langage. Dans la plupart des cas, d'ailleurs, le verbe manque. Alors que fait-on ? On prend le substantif qui, dans une syntaxe régulière, serait le complément direct ou indirect et on le fait précéder de soi-même.

« Ainsi : je mange une poire; poire étant le complément direct devient le verbe invariable poire, et l'on exprime son présent de cette façon comique :

soi-même	poire
2e soi-même	poire
3e soi-même	poire
grand soi-même	poire
2e – soi-même	poire
3e – soi-même	poire

– Brrrrrr ! fit Cigale en grinçant des dents, le sont-ils assez *poire,* ces gaillards-là !

Et il remit le nez dans son livre.

« Le passé s'énonce en ajoutant au présent le vocable : avant.

« Le futur en adjoignant le mot : après.

« Soi-même poire avant, signifie : J'ai mangé une poire.
« Soi-même poire après, veut dire : Je mangerai une poire.

« Et ainsi de suite. Quelques exemples achèveront d'édifier le lecteur.

« Soi-même cheval. – Je monte à cheval.
« Soi-même nez. – Je sens par le nez.
« Soi-même oreilles. – J'entends avec mes oreilles.
« Soi-même yeux. – Je vois avec mes yeux.
« Soi-même langue. – Je parle avec ma langue.

« La souffrance, le plaisir se traduisent par l'adjonction des expressions : mal, bien.

« Soi-même langue mal. – J'ai mal à la langue.
« Soi-même œil bien. – J'ai l'œil bon.

« Pour la comparaison, on repète deux fois le mot :

« Poire, poire, exprime l'idée : Semblable à une poire.

Cigale devenait enragé. A chaque ligne s'implantait en son esprit la conviction plus grande que jamais il ne réussirait à écrire le placet rêvé.

Et pourtant les heures passaient. Lan sans doute, armé de la bague au Phénix que lui avait remise l'Impératrice, pressait les préparatifs de l'exécution de Loret, de Roseau-Fleuri.

Est-ce que ses pauvres amis allaient être exécutés? Est-ce que par la stupide ordonnance de la grammaire chinoise, tout espoir de salut devait s'évanouir?

Ah! il y aurait bien un moyen... Ce serait de faire rédiger le parchemin sauveur par le poète Liang.

Celui-là n'ignorait rien du grimoire du fils de Han. Et puis, il s'allierait bien au Parisien, cet homme qui avait à arracher sa nièce à la mort.

Mais ce lettré sceptique, à l'allure d'un brave homme, était peut-être perfide à l'égal de ses concitoyens. De plus, il s'inclinait devant l'autorité impériale, soucieux avant tout, semblait-il, de conserver la faveur de ses souverains. Risquerait-il sa tête pour Roseau-Fleuri, car en se faisant le complice du Parisien, Liang risquerait sa tête en cas d'insuccès.

Cigale n'osa pas tenter l'aventure et il allait reprendre le volume d'Unitus Straboni, quand une explosion, auprès de laquelle celles de la veille n'étaient que bruits anodins, déchira l'atmosphère.

Tout trembla.

Une potiche précieuse roula à terre, où elle se brisa en plusieurs morceaux.

Stupéfait, inquiet, assourdi, Cigale bondit hors de la maison. De l'est, rabattue par le vent, une épaisse fumée, tel un nuage bas, envahissait la Ville Rouge après avoir passé par-dessus le mur d'enceinte.

– C'est le Pé-Tang qui a sauté, balbutia le jeune en pâlissant.

Mais son abattement ne dura qu'une minute. Bien vite il se ressaisit et voulut voir.

De nouveau, il court, escalade l'enceinte, regarde dans la direction des Lacs Réservés. C'est là-bas, non loin des remparts de la Ville Jaune Impériale, que s'élèvent le Pé-Tang, la cathédrale, la demeure de M. Favier, les écoles, les maisons de 3000 Chinois convertis, les établissements des sœurs de charité.

Non, le Pé-Tang n'a pas été détruit. L'église a son clocher décapité par les obus, ses murailles trouées, ses verrières brisées, mais elle reste debout.

DES MATELOTS BONDISSENT AU MILIEU DES BARBARES.

C'est une mine souterraine qui a éclaté, jetant à terre une partie de la résidence des sœurs, tuant une centaine de Célestes chrétiens, blessant mortellement l'un des dix matelots italiens qui, joints aux trente hommes de l'enseigne de vaisseau Paul Henry, forment la garnison du quartier catholique.

Les Boxers qui pullulent aux environs, qui grouillent sur les murailles de la Ville Jaune, supposent que l'explosion a démoralisé les Européens. En face de la grille du Pé-Tang, ils amènent un canon.

Ils suivent, foule hurlante et cruelle, cet engin de bronze qui va faire brèche, leur ouvrir l'accès de l'asile où se sont réfugiés les convertis.

Leurs cris sauvages arrivent jusqu'aux oreilles de Cigale. On penserait entendre des fauves s'appeler dans les ténèbres.

Le canon est chargé.

Feu ! éclair, fumée, détonation ! Un boulet plein brise les barreaux de la grille, atteint la croix de pierre qui surmonte le portail et la jette sur le parvis.

Des vociférations accueillent ce résultat.

Vite de nouvelles gargousses, de nouveaux projectiles. Les Boxers se dépêchent, se gênent les uns les autres dans leur hâte de pratiquer un passage, au bout duquel ils doivent trouver des milliers de victimes à égorger.

Et Cigale retient à grand-peine un cri de triomphe.

Une dizaine de matelots, sortis sans être vus du Pé-Tang, bondissent tout à coup au milieu des barbares stupéfaits, déchargent leurs armes dans la masse à bout portant, puis à la baïonnette, à coups de crosse, ils chassent devant eux ce troupeau d'égorgeurs devenus lâches en présence de soldats.

Ils ramènent le canon, le mettent en position derrière la grille, en avant de la cathédrale.

— Hourra ! fait Cigale, le Pé-Tang a maintenant un « char de guerre qui fait pan ». Vivent les marins !

Réconforté par ce succès des assiégés, il retourne à son logis. Lui aussi veut vaincre son ennemie, cette grammaire endiablée à laquelle il ne comprend goutte.

Et il lit :

« Autre exemple de la misère de la langue de l'Empire du Milieu. Certains mots n'ont qu'un sens de position.

« Je ne parle pas ici du vocable Théou, qui, placé seul, n'a aucune signification, mais qui, accolé à un autre mot, lui donne son sens superlatif. Exemple : Siaô, petit; Théou-Siaô, le plus petit. Celui-là est un type à part, dans lequel je ne serais pas éloigné de voir l'origine de notre mot Dieu. *Theou* superlatif, devenu *theos* en grec, *Deus* en latin, *Dieu* en français; mais nous n'avons pas à nous livrer ici à des observations étymologiques.

« Les noms à sens de position sont autre chose; suivant qu'ils sont placés avant ou après un autre mot ou entre deux mots donnés, leur signification varie.

« C'est ainsi que : Ssé, selon la place qu'il occupe dans la phrase, équivaut à : docteur, savant, ministre, poète, homme pervers, homme vicieux, homme habile.

« Ainsi que Tzé ou Tsé, d'après son poste, représente l'idée de violet, de bleu ou de vert.

« Un exemple éclairera cette proposition étrange au premier abord.

« Le nom du Yang-Tsé-Kiang, grand fleuve chinois, que nous appelons à tort le fleuve Bleu, est formé des trois mots : Yang, fleuve, Kiang, grand, et Tsé.

« Entre Yang et Kiang, Tsé se traduit violet; avant Yang, il aurait comme sens bleu; après Kiang, il deviendrait vert.

Yang-Tsé-Kiang – Grand fleuve violet.
Tsé-Yang-Kiang – Grand fleuve bleu.
Yang-Kiang-Tsé – Grand fleuve vert.

– Allez donc écrire avec ces règles-là, soupira Cigale. Que ce soit vert ou violet, on n'y voit jamais que du bleu.

« Autre exemple :

« Pour exprimer cette formule d'enthousiasme :

« A l'Empereur, je souhaite dix mille années, cent mille années.

« Les Célestes disent :

« Empereur, dix mille, dix dix mille.
« *Hoang-Ti ouan-soui, ouan-ouan-soui.* »

Du coup, Cigale se fâcha tout rouge :

— Ce que je m'en moque de l'Empereur et de ses dix mille ans. En voilà un abruti que ce M. Unitus Straboni. Qu'est-ce que ça prouve tout ce qu'il raconte ? Rien. Il déclare qu'il y a des quantités de difficultés... Parbleu ! il n'y a pas besoin de lunettes pour s'en apercevoir. Seulement ce qu'il n'indique pas, c'est la méthode pour les tourner... Décidément, ce grammairien-là est Unitus comme une oie.

Malgré son emportement, il persista encore, découvrit à la fin du volume une note manuscrite, ajoutée récemment sans doute par quelque lettré, et s'amusa un instant de la traduction du nom des dernières inventions modernes que voici :

Locomotive	—	en chinois	: Dragon-Feu.
Téléphone	—	—	: Oreille-fil-métal.
Phonographe	—	—	: Métal-bouche.
Appareil électrique		en chinois	: Tao-toc-tonnerre.
Torpille	—	—	: Poisson qui fait pan dans l'eau.

Bouillant de colère, froissant les pages, Cigale eut encore le courage d'apprendre la numération.

1 un, i — 6 six, loù.
2 deux, eulh — 7 sept, thsi.
3 trois, san — 8 huit, pâ.
4 quatre, ssé — 9 neuf, kieou.
5 cinq, où — 10 dix, ché ou ouan, an indiquant le redoublement de où : cinq.
20 vingt ou deux dix — eulh ché.
30 trente, trois dix — sen ché.
100 cent, dix dix — ché ché.
1 000 mille — soui.
1 000 000 un million, mille mille soui-soui.

Il se rendit compte, le malheureux Parisien, que chez les Chinois, de même qu'autrefois au pays des Pharaons, chaque chiffre correspondait à un objet : euhl, deux et oreilles; ssé, quatre et docteur; loù, six et cerf; ché, dix et perfection.

Et enfin, à bout de patience, il jeta le livre en l'air si malheureusement, que l'ouvrage d'Unitus Straboni, dans sa trajectoire, alla donner au milieu de la glace d'une vitrine qui se brisa sous le choc.

Continuant son mouvement, le volume fit perdre l'équilibre à une statuette de bronze de la déesse de la guerre Kouan-ün. La divinité, en basculant, tomba la tête la première dans un vase, adorable échantillon de la porcelaine sous la dynastie des Tsing, lequel se fractionna en nombreux éclats.

C'en était trop.

Cigale comprit qu'il allait mettre en pièces tout son mobilier, et cachant sa face congestionnée sous son masque de Bouddha Vivant, il sortit.

La tête en feu, il parcourut les jardins, les cours, les passages de la Ville Interdite sans trouver la tranquillité. Le bruit du canon, de la fusillade, emplissait l'air. Des fumées noires s'élevaient de tous les quartiers de Péking, marquant les endroits où les Boxers allumaient l'incendie.

Partout la haine, le meurtre.

Et partout la même impuissance à conjurer le danger. Là-bas les Légations, le Pé-Tang cernés par les barbares; ici, Loret et Roseau-Fleuri avec le glaive du bourreau suspendu sur leurs têtes. Ah! quelle chose horrible d'avoir soif de se dévouer, d'avoir imaginé ce qui sauverait ceux que l'on aime et de ne pouvoir l'exécuter.

Dans la Ville Rouge, dix, cent lettrés avec un pinceau soyeux, un pain de couleur dilué dans l'essence, eussent rédigé en quelques minutes le placet, grâce auquel deux êtres beaux, aimants et bons, auraient échappé au trépas; mais ceux-là ne se prêteraient pas à pareille œuvre.

Et Cigale maudissait sa main maladroite, son cerveau obtus, comme s'il avait été en son pouvoir d'absorber, en quelques heures, la science calligraphique, qu'après de longues années seulement possèdent les lettrés.

Abruti, éreinté, le Parisien échoua au temple des Dix Mille Bouddhas; les lamas distribuaient justement les offrandes des fidèles. Le faux Nô reçut sa part. Il la prit, mangea par raison et revint à son domicile.

De la nuit il ne put fermer l'œil. Son dernier espoir s'était évanoui. Le découragement, ce sentiment qu'il avait ignoré jusqu'à cette heure, pesait sur lui, l'écrasait, l'annihilait.

— Plus rien à faire, geignait-il en se retournant sur sa couche; je n'ai qu'à assister les mains dans mes poches à la mort de ce brave Loret, de la mignonne Roseau-Fleuri.

Vers le matin pourtant, une autre pensée lui vint.

— S'ils sont conduits dans le cirque, rien ne m'empêche de leur épargner la souffrance. J'aurai un couteau sur moi. Je saute dans l'arène, je les poignarde et moi ensuite.

Et mélancoliquement, il conclut :

— Cela peut s'appeler un service d'ami.

Il serra les poings, mâchonna un énergique :

— Flûte!

Puis demeura immobile.

Dormait-il? On ne saurait l'affirmer. Dès que le jour se montra, que l'heure d'aube sonna aux innombrables horloges, pendules, cartels, réveille-matin, coucous, dont les fabriques suisses et allemandes ont infesté la Cité Impériale, Cigale se leva.

Il voulait tenter une nouvelle épreuve, fouiller encore l'amoncellement des parchemins de la bibliothèque. Il n'espérait pas être plus heureux que par le passé; mais avec son caractère combatif de Parisien nerveux, il avait pensé :

« N'y eût-il qu'un quart de chance sur cent, on doit l'essayer. J'essaie donc. En désespoir de cause, il restera toujours le couteau. »

Puis par réflexion :

« Quand je serai couché sur la piste du cirque, avec une belle boutonnière à l'abdomen, ils en feront une tête, les idiots jaunes, en découvrant *ma bobine* sous le masque de Nô. Ce sera à payer sa place. C'est ennuyeux de ne pas voir la scène. »

Mais haussant philosophiquement les épaules :

« Après tout, une fois dans *le wagon-lit des cimetières,* je me moquerai bien de tous ces *singes passés au ripolin canari.* »

Comme il l'avait prévu, sa visite au pavillon des parchemins peints ne donna aucun résultat, et midi tintant dans tous les coins du palais, le jeune homme quitta la bibliothèque.

Dans la cour, le calme le surprit. Il prêta l'oreille, plus de coups de canon, plus de bruits de mousqueterie.

– Ah ça ! les Boxers font grève !... c'est donc des collectivistes.

Intrigué, Cigale se rapprocha de l'enceinte, se hissa sur le chemin de ronde qu'il parcourut dans toute sa longueur.

Au sud, près des Légations; à l'ouest, au Pé-Tang; autour de l'église catholique de Si-Tang, du temple protestant de Je-Sou-Tang; à l'est, vers les établissements du Pé-Kouan (mission orthodoxe russe), du Tong-Tang (chapelle catholique de l'Est), de Je-Tan (oratoire réformé) tout était calme. Aucun Boxer, aucun Chinois armé ne se montrait aux alentours de la muraille.

– Voyons, voyons, je ne rêve pas, monologua Cigale. On a donc signé un armistice ?

Naturellement, il ne trouva pas de réponse à cette interrogation. Toutefois, réjoui en songeant que, du moins, les Européens pouvaient se reposer, reprendre des forces pour les combats futurs, il dégringola l'escalier raide de la muraille et revint à son logis.

Après tout, Loret, Roseau-Fleuri et lui-même seraient peut-être les seules victimes des Boxers.

Et puisque nous ne souffrirons pas, conclut héroïquement l'enfant de Paris, c'est une *simple paille.*

Chez lui, une surprise l'attendait. Une enveloppe dorée, ornée du sceau impérial, était arrivée en son absence.

Il l'ouvrit.

A l'intérieur était un parchemin couvert de caractères jaunes incompréhensibles pour lui.

– Bon, fit-il, voilà que ça se complique encore. Je

suis incapable d'écrire à l'Impératrice et voilà qu'elle m'écrit une lettre qu'il m'est impossible de lire. Que diable m'a-t-elle marqué sur ce chiffon ?

Il eût cherché longtemps si deux eunuques, en costume de gala, ne se fussent présentés. Par signes ils expliquent au « sourd volontaire » qu'ils étaient chargés de le guider vers le cirque.

Le cirque ! Un frisson parcourut le corps du jeune homme. L'heure de mourir était donc venue. Ses amis, lui-même allaient entreprendre le voyage sans retour.

Mais son émotion ne dura qu'une seconde. La lettre impériale était une convocation. Soit, il s'y rendrait. Sans être vu, il prit un couteau, le dissimula sous sa tunique et suivit les eunuques.

IV

L'HIPPODROME IMPÉRIAL

Une vaste ellipse pavée de dalles jaunes forme l'arène. Alentour des pavillons, aux toitures fantastiques, dorées, enluminées de tons vifs, sont accolés les uns aux autres. La face ouverte sur l'arène laisse apercevoir des gradins sur lesquels se presse une foule bigarrée. Les bandes boxers ont envahi la partie de l'amphithéâtre réservée au peuple. Des fanatiques sont là, hideux, bavards, échangeant des plaisanteries cruelles, des rires sinistres. Et, parmi eux, des Mandchous en armes, graves et paresseux comme à l'ordinaire, croquent des pépins de pastèques du pays. Dans la loge impériale, plus élevée que les pavillons voisins, les deux mille eunuques, gardes et serviteurs du Fils du Ciel, occupent leurs places. Dans leurs vêtements d'apparat, tuniques blanches bordées de jaune, casqués de leur mitre arrondie, ornée de la forme symbolique du dragon d'or, ils affectent l'attitude indifférente et ennuyée de blasés que les spectacles du cirque ne sauraient émouvoir.

Les premiers rangs de fauteuils, disposés le long du balcon de la loge, dont l'accoudoir est drapé de soies rouges et jaunes, sont encore inoccupés. Ils étalent leurs brocarts aux teintes éclatantes, dans l'ombre dorée que répand le store étendu pour abriter du soleil les augustes spectateurs.

La fusillade s'est tue dans la ville.

Par ordre de l'Empereur, l'attaque des Légations, de la mission de Pé-Tang, des diverses églises françaises, allemandes, anglaises ou russes, a été suspendue.

Que les Européens, les chrétiens respirent en ce jour, le Fils du Ciel s'amuse et il ne veut pas être troublé dans ses plaisirs.

Soudain, par les arcs de triomphe édifiés aux deux extrémités de l'arène, des valets du cirque, serrés dans des maillots bleus et verts, paraissent. Chacun porte une cage de laiton qui brille comme de l'or. Chacun ouvre la porte de la prison métallique, et les captifs, de beaux pigeons à la queue desquels on a fixé des sifflets selon la coutume chinoise, s'élèvent dans l'air, produisant, au moyen de l'appareil dont ils sont ornés, un vacarme assourdissant de sifflements aux tonalités variées.

– Longue vie, mille et mille prospérités au Fils du Ciel, frère aîné du Soleil, père des hommes et de la terre ! crie la foule.

Elle est heureuse, cette plèbe. L'envol des pigeons annonce que l'Empereur a quitté son palais, qu'il se dirige vers l'hippodrome.

Bientôt le spectacle va commencer. Et le bruit assourdi de gongs, de clochettes, de timbres, de cymbales, pénètre avec une bouffée de vent dans le cirque. Les cris redoublent, les Mandchous, les eunuques eux-mêmes perdent leur indifférence. Ils se lèvent à demi, les yeux tournés vers les trois portes, tendues de draperies jaunes, pratiquées au fond de la loge impériale.

Quelques instants s'écoulent. Un silence lourd plane sur l'assistance.

On attend. Soudain la draperie, qui masque la porte médiane, est tirée par une main invisible.

L'Empereur paraît, ayant à ses côtés la Douairière Tsou-Hsi.

Tous deux sont vêtus de costumes entièrement jaunes. Soies aux nuances claires, aux broderies de fils d'or, plumes merveilleuses, diadèmes inestimables, et sur cette orgie de jaune, tranchant ainsi que des taches de sang, d'énormes rubis façonnés en boutons, en chatons, taillés en pierres précieuses.

Une minute, ils demeurent immobiles, dominant les milliers de spectateurs entassés autour de l'arène. On dirait deux idoles habillées d'or s'offrant à l'adoration des fidèles. Comme une étincelle électrique, cette impression parcourt la foule, une clameur implorante monte de la populace vers les maîtres de l'Empire Fleuri.

Lentement, foulant le tapis moelleux jeté sur les degrés, Kouang-Sou et Tsou-Hsi descendent aux fauteuils qui les attendent. Ils prennent place. Alors les portes latérales de la loge s'ouvrent à leur tour. Courtisans, officiers, ministres, membres du Tsong-Li-Yamen, lamas, bonzes, lettrés entrent en foule, se groupent autour du couple impérial qui, sans un geste, sans une inclination de la tête, écoute les acclamations répétées de la foule.

C'est jour de liesse, chacun peut contempler les traits des souverains. En temps habituel, les serviteurs, les hauts dignitaires, seuls, sont admis à cet honneur. A présent, le plus infime des assistants a le droit de récréer ses yeux de la vue des visages vénérés.

La suite de l'Empereur a enfin réussi à se caser. Ils sont tous là. Le comte et la comtesse Tiko, dont la volonté de Kouang-Sou a fait les petits enfants de leur fils; les trois sœurs Ha-Tchin, dont les chignons tordus sont traversés par de longues épingles d'or, les mêmes peut-être qui ont servi à occire leurs époux; et aussi le Prince Lan, envoyé par son frère Tuan pour pousser le siège des Légations.

Relégué à une extrémité de la loge, le lettré Liang,

pâle, les yeux clignotants derrière ses lunettes, regarde sans voir, droit devant lui.

Ah ! le poète a bien changé.

Envolé son sourire sceptique, envolée sa parole onctueuse qui détaillait si bien les négations réjouissantes. Il est morose et douloureux. La tristesse l'a courbé. Rien au monde ne lui paraissait digne d'un regret, et voilà que les dieux – sont-ce les dieux ? ce doute obstiné traverse son esprit – l'ont séparé de Roseau-Fleuri, de cette enfant qu'il aime ainsi que le plus tendre des pères. Et tout à l'heure, il la verra, sa fille, il l'appelle ainsi, il la verra descendre dans l'arène, expirer sous ses yeux.

Ces idées se heurtent dans sa tête, et d'autres idées viennent encore augmenter le chaos de sa pensée.

Va-t-il vraiment voir Roseau-Fleuri, cet être délicieux, élégance de sa demeure, lumière de ses yeux, devenir cette chose ridicule et laide... un cadavre ?

Ah ! les dieux n'existent pas ! Sans cela, ceux que l'on prétend les inspirateurs des porcelaines peintes, des bronzes ciselés, des poèmes émus, ces dieux descendraient dans le cirque pour sauvegarder Roseau-Fleuri, cette enfant dont les traits, la démarche, mille fois plus gracieux et jolis que les porcelaines, bronzes ou poésies, semblent émanés de l'art le plus pur; mieux que cela, sont l'art lui-même. Pourquoi songer à ces divinités, fantoches créés par l'imagination inférieure des foules ? Les dieux n'existent pas. Il n'y a que de bons ouvriers qui peignent le kaolin recouvert d'émail ou travaillent le bronze, de braves poètes, dont le pinceau trace en lignes verticales les rêves de leur cerveau. Aucun dieu ne les inspire. Ils distillent l'art comme les fleurs distillent leurs parfums, comme la mer donne le sel et le ciel la rosée, sans raison divine, uniquement parce que cela est nécessaire à l'harmonie de la matière.

Liang a soudain un frisson de colère.

Nô, du moins c'est sous ce nom qu'il désigne Cigale, toujours affublé de la défroque de feu le Bouddha Vivant et du masque de porcelaine, Nô s'est glissé auprès de lui.

Qu'a donc ce misérable Nô à le dévisager? Ne lui suffit-il pas d'avoir poursuivi d'une haine injustifiée l'innocente Roseau-Fleuri et celui qu'elle avait distingué entre tous... Il vient insulter à leur supplice, narguer sa douleur à lui, Liang!

Sa douleur! Jadis il prétendait qu'un philosophe ne saurait être atteint par les coups du sort. Cette formule se représente à lui... Combien, en quelques jours, son esprit s'est transformé. Combien vaine lui apparaît cette philosophie pompeuse dont il se berçait, la prenant pour la sagesse.

Alors il pensait que la suprême félicité résidait dans la faveur des souverains, dans un entourage de bibelots précieux, de couleurs suaves, de jades, de broderies. Insensé! tout cela est peu de chose auprès de l'enfant qu'il avait considérée si longtemps comme un bibelot plus réussi que les autres, étant plus jolie, étant douée de mouvement.

Et aujourd'hui, il comprenait trop tard que cette enfant était la source même de sa vie. Pourquoi n'avait-il pas vu plus tôt clair en lui-même? Comme il l'aurait emportée loin de cette cour funeste, loin de cet Empereur imbécile, qui livrait l'Empire du Milieu aux assassins; loin de cette Douairière, ancienne servante d'auberge, qui avait conservé de sa prime condition l'amour des foules brutales, des exécutions sanglantes! Ah! qu'ils étaient bêtes et hideux, ces êtres dont il s'était fait le courtisan! Toujours il avait eu à leur endroit le mépris élégant que le philosophe accorde volontiers aux puissants dont il se sert, mais à présent grandissait en lui un sentiment violent, impérieux, dont il ne se serait jamais cru capable : la haine! Le chagrin, ce maître des âmes, lui enseignait à la fois la tendresse des pères et l'aversion des oppresseurs. Une seconde, ses yeux se fixèrent avec menace sur les monarques que la plèbe acclamait sans relâche. Son regard rencontra celui de la Douairière.

Elle dut détourner les yeux. La flamme qui irradiait ceux du poète la brûlait. Tout bas elle se promit de l'éloigner de sa présence. Elle qui n'avait jamais rencontré que des esclaves ou des flatteurs, elle devinait vaguement qu'un ennemi lui était né. Elle se pencha vers Kouang-Sou, murmura quelques paroles à voix basse, et l'Empereur, pantin docile, éleva en l'air son éventail fermé, fixé à l'extrémité d'un sceptre d'or. Un murmure courut dans la foule, puis plus rien.

Et des trompettes retentirent, les portes closes des arcs de triomphe de l'arène s'ouvrirent, et deux cortèges d'êtres armés parurent sur la piste.

C'étaient des barbares venus des confins de l'Empire, des Mongols Turkmènes aux bonnets pointus, aux sabres recourbés, des Los, arrachés à leurs retraites sauvages de l'île Haïnan, vêtus de peaux de bêtes; des Iliaks, montagnards de Formose, au torse nu couvert de tatouages indélébiles, armés seulement d'une fourche de fer, ou brandissant des cordes goudronnées à l'extrémité desquelles tournoyaient des boules de bois, hérissés de pointes acérées.

C'étaient des femmes coréennes, thibétaines, kirghizes, des jeunes filles nées sur les rives glacées du Kamtchatka, du détroit de Behring, des Peaux-Rouges en provenance des solitudes canadiennes, des négresses venues du Soudan; ces malheureuses, achetées dans leur jeune âge à des marchands d'esclaves, avaient grandi dans la pagode de la Beauté Physique, où des acrobates, des spadassins célèbres les avaient dressées aux combats du cirque.

Et chacun à son tour, chacune à son rang, tels les gladiateurs de la Rome des Césars, passait devant la loge impériale, adressant un salut, un souhait, un sourire à ce fantôme de souverain, mannequin couvert d'or, prisonnier d'une caste dominatrice.

Le défilé prend fin. Des fanfares retentissent.

Les combattants se séparent en deux camps. Lentement les gongs résonnent sept fois. C'est le signal jeté par les hérauts à ceux qui vont mourir pour distraire la foule.

Les deux partis fondent l'un sur l'autre. Les Turkmènes, agiles et experts dans l'art du sabre, parent en se jouant les coups des Los, des Iliaks, qui attaquent fougueusement, mais sans méthode. Le sang coule sur les dalles de l'arène en traînées pourpres. Jaune et rouge, le sol a les couleurs d'un coucher de soleil. Les constructeurs de l'hippodrome ont-ils pressenti cela, ont-ils voulu par cette union du sang et du pavage aux tons dorés, indiquer emblématiquement que l'astre du jour va s'éteindre pour beaucoup, en même temps que l'étincelle de la vie?

Qui le sait?

Liang regarde, les yeux agrandis par l'horreur. Il a pitié des brutes saignantes qui s'agitent au-dessous de lui. Oui, pitié! Le sceptique raffiné, le lettré dédaigneux des humbles, a pitié. Il songe que Roseau-Fleuri aura le même sort que ces gladiateurs, et de sa tendresse pour elle jaillit l'humanité, la tendresse générale dont aucun n'est exclu.

Le Bouddha Vivant est toujours auprès de lui. Qu'a-t-il donc, on dirait qu'il tremble, que sa bouche mâchonne des imprécations inarticulées?

Nô se sent observé. Il redevient impassible.

Cependant le combat tire à sa fin. Le comte Tiko, Lan, les vertueuses Ha-Tchin applaudissent, lèvent leurs éventails déployés.

C'est le signe de grâce.

La Douairière, puis l'Empereur répètent le geste. Les hérauts se précipitent parmi les combattants, les séparent. Aux survivants la liberté, aux morts la sépulture; des claies traînées par des mules glissent sur la piste, on y entasse les cadavres; des balayeurs, précédés de valets qui arrosent l'arène d'eaux de senteur, font disparaître les taches de sang.

De nouveau le dallage reprend sa couleur uniforme.

La première partie du spectacle est achevée.

Un entracte a lieu. Des esclaves chargés de gâteaux, de sucreries, de vases de verre emplis de boissons fermentées, parcourent les gradins, lançant d'une voix nasillarde les invites alléchantes aux consommateurs. Dans la loge impériale circulent des glaces, des sorbets au melon, des thés acidulés de citron, des consommés bouillants, des fruits confits.

Eunuques, courtisans, dignitaires grignotent en devisant du combat; on vante les mérites de certains lutteurs, on blâme la maladresse des autres. De jeunes mandarins, fils de familles riches, bacheliers tout frais émoulus du Palais des Examens Littéraires, expédient des esclaves au Quartier Héroïque, partie de l'hippodrome où se tiennent les gladiateurs.

Ils brûlent d'engager à leur service tel ou tel de ces barbares rendus à la liberté par la volonté de l'Empereur. Soudain tout se tait. En hâte chacun reprend sa place.

Un héraut précédé de bannières rouges que traversent des diagonales noires s'avance sur la piste, des gongs vibrent lugubrement.

Au centre de l'ellipse dallée, l'homme s'arrête; il applique à sa bouche le porte-voix des annonceurs et il clame :

– Vous tous, puissants ou faibles, écoutez ceci !

« Dans le Tsong-Li-Yamen, dans l'assemblée où le Fils du Ciel, Maître et Père du monde, espérait n'avoir que de fidèles sujets, plusieurs ont trahi. Le Diable Etranger von Ketteler, représentant un monarque barbare d'Occident, a été justement tué par les dévoués Boxers. Eh bien, certains membres du Tsong-Li-Yamen se sont trouvés qui ont honoré la dépouille de cet homme à l'égal de celle d'un ancêtre. Ils ont enclos son corps en une bière, ils ont eu souci du bonheur post-mortel de cet adversaire, ils ont semblé blâmer ce que notre Empereur avait permis.

« Le Tribunal du Glaive et de la Balance a décidé qu'ils seraient mis à mort ainsi que des traîtres au culte des ancêtres. Celui dont le corps ne sera pas intact à l'heure du trépas, a écrit Confucius, doit renoncer aux extases promises dans les régions substellaires où résident les esprits bienfaisants. Les traîtres seront punis en ce monde et dans l'autre, car ils seront déchirés vivants en quatre cent quarante-deux morceaux. Tel est l'arrêt. Vous l'avez entendu. Qu'on s'incline devant ceci (1). »

Un tonnerre d'applaudissements, de rugissements, éclata, les gradins sonnaient ainsi que d'immenses tym-

(1) Reproduction textuelle de l'arrêt.

panons, sous les trépignements des spectateurs altérés de supplice et de sang.

Parmi les mandarins qui entouraient l'Empereur, plus d'un se sentit pâlir à l'audition du terrible arrêt frappant les membres du Tsong-Li-Yamen. Ceux-là étaient les tièdes, les non-purs Chinois, comme disaient les fanatiques aveugles enrôlés sous les bannières de Tuan. Ceux-là représentaient l'élite de l'intelligence, ayant compris vers quel avenir grandiose pourrait marcher leur pays, rénové par la science d'Occident.

Mais les Tiko, les Ha-Tchin, Lan, les vice-rois, dont les cohortes barraient la route de Péking aux alliés, manifestaient un enthousiasme aussi brutal que celui des Boxers eux-mêmes.

Les eunuques, obéissant à une fantaisie soudaine, frappaient les gradins en cadence, produisant un roulement régulier qui formait une basse profonde au vacarme dont s'emplissait le cirque. Mais les cris s'éteignirent dans les gosiers, les mains restèrent figées dans un geste d'applaudissement interrompu, lorsque, sous les arcs de l'arène, parurent les condamnés.

En grand uniforme de mandarins supérieurs, la casaque jaune sur les épaules, les globules rouges et les plumes de paon au chapeau, ils s'avançaient les mains chargées de liens de soie, la tresse des cheveux qui fait l'orgueil des Célestes tranchée par un ciseau cruel à hauteur des omoplates.

Un peuple de valets de cirque les entourait, dressait au milieu de l'arène une construction à jour, sous laquelle s'alignaient des tables, des étals, des couteaux de formes et de dimensions variées.

Nô ne marquait aucun intérêt au spectacle. La tête obstinément enfouie dans ses bras, il paraissait à ses vœux de mutisme et de surdité avoir ajouté celui d'être aveugle.

Brusquement, évolution normale chez qui souffre, le poète se sentit pris de sympathie pour ce petit Bouddha Vivant, personnage ridicule et sacré, répondant à sa pensée, seul parmi les milliers d'hommes emplissant le pourtour du cirque.

Et comme le regard de Liang se reposait avec complaisance sur Nô, celui-ci leva soudain la tête, le clair rayon de ses yeux filtra, à travers les trous du masque et vint s'implanter dans la pupille du poète, causant à ce dernier une impression étrange, indéfinissable, faite d'émotion, de surprise, d'anxiété.

Qu'avait-il donc découvert dans cet éclair du regard ?

Il n'eût su le dire, mais il pressentait que Nô, si indifférent en apparence, allait agir.

Dans quel but, à quel propos cette action ? Cela restait l'inconnu pour lui, mais l'action future ne faisait aucun doute dans son esprit. Elle aurait lieu. Le regard du Bouddha Vivant avait éveillé en son cerveau les idées de décision et d'obstinée volonté.

L'agonie des infortunés mandarins du Tsong-Li-Yamen, mourant pour avoir entouré d'un pieux respect la dépouille de l'ambassadeur d'Allemagne, tirait à sa fin.

Et sur la foule immobile, terrifiée, passaient lentement les râles décroissants, coups d'aile d'essai des âmes prêtes à l'envol suprême, coups d'aile qui souffletaient l'Empereur, ses courtisans, la populace.

Le lugubre concert se termina. L'un après l'autre, ces martyrs se turent pour toujours.

Ils étaient délivrés, laissant aux mains des bourreaux, aux crocs des étals, l'amas de chairs déchirées qui, naguère, étaient les corps des mandarins enviés pour leur puissance, leur savoir, leur richesse, leur bonheur.

Et tout à coup le soleil se voila. Une bourrasque furieuse pénétra dans le cirque, ébranlant les toitures des loges, déchirant les stores; une pluie diluvienne s'abattit sur l'arène, comme si les éléments conjurés voulaient faire disparaître les traces du crime accompli. Sur la foule passa la terreur. Boxers ou Mandchous pâlirent, croyant voir dans cette soudaine colère du ciel un avertissement, un blâme, une menace.

Durant quelques instants, le silence plana dans l'immense amphithéâtre, troublé seulement par les sifflements lugubres de la rafale et le clapotement de l'eau s'écrasant sur les dalles jaunes.

Puis le soleil reparut.

La tempête était un simple « grain »; les nuées noires fuyaient vers le nord, emportées sur l'aile du vent, et l'astre du jour versait de nouveau dans l'hippodrome des torrents de lumière.

Un soupir de soulagement s'échappa de toutes les bouches, emplit l'air d'un bourdonnement joyeux et, de tous côtés, des valets s'élancèrent sur la piste.

A l'aide de sable, ils séchaient les flaques d'eau, des balayeurs succédaient, repoussant la poudre humide jusqu'au pied des kiosques. En un quart d'heure l'arène fut nette.

Le spectacle pouvait continuer.

Alors une bande de musiciens s'avança sur la piste, suivis de chanteurs dont le visage était caché par le masque porte-voix.

Au centre, ces hommes formèrent le cercle et clamèrent une ode dithyrambique à la louange de l'Empereur Kouang-Sou, de l'Impératrice Tsou-Hi qui n'hésitaient pas à sacrifier leur favorite, la princesse Roseau-Fleuri, et à déchirer ainsi leur cœur aimant, afin de montrer à leur peuple que nul n'échapperait au châtiment s'il trahissait.

A cette musique infernale, à cette glorification rugie de la cruauté des souverains, Liang frissonna de la tête aux pieds. Il se leva à demi, ouvrit la bouche comme pour parler, mais aucun son ne sortit de ses lèvres.

L'émotion horrible qui le torturait étreignait sa gorge.

Il tourna ses regards vers le pseudo-Nô. Pourquoi ? Il ne le savait pas. Peut-être un vague instinct l'avertissait que celui-là souffrait comme lui. Peut-être le fluide mystérieux de la pensée de Cigale établissait-il une communication avec celle du lettré.

L'ode finissait au milieu des applaudissements de la foule délirante. Ce n'étaient plus des gladiateurs, des mandarins, dont le sang allait couler sur les dalles jaunes. Ce seraient un Diable Etranger, une princesse jolie entre toutes, ex-favorite de la Douairière. Ils seraient livrés aux bêtes : panthères et serpents. Comme d'énormes chats, les panthères bondiraient dans l'arène, où les reptiles dérouleraient leurs anneaux écailleux. La terreur des condamnés mettrait la plèbe en joie, avant que, dans un élan furieux, félins grondants, ou immondes animaux se traînant sur le sol, missent en pièces ceux qui avaient tenté de lutter contre le mouvement insurrectionnel des Boxers.

Lentement, la procession des instrumentistes se retirait, entraînant derrière elle les chanteurs auxquels leurs masques hideux, à la bouche retroussée en pavillon de porte-voix, donnaient l'apparence de démons, vomis par l'enfer chinois pour annoncer au monde que la beauté, la générosité, la noblesse étaient mortes, que désormais la nature épouvantée ne connaîtrait plus autre chose que le crime, la violence, la haine.

Sur ces fantoches sinistres les portes se refermèrent. L'arène était vide.

Il y eut un moment d'attente angoissant et terrible, puis une poterne, voisine de l'arc de triomphe du Sud, tourna lentement sur ses gonds.

Loret et Roseau-Fleuri entrèrent dans l'arène.

Un murmure salua leur apparition, aussitôt comprimé par l'admiration.

C'est qu'ils formaient un groupe adorable : lui, droit, la tête haute, le regard fier, élégant dans son costume de voyage fatigué, mais que par une coquetterie suprême en face de la mort, il avait, durant sa captivité, débarrassé de toute souillure; elle, drapée dans la robe de deuil, la tunique blanche des suppliciés, chancelante, apeurée, soutenue par Loret.

Ah ! les beaux, les nobles enfants, faits pour l'affection, pour la marche joyeuse à l'hyménée, et que le destin, cruel autant que les hommes, écartait brutalement de la route du bonheur, leur donnant pour autel une arène de cirque, pour officiants des fauves, pour vêtements d'époux un suaire, pour épithalame une épitaphe.

La foule restait muette. Elle regardait.

Toute blanche, les paupières mi-tombantes sur ses yeux aux regards éperdus, Roseau-Fleuri se laissait entraîner par Loret. Ils se dirigeaient ainsi, exquis et navrants, vers la loge impériale, et dans cette loge, une gêne inexplicable grandissait à chaque pas des condamnés.

Eunuques, ennemis des Européens, souverains, tous éprouvaient un frémissement intérieur, non de crainte... – que pouvaient-ils redouter de ces deux jeunes gens sans amis, entourés par une foule hostile ?... – mais d'anxiété.

Pourquoi venaient-ils vers ceux qui les condamnaient ?

Et les modérés, les mandarins à l'esprit large qui avaient jadis préconisé l'alliance avec les Européens et qui, débordés maintenant par la sauvage fascination qu'exerçait Tuan sur les foules, étaient relégués au second plan, ceux-ci relevaient la tête, avec l'espoir d'un miracle, de l'intervention de l'inattendu.

Yong-Lou, le prince King, chefs de ce parti suspect à l'entourage actuel de la Douairière, souriaient aux fiancés traversant la piste aux dalles jaunes.

A cinq pas de la loge impériale, Loret fit halte, et Roseau-Fleuri, paralysée par la terreur, n'étant plus attirée en avant, fit halte également.

Le diplomate salua avec l'aisance parfaite dont il eût fait preuve dans un salon, et d'une voix claire, calme, qui parvint distinctivement jusqu'aux derniers rangs des spectateurs :

– Empereur Kouang-Sou, Impératrice Tsou-Hsi, je vous salue !

Les interpellés s'inclinèrent comme malgré eux, surpris par le flegme dédaigneux de ce Franc qui allait mourir.

Certes, ils avaient vu d'autres condamnés regarder le trépas sans pâlir. Le Chinois sait accueillir la mort ainsi qu'une visiteuse toujours attendue, mais son calme, en présence de la terrible faucheuse, n'est que placidité résignée; chez Loret, le calme devenait de la grandeur.

– Je vous salue, répéta-t-il, avant de solliciter de vous une grâce.

Un murmure ironique souligna ces paroles. Le Franc avait peur, il s'humiliait. Mais le jeune homme secoua la tête; son regard énergique fit baisser les yeux aux railleurs.

– Une grâce, continua-t-il lentement, qui n'est pas la mienne.

– Et laquelle donc? persifla la Douairière, essayant vainement de reconquérir son assurance habituelle.

– Je vais te le dire, Impératrice Tsou-Hsi.

Puis, enflant sa voix, avec une hauteur souveraine, Loret reprit :

– Pas la mienne, je te l'ai affirmé. Moi, je suis ton ennemi, l'ennemi des assassins dont tu as fait tes conseillers, des lâches qui prendront la fuite, lors de la victoire des gens d'Europe, et t'abandonneront sans défense à la colère des vengeurs.

Et désignant du doigt ceux qu'il nommait :

– Toi, Lan, qui me regardes d'un œil irrité, tu es lâche, tu fuiras; toi, Tiko, comte bavard et ridicule, tu fuiras; vous, meurtrières Ha-Tchin, vous fuirez. Tous, tous, vous partirez dans mille directions, affolés à la pensée du châtiment. Tuan, lui-même, Tuan, seul brave parmi ces poltrons, sera emporté dans la déroute.

Un grognement approbateur s'éleva dans les rangs serrés des Boxers. Le Diable Etranger parlait bien. Il flagellait les mandarins, les favoris de l'Empereur, ces pompeuses inutilités que le peuple déteste d'instinct, mais il rendait justice à Tuan, dont la plèbe devait deviner la valeur.

Et René poursuivit :

– Vous le voyez, je ne m'adresse pas à votre pitié. Je vous convie à me rendre haine pour haine. Mercantiles mandarins, cet échange est commercial, vous avez tout à y gagner, car avec la haine, je vous accorde le mépris.

Des rires sonnèrent parmi le peuple.

– Mais à mes côtés se trouve, non une coupable, mais une victime.

Sa voix s'adoucit pour parler de sa compagne :

– O Tsou-Hsi, souviens-toi. Roseau-Fleuri était douce comme l'agneau blanc que les prêtres immolent aux Bouddhas Bienfaisants. Sa beauté, sa grâce, sa droiture avaient conquis ton cœur. En elle, il te semblait voir une fille chère et aimante. Qu'est-il donc advenu ? Pourquoi de ta droite auguste, cette enfant a-t-elle été précipitée dans l'arène, vouée aux fauves, de même qu'une criminelle ?

Un sanglot l'interrompit.

C'était Liang, incapable de se contenir davantage; Liang, bouleversé par cette voix étrangère qui gémissait sur le sort de l'enfant de son affection; Liang qui, la face inondée de larmes, tendait, dans un geste inconscient, ses mains suppliantes vers l'Impératrice.

Celle-ci fronça les sourcils, eut un regard dur à l'adresse du poète et se renferma dans son immobilité ennuyée d'idole.

– Qu'a-t-elle fait ? reprit Loret d'un accent plus pénétrant encore, quelle faute a-t-elle commise, l'innocente ? Elle passait dans la vie, ignorante des passions, souriant aux fleurs, papillons immobiles, aux papillons, fleurs mouvantes; elle se berçait du chant des oiseaux, musiciens ailés de la nature. Souviens-toi, Tsou-Hsi, toi-même as permis que je devinsse son captif, et, ce faisant, tu m'as rendu injuste, cruel à son égard. Le prisonnier aspire à la seule liberté, il ne saurait se complaire aux douces tendresses.

Et les mains jointes, priant pour sauver la jeune fille :

– Pardonne à celle qui n'est point responsable. A-t-elle jamais songé à trahir la Chine ? Non... La pauvre petite vivait, étrangère aux fureurs des hommes. Elle m'a vu en danger, elle m'a cru éloigné à jamais, et sans réfléchir, sans concevoir même qu'il pût y avoir faute à me sauver, à me rappeler auprès d'elle, elle m'a envoyé l'éventail du Poing Fermé. Oh ! ne la frappe pas pour avoir écouté son cœur.

Liang à présent dévorait des yeux le Français. Il se sentait pour lui une reconnaissance infinie. Quelle leçon pour le lettré, quel exemple pour cette Cour. Ce Franc que l'on considérait comme un barbare, ce Franc savait faire cette chose incroyable : intercéder pour une autre.

Il manifestait la volonté de mourir seul, d'être jeté seul en pâture aux fauves, aux reptiles.

Et de l'âme du poète s'envolait vers Loret un hymne de gratitude :

« Salut à toi qui regardes la mort en face. Salut à toi, dont la dernière pensée est tissée d'éléments généreux. »

René s'était tu.

Il attendait la réponse de l'Impératrice Douairière, réponse qui allait décider du sort de Roseau-Fleuri. Et ses yeux allaient de l'altière Tsou-Hsi à la jeune fille à demi ployée sur son bras, ainsi qu'une plante trop frêle.

Tsou-Hsi considéra le couple debout dans l'arène. La vue de celle qui naguère était sa favorite engendrait-elle la pitié en son esprit ?

Peut-être, car son regard se faisait moins dur, son front moins sévère. A ce moment Lan, ce rusé et cruel frère de Tuan, se pencha à l'oreille de la souveraine.

– Ceux-ci doivent mourir, susurra-t-il, si tu veux insuffler un courage suffisant à ceux que je lancerai contre les Légations.

La Douairière eut un soubresaut. Pour la première fois sans doute elle comprit qu'elle était prisonnière des chefs boxers, qu'eux seuls commandaient désormais et, d'une voix frémissante, elle répondit :

– Lui, oui... mais elle ?... Ce barbare dit vrai, elle a été ma favorite...

– Plus coupable est-elle.

– Plus coupable ?

– Possédant ton inestimable affection, elle eût dû être gardée contre tout autre sentiment. Il faut qu'elle meure.

Durement Lan ajouta :

– Qu'est la vie d'une jeune fille en regard de l'œuvre entreprise. Un souffle, moins que rien. Avoir pitié, c'est être faible. Pardonner, c'est se condamner soi-même.

Et comme l'Impératrice hésitait encore, il continua d'un ton acerbe, presque de commandement :

– Crois-moi. Fais le signe qui punit.

Dominée, effrayée de l'audace de son dangereux allié, Tsou-Hsi étendit en dehors de la loge sa main grasse et dirigea son éventail fermé vers la terre.

Un sourd grognement, tel un fracas d'orage lointain, accueillit ce geste; mais presque aussitôt des cris de rage s'élevèrent de toutes parts.

Un poignard affilé, lancé par une main invisible, venait de s'abattre, dans un tournoiement d'éclairs, aux pieds de Loret.

Rapide comme la foudre, le jeune homme s'était baissé. L'arme brillait entre ses doigts, menaçant la poitrine de Roseau-Fleuri, et la figure resplendissante de volonté, de confiance, de tendresse, René criait :

– Merci à l'inconnu qui m'a fait libre! Je suis maître du sort de cette innocente victime qui palpite contre ma poitrine. La souffrance au moins lui sera épargnée.

Il avait enlevé Roseau-Fleuri dans ses bras; à grands pas il l'emportait dans l'arène, faisant flotter après lui sa tunique blanche, telle une aile de cygne blessé.

Il insultait la foule, la cour :

– Animaux vils, hyènes, fouilleurs de sépultures, vous ne torturerez pas cette enfant; vos oreilles sauvages ne se délecteront pas de ses cris de douleur. C'est un cadavre insensible, dédaigneux de votre rage, que je vous livrerai. Allons, Kouang-Sou, Tsou-Hsi, Lan, guerriers parlant de bravoure à l'abri du danger, souverains sanglants, mandarins à l'âme fauve, ordonnez aux esclaves de lâcher les panthères, de lancer les venimeux serpents dans l'arène.

Aux cris avait succédé un silence glacial. Cet homme qui, seul, insultait la foule, prenait aux yeux des Chinois, enclins au merveilleux, les proportions d'un géant. Ce n'était plus un barbare, livré aux bêtes, mais un héros, un demi-dieu, un génie terrible et vaillant. Puis quelque chose qui ressemblait à de la pitié se répandait sur la jeune fille, dont le corps gracieux frissonnait entre les bras nerveux de Loret.

Le visage de Lan s'était couvert d'une rougeur rageuse. Sans doute il allait conseiller à la Douairière quelque violence extrême. Il n'en eut pas le temps.

Nô, jusque-là insensible en apparence à tout ce qui se passait autour de lui, venait de se lever brusquement, et, au bout de son bras, dressé perpendiculairement au-dessus de sa tête, il montrait à tous son éventail déployé en signe de grâce.

Liang le vit, il eut un cri rauque, et, se dressant à son tour, il imita ce geste clément. Lamas, bonzes suivirent, pressés de se conformer à l'exemple du Bouddha Vivant. Le prince King, Yong-Lou, les modérés rassemblés sous leur bannière se joignirent à eux.

Et la plèbe elle-même, emportée par un de ces mouvements généreux qui jaillissent des foules, hurla :

– Grâce, grâce !

Il fallait céder.

Kouang-Sou, Tsou-Hsi déployèrent les éventails d'or qu'ils tenaient à la main.

René Loret eut un cri :

– Roseau-Fleuri, ne tremble plus, nous avons fait un mauvais rêve, mais il est terminé.

Elle tourna vers lui ses yeux égarés :

– Que dis-tu, doux ami de Jade ?

– La vérité ! regarde, regarde... tous font grâce.

Elle promena autour d'elle un regard vague, qui s'anima par degrés et, oublieuse du lieu où elle se trouvait, des milliers de spectateurs trépignant sur les gradins, elle enlaça le jeune homme avec un gémissement éperdu :

– Tu es sauvé, sauvé !

La populace applaudit. Loret entraîna sa fiancée vers la porte qui tout à l'heure lui avait livré passage.

Et tandis qu'ivres de bonheur, ils s'éloignaient en une sorte d'apothéose triomphale aux acclamations de la multitude, Lan se courbait derechef vers la Douairière :

– Tu as fait grâce des fauves, dit-il.

– Sans doute !

– Pourtant ils doivent mourir.

L'Impératrice trembla à ces mots qui revenaient frapper son oreille comme un lugubre refrain.

– Mourir, et pourquoi ?

– Parce que ce sacrifice est nécessaire à notre victoire.

Elle tenta de résister :

– Comment pourrais-je lutter contre la volonté de ceux qui applaudissent à ma clémence ?
– Par l'adresse.
– Mais encore ?
– Tu as promis de ne pas les tuer.
– Oui.
– Mais tu ne t'es pas engagée à ne pas leur laisser rendre le dernier soupir ?
– Est-il donc un moyen de résoudre le difficile problème que tu exposes ?
– Evidemment.
– Et c'est ?.....
– De les laisser mourir de faim.

V

DÉVOUEMENT, OUBLI DE SOI-MÊME

Le cirque était vide.

L'Empereur, l'Impératrice, leurs courtisans, leurs eunuques avaient quitté la loge impériale, et la tourbe des Boxers s'était écoulée lentement, allant porter par la ville le récit du spectacle qui lui avait été offert.

Sur les gradins, sur la piste aux dalles jaunes, plus personne. L'hippodrome rendu au silence, à la solitude, paraissait plus vaste; les kiosques, veufs de public, reprenaient l'air de baraques enluminées, sous la lumière pâlissante du soleil à son déclin.

Et dans ce calme, dans cette solitude, un homme demeurait seul, assis, immobile, figé, le front appuyé sur le rebord de la loge impériale. Le lettré Liang s'abandonnait à un anéantissement délicieux.

Aux clameurs annonçant la grâce des victimes il avait senti que quelque chose se brisait en lui. Le ressort de la vie lui avait semblé brusquement se détendre. Une plainte ravie et déchirante avait jailli de sa bouche, et il avait cessé de voir, d'entendre, de penser.

La Cour avait repris le chemin des Palais de la Ville Interdite, la foule bruyante avait évacué l'amphithéâtre, sans que les conversations, le mouvement, le tumulte l'arrachassent à sa torpeur.

Il restait là, sans force, mais sans souffrance, dans cette béatitude instinctive du convalescent qui a beaucoup souffert.

Il avait l'impression qu'il dormait d'un doux sommeil après un effroyable cauchemar, et il se laissait bercer par des idées imprécises, nuageuses, pouvant se résumer par ces mots : Il fait bon vivre alors que toute appréhension s'est évanouie.

Et puis de brumeux projets traversaient son cerveau, en images fugitives comme les visions du cinématographe.

Il se voyait, rentré dans son logis, admirant Roseau-Fleuri vaquant aux mille petits détails qui constituent l'existence d'une femme élégante. Loret aussi jouait un rôle dans ce songe éveillé. Loret, ce brave Franc, pour lequel le poète éprouvait maintenant une affection tendre, presque paternelle. Ah ! il ne l'appellerait plus barbare, Diable Etranger, ce Français qui, au seuil de la tombe, avait élevé la voix pour défendre sa fille, son enfant chérie.

Oui, oui, il y avait, parmi les bouddhas innombrables dont les fils de Han surchargent leurs autels, un bouddha secourable, prenant en pitié les souffrances des humains.

Quel était ce bouddha ? De quel nom s'appelait-il ? Qu'importe un nom, qu'importe une figure ! Le tout est de savoir que cet esprit de bonté existe, qu'il a évidemment inspiré la jeune fille le jour où, durant la revue des Huit Bannières, elle donna son cœur à Loret.

Qui donc, parmi les mandarins, les généraux, princes, fonctionnaires, qui eût été plus digne d'elle ? Qui eût pu lui prouver plus de tendresse, plus de dévouement, plus d'abnégation ?

Brusquement il se redressa avec une exclamation de surprise. Une main s'était appuyée sur son épaule. Nô, le Bouddha Vivant, se tenait debout devant lui, toujours muni de son masque de porcelaine.

Prendre les mains du nouveau venu, lui exprimer en phrases décousues, précipitées, sa reconnaissance pour avoir donné le signal du pardon, tout cela se fit en même temps.

Le poète bredouillait, brouillant les mots, commençant des phrases qu'il laissait inachevées. Mais son trouble devint de la stupeur lorsque, par la bouche du masque, s'élancèrent ces paroles, prononcées en français, et qui plus est, en parisien :

– Vous êtes content, tant mieux. Seulement si vous voulez sauver tout à fait nos amis, faut pas me trahir, d'abord, et faut m'aider ensuite.

– Le seigneur Cigale, balbutia le lettré.

– *Juste, Auguste,* reprit son interlocuteur, Cigale qui joue les bouddhas, Amanda, et que ça *rase* bien, Cyprien.

– Vous, vous... Sous ce costume... Comment ?

– Je vous conterai ça plus tard, l'hiver, au coin du feu.

– Mais Nô, le vrai ?

– Mort et enterré, comme Monsieur de Marlborough.

– Vous dites ?

– Un mandarin de mon pays... mais laissons cela. Pendant que vous dormiez ici, je vous cherchais partout, moi.

– Vous me cherchiez ?

– Avec acharnement.

– A quel propos ?

Le Parisien haussa les épaules d'impatience :

– Vous avez la manie des questions. Tendez plutôt vos *curieuses* oreilles et écoutez.

– J'écoute.

– A la bonne heure. Si vous voulez, mon ami Loret et Mlle Roseau-Fleuri seront sauvés tout à fait.

Le lettré fit un pas en arrière :

– Ne le sont-ils pas ?

– Non.

Et Liang le considérant avec une expression effrayée, Cigale continua :

– Ils ne seront plus livrés aux bêtes féroces.

– Ah !
– Mais le prince Lan veut leur mort.
– Lan ! répéta le poète avec un geste de menace.
– Lui-même, M'sieur Liang. Or, savez-vous ce qu'il a imaginé ?
– Parlez, parlez.
– Il a dit comme ça à la vieille Impératrice : En accordant grâce, tu as promis de ne pas faire mettre à mort ces coupables, mais rien ne t'empêche de les laisser mourir.
Liang le regarda d'un air stupéfait :
– Les laisser mourir. Ils ne sont pas malades.
– Ils le seront bientôt, si on ne leur permet pas de manger.
– De manger !
– Autrement dit, si on les condamne à la faim.
Vers le ciel, le lettré tendit des bras indignés :
– La faim. Roseau-Fleuri connaîtrait l'angoisse des privations...
– Et Loret aussi, ne l'oubliez pas, M'sieur Liang, c'est mon ami.
Le poète lui prit les mains :
– C'est aussi le mien, je donnerais ma vie pour épargner celle de l'homme qui a si courageusement plaidé la cause de ma pauvre enfant... Mais ne parliez-vous pas de faim ?...
– Si.
– Et ?...
– Et j'ajoute qu'à cette heure nos fiancés sont enclos dans une cage de fer et que des factionnaires mandchous empêchent quiconque d'en approcher. Si on les abandonnait à eux-mêmes, ceux que nous aimons n'auraient plus qu'à *claquer du bec jusqu'à l'instant de faire « couic »*.
– Oh ! les brutes ! les misérables, gronda Liang en serrant les poings.
Mais changeant de ton, appuyant les mains sur les épaules de son interlocuteur.
– Seigneur Cigale, dit-il, vous avez devant vous un homme sans cerveau, sans imagination, sans courage, impropre à prendre une résolution. Ce n'est pas un

oncle qui gémit sur sa nièce, c'est le père qui pleure sur son enfant. Que dois-je faire? Qu'attendez-vous de moi? Si vous avez un projet, dites-le et pardonnez à ma douleur d'être incapable de réflexion.

– Là, là, riposta le Parisien, ne vous mettez pas les nerfs en pelote, du moment que vous êtes décidé à marcher, je réponds du succès. Vous êtes un malin parmi les Chinois, et moi je suis de Paris, si nous ne roulions pas le prince Lan et les autres, ce serait trop bête.

A mesure qu'il parlait, le visage de Liang se rasséré-nait. Comme Loret, comme M. Pichon, comme le comte du Chaylard, comme l'amiral de Courrejolles, le lettré sentait la confiance innée du jeune homme pénétrer en lui. Cigale était un de ces êtres heureux qui consolent, qui rendent le courage.

– Or donc, reprit-il, si je vous avais su si bien disposé, voilà plus de huit jours que j'aurais trahi mon incognito pour vous. Ça m'aurait évité rudement de mauvais sang, allez. Voilà plus d'une semaine que j'exécute la lutte à mains plates avec votre satanée grammaire chinoise.

– Hein?... la grammaire? murmura le poète stupéfait de cette affirmation qui lui semblait absolument étrangère à la conversation présente.

– Oui, la grammaire, et surtout l'art d'écrire. Mâtin, ça ne doit pas être commode d'être professeur d'écriture chez vous.

Et comme Liang se prenait la tête à deux mains, en homme qui ne comprend pas, Cigale éclata de rire :

– Bon! je n'ai pas allumé ma lanterne... C'est comme le singe de la fable... Vous ne connaissez pas la fable, ça ne fait rien, j'allume tout de même et je vous dégoise mon chapelet.

Il respira fortement :

– Là, j'ai de l'air, je commence. J'avais l'idée de présenter à l'Impératrice un parchemin comme ceci par exemple : « Bouddha Vivant, les dieux m'inspirent. Je te prédis que les plus grands malheurs fondront sur toi et sur les tiens si René Loret n'est pas renvoyé vivant à la Légation de France. »

Liang ne l'écoutait plus. Le visage illuminé, les yeux humides :

– Vous auriez dû m'en parler de suite.

– Je n'ai pas osé; vous comprenez, un familier de la Cour !

– Et puis, acheva le poète, vous avez peu de confiance en l'affection chinoise. Vous avez raison en général, ajouta-t-il mélancoliquement, en réponse à un geste de dénégation du Parisien.

Puis revenant à la supplique bizarre imaginée par ce dernier :

– Accompagnez-moi, seigneur Cigale, je rédigerai votre placet séance tenante.

Les deux hommes, si différents de goûts, d'habitudes, d'éducation, qu'une commune tendresse réunissait en un même dévouement, s'étreignirent nerveusement les mains, et, à leur tour, ils sortirent de la loge impériale.

Dans la demeure du lettré les choses respiraient la douleur, l'abandon. Sur les bronzes délicats, les porcelaines rares, la poussière avait semé sa cendre grise.

Liang ne parut pas s'apercevoir de ce désordre. Il courut à son secrétaire, s'arma du pinceau, et regardant Cigale :

– Voulez-vous me rappeler la formule que vous exprimiez tout à l'heure ?

Et le Parisien ayant accédé à ce désir :

– Pourquoi parler de Loret seul ?

– Parce qu'il est le plus menacé, que sa grâce entraîne celle de Mlle Roseau-Fleuri, enfin pour plus de vraisemblance.

Un instant le poète demeura pensif, puis il eut un mouvement de tête approbateur et, se penchant devant le parchemin étendu devant lui, se mit à dessiner ces signes étranges que sont l'écriture chinoise.

Par-dessus son épaule, le jeune homme regardait.

Quelques minutes s'écoulèrent, après lesquelles Liang se redressa, tendit la feuille au Français et doucement :

– Allez vite, Bouddha Vivant, vous avez le droit de pénétrer auprès de l'Impératrice sans en être prié. Allez et revenez. Cette journée m'a brisé. Elle a fait naître en moi des sentiments ignorés jusqu'ici. Je veux essayer de rendre l'ordre à mes pensées.

Cigale n'insista pas.

D'une allure accélérée, il se lança à travers les cours et se trouva bientôt au bas du perron aux rampes dorées, contournées en dragons, qui précède l'entrée du palais de l'Impératrice.

Son déguisement lui assurait le droit de s'introduire dans la demeure impériale, le lettré le lui avait affirmé. Donc pas d'hésitations, en avant.

D'un pas ferme, il gravit les degrés.

Des esclaves qui arrosaient les plantes en pots le laissèrent passer sans interrompre leur besogne.

L'assurance du jeune homme s'accrut de cette insouciance. Le voici maintenant dans le vestibule. Des portes s'ouvrent à droite et à gauche.

Laquelle ouvrira-t-il ? Il réfléchit un instant, puis prend son parti, se décide pour la gauche.

Une nouvelle pièce se présente, de nouvelles portes. Avec un commencement d'impatience, Cigale poursuit. Un escalier intérieur lui apparaît, il l'escalade, parvient au premier étage, enfile un corridor, pousse une dernière porte et a peine à réprimer un cri de joie.

L'Impératrice est devant lui, lisant couchée sur un divan.

« Allons, se dit le brave garçon, ouvrons l'œil et le bon. Je suis sourd, je suis muet, donc un cadenas à la langue et un bouchon de carafe aux oreilles. »

Et sur ce il s'avance. Au bruit de ses pas, Tsou-Hsi a levé la tête, elle le regarde venir, surprise par cette visite inattendue. Il s'approche et présente la feuille sur laquelle s'est exercé le pinceau habile de Liang. La Douairière la prend et reste immobile, les yeux fixés sur les caractères qui annoncent le malheur pour elle et pour les siens.

Pas un instant elle ne met en doute la sincérité du faux Nô. Le Bouddha Vivant qui jadis a quitté la Ville Interdite pour se lancer à la poursuite des Français fugitifs, qui a ramené Loret et Roseau-Fleuri captifs, celui-là certes n'est pas suspect de tendresse pour eux;

s'il réclame la liberté de Loret, c'est que, réellement, il tremble pour la félicité de Sa Souveraine, de l'Empereur, de la Famille impériale.

Lan ne sera pas satisfait, mais bah! le mécontentement d'un homme n'est rien en comparaison du déplaisir des dieux.

En quittant sa pose nonchalante, elle va pesamment à une table d'onyx aux pieds d'or, qui supporte parchemins, pinceaux, laques de couleurs diverses.

En jaune elle trace quelques caractères sur une feuille qu'elle remet ensuite à Cigale en le congédiant d'un salut amical de la main.

Le cœur de l'enfant de Paris saute follement dans sa poitrine. Ce parchemin, ces images jaunes, c'est le salut de son compagnon d'aventures, de cet ami dont les dangers bravés en commun ont fait un frère. Cigale descend l'escalier quatre à quatre, traverse le vestibule en bousculant les esclaves qui ne se rangent pas assez vite pour lui livrer passage.

Ira-t-il avertir Liang? Non, il faut délivrer Loret d'abord. Il est le plus à plaindre, donc le plus pressé d'apprendre la bonne nouvelle.

C'est là-bas, au nord des Six Palais d'Occident, entre ces bâtiments et ceux des Résidences du Nord, que la cage de fer des condamnés est dressée avec, à chaque angle, un Mandchou en armes, chargé d'en défendre l'approche aux curieux.

Cage spacieuse, où jadis furent enfermés des tigres envoyés en présent par l'Empereur vassal d'Annam, aujourd'hui soumis aux Français. L'ingénieuse cruauté chinoise a tiré parti de ce cadeau princier. Les tigres ont servi aux plaisirs du cirque, et leur habitation de fer est transformée en prison.

Roseau-Fleuri et Loret sont assis derrière les épais barreaux. Ils échangent tout bas des mots tristes et doux.

Ils connaissent le sort qui leur est réservé. A peine sortis du cirque dans l'enivrement de la vie reconquise, ils ont été saisis, jetés dans la cage. Des gens du prince Lan, avec des plaisanteries grossières, lcs ont informés que la faim les torturerait.

Tout d'abord, une tristesse profonde les a courbés. Ils se croyaient sauvés, ils n'ont fait que changer de supplice. Puis ils se sont rapprochés l'un de l'autre, ont joint leurs mains : avec un avide désir de ne point se séparer durant les heures qui sonneront leur marche vers la mort.

La princesse, chose bizarre, montre maintenant plus de courage que René. Cela tient à ce qu'il est homme, elle femme. Il a la vaillance du combat, de l'action; elle possède la valeur de son sexe, la résignation.

— Ah! murmurai-t-elle, la félicité sans bornes ne nous était pas destinée. Vois cependant combien la mort nous sera douce. Trois à quatre jours de tête-à-tête, la certitude de partir ensemble au pays des ancêtres. Alors que tu te rendais à Tien-Tsin, que je me croyais haïe de toi, que je t'appelais avec des sanglots, j'aurais donné ma vie entière en échange de cette suprême joie.

Et comme il soupirait :

— Te voir mourir, toi... toi!...

Elle reprit doucement :

— Ne me plains pas. Vivre à tes côtés, ou mourir loin de toi, tel était mon destin. Tu avais raison jadis, et je ne comprenais pas. Entre nos âmes était un gouffre creusé par deux civilisations différentes.

— L'affection l'avait comblé.

Elle eut un délicieux sourire :

— Merci, ami, de parler ainsi. Ta voix caresse ma pensée si tendrement. Mais qui sait ce que tu eusses dit, si nous étions restés libres, si le malheur n'avait pas fusionné nos êtres.

» J'ai compris combien, vous autres Francs, êtes plus grands que nous. Les philosophes ont troublé notre raison. Folle, je n'ai pas deviné de suite que ce qui, dans ta bouche, m'apparaissait comme des reproches, était la prière fervente d'un homme bon et tendre qui disait : Petite Chinoise, les filles de ta nation ont l'esprit trop faible pour être ce que nous, Européens, nous nommons des épouses. Aussi êtes-vous méprisées, brutalisées par vos maris. Petite Chinoise, ouvre ton cœur, ton cerveau, laisse-moi y semer les pensées plus nobles, plus hautes; laisse-moi t'élever jusqu'à moi, afin que tu sois la compagne adorée et vénérée en même temps.

– Tu l'es, chère enfant.

– Peut-être. Je ne sais pas. Tu es si bon, si supérieur à tous ceux qui m'ont approchée. Ton affection est une gloire. Ah ! vois-tu, tantôt, dans ce cirque horrible, alors que la terreur obscurcissait ma raison, je t'ai vu menacer ma poitrine d'un couteau, je t'ai entendu crier : Au moins la souffrance lui sera épargnée. Et j'ai été fière, cher cœur, fière de ta tendresse. La lame d'acier ne m'a pas fait peur.

Il porta les mains de la douce jeune fille à ses lèvres.

– Libre, tu es celle que je choisirais entre toutes.

– Est-ce vrai ? fit-elle radieuse, pâlissant comme d'une douleur de l'excès même de son allégresse.

– Sur mon honneur, c'est vrai.

– Ah ! fit-elle avec une douceur infinie, tu m'as parlé ainsi et tu me plains encore de mourir !

Mais un pas pressé retentit sur le dallage des cours. Une forme humaine paraît à l'angle des derniers palais d'Occident. Les fiancés la reconnaissent. C'est Cigale revêtu de la défroque de Nô.

Que vient-il faire ? Leur adresser le dernier adieu sans doute, mais ne va-t-il pas se compromettre, attirer sur sa tête les dangers écartés jusque-là ?

Qu'a-t-il donc ? Que signifie sa démarche triomphante ? Qu'est ce papier qu'il brandit tout en marchant ?

Mais un second personnage paraît derrière lui. Les captifs reconnaissent le mandarin qui commande la garde des Palais Impériaux, qui a aposté lui-même les factionnaires autour de la cage de la faim.

Et celui-là s'approche aussi. Il s'arrête en face de la grille :

– René Loret, dit-il, l'Impératrice, Lumière du jour, ordonne que tu sois libre, que l'on te conduise à la Légation de France.

Le diplomate, Roseau-Fleuri se sont dressés tout d'une pièce, hébétés, stupides. On dirait qu'ils n'ont pas compris.

Le mandarin répète ses paroles, le faux Nô montre le parchemin impérial; les fiancés lisent :

« Ordre d'extraire le Franc de la cage des tigres et de le conduire sain et sauf à la Légation de France...

« *Signé :* TSOU-HSI. »

Libre, Loret est libre. C'est d'abord une joie débordante; à l'attitude de Cigale, il comprend cette fois encore que le Parisien a travaillé à son salut. Il lui adresse un geste d'affectueuse gratitude. Puis il songe à Roseau-Fleuri. Elle est auprès de lui, blême, se soutenant à peine. Alors il la prend dans ses bras, la montre au commandant des gardes, dit ces seuls mots :

– Et elle?

Cigale entend mal le chinois, mais la pantomime est claire. Sapristi! une difficulté surgit... Impossible d'expliquer à Loret ce qui s'est passé. Ce ridicule mandarin, qui plastronne dans sa casaque de soie, entendrait, devinerait le subterfuge grâce auquel le jeune homme a surpris la confiance de Tsou-Hsi.

Et le mandarin répond :

– Je n'ai pas d'ordres.

Loret s'incline froidement :

– En ce cas, je refuse la liberté.

Il s'assied à terre dans la cage. Le mandarin consulte le faux Nô du regard. Evidemment il est embarrassé! Que faire? A tout hasard, il essaie de l'intimidation :

– Tu n'as pas à discuter les ordres de l'Impératrice, mais à obéir.

Rageur, le diplomate riposte :

– Je ne discute pas... mais je n'obéis pas non plus.

– Je vais te faire sortir de cette cage par mes soldats.

– Essaie. L'Impératrice a écrit « sain et sauf ».

– Eh bien?

– J'ai conservé le poignard lancé dans l'arène par un ami ignoré. Qu'un de tes hommes fasse mine de pénétrer ici et je me frappe.

Du coup, le chef des gardes se gratte la tête, tandis

ET ELLE?

que, derrière lui, Cigale s'épuise en signes incompréhensibles pour son ami.

– Va-t'en, mandarin. Retourne à tes devoirs ou à tes plaisirs, ne trouble pas davantage ceux qui, ne pouvant vivre unis, veulent du moins mourir ensemble.

Mais il s'arrête.

Roseau-Fleuri s'est mise à genoux et avec l'accent de la prière :

– Non, non, René, ne parle pas ainsi. Tu peux être libre. Va à la Légation de France.

Il secoue la tête d'un mouvement obstiné :

– Non !

Elle se fait câline, tendre :

– Va. Sois libre. Retourne parmi les tiens où t'appelle ton devoir.

– Mon devoir, répète-t-il surpris, avec une émotion poignante. Mon devoir, que dis-tu ?

– Que ta Patrie a besoin de toi.

– Ma Patrie, tu comprends donc ?

Elle eut un triste sourire :

– Je ne suis plus la barbare de la route de Tien-Tsin. Mes yeux se sont ouverts, le bouddha Charist a changé mon esprit. La Patrie, oui, je ne sais pas expliquer, mais je sens ce qu'elle est pour toi.

– Quoi ? chère enfant !

– Ce n'est pas comme l'Empire Fleuri, une terre d'égoïsme et de servitude. La liberté, les idées généreuses, dévouées, patrimoine légué par les ancêtres, voilà ton amour. Tes compatriotes sont tes amis, tes frères, associés pour la même besogne d'émancipation, et votre drapeau avec ses trois couleurs : bleu, blanc, rouge : le ciel, le deuil, le sang, est un autel sur lequel vous vous sacrifiez à l'humanité, un emblème qui dit aux peuples : Tout notre sang, tous les deuils, pour faire triompher la charité, fille du ciel.

D'un geste éperdu, Loret enlaça la jeune fille :

– Oh ! ma Roseau-Fleuri, ma fiancée ! Ton âme est devenue mon âme.

Elle se dégagea, toute pâle, et d'une voix ferme :

– Alors, va-t'en !

Tout son être était tendu dans un effort de volonté qui la faisait frissonner.

– Va-t'en, redit-elle d'un accent troublé. Va-t'en, n'épuise pas mon courage.

Mais lui se rapprochait d'elle.

– La Patrie n'a pas besoin du plus obscur de ses enfants. J'ai accompli ma tâche. Je suis allé à Tien-Tsin, à Takou. Laisse-moi, comme suprême récompense, la joie de mourir en pressant ta main, en mirant mon regard dans tes yeux.

Roseau-Fleuri le repoussa :

– Pars. Tu combattras!... tu oublieras. Le bonheur peut encore te sourire. Tu parles de suprême joie, ne me refuse pas celle de te savoir hors de danger, de fermer les yeux en me disant : Il est sauvé par moi.

Et comme il disait : non, du geste, de grosses larmes coulant sur ses joues :

– Ecoute, reprit-elle insinuante, les destins ne voulaient pas que nous fussions l'un à l'autre. Nous étions trop éloignés par l'éducation. Il a fallu que la souffrance, la douleur, ces sublimes institutrices, me prennent, m'élèvent jusqu'à toi. Ascension brutale, inespérée, où je ne me reconnais pas moi-même... Qui sait si, demain, la vie plus douce ne me ferait pas retomber du sommet où l'adversité m'a haussée! Pars, alors que je suis forte, que mon âme vole aux côtés de la tienne. Des femmes d'Europe te souriront, elles qui sont dévouées sans effort, et tu seras heureux; ne refuse pas le bonheur de ma main.

Elle s'interrompit pour une longue, une pénible aspiration, mais entêtée dans son immolation courageuse, elle poursuivit :

– Va, mon agonie sera brève,... et douce,... et bénie, car je songerai : Moi seule, Roseau fragile, suis brisée. J'étais une fillette niaise, une petite Chinoise insignifiante... Il m'a donné un jour de haute existence, et moi, je lui donne un souvenir. Je vais revivre dans sa pensée, il oubliera mes injustices, le mal que je lui ai causé, pour ne plus me voir qu'à l'heure où, débarrassée enfin des bandeaux dont ma vue était obscurcie, j'ai su me dévouer, m'oublier moi-même pour racheter.

Mais elle s'arrêta, interdite. Loret était tombé à ses genoux :

– Roseau-Fleuri, âme de lys, c'est toi seule que j'aime entre toutes les femmes. Séparé de toi, je vivrais des jours de larmes, ne parle plus, ne redis plus ton adorable prière. Je ne veux pas vivre sans toi.

Alors la force factice de Roseau-Fleuri l'abandonna. Elle avait été vaillante, mais à ces paroles, son cœur se fondit.

– Quoi ? Je t'apparais digne de toi, parmi ces Européennes que j'enviais, car tu as grandi au milieu d'elles.

– Enfant ! suis-je seulement digne moi-même du trésor de ta beauté ?

Elle eut un cri radieux et déchirant :

– Tu me préfères à tout !

– Cent fois.

– Ton cœur se briserait, séparé du mien.

– Il se briserait. A côté de toi, le trépas sera une félicité auprès de la vie que tu m'offrais tout à l'heure.

Elle ne résista plus. A son tour elle enlaça René :

– Eh bien donc, mourons, mon ami de Jade, mourons ensemble.

Sous son masque, Cigale pleurait.

Brusquement, le digne garçon se frappa le front, fit signe au mandarin, immobile à deux pas de lui, de l'attendre, et s'élança à toutes jambes vers le pavillon qu'habitait Liang.

En quelques mots, il mit le poète au courant.

Il n'y avait pas à hésiter. Il fallait rédiger une nouvelle lettre à l'Impératrice, y déclarer que Loret refusait de quitter Roseau-Fleuri, demander la liberté pour tous deux, en insistant sur la nécessité de ne pas permettre que les infortunes, pressenties par le faux Bouddha Vivant, pussent s'abattre sur la Famille impériale.

Et le lettré s'exécuta.

Bientôt le Parisien, tenant à la main un nouveau parchemin, retournait au palais de la Douairière. Il traversait les mêmes allées que tout à l'heure, gravissait le même escalier, joignait Tsou-Hsi, vautrée de nouveau sur son divan.

La vieille souveraine avait un geste d'impatience pendant la lecture du placet, mais la superstition, plus forte que la mauvaise humeur, l'incitait à la clémence. Elle rédigeait un ordre, le remettait au pseudo-Nô, et d'un air ennuyé, d'un pas lourd, elle regagnait son divan et se recouchait.

Détenteur du précieux papier, Cigale bondit chez Liang. Le poète lut :

« Ordre d'extraire René Loret et Roseau-Fleuri de la cage des tigres et de les conduire sains et saufs à la Légation de France. Que tous s'inclinent devant ceci.

« *Signé :* Tsou-Hsi. »

Le Parisien esquissa un pas de danse, serra à la briser la main du lettré, bredouilla :

– Au revoir, monsieur Liang, vous êtes un brave homme!

Et au galop il franchit la distance qui séparait la maison du poète de la cage où ses amis étaient enfermés. A travers les barreaux il présenta l'ordre de la Douairière aux captifs. Ceux-ci eurent un cri de joie. Le mandarin adressa quelques mots aux factionnaires. Ceux-ci s'éloignèrent aussitôt au pas gymnastique.

– Ils vont rassembler l'escorte et les bannières jaunes des envoyés de l'Empereur. Boxers et réguliers, civils ou militaires, tous s'inclineront devant ces étendards protecteurs.

Au fond, la vie des captifs était indifférente aux Chinois; mais l'Impératrice avait écrit « sains et saufs », il fallait que les jeunes gens arrivassent sans blessures à la Légation de France; il est très dangereux pour un mandarin de remplir mal une mission à lui confiée par les souverains.

Sans résistance cette fois, Loret et la princesse sortirent de la cage des tigres.

L'officier se mit aussitôt en marche, précédant le groupe, et le Parisien en profita pour presser les mains de ses amis, récompensé par ce mot murmuré :

– Merci.

Déjà remis de ses émotions, l'insouciant garçon chuchota à l'oreille de René :

– Vous savez à quelle date nous sommes ?

– Non !

– Au 14 juillet.

– La fête républicaine.

– Justement ! Eh bien, c'est rigolo; j'ai envie de crier : Vive l'Impératrice !

VI

LE 14 JUILLET A LA LÉGATION DE FRANCE

Conduits à la Porte Fleurie de l'Est, Cigale et ses amis y trouvèrent rassemblée une escorte de trente guerriers mandchous. Parmi eux, une dizaine étaient munis de drapeaux triangulaires jaunes, sur le champ desquels se contortionnaient les dragons de l'Empereur.

D'autres tenaient devant eux des planchettes où s'alignaient les caractères consacrés :

« Libre passage et respect aux hommes que protège la volonté impériale. »

Le mandarin plaça les Européens et la princesse au centre de l'escorte, puis les portes rouges, ornées de disques verts, s'ouvrirent devant la petite troupe.

Pour la seconde fois, les Français quittaient, libres, la Ville Interdite.

Et bientôt Cigale reconnut qu'après avoir suivi la rue du Tsong-Li-Yamen, on redescendait vers la partie sud de Péking où l'on entendait une violente canonnade.

Le jeune homme hocha la tête. Le siège des Légations continuait. C'était dans un ouragan de fer et de feu qu'il conduisait les fiancés délivrés.

Sauvés, avait-il dit un instant plus tôt. Est-ce que cela pouvait s'appeler être sauvés que s'enfermer dans un quadrilatère de yamens, sillonné en tous sens par les balles et les obus ?

Il regarda Loret et Roseau-Fleuri. Tous deux étaient rayonnants.

Elle s'appuyait au bras du jeune homme ainsi qu'une Européenne, et lui la soutenait, guidant ses pas, écartant les pierres qui eussent pu blesser ses jolis pieds.

Ils semblaient si heureux que le Parisien ne jugea pas à propos de leur communiquer ses réflexions.

Et Bouddha Vivant muet, il continua de marcher en silence.

Mais que sont ces murs de brique, ces toitures incurvées qui se dressent là ?... C'est le palais du prince Tching, c'est là qu'étaient cachés les assassins du baron von Ketteler.

La scène sanglante se représente à l'esprit de Cigale ! Elle chasse les pensées tendres, réveille sa colère. Oui, oui, on va bientôt arriver aux Légations.

Il y aura des fusils, des cartouches, le Parisien pourra enfin jeter le masque de porcelaine et combattre en soldat.

Le mandarin fait faire halte à l'escorte. Il expédie en avant deux porte-bannière et l'un des porte-planchette.

Où les envoie-t-il donc ?

Le jeune homme comprend. Ils vont, parlementaire, improvisés, faire cesser le feu, annoncer aux Légations la venue des captifs graciés par l'Impératrice.

– C'est fait !

Il dit vrai. Les bruits du combat ont cessé. Les fusils, les canons ne crachent plus la mort.

A la vue de la planchette impériale, les Boxers, les réguliers ont fait trêve à leur rage.

Un armistice est consenti. Et l'escorte reprend sa marche.

Oh ! le quartier des Légations a bien souffert. Il s'est rapetissé, recroquevillé, tel un sarment au feu.

Les Chinois sont maîtres de la moitié de la ligne primitive. L'ambassade d'Autriche, le bureau des Postes, la pagode des Ancêtres, l'hôtel des Douanes, la plus grande part du Sou-Wang-Fou, le Fou comme on l'appelle par abréviation, résidence fastueuse du prince Sou, n'offrent plus aux yeux qu'un lamentable chaos de ruines.

Plus loin des Boxers, les pieds dans la cendre de ce qui fut la Légation d'Italie, considèrent la petite troupe qui s'avance lentement.

La Légation de France ?

Cigale, Loret hésitent un moment à la reconnaître.

Les pavillons naguère habités par MM. Morisse et Filipini, le pavillon des Abeilles, le salon bleu, la serre, la salle à manger, les appartements de MM. Pichon, Saussine, les dépendances avoisinantes ont sauté sous l'effort brisant de mines souterraines. Et dans les maisons éventrées, des Boxers sont immobiles, des torches à la main.

Ce sont des incendiaires que la venue de l'escorte impériale a arrêtés un instant au milieu de leur œuvre de destruction, ils la reprendront tout à l'heure, lorsque ceux que le Fils du Ciel a ordonné de ramener aux Légations seront enfermés avec les autres Européens voués à la mort.

Le cœur serré, les Français, Roseau-Fleuri escaladent d'un pied tremblant les monceaux de débris qui les séparent de la nouvelle ligne de défense des assiégés.

La chapelle, le logis de l'aumônier, le pavillon des Etrangers, les villas de MM. d'Anthouard, Berteaux, du docteur Matignon, la chancellerie, la pharmacie présentent la ligne de leurs murs crénelés.

Puis une barricade de terre, une tranchée vont rejoindre le Fou, protégeant encore l'emplacement du tennis, où jadis les fonctionnaires, leurs femmes courageuses qui vivent maintenant sous une averse incessante de projectiles meurtriers lançaient joyeux des balles inoffensives.

Tout le reste, le parc ombreux, les allées bordées de fleurs, était au pouvoir de l'ennemi. Roseau-Fleuri est devenue triste. Elle se serre craintivement contre René.

– Oh ! murmure-t-elle, tes compatriotes voudront-ils me recevoir, moi Chinoise,... après tout cela ?

Il la considère tendrement.

– Rassure-toi, ma bien-aimée. Les soldats d'Europe

défendent, non seulement le personnel des ambassades, mais encore deux mille fils de Han convertis, qui ont cherché un refuge dans le quartier des Légations.

La princesse le regarde étonnée :

– J'ai entendu dire cela, mais je ne le croyais pas.

– C'est vrai cependant !

Alors elle joint les mains et avec une admiration profonde :

– Combien vous êtes supérieurs à ceux qui vous combattent. Vous vaincrez parce que vous êtes la générosité.

Mais elle dut s'interrompre, sur le talus de la barricade un homme venait d'apparaître. Il tendait les bras aux nouveaux venus et des exclamations se croisaient :

– Loret !

– Monsieur Pichon !

Et ce sont des effusions, des accolades. A l'abri de la levée de terre, tous les résidents sont là.

Michel de Giers, représentant de Russie; sir Robert Hart, directeur des douanes; l'Américain Conger; l'Anglais Claude Macdonald; le marquis Salvago Raggi, légat d'Italie; Joosteins, de Belgique; de Rostborn, chargé d'affaires d'Autriche-Hongrie; le baron japonais Nussy, se pressent pour serrer la main au courrier miraculeusement échappé aux Chinois. D'autres encore accourent : le souriant légat hollandais Knobel, l'élégant résident du Portugal M. Gaillardo, puis M. Boec, représentant la Suède et la Norvège et M. de Cologan, ambassadeur d'Espagne.

Puis c'est une nuée de femmes charmantes : Mme Pichon, toujours souriante et brave avec, autour d'elle, essaim gracieux auquel elle communique sa vaillance, Mmes Morisse, Filipini, Berteaux, Saussine, ces deux dernières accompagnées de leurs enfants.

Elles aussi tiennent à saluer Loret, dont le nom est revenu bien souvent sur leurs lèvres en ces jours d'horreur.

Mme et Mlle de Giers les suivent, et aussi Mme la marquise de Salvago dont le profil hautain, le regard sévère s'adoucissent tandis qu'elle complimente le jeune homme, que reprend la baronne Nussy; la baronne de Ketteler qui porte le deuil de son époux assassiné, et à laquelle son visage pâli, ses yeux brûlés par les larmes donnent l'aspect de l'incarnation de la douleur, retrouve un sourire pour accueillir le valeureux Français.

Il ne sait plus qui entendre.

Mme Knobel lui serre les mains.

Lady MacDonald, à la beauté pensive, murmure :

– Vous êtes un héros digne de l'attention de l'histoire.

Tandis que Mistress Hart, aimable, épanouie, et sa sœur, Mme Armstrong, l'interrogent sans lui laisser le loisir de répondre.

Après vient Mme Conger, dont la figure grave exprime la bonté et la volonté. Elle secoue énergiquement les mains du diplomate.

– Vous avez fait une chose admirable. Je regrette que vous ne soyez pas américain.

Et Miss Conger, jolie, pétulante, le regard rieur, imite sa mère en disant avec un léger accent, qui lui prête un charme de plus :

– Vous devriez venir en Amérique. Le *New York Herald* paierait cher le récit de votre expédition, et beaucoup de jeunes filles charmantes auraient les yeux sur vous.

– Enfant ! Enfant ! gourmanda l'ambassadrice.

Mais la gentille personne riposta :

– Je ne parle pas de moi, chère maman, je songe simplement à certaine de mes amies qui, en ce moment, s'ennuie à périr à Chicago.

Et Loret s'incline, riant aussi :

– Oubliez-la, Mademoiselle.

Il fait faire un pas en avant à Roseau-Fleuri, interdite au milieu de ce brouhaha.

– Oubliez-la... car je vous présente ma fiancée, pour qui je vous demande votre amitié.

Un murmure de surprise s'élève. Seule Miss Conger, en véritable américaine qu'elle est, tend les mains à la princesse :

– Mademoiselle, parlez-vous le français ?

– Oui, Mademoiselle.

– Bravo ! alors, pas de présentations officielles. En état de siège cela est inutile. Faisons comme jadis à la pension. Comment vous appelez-vous ?

– Princesse Roseau-Fleuri.

– Oh ! le joli nom... Eh bien, Roseau-Fleuri, je supprime princesse, car ma nation est républicaine, cela vous est égal, n'est-ce pas ? Oui, parfait. Vous avez un charmant caractère, venez, nous allons causer comme deux amies.

Mais les dames de la Légation de France entourent les jeunes filles. Elles ne veulent pas que l'Amérique confisque la gentille Chinoise que René vient de présenter comme sa fiancée.

Comment a-t-elle connu le diplomate ? Comment est née leur tendresse ?

Une histoire de cœur, quel joli intermède au blocus, au bombardement ! Cela fait l'effet d'une rose poussant à la crête d'un donjon frappé par la foudre.

Mais le silence se rétablit comme par enchantement. Le mandarin, commandant l'escorte chinoise, qui a pénétré avec les prisonniers dans l'enceinte et a assisté impassible à toute la scène, élève la voix :

– Je vais me retirer. J'ai accompli fidèlement ma mission. Nô, illustre Bouddha Vivant, voudra bien en rendre compte.

René a un cri.

Dans le tumulte il a oublié le déguisement de Cigale, et celui-ci, que l'incognito amuse, n'a rien fait pour attirer l'attention des Européens qui l'ont pris pour un Chinois.

Que va-t-il advenir ?

Il hésite à répondre à l'officier célestial. Avant qu'il ne soit revenu de son indécision, le Parisien a fait tomber son masque de porcelaine, sa tunique bariolée de rouge et de jaune, il apparaît en complet colonial.

C'est un coup de théâtre.

– Monsieur Cigale ! clament M. Pichon et les interprètes de la Légation de France.

– Qu'est ce diable étranger caché sous le saint habit de Nô ? gronde le mandarin en faisant un pas en arrière.

— Moi-même en chair et en os, riposte le joyeux garçon... Bonjour, monsieur Pichon et la compagnie. Je vous serrerai la main tout à l'heure. Pour l'instant, je reconduis le mandarin.

Et s'avançant vers celui-ci, qui recule à mesure :

— Tu vas déguerpir et plus vite que cela. Tu diras à ton Impératrice que je me suis moqué d'elle, que Nô est mort et que désormais je ne cause plus avec les Jaunes qu'à coups de fusil. Allons, ouste, débarrasse le plancher.

Son discours est perdu pour le mandarin non initié aux beautés de la langue française; mais sa mimique expressive est claire.

Le Chinois fait mine de se mettre en défense. Alors Cigale bondit vers lui, le retourne d'un revers de main, et lui allonge, au-dessous des reins, un coup de pied qui arrache au malheureux un cri de douleur. Eperdu, il court, escalade le retranchement, poursuivi jusqu'à la crête par son rancunier adversaire.

Le voyant fuir, l'escorte demeurée au-dehors s'épouvante. Porte-planchette, porte-bannière se sauvent à toutes jambes, semant la panique parmi les assiégeants. A travers les ruines, c'est une course folle de gens qui détalent sans savoir pourquoi, et debout au sommet de la levée de terre, le Parisien rit aux larmes, lançant aux fuyards des quolibets qui provoquent l'hilarité des assistants :

— Hardi le gros rouge!... Allons, bon, il s'étale!... Voilà ce qui peut s'appeler courir ventre à terre.

Puis il redescend et gravement :

— Mesdames, Messieurs, j'ai pris pour moi une partie des compliments que vous décernez à mon ami Loret. Ne recommencez donc pas. Si vous croyez que j'ai mérité une récompense, donnez-moi un fusil et des cartouches; c'est un soldat de plus qui revient sur cette terre française de l'Ambassade.

Et s'adressant à M. Pichon :

— Vous le voyez, monsieur l'Ambassadeur, je n'ai qu'une parole... on est allé à Takou et on rentre au bercail.

— Je connais une partie de vos aventures, répliqua

le ministre de France. Un courrier japonais a réussi à forcer la ligne d'investissement et nous a apporté une lettre de M. du Chaylard.

– Un Japonais... Vive le Mikado !

– Maintenant, venez... nous avons à causer sérieusement.

Ce disant, le Résident de France prenait Loret, le Parisien par le bras et les entraînait vers une brèche pratiquée dans la muraille afin de mettre en communication la Légation et les vastes dépendances du Sou-Wang-Fou, palais luxueux du prince Sou.

Tous suivirent.

Le cortège passa ainsi dans le labyrinthe de ruelles habitées par les Chinois chrétiens, 2500 environ, qui se sont installés dans le quartier européen pour échapper à la juridiction des mandarins.

Ceux-ci sortaient en foule des galetas où ils s'entassaient. Des hommes, des femmes, des enfants innombrables apparaissaient aux portes, aux fenêtres, semblaient jaillir du sol. Ils se désignaient les diplomates :

– Le seigneur Pichon.

– Le seigneur de Giers.

– Le seigneur de Cologan, Salvago Raggi, Joosteins...

Ou bien ils saluaient les officiers :

– Le mandarin-colonel Shiba, le Bouton de Corail Darcy, Labrousse, Paolini, commandant le détachement italien; Strouts, capitaine anglais.

Et avec des hochements de tête, ils commentaient à haute voix les vides qu'ils constataient parmi les Européens.

M. de Thomann, officier autrichien, mort.

L'enseigne de vaisseau Herber, du contingent français, mort.

Combien déjà figuraient sous cette rubrique lugubre ? Combien étaient tombés depuis le commencement de ce siège mémorable, où moins de cinq cents hommes tinrent en échec des nuées d'assaillants, admirablement armés, approvisionnés et recevant d'incessants renforts.

Les ignorants Célestes admiraient leurs défenseurs

et ils avaient raison, car jamais page plus glorieuse ne fut écrite avec le sang dans les fastes de l'histoire.

La présence de Roseau-Fleuri excita la curiosité de la foule. Qu'était cette Chinoise ? Oh ! on reconnaissait en elle une familière de la Cour; mais que faisait-elle au milieu des Européens dont elle semblait l'amie ?

Cependant on cheminait, on atteignait le canal, qui sépare l'ambassade anglaise du Fou sur le pont de Jade, protégé par une énorme barricade, on franchissait le cours d'eau et, par le blockhaus établi en avant de la porte ouverte sur le quai, on pénétrait dans la cour de la résidence britannique.

Là, la troupe se scinda. Les femmes entraînèrent Roseau-Fleuri vers la pavillon affecté comme refuge au personnel de la Légation de France, pavillon situé le long de la muraille occidentale, du haut de laquelle on domine le marché mongol; les résidents et les officiers se rendirent à la salle du conseil.

Ils voulaient entendre le récit de Loret et de Cigale, voir si les vaillants messagers ne leur indiqueraient pas quelque nouveau moyen de défendre le quartier des Légations, cet îlot de 40 hectares 800 mètres de côté du sud au nord, 500 de l'est à l'ouest, bien réduit aujourd'hui, perdu au milieu des 4800 hectares de l'agglomération chinoise.

Avec une attention soutenue tous prêtèrent l'oreille au discours de René qui avait pris la parole. Parfois Cigale interrompait son ami, pour dire sa fermeté d'âme, les angoisses traversées, les périls évités.

Et alors c'était entre les jeunes gens une lutte de générosité, chacun cherchant à accuser le beau rôle de l'autre, que les ambassadeurs, les officiers, approuvaient gravement.

— La plus belle page de la campagne a été écrite par vous, Messieurs.

Des mains tendues, des yeux humides, voilà ce que les Français apercevaient autour d'eux.

Leur odyssée avait ranimé le courage des plus pessimistes. Qu'étaient les horreurs du siège auprès du voyage des jeunes gens ? Avec l'héroïsme des vrais braves, les assistants diminuaient leur valeur, pour ne plus voir que celles des deux messagers.

M. Pichon, plus ému encore que tout le monde, car c'était lui, il s'en souvenait, qui avait lancé Loret et Cigale dans la terrible aventure dont ils étaient miraculeusement sortis, balbutia :

– Mes amis, nul ne peut savoir comment tout cela finira. Peut-être n'avez-vous triomphé de tous les obstacles que pour venir mourir avec nous. Mais peut-être aussi devons-nous être sauvés ensemble. Dans ce cas, le journal-rapport que je tiens, et que je destine à M. le Ministre des Affaires étrangères de France, relatera votre conduite. Je veux que vous soyez honorés autant que vous le méritez.

– Bon, marmotta Cigale, en fait d'honneurs, je ne vous cacherai pas, monsieur le Résident, que je préférerais à tout, pour l'instant, une table bien servie. Je meurs de faim.

Tous sourirent à la boutade de l'incorrigible garçon. Et M. Pichon reprit :

– Vous dînerez avec moi, tout à l'heure. Aujourd'hui, 14 juillet, c'est la fête nationale de la République française. Chassés de notre Légation détruite, réfugiés dans l'une des dépendances de l'Ambassade britannique, nous célébrerons cependant cet anniversaire. Et nous trinquerons à la France, à Paris, aujourd'hui pavoisés, et où peut-être, dans bien des familles, on boira à ceux qui se dévouent ici.

D'un même mouvement, tous les assistants s'étaient levés.

L'évocation de la Patrie absente avait secoué d'un même frisson ces hommes séparés du reste de l'univers, enserrés par l'ennemi, sentant la mort planer sur leurs têtes.

Puis on parla des incidents de la journée, centralisant ainsi les renseignements de tous.

Les barricades chinoises établies entre l'angle ouest de la Légation d'Angleterre et la muraille de la Ville Impériale s'étaient rapprochées. Elles se trouvaient maintenant à moins de cinquante mètres des clôtures gardées par le contingent britannique.

Du côté du parc du Fou, de l'Ambassade de France, 25 mètres à peine séparaient les tranchées occupées par les adversaires.

Au sud, l'installation de pelotons allemands, russes, américains, sur les remparts séparatifs des villes tartare et chinoise, donnait de l'air à la défense; mais à l'ouest, au delà du marché mongol, se dressait un énorme retranchement ennemi.

Ensuite on passa au détail.

Provisoirement, les restes de la Légation française étaient à l'abri d'un coup de mine. Une sortie heureuse, effectuée dans la matinée, avait bouleversé les travaux des assiégeants.

Il n'en était pas de même au nord de la résidence anglaise. Des hommes occupés à creuser une galerie de contre-mine avaient entendu distinctement les travailleurs ennemis.

Ceux-ci devaient agir dans l'égout couvert qui relie, parallèlement à la muraille de la Cité Jaune Impériale, les canaux de Jade et Hoang-Ti, lesquels rendaient l'attaque de la Légation impossible par l'est et par l'ouest.

– Demain, une sortie sera dirigée contre ces ouvrages, décida le conseil.

– Une sortie, j'en suis !

L'exclamation, on s'en doute, émanait de Cigale. Sans se laisser intimider par les regards des assistants, le jeune homme continua :

– Même, à ce propos, j'ai une requête à vous adresser, Messieurs.

– Laquelle ? demanda Sir Macdonald.

– Voici. Vous pensez bien que je ne vais pas rester les bras croisés.

– Nous en sommes sûrs.

– Alors tout va bien. Je réclame donc un fusil et des cartouches.

A ce moment Loret se dressa debout.

– Deux fusils, dit-il.

Et comme M. Pichon esquissait un geste :

– Pardonnez-moi d'insister. Je suis célibataire, j'ai pris l'habitude de combattre avec mon frère – il appuya sur le mot – Cigale. Je rendrai plus de services aux barricades qu'aux conseils. Versez-nous parmi les volontaires de M. le capitaine Labrousse.

– Qui acceptera avec joie deux recrues telles que vous, Messieurs, répliqua l'officier désigné.

Mais l'ambassadeur d'Angleterre leva la main :

– Vous aurez ce que vous souhaitez. Assez des nôtres sont tombés, malheureusement, pour que nous ne manquions pas d'armes disponibles. L'incident est donc clos. Avant de nous séparer, il ne nous reste plus qu'à résumer nos pertes de la journée.

Et s'adressant successivement à chacun des chefs de détachement :

– Contingent russe ?

– Un blessé, Excellence.

– Américain ?

– Personne.

– Italien ?

– Un tué.

Chaque officier interrogé passait, en répondant au Ministre, une feuille de papier portant les noms, prénoms, grades de ceux qui avaient été transportés à l'infirmerie, dirigée par les docteurs Matignon, de la Légation de France, et Morisson, correspondant du *Times*.

– Japonais ? continua sir Macdonald.

– Un tué, deux blessés.

– Autrichien ?

– Un tué.

– Russe ?

– Un blessé mortellement.

– Français ?

– Un tué, trois blessés.

– Volontaires ?

– Un tué.

Il se fit un silence; cette journée du 14 juillet, en dépit de l'accalmie de l'après-midi, avait privé la défense de 12 combattants, perte grave sur un effectif qui, au début du siège, comptait à peine cinq cents hommes.

– Messieurs, dit lentement le Résident britannique, le conseil est terminé; je ne vous retiens plus.

Puis se tournant vers les officiers présents :

– Vous, Messieurs, demeurez, je désire arrêter avec vous les dispositions utiles pour assurer le succès de la sortie de demain.

Il y eut un brouhaha, un bruit de chaises remuées, d'observations chuchotées à mi-voix, et les ambassadeurs, suivis de Cigale et de Loret, sortirent.

Dans le jardin, M. Pichon arrêta les jeunes gens qui allaient s'engager dans les allées.

– Non, pas de ce côté.

– Pourquoi donc ?

– Parce que les balles arrivent fréquemment par là. Inutile de vous faire tuer, venez avec moi.

Il les conduisit vers le mur de clôture de l'ouest, et longeant cet abri :

– Voici le chemin recommandé par la prudence. Plus personne ne craint la mort parmi nous, mais nous devons être ménagers de nos forces, afin de résister jusqu'à la dernière extrémité.

Dans ces paroles prononcées simplement, sans la moindre emphase, vibraient toutes les inquiétudes qui déchiraient l'âme du représentant de France. Les jeunes gens en furent frappés, à ce point que Loret demanda :

– Vous n'espérez donc pas tenir jusqu'à l'arrivée de l'armée d'Europe ?

M. Pichon haussa les épaules :

– Qui sait ?

– Mais enfin, nous sommes bien retranchés. Les armes, les munitions ne manquent pas.

– C'est vrai.

– Alors, pourquoi des pensées pessimistes ?

Un instant, le Ministre hésita à répondre. Enfin prenant son parti :

– Parce qu'un ennemi terrible vient de se joindre aux assiégeants.

– Un ennemi... lequel ?

– La faim.

Les deux amis pâlirent. La faim, oui, c'était là un adversaire auquel aucun courage ne pouvait faire face. La faim qui brise les forces des plus vaillants, enlève toute énergie, toute possibilité de lutte.

– Quoi, balbutia Loret, les vivres ?...

– Nous sommes à demi-ration depuis trois jours. Si, à la fin de juillet, nous ne sommes pas délivrés, il faudra réduire encore cette nourriture insuffisante. Le quart de ration nous permettra peut-être d'atteindre le 15 août.

Désolée était la voix de M. Pichon en prononçant ces paroles cruelles. Pourtant René insista :

– Je croyais que nos approvisionnements...

– Vous avez raison. Conserves, riz, nous avions de quoi faire durer le siège un an.

– Alors, un malheur... un incendie peut-être... ont amené la destruction.

– Non.

– En ce cas...

– Nous avons à nourrir 3000 réfugiés et chrétiens chinois. Les mettre dehors serait les condamner à mourir dans les plus effroyables tortures.

– Ah !

Les jeunes gens ne trouvèrent pas un mot. Leurs yeux devinrent humides.

Ainsi, à cette heure où la rage des bandes meurtrières de Tuan s'exerçait contre eux, les Européens, sublime générosité, ajoutaient les affres de la faim aux angoisses du siège, pour protéger des compatriotes de leurs ennemis.

Quel hommage à l'idée, éternelle adversaire de la matière, à l'idée qui semble parfois obscurcie, mais qui triomphe de tout et renverse, elle, émanation de l'impalpable, les forteresses édifiées par la force brutale, par l'or, par le mensonge des choses.

Cependant le groupe des Français rejoignait le pavillon servant de refuge au personnel de la Légation, qui sans cela eût offert le spectacle burlesque et navrant d'une ambassade à la belle étoile.

En approchant, les jeunes gens entendirent avec surprise les accords d'un piano. Loret eut un sourire :

– C'est gentil cela, le piano sous le bombardement.

Berteaux, qui se trouvait auprès de lui, expliqua :

– Oh ! ces dames font de la musique à l'occasion.

Mais, en ce moment, ce n'est pas une Française qui joue du piano.

– Bon, reconnaissez-vous à distance la nationalité des sons ?

– Absolument.

– Alors, ceux-ci ?

– Sont américains. je parierais que le tabouret est occupé par miss Conger, la charmante fille du Ministre des Etats-Unis.

Le premier interprète disait cela avec une assurance si complète que René en fut un instant démonté. Mais par réflexion :

– Mlle Conger habite donc ?...

– Du tout, du tout... Elle se trouve là comme invitée, de même que sa mère... Et vous le voyez, Son Excellence M. Conger nous accompagne pour se joindre à elles.

– Invitée, avez-vous dit ?

– Parfaitement.

– Invitée à quoi ?

– A dîner.

– A demi-ration, cher monsieur ?

– Naturellement, mais, même de façon frugale, il est bon que les représentants de France et d'Amérique choquent leurs verres le jour de la fête républicaine du 14 juillet.

– Le 14 juillet !

Loret, Cigale avaient oublié cette date que déjà l'on avait rappelée depuis leur arrivée.

La venue des ministres, des attachés aux Légations, avait été signalée, et debout au seuil du pavillon, souriantes, parées, se pressaient Mmes Berteaux, Saussine, Morisse, Filipini, entourant Mme Pichon, mistress et miss Conger.

Un peu en arrière, Roseau-Fleuri s'adossait à une longue table sur laquelle s'alignaient verres, assiettes et fleurs.

Elle adressa un doux regard à Loret qui, ayant salué les ambassadrices, vint à elle.

Elle lui prit les mains.

– Toute geôle me serait douce s'il m'était permis de te voir, songe alors combien je suis heureuse ici.

– Les femmes d'Europe ne te déplaisent plus.

– Oh! non, elles sont bonnes.

Puis avec volubilité :

– Si l'une d'elles était entrée dans la Ville Interdite, comme moi aux Légations, mes compatriotes ne l'auraient pas reçue de la même façon; on se serait moqué de la visiteuse, de son ajustement, de sa manière de parler, de s'asseoir, de marcher, de tout enfin; car, tu ne l'ignores pas, les Chinois et les Chinoises sont pétris de vanité et déclarent ridicule tout usage qu'ils ne suivent pas.

– Tu deviens sévère pour les Fils de Han.

Roseau-Fleuri secoua gentiment la tête :

– Non, je m'efforce d'être juste...

– Oh! oh!

– Juste et... reconnaissante.

René l'interrogea du regard.

– Oui, reconnaissante, insista la jeune fille. Tes compatriotes m'ont accueillie comme une amie. Elles ont fait de leur mieux pour me mettre à l'aise, vantant ma connaissance de la langue française. Il n'est pas jusqu'à mon affection pour toi qu'elles n'aient louée. Et puis, des choses qui me rendent heureuse, elles m'ont dit que j'étais jolie, que nous ferions un gentil ménage... et puis encore que tu étais digne d'être aimé, toi si brave, si beau, si noble... J'étais fière d'avoir deviné ton âme, bien avant le jour où il devait m'être donné de la comprendre.

Loret s'oubliait là, délicieusement bercé par la caresse chantante de la voix de sa fiancée.

– Eh bien! Eh bien! et notre musique, fit tout à coup Mlle Conger en se rapprochant.

– Excusez-la, interrompit Mme Berteaux, cette adorable petite Américaine est indiscrète comme... une jeune fille... Elle vient se mettre en tiers dans un duo...

– Bon, fit gaiement la gentille miss, grâce à vous le duo devient quatuor. C'est le moment ou jamais d'exécuter un peu de musique de chambre.

Et entraînant les fiancés vers le piano, placé à l'une des extrémités de la salle :

– Le dîner sera maigre. Nourrissons-nous de l'ambroisie distillée par les compositeurs.

– Toujours gaie, remarqua Mme Pichon s'avançant à son tour. Vraiment, miss, vous êtes la plus courageuse de nous toutes.

Mutine, la jeune Américaine secoua la tête :

– Il n'y a pas de courage à se mettre au piano.

– Si, quand on est dans une ville bombardée.

– Bombarde-t-on vraiment ?

L'ambassadrice lui fit signe d'écouter.

De toutes parts, la canonnade, la mousqueterie avaient repris avec fureur. On eût dit que les hordes chinoises précipitaient leur tir afin de rattraper le temps perdu durant l'après-midi.

– Peuh ! murmura miss Conger, les canons, les fusils... peu de chose...; devant le clavier, cela ne s'entend même pas.

Et s'asseyant, elle plaqua quelques accords.

L'effet fut magique.

Tous les assistants, diplomates graves, femmes gracieuses, se groupèrent autour du Pleyel, et sans annonce, comme si elle répondait à une demande formulée, l'Américaine se prit à détailler une délicieuse rêverie de Schumann.

Elle avait dit vrai. Sous l'envol des notes égrenées par l'instrument, le vacarme du siège cessa d'opprimer l'attention des auditeurs. A peine la canonnade semblait-elle maintenant une basse destinée à appuyer le rêve mélodique.

C'était un spectacle étrange que cette bravade inconsciente de la mort, et René, Cigale, moins habitués que les autres à l'existence des assiégés, se sentirent pénétrés d'un respect presque religieux pour ces jeunes femmes, adorables en leur ajustement de soirée, qui, pour relever le courage de leurs maris, de leurs défenseurs, utilisaient les talents que leurs familles avaient développés chez elles en vue des luttes frivoles des salons.

Tout naturellement, peut-être même sans en avoir

conscience, les pianistes devenaient des héroïnes. Vibrante aux belles choses, comme la plupart des lettrés, Roseau-Fleuri ne cachait pas sa surprise admirative.

– Comme cela est beau ! dit-elle lorsque le morceau fut achevé.

Miss Conger fit vivement pivoter son tabouret.

– Vous trouvez ?

– Oui... C'est un grand esprit qui a combiné ces notes; mais il est quelque chose de plus beau encore.

– Quoi donc ? demandèrent les dames.

– Vous-mêmes.

– Nous ?

– Oui, les femmes de ma nation seraient glacées d'épouvante en pareille circonstance. Vous, vous avez le sourire aux lèvres; vous êtes gaies comme si le malheur ne planait pas sur vous.

Ce fut Mlle Conger qui répondit :

– Il n'y a pas de malheur quand on possède un piano.

– Et une âme courageuse, acheva la princesse.

Mais elle tressaillit. Mme Berteaux s'était glissée près d'elle et lui avait murmuré à l'oreille :

– Savez-vous pourquoi nous sommes ainsi ?

– Non.

– Pour ne pas augmenter les inquiétudes de nos maris, qui ont bien assez de préoccupations.

Roseau-Fleuri ne put retenir un léger cri. Et emportée par un mouvement irréfléchi, elle saisit les mains de Loret :

– Comme tu avais raison. Les femmes d'Europe ont le dévouement, l'oubli de soi-même, et ce qui est admirable, c'est qu'elles n'en font point parade; elles les cachent sous des dehors légers.

L'exclamation intrigua tout le monde, sauf Mme Berteaux, qui comprit la pensée de la princesse. Déjà on interrogeait celle-ci, fort embarrassée de trouver une explication plausible, quand le docteur Matignon entra, accompagné du colonel japonais Shyba, du lieutenant de vaisseau Darcy et du capitaine Labrousse.

– Mesdames, Messieurs, je vous salue. J'ai fini de

découper mes blessés, les militaires ont achevé de me préparer de la besogne pour demain;... j'avoue, pour eux et pour moi, que nous avons le plus vif désir de lever nos verres, comme on dit aujourd'hui, à la République.

M. Pichon sonna :

– Que l'on verse le madère.

Et avec humilité :

– C'est tout ce que nous possédons... et encore, nous devons ce vin insulaire à la libéralité de M. de Cologan, ministre d'Espagne. A propos, je ne vois pas M. de Cologan;... ne l'a-t-on pas prévenu ?

– Me voici, me voici, mon cher ami, répondit celui dont le nom venait d'être prononcé, en se présentant sur le seuil; seulement je vous demanderai la permission d'aller me faire donner un coup de brosse.

Le « coup de brosse » était nécessaire en effet, car l'ambassadeur d'Espagne était couvert de poussière de la tête aux pieds.

Des questions se croisèrent :

– Qu'est cela ?

– Nouvelle tenue de gala.

– Non, ancienne, la poudre nous ramène à Louis XV, Louis XVI.

– Du Louis XV perfectionné, car à son époque on n'en mettait que sur les cheveux et M. de Cologan en a saupoudré ses vêtements.

Et l'on riait.

– D'où venez-vous donc ? finit par dire Mme Pichon.

Le ministre d'Espagne leva les bras au ciel :

– Du parc du Fou, où l'on m'avait dit qu'un volontaire espagnol s'était fait blesser;... fausse nouvelle heureusement... et un malappris d'obus a éclaté à côté de moi, me couvrant de terre...; on n'a pas idée d'un pareil manque d'éducation.

Il était impossible de narrer l'aventure avec une plus insouciante belle humeur. On entoura le ministre, on le félicita de l'heureuse solution de ses « relations avec l'obus » et finalement on lui permit de faire disparaître les traces de l'accident.

De plus en plus étonnée, Roseau-Fleuri assistait à

tout cela. Le courage, cette vertu innée de la race blanche, le courage qui semblait dans ce milieu monnaie courante, l'interloquait. Et elle se sentait envahie par un sentiment profond d'humilité, de tristesse aussi. Pourrait-elle jamais, elle, la petite Chinoise, atteindre à ce mépris railleur du danger?

Cependant, M. de Cologan, débarrassé des souillures de son excursion à travers le Fou, était revenu.

– Mesdames, Messieurs, prononça M. Pichon d'une voix forte, je bois à la République française, à l'Espagne amie, au Japon dont les fils combattent aux côtés de nos soldats. Puisse le siège de nos Légations resserrer les liens d'amitié qui unissent les trois peuples, et faire que, dans l'avenir, ils marchent la main dans la main.

Le colonel Shyba, l'ambassadeur d'Espagne répétèrent le souhait du Résident de France, et gravement, avec une nuance d'émotion, les assistants trempèrent leurs lèvres dans les verres où tremblotait l'ambre foncé du vin de Madère.

Puis l'on se mit à table. Dîner bizarre, où chacun recevait, soigneusement pesée, sa ration de conserves et de pain de riz, ce qui incita Cigale à cette réflexion sûrement juste :

– Non, jamais, dans aucune ambassade, on n'a vu de repas semblable.

Mais la gaieté de tous suppléait à l'insuffisance de la chère. Les ministres, les interprètes, officiers, chanceliers s'évertuaient à dissimuler leur inquiétude de l'avenir, et les femmes d'élite, réunies là, affectaient de n'avoir pas conscience du danger.

C'était la conspiration de l'insouciance, le sublime mensonge d'êtres qui ne veulent pas ajouter aux tristesses de leurs compagnons. Et le colonel Shyba, qui avait jadis fait un stage à Paris, à l'Ecole militaire, racontait en excellent français des anecdotes japonaises.

– Mon pays, disait-il, est en pleine transformation. Les castes instruites se sont mises au niveau de la civilisation européenne, mais le peuple est loin de comprendre les avantages de la nouvelle administration.

« Une historiette entre autres va vous édifier sur ce point.

« Magasi, marchand de Yeddo, voulait épouser Saki, fille de Okohama, autre négociant. Suivant l'ancien usage du Japon, il se rendit chez le père et lui dit :

« – Tu as une fille à marier.

« – Parfaitement, répondit l'autre.

« – J'en donne deux cents dollars.

« – Je les prends. Tope.

« L'hymen ainsi conclu, Magasi loua une voiture pour aller prendre son épouse. Autrefois, on versait la somme et l'on emmenait la mariée sans autre formalité. Mais sur le pas de la porte, il rencontra Okohama. Celui-ci lui dit :

« – Tu sais que les lois ont changé.

« – On le dit, mais cela m'est égal.

« – Il n'en est pas de même de moi, car le mariage de ma fille Saki serait réputé non valable, si nous ne nous conformions aux prescriptions légales. Et la réprobation publique serait sur elle et sur moi.

« – Diable, grommela Magasi, je ne veux pas que vous soyez réprouvés. Que faut-il faire ?

– Aller devant le chef du quartier (le Maire) et signer sur un gros registre.

« – Allons-y.

« Le cortège va à la résistance du chef. Celui-ci unit les époux, puis il leur adresse un discours sur les devoirs du mari et de la femme.

« – Comme les époux d'Europe, vous êtes liés pour toujours, conclut-il, croyant avoir affaire à des partisans des lois nouvelles.

« Mais alors Magasi se lève :

« – Pardon, pardon, dit-il, tu affirmes sans savoir. Car enfin il se peut que le caractère de Saki et le mien ne se conviennent pas. En ce cas, je la renverrai à son père et il me rendra la dot que j'ai versée.

« Le Maire sursauta :

« – Vous n'en avez pas le droit !

« – Pourquoi ?

« – La loi le défend.

« – Alors je dois garder ma femme jusqu'à ma mort ?

« – Oui.

« – Eh bien, ami Okohama, déclara Magasi, rends-moi mon argent et reprends ta fille. J'aime mieux n'avoir pas de femme du tout, qu'en avoir une pour toujours. »

On riait encore quand un fracas épouvantable ébranla la maison, et par le plafond éventré une masse pesante s'abattit sur le piano qui rendit un lugubre gémissement. Tous se levèrent en désordre.

– Qu'est cela ?

– Rien, fit le capitaine Labrousse, un boulet qui a traversé la maison de haut en bas.

– Un boulet, il va éclater...

– Non, soyez tranquilles, reprit l'officier qui s'était approché du piano, c'est un projectile plein.

– Comment le savez-vous ?

– Je le vois.

– Où donc ?

– Dans le piano.

Un cri lamentable accueillit cette déclaration. C'était Mlle Conger qui l'avait poussé et qui, se tordant les mains, bégaya d'une voix tremblante :

– Alors le Pleyel est cassé.

– Pour ça, Mademoiselle, il l'est...

Et l'Américaine fondit en larmes, balbutiant :

– C'est la fin... nous sommes tous perdus... Plus moyen de faire de la musique.

VII

UNE SORTIE

– En avant, tenez les fourreaux des épées-baïonnettes de la main gauche,... et pas de bruit !

Douze hommes, à cet ordre, se glissèrent hors du

parc de l'ambassade d'Angleterre, par la petite porte, protégée par un blockhaus, qui donnait accès sur le quai du canal de Jade.

Dix Anglais, Loret, Cigale et le capitaine Labrousse, commandant le petit détachement, allaient tenter la sortie, décidée la veille au conseil de défense, contre les sapeurs-mineurs chinois.

Juste en face de la porte, un escalier de pierre, coupé dans le quai, descendait jusqu'au niveau de l'eau.

Le capitaine s'y engagea le premier.

Parvenu à la marche inférieure, il regarda, en se penchant, la paroi latérale du mur. A un mètre à peine, une ouverture sombre, garnie d'une grille contournée, se découpait ainsi qu'une fenêtre.

– Qui a la lime? demanda Labrousse.

– Moi, fit Cigale.

– Alors, venez.

Le Parisien descendit auprès de l'officier; puis, après s'être rendu compte de la disposition des lieux :

– Bon! cela ne sera pas difficile.

Allongeant le bras, il saisit l'un des barreaux de la grille, sauta sur le rebord de l'ouverture, et debout au-dessus de l'eau stagnante où se reflétait son image, le joyeux garçon attaqua la clôture de fer avec une longue lime tirée de sa poche.

Son fusil en bandoulière ne gênait pas ses mouvements.

Pour surprendre les Chinois, sans exposer ses hommes à leur feu, Labrousse avait conçu l'idée audacieuse de pénétrer dans l'égout qui longe le canal de Jade, et par cette voie souterraine, de rejoindre le branchement jeté perpendiculairement au premier, en bordure de la façade nord de la Légation britannique, entre les tranchées des canaux Impérial et de Jade.

– Rouillée cette grille, bougonnait le Parisien tout en travaillant. Ces sales Chinois ne font jamais leur ménage. Je vais être fait comme un voleur.

Un barreau détaché tomba dans l'eau.

– Flac... et d'un, continua Cigale en se glissant par la brèche ainsi pratiquée, la moitié de la besogne est faite.

Il s'interrompit pour se boucher le nez :

– Pouah! C'est une infection ici... Avec ça, des égouts, ça n'est pas un flacon d'essence de violette... C'est égal, le *capiston* va nous faire prendre une prise de premier calibre. Quand nous sortirons d'ici, on pourra nous mettre à infuser dans l'alcool, nous donnerons une essence extra-dry pour le mouchoir.

Un second barreau céda et, comme l'autre, alla se perdre dans l'eau. Cigale se pencha au-dehors :

– Ohé! capitaine.

– Qu'est-ce?

– La porte est ouverte.

– Très bien.

– Seulement, que je vous prévienne, il y a ici une odeur suffocante.

Labrousse eut un sourire :

– Je le pensais.

Et s'adressant à René :

– Vous avez le petit panier que je vous ai confié au départ?

– Oui, mon capitaine.

– Veuillez distribuer les objets qu'il contient.

Ainsi qu'un homme que l'ordre ne surprend pas, le diplomate leva le couvercle d'un panier attaché à son ceinturon, et en sortit de petites éponges mouillées.

L'odeur caractéristique du phénol se répandit dans l'air.

Chaque soldat reçut une des éponges et la fixa sur ses narines, au moyen de cordelettes dont les appareils avaient été préalablement munis. Loret, le capitaine lui-même imitèrent leurs compagnons, et Cigale, que le distributeur n'avait pas oublié, poussa un soupir de satisfaction lorsque son appendice nasal eut disparu sous la spongieuse barricade chargée d'intercepter au passage les mauvaises odeurs.

– Allumez votre lanterne, reprit alors l'officier.

Silencieusement le Parisien décrocha une lanterne sourde fixée par un anneau à sa ceinture, l'alluma et d'une voix assourdie :

– C'est fait, mon capitaine.

– Bien. Alors en route et pas de bruit.

L'un après l'autre, les soldats anglais passèrent de l'escalier dans la galerie d'égout, Loret y entra après eux et le capitaine ferma la marche.

Un instant encore on put apercevoir leurs silhouettes se mouvant dans le halo projeté par la lueur incertaine du lumignon que portait Cigale, puis l'obscurité étendit un manteau d'ombre sur cette poignée d'hommes s'engageant dans la plus périlleuse des aventures.

Loret n'avait pu se défendre d'une émotion pénible. Tout bas il avait prononcé le nom cher à son cœur :

– Roseau-Fleuri !

Puis il avait suivi ses compagnons, s'efforçant de chasser de son esprit le souvenir de la jolie Chinoise.

Où était celle-ci à cette heure ?

Dans la salle où, la veille au soir, on avait fêté le 14 juillet.

De là, elle avait assisté au départ de son fiancé. Courageusement elle avait résisté au désir de se montrer à lui, de se jeter dans ses bras, comprenant qu'il fallait ménager la sensibilité d'un homme qui allait risquer sa vie dans une entreprise hasardeuse. Elle l'avait vu disparaître avec Cigale dans les fourrés du parc, et elle était demeurée là, inquiète et assombrie.

Au passage elle salua MM. Pichon et Berteaux qui se rendaient aux barricades de la Légation de France, pour s'assurer qu'aucun incident fâcheux ne s'était produit durant la nuit.

Puis Filipini était sorti à son tour. Celui-ci s'était décerné le titre d'« Inspecteur du Café » et veillait à ce que les combattants reçussent la ration bouillante du liquide tonique et parfumé.

Après cela Flèche, Vérondard, Saussine, Felt étaient apparus, chacun chargé d'une fonction, chacun coopérant de son mieux à la défense.

Roseau-Fleuri remarquait ces choses, sentant grandir en elle l'admiration pour les peuples d'Europe, et surtout pour les Francs, ou tous, lettrés ou simples, unissaient leurs efforts, se vouaient au triomphe de la même cause.

Comme son existence chinoise lui paraissait lointaine. Elle se revoyait confusément, agitée par les préoccupations puériles de la femme célestiale.

Non, réellement, elle avait seulement commencé à vivre le jour où René Loret s'était présenté à ses yeux. Que de pleurs, mais que de joies depuis.

– Eh quoi, nous rêvons toute seule ?

A ces mots prononcés par une voix douce, la princesse se retourna.

Mme Berteaux était à côté d'elle. Serrée dans une robe très simple, un mantelet jeté sur les épaules, l'aimable femme souriait :

– Il est parti ? reprit-elle.

– Oui, murmura doucement la jeune fille.

– Alors, je vais vous donner du travail.

Le visage de Mme Berteaux redevint grave :

– Mais auparavant, je veux vous faire un présent. Oh ! ne me remerciez pas et surtout n'ayez pas peur.

– Peur !

– Oui. Beaucoup de nos amies ont frissonné quand leurs doigts touchèrent des petits paquets semblables à celui-ci.

Ce disant, la gracieuse personne montrait à son interlocutrice une enveloppe de papier blanc fermée d'un cachet de cire.

– Qu'est-ce donc ?

– Je vais vous l'apprendre.

Et doucement, comme s'il se fût agi de la chose la plus naturelle :

– C'est un poison violent. Au cas où les assiégeants envahiraient les Légations, la pincée de poudre enfermée ici assurerait une mort rapide, c'est la certitude de n'être pas torturée.

Roseau-Fleuri ne sourcilla pas. Elle tendit la main.

– Merci !

Du coup, la Française la prit dans ses bras et déposa un baiser sur son front.

– A la bonne heure, elle est brave... j'en étais sûre.

Puis avec volubilité :

– Ç'a été une attention délicate de Mme Pichon. Au début du siège, alors que nous étions toutes terrorisées par le récit des supplices qu'infligent les Boxers à leurs victimes, l'ambassadrice, qui avait bel et bien enlevé ce poison à la pharmacie du docteur Matignon, le dosa exactement, le divisa en petits paquets et en remit à chacune de nous, un soir après dîner, avec ces paroles où son caractère enjoué se faisait jour, en dépit de la gravité des circonstances : Avec ceci, mes chères amies, nous sommes assurées de ne mourir qu'une fois.

– Oui, oui, elle disait vrai, approuva la princesse. Mais j'y songe... Vous vous dépouillez en ma faveur de cette suprême sauvegarde, je ne puis accepter.

Un instant, Mme Berteaux demeura muette.

La Parisienne élégante et subtile était frappée par la tournure de l'entretien. Un combat de générosité se livrait dans le cœur de Roseau-Fleuri, à propos de ce poison, messager d'une mort prompte opposée au lent trépas, à la torture.

Et la jeune fille exprimait son sentiment avec les mêmes mots, la même intonation presque, qu'une femme refusant une gerbe de fleurs ou un bijou.

Etrange renversement des choses. Aujourd'hui ce qu'il y avait « indiscrétion » à accepter, c'était un cadeau mortel.

La princesse lui tendait le petit paquet scellé.

– Non, non, gardez... je suis heureuse de vous le donner.

Mais Roseau-Fleuri insistait du geste, du regard.

Mme Berteaux s'expliqua :

– Je n'en ai pas besoin, moi; mon mari a un revolver et des cartouches. Il a fait bien des envieuses, notre revolver...; on l'enviera davantage encore, mais pour un autre motif, lorsque l'on saura qu'il m'a permis de vous mettre à l'abri des Boxers, comme le sont déjà les autres habitants de la Légation.

Puis changeant de ton :

– Mais nous bavardons comme si rien n'était à faire. Nous aussi, nous travaillons à la défense.

– Vous ? fit la gentille Chinoise avec étonnement.

– Parfaitement, Mademoiselle. S'il vous plaît de m'accompagner, vous verrez que notre part n'est pas la moindre.

D'un signe de tête, Roseau-Fleuri accepta la proposition et les deux femmes, également gracieuses, également pourvues de charme, quittèrent le pavillon.

Elles se dirigèrent vers le sud, où la résidence est bornée par le quartier des Chinois chrétiens. Là, dans l'angle de la clôture, un espace vide d'arbustes était réservé et, sous un hangar de petites dimensions, la nièce de Liang aperçut avec stupéfaction des femmes occupées à remplir de terre des sacs de toile.

Elle comprit tout de suite.

Ces sacs étaient destinés à renforcer, à réparer les barricades.

Mais jamais on ne vit atelier semblablement composé : c'étaient Mme Pichon, entourée de Mmes Filipini, Saussine, de Lady Macdonald, de Mistress Conger, de la fantasque Miss Conger, qui avait oublié l'accident survenu la veille à son piano, de Mme Joosteins, de la marquise Salvago-Raggi, de Mme de Giers, etc.

Ces femmes élégantes, accoutumées aux raffinements du luxe, se livraient à un labeur de soldats, enfonçant leurs mains blanches dans la terre qui égratignait, rougissait leur épiderme délicat.

Ce tableau plongea la princesse dans une sorte de stupeur. La vaillance de toutes l'avait frappée, mais un reste de son éducation chinoise lui faisait considérer comme plus admirable encore ce labeur grossier auquel volontairement ces dames se soumettaient.

Son arrivée fut saluée par des cris joyeux.

– A la bonne heure, voilà du renfort !

– Il faut douze cents sacs avant midi.

– Par ici... voici de la place.

Miss Conger se reculait en disant ces derniers mots, invitant du geste la jeune fille à s'installer auprès d'elle.

Roseau-Fleuri fit un pas en avant, mais soudain elle s'arrêta. Une pensée singulière venait de traverser son esprit. Ces sacs de terre étaient fabriqués... contre les Chinois... Certes, son cœur souhaitait que les Européens échappassent à la mort,... mais en prenant part à la défense, ne commettrait-elle pas une sorte de trahison contre son pays ? Son pays... La conscience de la Patrie s'éveillait en elle à l'heure même où son âme cessait d'être chinoise. Dualité bizarre de son être qui, un instant, l'annihila :

– Refusez-vous d'occuper la place que je vous offre ? demanda Miss Conger.

La princesse répliqua doucement :

– Non... seulement...

– Seulement quoi ?

– Il me semble que moi, Chinoise, même recueillie par vous, j'agirais mal en préparant des armes défensives contre les guerriers de ma nation.

Il y eut un silence. La réflexion de la jeune fille avait étonné l'assistance. Enfin, Mme Pichon prit la parole :

– Elle a raison. Le scrupule part d'une âme délicate. Nous ne saurions exiger d'elle qu'elle travaille contre ses compatriotes.

Toutes approuvèrent.

– Mais, reprit Roseau-Fleuri, les remerciant d'une gracieuse inclination de tête, je ne dois pas rester inutile. Il est une chose que toute femme peut accomplir, car c'est une mission d'humanité.

– Vous voulez soigner nos blessés ? reprit vivement Mme Pichon.

– Oui, madame.

– Votre cœur vous guide bien, mon enfant. Loret a choisi une compagne digne de lui.

L'éloge fit monter une buée rose aux joues de la Mandchoue.

– Mme Berteaux vous conduira à l'ambulance, n'est-ce pas, chère amie ?

– Sans doute.

– Allez donc et soyez remerciée de votre bonne pensée.

Poignées de main, mines aimables et affectueuses rejouirent la jeune fille. Elle était heureuse d'être approuvée par les femmes de même race que son fiancé.

Puisqu'elles étaient de son avis, c'est donc qu'elle avait bien pensé, en Européenne, et ces idées chantant dans sa tête, elle s'éloigna légère aux côtés de Mme Berteaux.

En route, elles passèrent auprès d'un groupe d'hommes très occupés à fabriquer des obus pour le canon de la Légation d'Italie, dont les munitions étaient épuisées.

Les artificiers improvisés formaient l'enveloppe des projectiles à l'aide de feuilles d'étain enlevées dans les maisons chinoises. On remplissait de mitraille et de poudre, on plantait le tout dans une douille ayant été déjà utilisée, et les artilleurs avaient de quoi servir leurs pièces.

D'autres mettaient en état un vieux canon hors d'usage, découvert au fond d'un magasin.

Ils le débarrassaient de la rouille, polissaient l'âme de la pièce vénérable se chargeant par la bouche.

Un armurier du détachement américain lui construisait un affût grossier, et les soldats riaient, ayant déjà baptisé ce nouvel engin de guerre du nom de Betsy ou Empress Dowager.

Partout, sous l'averse incessante de projectiles que les assiégeants faisaient tomber sur le quartier des Légations, la bonne humeur persistait.

– O hommes braves, murmura Roseau-Fleuri. Européens insoucieux de la mort, vous la vaincrez.

Les deux femmes arrivaient à l'ambulance, établie dans une annexe de l'ambassade britannique, et dont la toiture avait été blindée à l'aide de solives entrecroisées.

Sur le seuil, la princesse fit halte, impressionnée par « l'odeur d'hôpital » qui l'avait prise à la gorge. Puis elle promena autour d'elle un regard inquiet.

Couchés sur des nattes supportées par des piquets, des blessés pâles, le front, les bras enserrés de bandes sanglantes, haletaient dans le sommeil agité de la fièvre. Mais la grosse voix du docteur Matignon résonna.

– Quoi, Mesdames, êtes-vous blessées ?

La princesse n'eut pas la force de parler, ce fut Mme Berteaux qui répondit :

– Non, mon cher docteur, c'est une aide que je vous amène.

Un gémissement partit du fond de la salle.

Matignon secoua la tête d'un air soucieux :

– C'est le n° 23, un pauvre diable qui a un éclat

d'obus dans l'aine;... je vais lui faire une piqûre de morphine. Qu'au moins il ne souffre pas.

Il serra la main à Mme Berteaux et s'adressant à Roseau-Fleuri :

– Vous, Mademoiselle, installez-vous là-bas, près de la petite table d'acajou que vous apercevez. Il y a des ciseaux, des bandes de toile, faites de la charpie en attendant mieux... Il en faut, il en faut, l'amadou manque pour obturer les plaies.

Il s'éloignait, courant au malheureux à qui la souffrance avait arraché une plainte.

Mme Berteaux, appelée de son côté par le travail de bourrage des sacs, quitta la jeune fille.

Celle-ci se rendit à la place indiquée par le médecin et, nerveusement, elle se mit à effilocher les bandes de toile destinées à être transformées en charpie.

Une demi-heure se passa ainsi.

Le bombardement avait repris, des ronflements d'obus passaient dans l'air suivis d'éclatements stridents; à l'est, du côté du Fou, de la Légation de France, crépitait une fusillade nourrie.

La princesse maintenant osait regarder autour d'elle. Elle considérait, avec une pitié douloureuse, les blessés livides étendus sur les couchettes, agités de temps à autre de sursauts fiévreux; elle voyait les lèvres blêmies s'entrouvrir de temps en temps pour exhaler une plainte, un blasphème, un reproche à l'adresse de la nature marâtre qui a permis la douleur.

Et son attention se porta sur un jeune matelot, à la face brune, aux sourcils noirs, à la moustache estompant la lèvre supérieure comme une ombre tracée au fusain.

C'était un Franc, celui-là, à n'en pas douter, il présentait tous les caractères de la race gallo-romaine. Plus pâle que les autres, il lève avec effort ses paupières, découvrant ses yeux dans lesquels se dit déjà l'égarement de la mort.

Roseau-Fleuri se dresse alors; elle va au docteur Matignon, qui renouvelle le pansement d'un autre blessé. Elle lui désigne celui qu'elle a remarqué :

– Cet homme va mourir, affirme-t-elle d'une voix légère comme un souffle.

Et le docteur fait oui de la tête.

– Rien à tenter, je le sais bien. C'est un Français qui meurt d'une balle française.

– D'une balle française? répète la princesse avec une soudaine épouvante.

– Oui, un malheur!... Un camarade, sur la barricade, tenait à la main son fusil chargé. Il est tombé, le coup est parti, et la balle a traversé le poumon de ce pauvre diable.

Le docteur s'interrompt.

A la porte vient d'apparaître un matelot couvert de poussière, noir de poudre. Son *Lebel,* il le porte en bandoulière, et ses mains calleuses tiennent son béret. L'homme semble gauche, embarrassé, honteux.

– Voyez, murmura le médecin, voici celui qui a eu le malheur de frapper l'homme dont nous parlions. Il est à plaindre aussi. Il a une blessure morale qui vaut bien l'autre. Chaque jour il se présente ici, il me demande, avec des larmes dans la voix, des nouvelles de sa victime. Meurtrier involontaire, il est déchiré par le remords.

Le matelot a fait un pas en avant. Ses yeux se sont portés sur le camarade, mais ils se détournent vite, et se fixent sur Matignon.

Ah! combien expressif ce regard! Comme il dit :

– Monsieur le docteur, je vous en conjure, apprenez-moi qu'il ne mourra pas.

Le médecin n'a pas le courage de répondre à l'anxieuse prière. Il courbe la tête. Le marin baisse le front aussitôt et demeure immobile, comme pétrifié.

La scène muette est tragique.

Soudain un chuchotement s'élève dans le silence. C'est le moribond qui parle. Il a reconnu son compagnon de bataille, il l'appelle :

– Le Mello! Le Mello!

Un tremblement convulsif secoue le corps du visiteur. Il voudrait fuir, cela se voit, et pourtant il obéit à la voix du blessé.

Lentement, d'un pas lourd, il va vers le lit.

Matignon, Roseau-Fleuri se rapprochent sans bruit. Le moribond va peut-être accuser son meurtrier, innocent exécuteur d'un arrêt de la fatalité. Il faut être là pour le rappeler au sentiment de la justice.

Le cœur palpitant, ils attendent.

Maintenant Le Mello est près de la couchette, debout, frissonnant, tournant toujours son béret entre ses mains, d'un mouvement répété et maladroit.

Un silence de quelques secondes, long comme un siècle, et d'un ton sifflant, à peine perceptible, le mourant dit :

– Le Mello, prends ma main...; je ne peux plus la soulever.

L'interpellé laisse tomber son béret. A deux mains, il saisit le poignet de son camarade et le soulève avec des précautions touchantes, tandis que de grosses larmes coulent sur ses joues basanées.

– Bien, continue le blessé dont les lèvres se teignent d'une écume sanguinolente. Je voulais te dire : je ne t'en veux pas,... tu ne l'as pas fait exprès.

Un accès de toux interrompt la phrase, un jet de sang coule de la bouche ouverte du malheureux. Mais il se raidit et dans un effort suprême :

– Tout ce que je te demande, c'est, quand tu seras de retour au pays, de faire dire une messe pour moi.

Le petit matelot se renverse en arrière. C'est fini. Son âme s'est envolée.

Et son camarade, tombé à genoux, le regarde avec stupeur, bredouillant ces mots revenant sans trêve avec une vibrante monotonie :

– Pauvre vieux! Mon pauvre vieux!

Matignon, Roseau-Fleuri pleurent silencieusement devant la mort si simple et si touchante du petit marin de France.

Mais un tumulte les arrache à leurs pensées. Des pas pressés, des voix haletantes se font entendre.

Qu'est-ce donc?

Les blessés, tirés de leur engourdissement, se soulèvent sur leurs lits de douleur; ils regardent. Un funèbre cortège se présente. Sur deux fusils croisés, quatre hommes apportent à l'ambulance un cadavre sanglant.

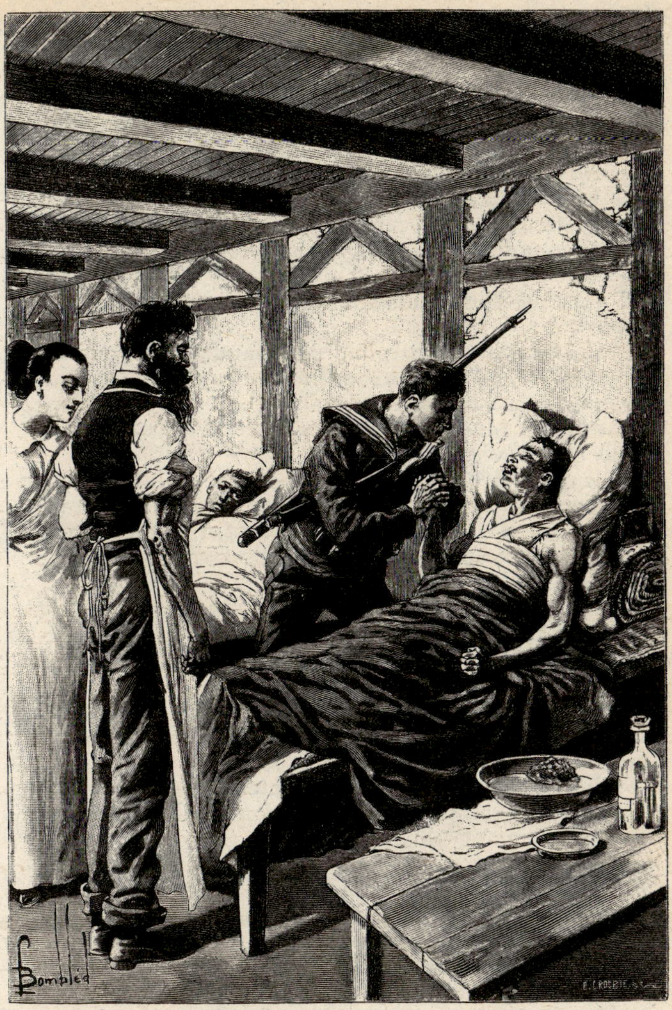

LE MELLO, PRENDS MA MAIN...; JE NE PEUX PLUS LA SOULEVER.

Un homme au teint coloré, vêtu d'un complet gris, suit en boitillant, un mouchoir maculé de taches rouges serré autour du mollet.

– Morisson! s'écrie Matignon.

C'est son confrère, le docteur Morisson, correspondant du *Times*.

– Oh! ne vous troublez pas pour moi. Une balle dans le gras du mollet, je vais me panser moi-même... Seulement ce pauvre capitaine Strouts ne pourra pas en faire autant.

– Strouts!

Morisson étend la main vers le mort que soutiennent les porteurs.

C'est le capitaine Strouts, commandant le détachement anglais, qu'une balle entre les deux yeux vient de renverser à la barricade du Fou.

Le docteur Matignon s'approche, regarde, hausse les épaules avec colère :

– Rien à faire.

On dépose le corps sur une natte libre, et les brancardiers improvisés repartent, entraînant Le Mello vers le Fou, où le combat devient d'instant en instant plus acharné.

Et comme Roseau-Fleuri s'appuie sur une chaise, le médecin français la regarde :

– Allez prendre l'air, Mademoiselle, la séance est dure pour une débutante.

Mais elle se redresse.

– Non, merci. Je ne puis être utile que comme infirmière, il faut que je m'habitue.

Un blessé demande à boire. La jeune fille se précipite et doucement elle présente un verre au malheureux qui murmure :

– Merci, ma sœur.

Le soldat l'a prise pour une sœur de charité chinoise. C'est une joie pour elle. L'altière princesse mandchoue d'autrefois a disparu à jamais, puisque aujourd'hui elle est heureuse d'être comparée aux humbles filles dévouées à la souffrance.

« René sera content de moi », pense-t-elle.

Elle se multiplie, surmontant la fatigue, les répulsions nerveuses, se contraignant à ne plus songer au bien-aimé pour être la servante parfaite de ces blessés qui gémissent autour d'elle.

La matinée s'avance. Soudain Mme Berteaux se montre à la porte.

– Vous ! s'écrie Roseau-Fleuri courant à elle.

Mais elle s'arrête. Le visage de la jeune femme est triste. Quelle mauvaise nouvelle met des larmes dans ses yeux ? Et la Chinoise bégaie :

– Loret..., il est revenu ?

Mme Berteaux l'étreint sur son cœur et sanglote :

– Pauvre petite !

Ah ! c'est un déchirement. Loret est mort. Roseau-Fleuri exhale un cri rauque et s'évanouit dans les bras de l'amie qui l'enlace.

. . . .

Quel drame s'était donc accompli dans les égouts pékinois ?

Tout avait bien été d'abord. Cigale ouvrait la marche, éclairant le terrain de sa lanterne. On pataugeait, il est vrai, dans des flaques d'eau, des vases putrides, à la surface desquelles des bulles délétères crevaient, mais grâce aux éponges phéniquées, la respiration des audacieux combattants n'était pas trop gênée.

La troupe parvint ainsi jusqu'à l'intersection du couloir parallèle au canal de Jade avec la galerie reliant celui-ci à la tranchée du canal Impérial.

Ici la lanterne devenait inutile. Le plafond de l'égout, percé en plusieurs points par les obus, laissait tomber une lumière suffisante, mais des débris, des immondices obstruaient le chemin à chaque pas.

Labrousse fit faire halte et envoya deux hommes en reconnaissance.

– Pourvu qu'ils ne se fassent pas prendre, grommela Cigale.

– Bon, répliqua le capitaine, espérons-le. Seulement, pour s'éclairer, je ne vois pas d'autre moyen que d'avoir des éclaireurs.

– Si j'avais su, je vous aurais proposé d'y aller.

– Et j'aurais refusé, monsieur Cigale.

– Refusé, pourquoi ?

– Parce que, à l'heure présente, ceux qui ont le plus souffert sont les Français et les Japonais; il est juste que les autres risquent leur peau.

Le Parisien garda le silence et les minutes se succédèrent lentement, martelées par le bruit des gouttes d'eau tombant de la voûte sur le sol fangeux. Une demi-heure se passa ainsi, puis tout à coup un factionnaire, placé à quelques pas en avant, se replia brusquement vers le gros de la troupe.

– On vient, dit-il à voix basse.

L'officier et ses compagnons prêtèrent l'oreille.

En effet, on percevait distinctement le clapotis de gens piétinant dans la boue.

– Ce sont nos hommes, déclara le capitaine après un instant d'attention.

Il ne se trompait pas. Les silhouettes des éclaireurs se dessinèrent bientôt dans la pénombre. Les deux hommes firent leur rapport.

A environ deux cents mètres, ils avaient dû se dissimuler derrière un tas de pierres éboulées, car en avant d'eux des mineurs chinois travaillaient.

Ils s'étaient consultés. Devaient-ils rapporter cette nouvelle au capitaine, ou attendre pour se rendre compte du travail auquel se livraient les Célestes ?

Tandis qu'ils discutaient, les « mineurs » s'étaient retirés.

Alors les deux hommes s'étaient remis en marche. Ils avaient reconnu que, de leurs barricades élevées auprès de la muraille de la Ville Impériale, les ennemis avaient creusé un boyau souterrain aboutissant à l'égout, le traversant et continuant dans la direction de la Légation d'Angleterre.

– Ils sont partis ? demanda Labrousse.

– Oui.

– Pourquoi ?

– Nous ne savons pas. Sans doute un ordre, car un guerrier est arrivé près d'eux, leur a dit quelques mots et s'en est allé avec eux.

– Eh bien, en avant !

Sur ce, le capitaine tira son sabre, les soldats assurèrent la baïonnette de leurs fusils, et sur deux files, chacune rasant l'une des parois de l'égout, la petite troupe s'ébranla.

Ainsi que l'avaient déclaré les éclaireurs, une galerie coupait le couloir en croix à environ deux cents mètres.

L'une des branches, par sa direction, devait aboutir manifestement en arrière des barricades chinoises, l'autre s'enfonçait dans l'ombre vers le sud, où se trouvaient les bâtiments de l'Ambassade britannique. Labrousse désigna celle-ci :

– Allons voir ce qu'ont manigancé ces coquins. Quatre hommes resteront à l'entrée du boyau.

Les soldats désignés ayant pris position :

– En cas d'alerte, ne craignez pas le bruit. Faites feu sans hésiter, nous accourrons.

Puis se tournant vers les autres :

– Pour nous, poussons droit devant nous.

Avançant avec prudence, Cigale compta cinquante pas, à peu près la distance qui séparait l'égout de la façade de la Légation, puis il fut arrêté par un mur de terre.

Le conduit finissait là.

Comme il tâtonnait dans l'ombre, le Parisien sentit sous ses doigts une sorte de cordeau.

– Je tiens une queue de rat, fit-il, seulement, pour une queue de rat, c'en est une de taille.

– Qu'est-ce que vous dites ? bougonna le capitaine.

– Je dis ce qui est, je tiens quelque chose qui ressemble à une corde.

– Vite, allumez votre lanterne.

Cigale obéit, mais à peine la clarté douteuse du lumignon s'était-elle montrée que l'officier s'écriait :

– Une mine, une mine toute préparée. Ce que vous tenez est la mèche.

D'un mouvement instinctif, le Parisien lâcha le cordeau, tandis que Labrousse continuait :

– Il était temps. Avec cela, les coquins auraient envoyé la Légation dans les nuages. Vite, démolissons leur ouvrage.

Puis par réflexion :

— Non, mieux que cela. Les quatre premiers, enlevez-moi le bourrage de ce fourneau de mine.

Et l'ordre exécuté :

— Chargez-vous des explosifs entassés là-dedans... Bien. A présent, suivez-moi...

Il frappa sur l'épaule de deux soldats, inoccupés jusqu'alors.

— Vous, en vous retirant, abattez les solives qui soutiennent le ciel de la galerie... Tout s'éboulera et il n'y aura plus rien à craindre de cet ouvrage.

Le digne officier se tourna alors vers Loret et Cigale.

— Arrivez... Si nous avons le temps, ce sera une farce dont je rirai aux larmes.

— Quelle farce ?

— Ah ! c'est vrai, je ne vous ai pas dit... ; mais venez, venez, je vous expliquerai tout en marchant.

Allongeant les jambes, Labrousse regagna l'égout, suivi par les deux jeunes gens très intrigués.

De ce côté, rien n'avait bougé.

L'officier désigna le couloir sombre se dirigeant vers les barricades chinoises.

— Nous allons essayer de leur rendre leur politesse, à ces chiens jaunes, dit-il. Une mine sous leur retranchement, hein ?... Voilà une surprise dont ils garderont le souvenir.

Il riait en disant cela, et sur toutes les figures sa gaieté se refléta. C'était un entraîneur d'hommes, un de ces officiers avec lesquels les soldats ne trouvent rien d'impossible, car ils ont la confiance communicative.

Cette poignée d'Européens, perdue dans les égouts de la ville, ne songea pas au danger de l'entreprise, et avec un enthousiasme égal, Anglais et Français se glissèrent dans le conduit.

Bientôt une légère clarté leur annonça qu'ils approchaient de l'ouverture cachée par des barricades chinoises.

— Halte ! commanda Labrousse à voix basse. Creusez ici sans bruit. Souvenez-vous, quand je crierai en retraite, que chacun rejoigne le canal de Jade sans s'inquiéter des autres. Il faut laisser le moins possible de nous dans cette sentine.

Une cavité suffisante fut bientôt creusée dans la paroi du couloir.

La poudre y fut déposée, recouverte du bourrage enlevé tout à l'heure; la mèche fut posée. La mine était prête.

La face épanouie, Labrousse enflamma lui-même une des extrémités de la mèche, puis joyeusement :

– En retraite!

Ainsi qu'une bande de lapins surpris par le chasseur, les soldats s'enfuirent à toutes jambes.

Le capitaine, ayant auprès de lui Loret et Cigale, était demeuré en arrière.

– Filez donc! ordonna-t-il aux jeunes gens.

– Avec vous, mon capitaine.

– Quelles têtes de mules. Je reste jusqu'au dernier moment, afin de brûler la cervelle à tout Boxer que sa mauvaise étoile amènerait ici.

– Nous faisons de même.

L'officier allait se fâcher; mais une exclamation du Parisien arrêta la réprimande prête à sortir de ses lèvres.

– Le Boxer demandé, boum! Voilà. Seulement il est plusieurs, le Boxer.

En effet, un groupe de Chinois apparaissait, se découpant sur la bande de lumière tombant de l'entrée du souterrain.

– Ah! gronda Labrousse avec un geste violent... Il faut les arrêter une minute.

– Bon, pas difficile.

Ce disant, Cigale portait son fusil à l'épaule. Loret l'imita et le capitaine braqua son revolver dans la direction des ennemis.

– Feu! dit-il soudain.

Trois détonations se fondirent en une seule, répercutée en grondement de tonnerre dans les galeries souterraines.

Des hurlements d'épouvante répondirent. Les Chinois, terrifiés par cette attaque inattendue, se précipitèrent vers la sortie, se frappant de leurs armes, poussant des cris aigus.

Les trois Européens s'abandonnèrent un instant à

une folle hilarité; mais soudain la voix de Labrousse s'éleva :

– Sauve qui peut, la mine va éclater.

Dans la joie du triomphe, les vaillants avaient oublié la mèche qui brûlait à côté d'eux.

Bondissant ainsi que des cerfs, ils s'élancèrent vers l'égout, mais ils avaient à peine fait quelques pas, qu'une explosion épouvantable les assourdit, un jet de flammes et de fumée les enveloppa, les charpentes de soutènement du couloir se brisèrent comme fétus de paille, une trombe de terre, de pierrailles passa, emportant les Européens qui, aveuglés, suffoqués, roulèrent pêle-mêle parmi les débris. Après une course folle, époumonés, les tempes battantes, les dix soldats anglais étaient réunis près du « regard » ouvert sur le canal de Jade.

Arrivés là, ils se comptèrent.

– Aoh ! le capitaine ?

– Et les deux *Frenchmen* (Français) ?

– Disparus.

– Engloutis par l'explosion, murmura l'un. Ils sont restés en arrière et probablement...

– Ils se sont trouvés dans la zone d'ébranlement.

Ces paroles sonnèrent lugubrement sous la voûte basse, la consternation se peignit sur tous les visages.

– Qu'allons-nous faire ? reprit un sergent.

Personne ne répondit.

– Deux possibilités se présentent, continua le gradé.

– Lesquelles ? parlez, sergent, firent les hommes en chœur.

– Ou bien rentrer à la Légation, suivant l'ordre donné par le capitaine Labrousse lui-même.

Un murmure s'éleva.

– Cela ne vous convient pas ?

– Non, pas du tout, répliqua pour tous l'un des Anglais. On nous reprocherait d'avoir abandonné le commandant de l'expédition; bien plus, comme les trois Français manquent, nous aurions l'air de leur avoir laissé toute la besogne, de n'avoir pas fait notre devoir.

– C'est vrai ! c'est vrai ! clamèrent les autres.

Le sous-officier souriait en frisant sa moustache rousse :

– Alors, vous penchez pour le second moyen...

– Que nous ne connaissons pas, s'écria l'orateur de la troupe, mais qui certainement vaudra mieux que le premier.

– Il est plus dangereux aussi.

– Cela n'a pas d'importance. Ordonnez, sergent, nous vous suivrons.

– Vous êtes de braves garçons. Voici donc la chose. Nous allons retourner sur nos pas...; tant pis si nous rencontrons des Chinois..., on fera le possible pour ramener les manquants.

– Hip, Hip ! Hurrah !

Les dix hommes se mirent de nouveau en marche dans le dédale obscur des égouts. Mais en arrivant dans la galerie sur laquelle s'embranchait naguère le couloir de la mine chinoise, ils furent arrêtés par une barrière de terre et de pierres éboulées.

La violence de l'explosion avait déterminé la chute du « ciel » de l'égout déjà ébranlé par les obus.

Obstinés dans leur idée de retrouver leurs compagnons, les braves gens grimpèrent cependant au haut de l'obstacle et s'arrêtèrent consternés sur la crête.

Au delà, c'était le chaos. Sur toute sa longueur, la galerie s'était effondrée, les parois latérales avaient cédé, entraînant les terres qu'elles soutenaient et comblant la tranchée.

A la place de la barricade chinoise un énorme entonnoir se creusait; parmi les décombres, des bras, des jambes apparaissaient, montrant que le cataclysme avait fait de nombreuses victimes.

Au point de vue général de la défense, l'expédition avait pleinement réussi; malheureusement, le succès était chèrement acheté. On n'en pouvait douter, le capitaine Labrousse, Loret, Cigale étaient ensevelis sous les ruines de l'égout et du retranchement célestial.

Tandis que les soldats se concertaient, le sommet du rempart de la Ville Tartare se couronna de fumée et une volée de balles s'abattit autour d'eux. En un clin d'œil, ils sautèrent dans la galerie, s'abritant ainsi contre la fusillade.

– Rentrons à la Légation, commanda le sergent. Il nous est matériellement impossible d'agir utilement.

La tête basse, tous le suivirent, gagnèrent ainsi le canal de Jade, remontèrent l'escalier raide pratiqué dans le quai et, contournant le blockhaus protecteur de la porte de la résidence, se retrouvèrent dans le parc d'où ils étaient sortis deux heures plus tôt.

Justement, les ambassadrices et leurs compagnes, qui venaient de charger elles-mêmes cinq cents sacs de terre sur des charrettes, lesquelles roulaient lentement vers le Fou et la Légation de France, croisèrent la petite troupe.

L'air sombre des soldats anglais les frappa. Lady Macdonald, s'avançant, interrogea le sergent :

– Votre expédition a été heureuse, on nous a annoncé que vous aviez fait sauter les barricades chinoises.

– C'est vrai, Milady, mais un peu plus de bonheur n'aurait pas fait de mal, balbutia l'interpellé.

– Que voulez-vous dire ?

– Que le nombre 13 nous a porté malheur, car nous sommes partis 13... et nous revenons seulement dix.

Une même angoisse décolora les visages des dames présentes. Et la voix changée, l'ambassadrice d'Angleterre reprit :

– Lesquels donc sont restés là-bas ?

Le sous-officier n'eut pas le temps de répondre, Mme Pichon s'était approchée :

– Qui ? vous le demandez ? Le capitaine Labrousse.

– Et M. René Loret, continua Mme Berteaux... pauvre Roseau-Fleuri !

– Et M. Cigale, acheva Mlle Conger.

Puis avec une moue dédaigneuse, la jeune fille ajouta :

– L'Angleterre peut être fière de ses soldats. Ils abandonnent leurs officiers, les volontaires qui se joignent à eux.

Les pauvres diables si vertement admonestés rougirent, mais le sergent releva la tête :

– Vous avez tort de nous accuser, Miss.

Et rapidement, en phrases pressées :

– Avec le capitaine, nous avions découvert un fourneau de mine, sous la Légation même. Nous l'avons transporté sous la barricade chinoise. En allumant la mèche, le capitaine a dit : Que chacun se sauve sans s'inquiéter des autres, et attende le long du canal de Jade. Nous avons obéi. Là, nous nous sommes aperçus que ni lui ni les deux volontaires français ne nous avaient suivis. Nous sommes revenus à leur recherche. Mais l'égout en bordure des bâtiments de l'ambassade s'était effondré et du haut des murailles de la Cité Tartare, les guerriers des Huit Bannières tirèrent sur nous. Il faudrait deux cents ouvriers pour déblayer et retrouver les disparus. Mon devoir était de ramener mes hommes, dont la défense a besoin. Je l'ai rempli.

Le sergent empruntait aux circonstances une sorte de grandeur. Miss Conger lui tendit la main :

– Je vous demande pardon, mon ami, j'ai été injuste.

Les visages s'éclairèrent, dans tous les yeux brilla un regard reconnaissant adressé à la jeune fille. Mais les femmes de la Légation de France échangeaient des phrases tristes :

– Ensevelis par l'explosion.

– Une mort horrible.

– Pauvres gens ! Pauvres gens !

– Et cette malheureuse enfant qui a tout quitté pour Loret, gémit Mme Berteaux, comment lui apprendre cela ?

Miss Conger s'approcha d'elle.

– Il faut cependant que l'une de nous...

– Une de nous ? se récria la femme du deuxième interprète...

– Préférez-vous que la vérité lui soit dévoilée brutalement par le hasard ?

Un geste las fut la seule réponse de Mme Berteaux. Puis brusquement la charmante Parisienne sembla prendre son parti :

– Vous avez raison, je vais à l'ambulance... où elle

soignait nos blessés tandis qu'on lui tuait son fiancé, mais n'y a-t-il plus d'espoir... rien à tenter?...

Elle regardait le sous-officier. Celui-ci secoua la tête :

– Une journée de travail au moins serait nécessaire, si l'ennemi se tenait tranquille. Sous le feu, on perdrait du monde inutilement... et nous n'avons pas de troupes inutiles.

Un silence de mort accueillit ces paroles. Avec un accent rauque le sous-officier, se tournant vers les hommes arrêtés autour de lui, commanda :

– Arme sur l'épaule droite!... En avant, marche!

Tous exécutèrent les mouvements prescrits et la petite troupe, victorieuse mais décimée, s'éloigna à travers le parc, regagnant son cantonnement.

C'est alors que Mme Berteaux, désolée d'être une messagère de larmes, s'était rendue à l'ambulance, auprès de Roseau-Fleuri.

. . . .

Le déjeuner à demi-ration avait pris fin. Dans une salle du refuge du personnel de la Légation de France, Mmes Pichon, Berteaux, Mlle Conger entouraient Roseau-Fleuri.

La jeune fille ne pleurait plus. Calme, grave, elle parlait doucement, faisant, suivant la tradition chinoise, son discours de suicide.

Car elle avait résolu de mourir, pour rejoindre, dans l'inconnu, celui qui avait emporté son âme.

Après une crise de sanglots, elle s'était apaisée tout à coup et avait dit à Mme Berteaux éperdue :

– Sois bénie, toi à qui je devrai la joie de la réunion à mon bien-aimé.

Comme la Parisienne la considérait, surprise, se demandant si la folie ne troublait pas le cerveau de sa compagne, celle-ci avait repris :

– Tu m'as donné le poison destiné à me délivrer des Boxers; il me délivrera d'une existence maintenant odieuse et sans clarté.

– Quoi? Vous voulez mourir?

– Que ferais-je donc?

A cette question, Mme Berteaux n'avait pas répondu. Femme au cœur noble, elle comprenait l'abîme de ténèbres où se débattait l'âme de la princesse, et au fond d'elle-même, en dépit des raisonnements européens sur la mort volontaire, il lui apparaissait que le trépas était préférable au long deuil de la veuve qui n'a pas été épouse. Cependant elle crut avoir une inspiration :

– Charist, dit-elle, employant la prononciation chinoise du nom de Christ, n'approuve pas ceux qui désertent la lutte de la vie.

Mais Roseau-Fleuri eut un triste sourire :

– Charist est un grand bouddha, le plus grand de tous, car il enseigne la bonté. Dans ma prison, je l'ai imploré. Je lui ai dit : Fais que nous soyons sauvés du martyre, René et moi, et devant tes saints autels je brûlerai les bâtonnets d'encens, je répandrai les essences de fleurs, je sacrifierai les victimes consacrées : colombes et blancs agneaux. Il a exaucé ma prière et depuis je lui appartiens... Vois...

Elle tira de sa casaque de soie un petit crucifix :

– Vois, je porte son image avec moi. Regarde, il est innocent et douloureux comme moi-même, il a voulu mourir pour racheter les hommes, pourquoi me blâmerait-il de mourir pour rejoindre celui des hommes, créés par lui, qui me semblait plus beau que la terre montueuse, les mers glauques et les étoiles d'argent ?

En vain, Mme Pichon, miss Conger, averties, avaient-elles essayé de détourner la pâle fiancée de sa funeste résolution.

Elles avaient dû renoncer à leur entreprise. Et maintenant toutes trois écoutaient Roseau-Fleuri qui semblait puiser dans la certitude du trépas prochain une sorte de joie mystique.

Elle disait sa vie, son chagrin.

– Dans le palais de laque, d'ivoire et d'or, j'ai grandi. Pour moi la nature distillait des parfums, mettait aux ailes des oiseaux les plumes légères, multicolores; les abeilles façonnaient leur miel pour mes lèvres, les vers à soie tissaient leurs fils les plus fins; pour me couvrir, les agriculteurs arrosaient le chanvre et le lin; les artistes peignaient les délicates porcelaines, ou ciselaient le bronze sombre, ou tournaient le jade vert pour mon plaisir, toujours pour moi.

» Et j'avais le bonheur de l'enfant que rien ne contrarie, bonheur négatif, car il ne saurait être compris de qui le possède, l'explication du bonheur résidant en la souffrance.

Elle sembla sortir d'un songe.

– Quelle heure est-il ?

Ce fut Mme Pichon qui consulta sa montre d'un regard trouble :

– Trois heures.

– C'est bien. Alors partez, mes chères amies. Deux jours seulement je vous aurai connues, mais en ces deux journées, mon cœur vous aura plus donné de sa tendresse qu'il n'en accorda jamais à personne, mon oncle Liang excepté.

Un geste triste ponctua la phrase :

– Il me pleurera, l'oncle Liang, ce lui sera un chagrin cuisant...

Puis avec un haussement d'épaules rageur :

– La philosophie le consolera, la poésie lui fera oublier... Il croit à ces choses vaines.

Et tendant les mains aux trois femmes éplorées :

– Adieu. Si les royaumes charmants des Félicités existent au delà de la mort, je vous regarderai toutes et je prierai le Maître de l'Inconnu de répandre sur vous les fleurs heureuses.

Aucune ne se sentit la force de résister.

Elles avaient l'intuition que Roseau-Fleuri n'appartenait plus à la terre. L'empêcher de mettre son projet à exécution leur apparaissait comme une action de cruauté sans excuse. Et soudain l'Américaine murmura :

– Moi, je reste.

Aux regards étonnés de ses interlocutrices, elle répondit d'un ton décidé :

– Je reste. Jeune fille, je fermerai les yeux à cette autre jeune fille qui va nous quitter.

Ni Roseau-Fleuri ni Mmes Pichon et Berteaux ne prononcèrent une parole. Celles-ci sortirent lentement;

celle-là, la porte refermée, alla vers la table sur laquelle une carafe et un verre étaient placés.

Sans que sa main tremblât, elle emplit le verre à moitié, puis tirant de sa tunique le paquet remis le matin même par Mme Berteaux, elle en vida le contenu dans le liquide transparent.

Un instant, l'eau se troubla; d'innombrables petites bulles se dégagèrent puis la transparence se rétablit dans le récipient de cristal.

Le breuvage mortel était prêt.

Le bras de la princesse s'étendit, sa main fine se crispa sur le verre et l'éleva lentement vers ses lèvres :

– Adieu ! murmura-t-elle.

Un instant encore, elle buvait, le froid du trépas paralysait sa jeune beauté; mais plus prompte qu'elle, Miss Conger bondit, frappa d'une main nerveuse le gobelet qui roula sur le plancher où il se brisa.

Et enlaçant sa compagne stupéfaite, elle couvrit ses joues de baisers tendres :

– Je ne veux pas que tu meures, Roseau-Fleuri. Je ne le veux pas, parce que je suis ton amie. Mourir, c'est nier l'espoir, le courage, l'avenir. Toi disparue, qui donc versera des larmes sur sa tombe à lui, ces larmes qui réjouissent les âmes délivrées ?

Froide, insensible, la princesse répliqua :

– Pourquoi retarder mon départ ?

– Parce que je t'aime.

– Lui aussi m'aimait et il est seul dans la tombe, il m'attend.

– Eh ! fit l'Américaine avec emportement, est-ce que le temps existe pour ceux qui sont entrés dans l'éternité ?

Mais obstinée, Roseau-Fleuri répéta :

– Il m'attend. Le poison me manque. Il reste le fer, le feu... N'eussé-je point d'armes, les Boxers en ont. Je vais aux barricades m'offrir aux coups...

– Non !

– Je le veux.

– *Blockhead* (tête de bois), gronda Miss Conger, employant pour la première fois de sa vie ce vocable peu flatteur, tu ne seras pas plus entêtée que moi; et dussé-je employer la violence, dussé-je te boxer...

La jeune fille s'interrompit.

Au-dehors, des cris, des exclamations joyeuses se faisaient entendre. Sans perdre de vue la princesse, la fille de l'ambassadeur des U.S.A. (United States of America) se porta près de la fenêtre et resta là, les pieds rivés au sol.

Débouchant d'une allée, parmi les résidents, les fonctionnaires, les dames se livrant à des démonstrations qui confinaient au délire, le capitaine Labrousse, Cigale et Loret, ébouriffés, couverts de terre et de boue, s'avançaient, conduisant un prisonnier chinois.

Vivants ! Ils étaient vivants !

Alors sous la poussée d'une inspiration subite, Miss Conger se précipita vers Roseau-Fleuri, étreignit ses poignets délicats et l'entraînant vers la croisée :

— Regarde, insensée, fit-elle d'une voix fougueuse, regarde et ose dire que se tuer n'est pas douter de l'avenir.

La gentille Chinoise eut un cri faible comme l'appel de l'oiselle retrouvant intact le nid qu'elle a cru emporté par l'ouragan, et se laissant glisser sur les genoux, adorable et extasiée, elle mêla ces deux noms qui désormais possédaient toute son âme :

— Charist, René.

Puis elle se renversa évanouie dans les bras que l'Américaine tendait pour l'y recevoir.

. . . .

La réapparition des trois Français était toute naturelle. Au moment de l'explosion de la mine, ils se trouvaient à une certaine distance du centre d'explosion. Au lieu d'être engloutis sous les terres bouleversées, ils avaient été projetés en dehors de la zone d'éboulis, et après deux heures d'un étourdissement facile à comprendre, ils s'étaient reconnus, froissés il est vrai, à demi ensevelis dans le sable, cela est encore vrai, mais constatation agréable, sans blessures graves.

Un soldat chinois, enlevé par un de ces remous inexplicables que cause la déflagration de la poudre, gisait à quelques pas d'eux.

Ils le ranimèrent et le ramenèrent à la Légation.

Et, le soir, la joie régna parmi les assiégés.

Le prisonnier en effet, avec la lâcheté des soldats chinois lorsqu'ils tombent au pouvoir de l'ennemi, avait trahi sans scrupule les secrets de ses compatriotes.

Dans Tien-Tsin, solidement occupé aujourd'hui par les troupes alliées, la plus grande activité régnait.

Une colonne était en voie de formation. D'ici peu de jours sans doute, elle se mettrait en marche, avec Péking pour objectif.

Le général Nich, gouverneur de la ville emportée d'assaut, s'était donné la mort pour échapper à la disgrâce impériale.

Le prince Tuan se préparait à une dernière bataille, retranchant ses troupes à mi-chemin de Tien-Tsin et de Péking.

Enfin, détail plus significatif encore : le captif rapportait que Li-Hung-Chang, ancien envoyé extraordinaire en Europe, était accepté par les alliés et par l'Empereur Kouang-Sou pour engager les négociations préliminaires de la paix.

Ah! on tiendrait jusqu'au bout, et les troupes de secours, en entrant à Péking, trouveraient le personnel des Légations décimé mais debout sur les ruines des ambassades bombardées.

VIII

QUELQUES PAGES DU JOURNAL DE SIÈGE DE CIGALE

16 *Juillet.* – Loret et la petite princesse ne se lâchent plus. Ils roucoulent, c'est des vrais ramiers. Moi, ça me fait penser à Anoor, on ne roucoulera plus, nous autres. Triste.

Six heures. Nous sommes penchés au bord d'un trou dans le parc. On case le pauvre capitaine Strouts dans sa dernière villa. Des marins présentent les armes. Bonsoir, capiston, dors bien; je voudrais pouvoir en faire autant.

Allons, bon, on ne dîne pas encore... ça creuse cependant d'être à la demi-ration. Seulement il y a des parlementaires.

Roseau-Fleuri tient la main de René, elle le regarde avec des yeux de petit moineau qui s'étrangle. A-t-il de la chance, cet animal-là.

17 *juillet.* – Une vingtaine de coups de canon dans la matinée; histoire de n'en pas perdre l'habitude. Un Chinois converti a été coupé en deux par un obus. Il est mort naturellement, mais ses camarades prétendent que le bon Charist l'indemnisera de la perte de ses jambes en ce bas monde, en lui en donnant deux paires dans son paradis. Ils sont suaves, pas vrai.

Loret est commandé de garde à la Légation de France par le capitaine Labrousse. La petite princesse l'accompagne. Il a tenté de l'en empêcher, mais elle répond :

– Je ne te quitte plus, j'ai trop souffert hier quand je t'ai cru envolé au ciel.

– Mais les blessés que tu devais soigner?

– Je serai garde-malade aux heures où tu ne seras pas sur les retranchements.

C'est une brave fille, cette princesse-là, je commence à l'aimer comme une *frangine* (sœur).

A la Légation de France, les guerriers et les coolies chinois se montrent à découvert, viennent causer avec les factionnaires.

Ils annoncent que les mandarins vont nous envoyer des provisions fraîches. On se gondole à la pensée de se goberger, avec des légumes. Elles arrivent les provisions. Oh! la la! paraît que c'est cher au marché.

Nous sommes 3.000 assiégés, les vivres se composent de 2 melons et d'une pêche...

Il n'y en a seulement pas assez pour les dents creuses de la garnison.

. . . .

25 *Juillet.* – Les coups de canon, les travaux de mines, les suspensions d'armes alternent depuis huit jours.

J'ai serré ma ceinture de deux crans. Ça ne me réussit pas la demi-ration... aux autres non plus du reste. Tout le monde maigrit, pâlit... Si cela continue, nous allons être une garnison de gens bien distingués. Il n'y en aura plus.

. . . .

1er *Août.* – Toujours la même chose, des obus et des parlementaires, envoyés les premiers par les soldats, les seconds par « King et autres ».

Pas de nouvelles de Tien-Tsin. Qu'est-ce qu'ils fabriquent là-bas?

Dans les intervalles de calme, on entend le bruit de la fusillade et du canon du côté du Pé-Tang. Ils tiennent toujours à l'archevêché.

Le soir, une mauvaise surprise.

M. Pichon nous annonce que nous mangeons notre demi-ration pour la dernière fois.

A partir de demain, nous serons au quart de ration.

Le quart de ration, bon sang... j'ai envie de rendre mon tablier.

. . . .

9 *Août.* – Oh! cette faim qui caracole dans mon estomac. On ne rit plus aux Légations. Les hommes des détachements, lorsqu'ils sont de faction, s'assoient sur les barricades.

On les laisse faire. Ils sont si fatigués, si affaiblis... Pourquoi les obliger à rester debout?

C'est égal, quand je pense qu'il y a dans le monde des gens qui mangent tout leur saoul, ça me met en rage.

Est-ce que ça va durer longtemps?

Dans six jours, il n'y aura même plus le quart de ration. Plus rien, *nada*. Va-t-on être obligé de se manger les uns les autres?... Cela va-t-il devenir les Légations de la *Méduse?*

En voilà des idées... Pourtant j'ai trop faim... Je regarde les autres avec des yeux brillants... les leurs aussi brillent comme des escarboucles. Chacun, j'en suis sûr, songe que son voisin peut devenir comestible.

Ah! il n'y a pas besoin de sermons pour nous donner à présent l'amour du prochain. Mâtin! nous aimons notre semblable au point de désirer en goûter.

Et je rêve de menus épouvantables :

« Un matelot sauté chasseur.

« Un filet de capitaine aux champignons.

« Un ambassadeur sauce mayonnaise.

Brrr! est-ce que cela rend fou, d'avoir faim? J'ai le cauchemar tout éveillé.

. . . .

Ah! du pain, une grosse miche de pain pour moi.

C'est Roseau-Fleuri qui me l'a donné.

Je me suis mis à genoux pour le prendre.

Du pain de riz, un énorme morceau.

Durant un armistice, elle l'a acheté d'un assiégeant et le lui a payé d'un diamant représentant mille fois sa valeur.

Non, je me trompe... Aucune pierre précieuse ne vaut ce pain. Je mange, j'avale, je m'étrangle, sabre de bois, que c'est bon de s'étrangler.

Me voici remis. Plus d'idées de cannibales. Je

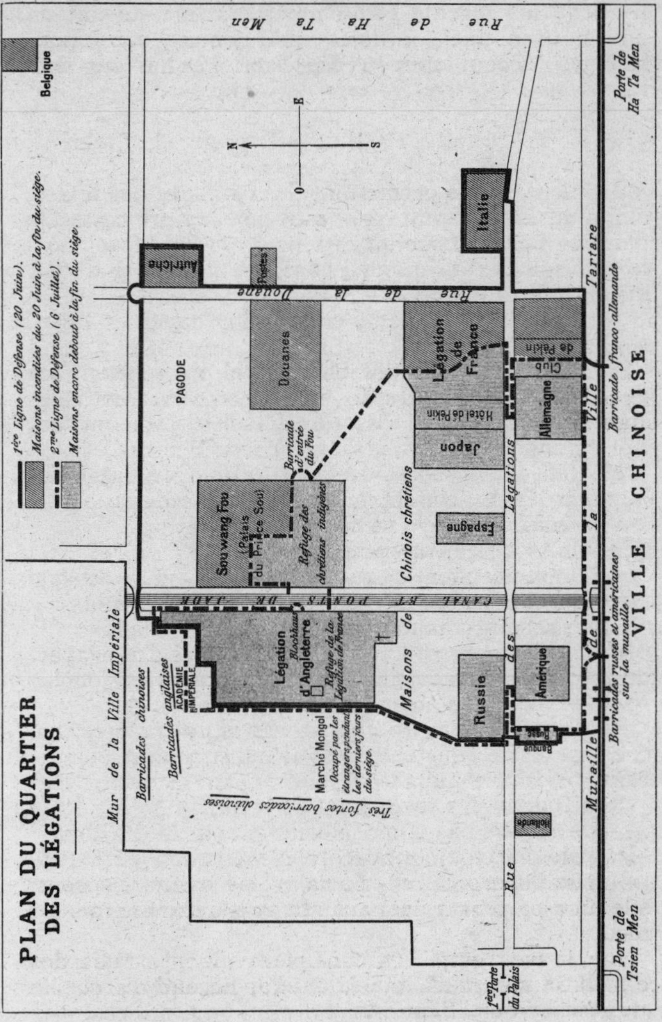
PLAN DU QUARTIER DES LÉGATIONS
1ère Ligne de Défense (20 Juin).
Maisons incendiées du 20 Juin à la fin du siège.
2me Ligne de Défense (6 Juillet).
Maisons encore debout à la fin du siège.
Belgique
Rue de Ha Ta Men
Porte de Ha Ta Men
N
E
S
O
Italie
Autriche
Postes
Rue de la Douane
Douanes
PAGODE
Légation de France
Club de Pékin
Allemagne
Hôtel de Pékin
Japon
Barricade d'entrée du Fou
Sou wang Fou (Palais du Prince Sou)
Refuge des chrétiens indigènes
Chinois chrétiens
Espagne
Rue des Légations
Canal et Ponts de Jade
Légation d'Angleterre
Blockhaus
Refuge de la Légation de France
Maisons de
Mur de la Ville Impériale
Barricades chinoises
Barricades anglaises
ACADÉMIE IMPÉRIALE
Marché Mongol
Occupé par les étrangers pendant les derniers jours du siège.
Très fortes barricades chinoises
Russie
Amérique
Banque Russe
Hollande
Muraille de la Ville Tartare
Barricades russes et américaines sur la muraille
Barricade franco-allemande
VILLE CHINOISE
Porte de Tsien Men
1ère Porte du Palais

retrouve ma jugeote et on m'offrirait maintenant un amiral, proprement lardé et cuit à point, que je refuserais avec dégoût, sauf le respect que je dois aux amiraux.

. . . .

Ah bien ! en me permettant de reprendre des forces, elle a eu *un nez pire qu'une trompe,* la princesse ! Je parle au figuré, parce qu'au sens propre ma frangine a le plus joli nez du monde, et je vous engage à ne pas dire le contraire.

Je digérais béatement, comme un banquier qui a copieusement dîné... Le crépuscule commençait. Quand tout d'un coup, voilà des Chinois qui plantent en face de la barricade de grands étendards blancs avec des signes rouges dessus, ces satanés signes qui m'ont tant agacé dans le Pavillon des Parchemins Peints.

Heureusement Loret est là. Il déchiffre l'argot des hommes jaunes, comme moi celui de Paris.

– Bigre, dit-il, cela va chauffer.

– Qu'est-ce qui va chauffer ?

– Nous devons nous attendre à une attaque furieuse, car sur ces étendards sont écrits ces mots :

« Le général mandarin Kiou-Tao, commandant la brigade bleue, envoyé spécial de Tuan, a juré la mort des étrangers; avant cinq jours leurs cadavres joncheront les ruines du quartier des Légations. »

– Est-ce que les troupes alliées auraient été vaincues par Tuan, pour que ce Kiou-Tao se montre si arrogant ?

René haussa les épaules :

– Je ne sais pas. Mais je cours avertir M. Pichon.

Il s'éloigne, toujours escorté de Roseau-Fleuri. Pauvre mignonne créature. La faim, les balles, les obus, elle n'a plus peur de rien pourvu qu'il lui soit permis de rester avec Loret.

Anoor aussi était brave... Chère Anoor !... Mais des Chinois arrivent en foule dans les décombres que le crépuscule noie d'ombres grises. Loret ne s'est pas trompé. Un assaut se prépare. J'ai des cartouches, mon fusil... Tout va bien, Messieurs les Chinois, tirez les premiers.

Ah! voilà du renfort, marins, volontaires, attachés civils aux Légations; tout le monde accourt aux retranchements.

On a compris que l'ennemi allait tenter un effort désespéré. Tous les défenseurs du quartier européen doivent se dresser en face de lui.

Des Chinois catholiques sont chargés de l'approvisionnement en munitions. Ils trottent, poussant des brouettes remplies de cartouches.

Nos deux canons, Betsy et la petite pièce italienne, sont mis en position.

Il est temps.

Mille éclairs s'allument dans les ruines qui nous entourent, fusils, canons crachent. Un ouragan de projectiles passe, faisant jaillir la terre de l'épaulement, fauchant les branches des arbres.

Et dans le silence qui suit, on entend la voix calme du lieutenant de vaisseau Darcy, l'organe plus rude du capitaine Labrousse, qui disent :

– Ne gaspillez pas vos munitions... Visez à coup sûr. L'important n'est pas de faire du bruit, mais de faire du mal à l'ennemi.

Jusqu'à minuit nous restons sous une averse de métal. A minuit, le feu s'éteint, les Chinois ont épuisé leurs munitions, mais ils ont troué mon chapeau. Je ne serai plus présentable pour aller en soirée... Heureusement le piano de Miss Conger est démoli.

. . . .

– Monsieur Cigale! Monsieur Loret!

– Hein?... Quoi?... balbutièrent les jeunes gens en se dressant sur les couchettes, où ils avaient dormi aussi profondément que si la canonnade n'avait pas retenti une partie de la nuit.

– Aux retranchements!

A ces mots tous deux bondirent sur leurs pieds.

Dans le dortoir, le capitaine d'infantcric dc marine Labrousse leur faisait signe de se hâter. C'était le lendemain des événements relatés aux dernières lignes du Journal de Cigale.

Le capitaine, utilisant un congé pour visiter Péking, avait été surpris par l'insurrection chinoise. Sans hésiter, il était accouru aux Légations et, sur sa demande, avait obtenu le commandement des volontaires européens, négociants, agents des chemins de fer, des banques, qui avaient sollicité l'honneur de prendre part à la défense. On a déjà vu qu'il ne se ménageait pas et que ses services étaient à juste titre appréciés par les ambassadeurs.

Souriant, calme au feu comme à la parade, le capitaine Labrousse avait rapidement conquis sur ses soldats improvisés un ascendant considérable.

En un instant, les jeunes gens eurent pris leurs fusils, sanglé leurs reins de ceinturons supportant les cartouchières.

– A vos ordres, mon capitaine!

Labrousse hocha la tête d'un air satisfait :

– Venez, dit-il.

A sa suite, ils quittèrent le dortoir, traversèrent les jardins de la Légation anglaise, puis se dissimulant derrière la barricade dont les feux prenaient en enfilade le cours du canal de Jade creusant sa tranchée entre la résidence britannique et le Fou, ils franchirent le pont Yù, et se trouvèrent dans la partie du Fou encore au pouvoir des Européens.

Malgré l'heure matinale, les Chinois convertis, parqués en cet endroit, vaquaient déjà à leurs affaires.

A travers le dédale des maisons d'indigènes chrétiens, lesquels s'entassent dans le quartier des Légations afin d'échapper à l'autorité des mandarins et de bénéficier des lois européennes, les trois personnages parvinrent à l'ambassade japonaise, longèrent les murs de l'hôtel de Péking que les obus avaient bien endommagé, et par une brèche du mur de clôture, ils pénétrèrent dans ce qui restait de la Légation de France.

Le capitaine les posta près de la barricade établie en avant du tennis et prolongée, à travers le Fou, par un retranchement que gardaient les Japonais sous les ordres du colonel Shyba.

Cela fait, Labrousse s'éloigne.

Les amis se hissent sur le parapet. Ils regardent. Tout est calme. Est-ce que l'attaque infructueuse de la veille a découragé les Chinois et leur général Kiou-Tao?

Tout près d'eux se dressent les ruines noircies de la partie de la Légation occupée par les Chinois. Tout alentour sont plantées des bannières de couleurs diverses; mais aucun ennemi ne se laisse voir.

Le tir des marins leur a enseigné la prudence.

Au sud, sur la haute muraille séparative de la ville chinoise et de la ville tartare, des soldats européens montent la garde.

Ils se sont installés sur le rempart, l'ont coupé de barricades dont l'une est dans le prolongement de la ligne de défense formée par le club de Péking adossé à l'ambassade d'Allemagne, et dont l'autre, à l'est, à peine perceptible dans la brume matinale, termine la rangée de clôtures crénelées qui s'étendent de la Légation de Russie à la muraille.

Américains, Russes, Français, Allemands veillent côte à côte, dessinant sur le fond gris du ciel des silhouettes immobiles au sommet des remparts chinois.

Une heure se passa ainsi et soudain une douce voix appela René.

Il se retourna; au pied de la levée de terre, Roseau-Fleuri se tenait, les yeux levés vers lui.

Vite, il se laissa glisser auprès d'elle et avec inquiétude :

– Pourquoi es-tu venue ici, chère enfant? D'un moment à l'autre, la fusillade peut éclater; cesse de me donner l'angoisse de te savoir exposée aux projectiles.

Elle lui tendit son front :

– Je l'ai bien pour toi.

Puis elle donna la main au Parisien.

– Bonjour, frère Cigale, soyez heureux.

Et tranquillement, elle s'assit au pied de l'épaulement de terre, prit dans un petit panier de jonc qu'elle avait apporté des bandes de toile, des ciseaux, et avec application elle se mit à effiler le linge en charpie.

Les jeunes gens la regardèrent travailler. Quelle tendresse prouvait la conduite de la douce créature. Se souvenait-elle seulement du temps où elle vivait au milieu du luxe impérial ?

– Une brave fille, murmura Cigale, une brave fille, cette petite princesse-là.

– N'est-ce pas ? répondit Loret, le visage radieux.

– Oui. Elle est bonne et simple. Et si le destin vous est contraire, je suis certain qu'elle se tuera comme elle le dit, sans faire la grimace,

– Vous l'empêcheriez de se tuer, mon ami, pria le diplomate dont la figure s'était couverte de pâleur.

Mais le Parisien secoua la tête :

– Pour cela non.

– Comment non ?

– C'est parfois plus dur de vivre que de mourir. Pourquoi la condamnerais-je à souffrir pendant des années, à mâchonner un regret sans trêve, à se regarder le cœur pour y voir un trou noir ! Non, non, allez... Elle est dans le vrai. Quand on souffre...

Un coup de feu coupa la parole au jeune homme.

Un volonaire, M. Wagner, fils de l'ancien consul général de Shanghaï, attaché au service des douanes, venait de tirer.

Une grêle de balles s'abattit aussitôt sans atteindre personne.

Les Chinois ripostaient. Loret regarda Roseau-Fleuri. Elle avait levé la tête et avait les yeux fixés sur lui.

– Tu n'es pas atteint, fit-elle, tout est bien !

Mais au bruit, le capitaine Labrousse qui, à quelques pas en arrière, causait avec le capitaine Darcy, commandant les 37 marins français, les 30 Autrichiens survivants, et le colonel japonais Shyba, auquel il reste 15 hommes en état de combattre, accourt.

– Pourquoi avoir tiré ?

– A l'angle de la rue de la Douane, l'égout est crevé, à ciel ouvert; des mineurs chinois viennent d'y descendre.

Darcy et le colonel japonais s'approchèrent aussitôt. Sur leurs traits l'inquiétude se lisait.

– Vous êtes certain de ce que vous dites ? demandèrent-ils d'une seule voix.

– Oui, Messieurs.

– Alors, appelons tous nos hommes.

Le clairon sonne; les matelots français et autrichiens, le petit contingent japonais se rassemblent.

– Jouandic ! crie le capitaine Darcy.

– Commandant ? répond un second maître aux larges épaules qui donne à son supérieur le titre usité à la mer à l'égard de l'officier de tout grade.

– Les Chinois minent les égouts rue de la Douane.

– Bien, commandant.

– Il faut bouleverser leurs travaux.

– Bien, commandant.

– Tu as compris ? Alors en route.

Et le marin regarde ses camarades :

– Garde à toi, vous autres ! En avant !

Ainsi qu'une trombe, les matelots bondissent pardessus le retranchement, franchissent le fossé dont les terres ont servi à élever le remblai.

Sans un coup de feu, à la baïonnette, ils abordent les réguliers chinois abrités dans les ruines.

Deux minutes se passent, puis les braves gens reparaissent, ils chassent devant eux des fugitifs éperdus.

En vain, des maisons voisines part un feu nourri, les « mathurins » ne ralentissent pas leur course.

Les volontaires, 19 hommes, 12 Français, 3 Belges, 2 Autrichiens, 1 Italien et 1 Suisse, disséminés par le capitaine Labrousse le long du parapet, visent les Chinois qui se montrent aux fenêtres, sur les toits, à la crête des murs.

On se fusille à cinquante mètres à peine, et les fusils de chasse, les carabines à faible portée tuent aussi bien que les armes de guerre, Mausers et Mannlichers, que les réguliers ont entre les mains.

Cependant la troupe qu'entraîne le second maître Jouandic est arrivée à la rue de la Douane.

Brusquement tous disparaissent, comme si le sol les avait engloutis. Ils ont sauté dans l'égout, où des « sapeurs célestiaux » pratiquaient des branchements destinés à conduire les assaillants sous les levées de terre des Européens.

Dans l'ombre, une mêlée terrible s'engage; mais les Mandchous ne tiennent pas à l'arme blanche. Ainsi que les rats surpris par l'orage, ils sortent des canaux souterrains, se répandent à l'air libre, s'éloignent à toutes jambes avec des cris assourdissants.

Les vainqueurs reparaissent. Aussitôt, des ruines environnantes part un feu nourri. Les ennemis embusqués tirent, tirent sans relâche. Dans le crépitement incessant, on n'entend plus les ripostes des volontaires.

Cependant les marins regagnent l'abri du parapet, ramenant deux des leurs blessés; un autre dort dans la mine éventrée par M. Wagner.

Et Jouandic triomphant crie, debout au sommet du rempart de terre :

– C'est fait, commandant, l'égout est nettoyé...

Il ne continue pas. Une balle chinoise lui traverse la tempe, faisant jaillir une gerbe de sang et de cervelle. Le second maître étend les bras en un geste instinctif, puis il s'abat, glisse sur la pente et vient rouler aux pieds du capitaine Darcy. Sa vie et sa phrase ont été tranchées du même coup.

Et l'officier de marine murmure avec tristesse.

– Encore un bon qui s'en va.

Vingt-deux ans de service, vingt-deux années de dévouement à la France, de souffrances vaillamment endurées sous tous les climats, et pour récompense la mention laconique et lugubre : « Mort au champ d'honneur ! » qu'un bureaucrate indifférent griffonnera en « anglaise moulée » en regard du nom du défunt sur les tableaux détaillés des pertes françaises en Chine.

Cigale lui-même, l'incorrigible rieur, demeure consterné. Mais Darcy grommelle avec chagrin :

– Un brave et un brave homme. Je commence à croire que nous y passerons tous !

Le Parisien retrouve sa verve narquoise :

– Bah ! capitaine, faut bien faire une sortie. Vous oubliez que l'on prend en grippe ceux qui « ne savent pas s'en aller ».

– Parbleu, appuie M. Wagner. Et dans le fond j'aimerais mieux finir d'une balle dans la tête que de languir, pendant des semaines, dans un lit.

Souhait imprudent ! Y a-t-il donc des esprits invisibles aux aguets des vœux inconsidérés ?

Clac, un bruit d'os brisés!... Le volontaire s'affaisse lentement à terre. Un projectile, ironie de la mort, lui a troué le crâne.

– Tonnerre de chien, gronde Cigale en appuyant sur la détente, voilà toujours un de ces gueux qui ne chantera pas victoire.

C'est vrai. Le Chinois qu'il a visé, au moment où il regardait par une croisée l'effet de son coup de feu, se penche en avant, la gorge ouverte. Il cherche vainement à se cramponner de ses mains défaillantes. Il tombe dans le vide.

Mais la fusillade redouble.

De tous les points du quartier qui fait face à la tranchée, des détonations éclatent, des jets de flammes jaillissent. Les balles en nappe sifflante passent dans l'air, abattant les branches des buissons, écrêtant le parapet, allant s'aplatir avec un bruit de grêle sur les murs de l'hôtel de Péking.

La position n'est plus tenable. Il faut demeurer étendu sur le talus. Quiconque essaie de regarder pardessus le sommet est aussitôt frappé par un projectile.

Cela dure de longues minutes, puis les Chinois ayant, selon leur coutume, brûlé toutes leurs cartouches, le feu cesse brusquement.

– Ouf! clame Cigale se relevant à demi, *mince de giboulées;* décidément le printemps s'avance.

– Pas blessé? demande la douce voix de Roseau-Fleuri, qui n'a pas bougé et continue impassible à préparer la charpie.

– Pas blessé, répond Loret, merci.

Puis s'adressant à Cigale.

– Vous non plus?

– Pas une égratignure.

– Tout est bien alors.

– Alors vive la classe! Seulement je ne sais pas si vous êtes comme moi. Ça me creuse tout ça, le pain d'hier est loin; je casserais une croûte avec une satisfaction visible.

Un rire sonore accueille cette phrase. C'est le capitaine Labrousse qui écoute les deux amis depuis un instant.

– Allez aux provisions.
– Ce n'est pas de refus, mon capitaine.
– Un conseil pourtant.
– Malgré le dicton : Ventre affamé n'a pas d'oreilles, les miennes sont ouvertes.
– Eh bien! avant de passer au buffet, serrez d'un cran votre ceinture.
– Serrer ma ceinture, encore; vous voulez donc que je me coupe en deux?
– Non, mais le quart de ration est réduit au cinquième de ration... cela nous assure quatre jours de résistance de plus.
A cette nouvelle, la figure du jeune homme s'est allongée.
Le capitaine éclate de rire.
– Ceci vous déplaît, monsieur Cigale?
– A dire le vrai, oui. Je ne connais rien de bête comme de faire les choses à moitié... et au cinquième ça n'a plus de nom.
– Eh bien, consolez-vous.
– Cela va changer?
– Oui. Si, dans une huitaine, les Chinois ne nous ont pas massacrés, nous ne ferons plus les choses à moitié, ni au cinquième... nous mourrons de faim tout à fait.
La grimace de Cigale devint épouvantable.
– Si bien, continua gravement ce pince-sans-rire de capitaine Labrousse, que j'ai la certitude de ne plus manger mon content.
– Vous, pourquoi?
– Parce que je dois mourir dans ces murs.
Loret et son ami tressaillirent. Ils considérèrent attentivement leur interlocuteur.
Etait-ce là une plaisanterie funèbre faite par un ironiste soucieux de les étonner?
Non, Labrousse ne raillait pas. Ses traits graves, son front assombri disaient la disposition mélancolique de son esprit.
– A quoi bon parler ainsi? Est-ce que nous pouvons deviner ce qui nous attend?
L'officier affirma du geste et d'un air pénétré :

– Je suis sûr de ce que je vous déclare.

– Mais enfin ce n'est pas sérieux.

– Si. Il y a des impressions que l'on est incapable d'expliquer. Elles n'en existent pas moins. Cinq fois, j'ai été blessé dans ma carrière et les cinq fois j'avais été averti par un pressentiment.

– Vous ne croyez pas aux pressentiments, mon capitaine ? commença le Parisien d'un ton léger.

– Pardonnez-moi, j'y crois. Eh bien ! à l'instant, j'ai senti que la dernière blessure, celle dont on ne guérit pas, me menaçait.

Et arrêtant une réplique des deux amis :

– Oh ! cela m'est égal. Officier, c'est mon lot d'être chair à canon. J'ai choisi la profession des armes, parce que risquer sa vie me semblait plus noble que de la conserver douillettement en faisant du négoce ou de l'administration. La mort est une vieille amie, avec laquelle je me suis entretenu souvent. Si je vous parle de mes idées noires...

– C'est ?... interrogèrent ensemble les auditeurs.

– Que dans la poche de mon dolman se trouve un portrait et une lettre. Il y a des secrets que l'on ne se soucie pas de confier à beaucoup de personnes. Vous êtes courageux, vous savez garder le silence, vous êtes maîtres de votre parole. Le récit de votre expédition à Takou me l'a démontré. Je suis certain que mon secret restera entre nous seuls.

Cigale, Loret étendirent la main en un même geste de promesse.

– Inutile, continua le capitaine, je vous ai jugés. Promettez-moi seulement que si mes suppositions se réalisent, vous prendrez lettre et portrait pour les faire parvenir à leur adresse, aussitôt que les circonstances le permettront.

– Oui, capitaine, nous promettons, mais avec le ferme espoir... que vous vous porterez aussi bien qu'en ce moment, lors de la déroute des Boxers, acheva Loret.

– Comme vous voudrez.

Et le capitaine, visiblement soulagé, serra vigoureusement les mains des jeunes gens.

Cependant, quelques Japonais s'étaient rendus à la Légation britannique et à celle du Japon, cette dernière adossée à l'hôtel de Péking du côté de l'est, comme la Résidence française l'était à l'ouest.

Ils avaient annoncé l'accalmie momentanée dont jouissaient les défenseurs du Fou et de l'Ambassade de France. Maintes fois déjà des périodes de calme s'étaient produites dans des circonstances analogues.

En l'absence des réguliers chinois, occupés à renouveler leurs munitions, les assiégés étaient surveillés seulement par les Boxers, trop couards pour se livrer seuls à une attaque. Trois ou quatre heures de trêve étaient donc assurées. On pouvait en profiter pour sortir, respirer l'air embaumé des jardins, et surtout pour prendre la maigre nourriture dont les combattants soutenaient leurs forces défaillantes.

Loret et Cigale, accompagnés de Roseau-Fleuri et du capitaine Labrousse, se joignirent au groupe des volontaires qui se rendaient au refuge de l'Ambassade britannique afin d'y déjeuner.

MM. Picard-Destelan, Bouillard, ingénieur du chemin de fer de Han-Kéou-Péking, Pelliot, de Cholet légèrement blessé à la main, soldats improvisés, si vaillants au combat, marchaient tristement. Deux vides s'étaient produits dans leurs rangs, deux compagnons qu'ils s'étaient accoutumés à aimer n'étaient plus.

Avec Wagner, Gruintgens avait succombé, durant l'attaque du matin.

Le repas fut morne et pour se dégager l'esprit des idées sombres, Cigale et ses amis, leur maigre portion expédiée, allèrent s'asseoir sous les grands arbres du parc britannique.

Ils n'étaient pas installés depuis une minute qu'une troupe d'enfants les entoura. C'étaient les rejetons des membres du personnel des Légations.

Profitant de l'armistice, les mamans leur avaient permis de sortir, et ces innocents jouaient.

Quel jeu avait paru le plus amusant à ces mignonnes créatures jetées par la fatalité dans un quartier bombardé, menacé par les Boxers, où la faim s'abattait comme un oiseau de proie racoleur de la mort ?

Ils jouaient aux Boxers.

Etrange contexture du cerveau des garçonnets, des fillettes. Optimisme instinctif que leur délivre libéralement la nature. Rien ne leur apparaît triste. De toute aventure ils expriment une joie, un amusement.

Ne serait-ce pas que les petits, encore tout proches des limbes ignorés d'où la vie jaillit ainsi qu'une source intarissable, sont encore imprégnés de la sagesse sereine de l'infini, sagesse qui s'évapore hélas! à mesure que le chiffre des années devient plus pesant. Et les voix claires clamaient avec de grands éclats de rire :

– A mort les Européens!

– Faites sauter la Légation de France!

– Versez le pétrole sur les flammes!

– En avant, la baïonnette!

Soudain une petite fille, à la toque de qui était piquée une cocarde russe, s'arrêta devant Roseau-Fleuri. Elle la regarda de ses grands yeux bleus :

– Dis donc, Mademoiselle.

– Que veux-tu, mon enfant?

– On joue mal, parce que Mlle Conger, notre grande amie, n'est pas là... Alors...

L'enfant hésita. La princesse voulut l'encourager :

– Alors, achève, ma mignonne.

Et son doux visage faisant disparaître toute trace de timidité sur celui de sa petite interlocutrice, celle-ci formula sa requête :

– Veux-tu jouer avec nous? Tu es chinoise; tu feras bien mieux les Boxers que nous.

Roseau-Fleuri eut une exclamation.

– Les Boxers, moi?

Ses yeux devinrent humides, ses joues se couvrirent de rougeur.

– Les Boxers, redit-elle d'un ton attristé.

Loret comprit ce qui se passait dans la pensée de la jeune fille. Il intervint :

– Mademoiselle n'est plus chinoise, elle est française.

Mais sa fiancée l'interrompit :

– Non pas, je suis chinoise, chinoise de la Chine

future, de la Chine qui comprendra l'âme supérieure des Occidentaux. J'ai eu un instant de faiblesse, le dernier..., et la preuve est que je vais faire... le Boxer.

Légère elle se leva, prit la main de la fillette ravie du succès de son ambassade. Et bientôt, les Français la virent courir au milieu des enfants dont la joie ne connaissait plus de bornes.

Une demi-heure plus tard, quand Mlle Conger vint rejoindre ses petis amis, elle trouva Roseau-Fleuri toute rose, tout essoufflée, entourée par la bande bruyante décidément conquise. La fillette qui avait décidé l'entrée au jeu de la princesse courut au-devant de l'Américaine :

– Tu sais, elle est gentille, la demoiselle chinoise.

– Vraiment ?

– Elle a fait le Boxer comme un ange.

La fille du ministre des Etats-Unis resta figée, éprouvant la même impresion pénible, qui tout à l'heure avait secoué Roseau-Fleuri.

Comme celle-ci, l'ayant aperçue, venait à elle, elle murmura :

– Excusez les enfants,... ils ne savaient pas...

Mais la princesse, avec son joli sourire, répondit :

– Vous absente, ils allaient s'ennuyer. J'ai compris que... faire le Boxer, c'était faire... une petite charité, et je me suis amusée comme mes petits camarades.

Pour toute réponse, Miss Conger embrassa son interlocutrice, en murmurant :

– Vous êtes exquise, ma chère, tout simplement.

Et la partie continua avec une nouvelle ardeur.

Brusquement tout se tut. Un appel bref de clairon avait retenti.

Loret, Cigale se dressèrent d'un bond. Ils avaient compris le sens du signal bien connu des assiégés, annonçant une attaque prochaine, conviant tous les défenseurs à se porter aux retranchements.

Vite Mlle Conger rassembla la bande enfantine et la ramena au refuge, tandis que les deux amis, prenant leurs armes, s'élançaient au pas de course dans la direction de la Légation de France.

– Venez avec nous, dit l'Américaine à Roseau-Fleuri demeurée en arrière.

La fiancée de Loret secoua la tête.

– Non, je vais là-bas près de lui.

– Vous vous ferez tuer.

La Chinoise eut un sourire.

– Ensemble... ce sera encore du bonheur.

Miss Conger n'insista plus. Elle salua, se sentant prise de respect pour cette tendresse infinie, si simplement exprimée, et passa entraînant les petits enfants.

Il était temps.

Presque aussitôt la fusillade éclata rageuse sur tout le pourtour du quartier des Légations.

Sans se préoccuper des balles perdues qui tombaient autour d'elle, Roseau-Fleuri gagna la barricade du tennis, et vint se coucher à l'abri de la levée de terre, auprès de Cigale, de Loret, qui tiraient sans relâche.

– A moi, le mandarin là-bas, clamait le Parisien retrouvant au feu toute sa faconde. A tout coup l'on gagne, deux sous la cartouche... Pan, dans l'œil à Jean... dévissé le mandarin.

Pour Loret, il eut un regard à l'adresse de sa fiancée.

– Reste là, Roseau-Fleuri.

– Tiens, fit-elle contente, tu ne me renvoies pas aujourd'hui.

– Non.

– Tu es bon.

Il secoua tristement la tête.

– Tu te trompes.

– Oh ! non.

– Si je te retiens près de moi, c'est...

– C'est ?...

– Pour pouvoir te tuer si nous fléchissons.

Elle demeura saisie :

– Me tuer... l'attaque est donc... ?

– Terrible, jamais les Chinois n'ont été si nombreux.

Puis épaulant son arme :

– Ne parle plus...; la poudre seule doit se faire entendre.

Il appuya sur la détente :

– Un de moins, remarqua Cigale, ça me rappelle la foire de Neuilly... les jeux de massacre.

Mais par réflexion :

– De massacre, je te crois, on en tue comme des lapins, et ça ne paraît pas, il en repousse toujours.

C'était vrai.

Les assaillants grouillaient littéralement en face de la barricade. Dans les ruines, dans les maisons éventrées, branlantes, un fourmillement d'hommes se produisait.

Et comme la journée s'avançait, une maison encore debout s'effondra avec un fracas assourdissant, soulevant un épais nuage de poussière. Quand il fut dissipé, les assiégés aperçurent deux pièces de canon, à peine visibles au-dessus de la barricade de terre, braquées sur le retranchement.

Les Chinois les avaient démasquées, en faisant sauter la maison, en arrière de laquelle, à l'abri des yeux des Européens, ils avaient tout à leur aise établi leur batterie. Un avertissement courut sur la ligne des défenseurs :

– Gare aux obus.

Deux détonations puissantes dominèrent le brouhaha de la bataille, un cri douloureux les suivit :

– Ah ! mon Dieu, je suis mort !

Un matelot avait eu les deux jambes coupées par un obus qui, de part en part, venait de traverser l'épaulement de terre.

– Deux hommes, vingt coolies au « refuge », ordonna la voix du capitaine Labrousse, des sacs de terre en masse. Ces gueux-là veulent pratiquer une brèche, et leurs pièces enterrées sont à l'abri de nos balles.

Puis tirant par le bras l'un des combattants :

– Toi, file à la Légation d'Angleterre. Que l'on nous envoie Betsy et le canon italien; sans cela, du diable s'ils ne jettent pas notre barricade à bas.

Les hommes, comprenant la gravité de la situation, s'éloignèrent en une course éperdue.

Et de nouveau les pièces chinoises tonnèrent, envoyant leurs obus qui, à la même place que tout à l'heure, bouleversèrent le sol, déchiquetant le gabionnage.

– Tonnerre de tonnerre! bougonna Labrousse. Ils sont trop, pas moyen de tenter une sortie, on n'en reviendrait pas.

Le retranchement se couronnait d'éclairs.

Loret, Cigale, tous les défenseurs comprenaient la gravité de la situation; ils tiraient, grondant de rage. Leurs balles fauchaient les rangs des Chinois, mais les artilleurs étaient à couvert.

Une troisième volée d'obus ébranla la barricade, qui s'écroula en partie.

Par bonheur, des coolies revenaient avec des brouettes surchargées de sacs de terre.

Sur un ordre bref, ils les versaient pêle-mêle dans la brèche commencée, mais le fossé n'en était pas moins comblé en cet endroit.

Et une lutte épique s'engagea entre les pièces chinoises et les assiégés préposés à la garde du retranchement. Les obus dispersaient les sacs aussitôt remplacés par d'autres.

Nerveusement Labrousse se promenait, mâchonnant entre ses dents :

– Il nous faut du canon... sans cela, ils vont s'élancer à l'assaut. Leur tactique est claire. Faire brèche, puis profiter de leur supériorité numérique.

Il s'interrompit pour rugir :

– Misérable! tu reviens sans Betsy.

Le messager envoyé à la Légation anglaise était de retour.

– Ils sont attaqués là-bas aussi, capitaine.

– Eh! ils ont de solides murailles, eux... le canon...

– Est en batterie contre les assiégeants. On nous l'enverra dès que l'on sera moins pressés par l'ennemi.

L'officier proféra un juron énergique et congédiant son interlocuteur :

– A la barricade, va.

Puis reprenant sa promenade :

– La distance est trop courte... un tir plongeant serait inefficace. Bah! essayons tout de même.

Il ouvrait la bouche pour donner un ordre, quand

une clameur terrible arrêta le commandement dans sa gorge.

Sous la poussée brutale d'une nouvelle salve d'artillerie, la barricade venait d'être coupée en deux tronçons séparés par une large brèche.

Et brusquement des nuées de Chinois bondirent hors des ruines, se ruèrent en avant avec des hurlements de fauves.

L'organe calme du lieutenant Darcy domina le tumulte :

— Feu à répétition, disait-il.

Suivant ses instructions, les marins français, autrichiens et japonais avaient précieusement conservé intact le « magasin » ménagé dans le bois de leurs armes.

Faute de cette sage précaution, les Légations eussent succombé ce jour-là.

Mais à peine la voix de l'officier de marine s'était-elle tue qu'une fusillade épouvantable partit du sommet du retranchement.

Le feu à répétition faisait pétiller son crépitement continu. Les nappes de balles passaient dans la cohue des assaillants, y traçant des avenues sanglantes.

Affolés, éperdus sous cette averse de projectiles, les Chinois tourbillonnèrent sur eux-mêmes, leur élan brisé, et se rejetèrent en désordre sur les réserves qui s'avançaient.

Quelques-uns parvinrent à la barricade, les plus braves, les plus fanatiques sans doute, et trouvèrent la mort sur les baïonnettes des défenseurs.

Un seul franchit l'obstacle et tomba sur ses pieds à deux pas de Loret.

Celui-ci, Cigale se ruaient sur lui, la crosse haute, quand le Chinois prononça vivement ces paroles :

— Mon neveu Loret, Monsieur Cigale !

A cette voix, tous deux s'arrêtèrent stupéfaits, et Roseau-Fleuri, courant au nouveau venu, l'enlaça de ses bras en s'écriant :

— Mon oncle Liang !

— Lui-même, répondit le lettré, rajustant ses lunettes d'or après avoir posé à terre le parasol rouge, seule arme dont il fût muni. Lui-même. Je m'ennuyais trop depuis votre départ, et j'ai profité de l'assaut de ce soir pour vous rejoindre.

Et le capitaine Labrousse, s'étant approché, demandait :

– Qu'est-ce que c'est ?

Loret désigna le poète :

– L'oncle de ma fiancée qui, peiné de ne plus la voir, a usé d'un moyen hasardeux pour se rapprocher d'elle.

Quelque peu étonné, l'officier tendit cependant la main à Liang.

– Soyez le bienvenu, Monsieur, sauf que si l'on trouve ici plus de plomb que de pain, on y est très bien.

Et il alla reprendre son poste de combat.

IX

LES ÉTONNEMENTS D'UN PHILOSOPHE CHINOIS

Une fois encore, les assiégeants avaient été repoussés. Les Européens goûtaient un repos bien gagné.

Liang avait eu une courte conversation avec M. Pichon, auquel il avait appris le départ de Péking de l'Empereur Kouang-Sou, enlevé par Tsou-Hsi qui s'enfuyait vers l'Ouest; la victoire des alliés à Pei-Tsang à quelques milles de Tien-Tsin, la réunion des troupes de Tuan aux environs de Tong-Tchéou, et la volonté du prince de livrer en cet endroit une bataille décisive.

Puis libre enfin, il s'était retiré avec Loret, Cigale et sa nièce dans une dépendance du refuge.

Aux jeunes gens harassés par le combat il avait donné licence d'aller se coucher. Pour lui il s'était assis en face de la princesse et la contemplait avec ravissement.

– Je te revois donc enfin.

– Grâce à votre courage, oncle Liang. Comment avez-vous pu vous élancer à travers les balles ?

– Comment ? mais le plus aisément du monde, je n'y songeais pas.

– Non...

– C'est ainsi que je le dis. Je voyais la barricade des Diables Etrangers devant moi. Je pensais : Roseau-Fleuri est de l'autre côté et ma seule inquiétude...

– Ah ! vous en aviez une.

– Oui... je craignais, il y avait trois cents mètres à parcourir au moins. Je craignais que mes jambes ne me portassent pas jusque-là... Les guerriers chinois couraient vite, tu sais.

Elle considéra le poète avec douceur.

– Mais de quelle façon cette idée vous est-elle venue ?

Le lettré ne répondit pas de suite. Il passa sa main sur son front.

– Tu me poses une question qui m'embarrasse.

– Pourquoi cela ?

– Parce que déjà je me suis fait la même interrogation.

– Et ?

– Et je n'ai pu m'expliquer par la philosophie, qui doit cependant expliquer toutes choses, le sentiment qui me poussait vers toi.

A la profonde stupeur du lettré, sa nièce répliqua tranquillement.

– Dépeignez ce sentiment, oncle Liang, je l'expliquerai, moi.

Quelques semaines plus tôt, le poète aurait accueilli pareille proposition par des railleries piquantes, mais lui-même était bien changé depuis le jour où il avait dessiné le signe : FIN, au bas de son poème de la *Guerre de Demain du Dragon contre le Diable Etranger.*

Il s'exécuta donc avec un vague étonnement de sa condescendance.

– J'étais dans la Ville Rouge comme un esprit qui a perdu son corps, ou plus exactement comme un corps sans esprit. L'ennui des jours pluvieux, la tristesse des heures où l'on se sépare des cercueils renfermant les êtres chers ne sont rien auprès de l'ennui, de la tristesse dont je me sentais accablé.

Cherchant ses mots, s'efforçant de dépeindre la souffrance passée, il continua :

– C'était autre chose et c'était cent fois pire. Plus rien ne m'intéressait. Les doctes compilations des philosophes, les merveilleuses conceptions des poètes, m'apparaissaient sans saveur, sans pensée, sans génie. Toutes manquaient de ce principe inconnu dont je comprenais que les dieux m'avaient privé depuis ton départ. Et, vois mon trouble, le désarroi de mon cerveau, je n'avais jamais soupçonné l'élément évaporé, j'ignorais sa nature, son existence, et la conscience de sa réalité me venait alors qu'il avait disparu.

Roseau-Fleuri écoutait avec un doux sourire.

– Tu souris, ma jolie, reprit-il, tu conçois que cela est inexplicable.

Elle secoua négativement sa tête gracieuse.

– Non, oncle Liang.

– Quoi... Comprendrais-tu ce chaos où ma raison se perd ?

– Je le comprends.

– Toi, petite fille ?...

– Je le comprends, oncle Liang, et savez-vous pourquoi ?

– Non, par Confucius.

– C'est que mon âme chinoise, épurée, élevée par l'affection, est devenue une âme française.

Cette fois, le lettré leva les bras au ciel. Vraiment la surprise était grande.

L'âme européenne, française ou autre, est un composé de principes bien inférieurs à ceux dont est façonnée l'âme célestiale. Et voici que cette jeune fille, cette gamine, cette enfant à peine entrée dans la vie, disait : Mon âme épurée, élevée, est devenue française !

– Tu plaisantes ? murmura Liang.

– Non, bon oncle, non.

– Tu crois à présent que l'esprit chinois...

– Est inférieur, oui, oncle.

– Oh ! fit-il en croisant les bras sur sa poitrine, cela est trop fort.

Mais elle le calma d'un geste caressant, et câline :

— Oncle, tu ne désires pas savoir comment je suis arrivée à cette croyance dont tu es choqué?

— Si, dit-il, parle, enfant de mon cœur.

Elle lui prit la main.

— Oncle, te souviens-tu du jour où tu me surpris pleurant, où, comme je me désolais de sentir l'âme de René prisonnier éloignée de moi, tu répondis : l'âme, fumée, qu'importe?

— Oui, prononça-t-il, pensif.

— De ce jour date la transformation de ma pensée. Jusque-là j'avais vécu pour moi seule, ramenant toutes mes impressions à deux cas nettement définis : elles m'étaient agréables ou non.

— Cela est d'un esprit droit.

— Non, oncle Liang, cela est d'un esprit obscur.

— Quoi, mignonne, prétendrais-tu réformer la philosophie de Confucius, base intellectuelle de toute civilisation?

Le lettré s'arrêta net : sa nièce souriait dédaigneusement.

Il balbutia enfin :

— Est-ce que Confucius ne t'apparaît pas?...

— Comme un philosophe de génie... non.

— Non?

Le visage de Liang exprima l'ahurissement :

— Non, dis-tu?

— Cette négation vous surprend, oncle. Oh! je ne prétends pas déclarer Confucius sans valeur. Il eut le mérite d'écrire et de penser, il y a trois mille ans, et sa philosophie fut une amélioration considérable de l'état existant avant lui. Mais à quoi aboutit-elle?

— A quoi?...

— Ne cherchez pas. Confucius aboutit à l'égoïsme, à l'admiration, à la préoccupation exclusive de soi-même.

— Sans doute, n'est-ce point là la sagesse?

— Non, cher oncle.

Une moiteur humectait les tempes du lettré. Avec effarement, il écoutait Roseau-Fleuri qui, d'un ton sans réplique, exécutait Confucius, le père de l'esprit chinois, comme l'appellent les Boutons de Corail. Evidemment il y avait là une révolte incompréhensible chez cette enfant qu'il avait élevée, dont il avait si élégamment façonné le cerveau.

– Alors, bégaya-t-il, par quoi donc ta sagesse a-t-elle remplacé l'égoïsme ?

– Par le dévouement, oncle.

– Qu'est cela ?

– La formule du bonheur.

– Mais encore ?

– Oncle, répliqua la jeune fille devenue grave, vous avez souffert loin de moi, disiez-vous ?

– Certes, à ce point que Tsou-Hsi et Kouang-Sou, lorsqu'ils ont quitté la Ville Rouge pour se retirer vers l'Ouest, m'ont offert de les accompagner, de me rendre leur faveur, que sais-je... ? et que j'ai refusé, parce que j'avais déjà l'idée de risquer mille morts pour te rejoindre, et que les honneurs, les richesses me semblaient choses méprisables sans ta chère présence.

– Eh bien, oncle, cela ne vous démontre-t-il pas que, en dépit de Confucius, le bonheur n'est pas en nous, mais hors de nous ?

La main du poète se leva en un mouvement étonné. Dans les yeux du Chinois une étincelle se piqua. Oui, il entrevoyait ce que la jeune fille venait d'exprimer et cela le jetait dans un trouble profond.

Confucius s'était trompé, oui, il en avait la preuve : les faits avaient eu raison de la logique des discours.

Mais on ne se métamorphose pas en une minute, on n'abandonne point en un instant des convictions datant de cinquante années; il essaya donc d'embarrasser la jeune fille :

– Si le bonheur n'est pas en nous, où est-il donc ?

Elle n'hésita pas :

– Notre bonheur est un simple réflexe. Il est la résultante du bonheur de ceux que nous aimons, leur joie rejaillit sur nous; leurs chagrins nous versent la tristesse.

– Pourtant, depuis Confucius, on a aimé en Chine.

– On a aimé les autres pour soi, avec égoïsme.

– Tandis que...

– Tandis que les Français aiment leur semblable

pour lui-même. Ils ne se demandent pas : Quelle joie m'apportera-t-il ? mais bien : Quelle joie lui pourrai-je apporter ? Voilà comment j'aime René, comment il m'aime,... et, je suis bien heureuse de le voir, comme vous m'aimez, oncle Liang.

Cette fois, le lettré demeura muet. La vérité éblouissante s'était implantée en sa cervelle.

Avec stupeur, il s'apercevait que lui, le poète, le philosophe, le sage, il ne l'avait jamais soupçonnée. Pour qu'elle s'imposât à sa raison, il avait fallu qu'une petite fille s'éprît d'un Diable Etranger.

Comme il restait là, sans voix, sans mouvement :

– Oncle ? fit doucement Roseau-Fleuri.

– Ma fille ? dit-il, sortant brusquement de ses réflexions.

– Demain, il faudra sans doute faire face aux Boxers, et la journée a été fatigante.

– Sot que je suis... j'oublie que tu as besoin de repos.

– Non, oncle. Le contentement de vous revoir a chassé le sommeil loin de moi, mais peut-être demain exigera-t-il de nous des efforts imprévus; il faut être en état de les donner.

Le lettré se leva.

– Tu as toujours raison. Ta jolie tête renferme la sagesse. Bonsoir, ma mignonne.

Il allait se retirer. Roseau-Fleuri le retint par sa manche.

– Oncle ? pria-t-elle...

– Que veux-tu, chère petite ?

– Vous êtes bon, vous m'aimez comme un père... je voudrais, comme les filles de France, embrasser mon père.

Les yeux du poète s'agrandirent avec une expression stupéfaite :

– Ah ça ! tu es aussi convertie au baiser !

– Oui, oncle cher.

– Et tu crois que je pourrai renoncer aux traditions élégantes qui proscrivent cette caresse grossière ?

– Pour me faire plaisir, oncle,... la première fois que

LES ATTAQUES SUCCÉDAIENT AUX ATTAQUES.

nous sommes réunis après avoir cru ne plus nous revoir.

A ces paroles, il y eut comme un léger brouillard sur les yeux de Liang. Il étendit les mains en signe d'acquiescement.

La princesse a un cri; ses bras se nouent autour du cou du poète et sur ses joues parcheminées, elle applique de tendres baisers.

O surprise! Liang les lui rend.

Elle s'écarte de lui, le regarde. Des larmes roulent sur les joues de Liang, il retire ses lunettes obscurcies par une buée. Et brusquement, il attire la princesse sur son cœur, couvre son front, ses cheveux de baisers en bredouillant :

– Tu as raison, toujours raison; les barbares ne sont point les étrangers, mais nous-mêmes qui avons renoncé aux baisers d'une fille, plus doux que la rosée du ciel.

Puis il lui prend les mains, les presse et, bouleversé, il murmure encore :

– C'est d'aujourd'hui seulement que j'ai une fille... Ah! petite, petite, comme la science est vaine... comme la philosophie est vide... il n'y a de vrai que la tendresse.

Et il s'éloigne, chancelant, ivre des impressions nouvelles qui viennent en quelques minutes de faire table rase de toutes ses idées chinoises.

. . . .

Depuis quatre jours, Liang était parmi les assiégés.

Depuis quatre jours, les troupes du mandarin Kiu-Tao ne laissaient pas un instant de repos aux Européens.

Les attaques succédaient aux attaques : canons, fusils lançaient incessamment leurs projectiles meurtriers sur le quartier en ruine, où une poignée de vaillants résistaient, intrépides, à tous les assauts.

Loret, Cigale ne quittaient presque plus le retranchement. Et Roseau-Fleuri, fidèle à la tâche qu'elle s'était donnée, passait ses journées, assise au pied du talus, façonnant en charpie des bandelettes de toile. La nuit, elle s'enveloppait d'une couverture et dormait là, sous le sifflement des balles, sous le ronflement des obus.

En vain Liang l'avait suppliée de renoncer à ce jeu périlleux. Elle s'était obstinée. Il lui semblait, disait-elle, que rien de fâcheux n'arriverait à René, tant qu'elle demeurerait auprès de lui. Et le lettré, sans volonté pour contrarier la chère enfant, avait pris le parti de camper comme elle, à l'abri du retranchement.

Mais tandis que la jeune femme se montrait indifférente aux projectiles, Liang ne cessait de s'irriter contre eux.

Oh! il ne songeait pas à lui-même.

C'était pour elle qu'il craignait. A chaque instant, il appelait Loret :

– Mon neveu.

– Oncle Liang.

– On dirait que la fusillade redouble.

– Je te crois, intervenait alors Cigale, il n'y a plus moyen de mettre le nez à la fenêtre pour regarder le paysage.

– Mais Roseau-Fleuri peut être atteinte.

Et le diplomate hochant tristement la tête :

– Il n'y a donc pas moyen de faire taire ces damnés réguliers?

– Hélas non!

– Et s'ils la tuent?

Roseau-Fleuri souriait gentiment :

– René viendra vite me retrouver de l'autre côté du fleuve de la mort, ainsi que je le ferai moi-même s'il est frappé.

– Et moi, et moi? grommelait le lettré.

– Vous serez du voyage, s'il vous plaît, oncle Liang.

Alors le poète entrait dans une colère violente :

– Mourir... certainement, cela n'a pas d'importance pour moi... mais toi, mon enfant, toi. Tu ne sais donc pas combien tu es jolie, fine, élégante. La beauté doit être conservée précieusement, elle est l'inspiratrice des artistes, des chercheurs d'idéal; si les guerriers chinois te savaient là, ils attaqueraient un autre point du quartier des Légations, mais ils respecteraient celui-ci.

– Ils savent qu'elle est au milieu de nous.
– Cela est impossible.
– Cela est...
– Allons donc !
– Et l'Impératrice Tsou-Hsi nous a accordé, vous n'ignorez pas comment, la faveur de rentrer aux Légations, parce qu'elle était certaine que nous n'en sortirions pas vivants.

Avec un désespoir comique, le lettré s'écriait :
– Détruire ce qui est beau constitue la barbarie. Les fils de Han sont donc des barbares.

Les combattants souriaient d'entendre ces choses, mais ils prenaient en pitié les angoisses de « papa beau-père ». Cigale avait ainsi baptisé Liang et le surnom avait été adopté.

On s'ingéniait, sans en avoir l'air, à abriter Roseau-Fleuri. Toujours les sacs de terres destinés à combler les brèches de la barricade, s'entassaient, plus hauts, plus épais, à l'endroit occupé par la jeune fille.

Peut-être aux marins du lieutenant de vaisseau Darcy apparaissait-elle comme le bon génie de la défense, comme une sorte de Madone, de Notre-Dame chinoise, dont la vie était plus précieuse que celle de tous.

Souvent, quand le lettré invectivait les assiégeants, des combattants cessaient un instant de riposter à l'ennemi, pour apporter des sacs, renforcer l'endroit derrière lequel travaillait la jeune fille, puis ils retournaient à leur poste, plus ardents au combat.

Mme Berteaux, Miss Conger, d'autres encore, venaient parfois encourager de leur présence les défenseurs des Légations. C'était alors d'interminables discussions avec Liang. Celui-ci eût voulu que l'on enlevât Loret, qu'on l'enfermât pieds et poings liés dans une salle du « Refuge », afin que sa nièce, sa fille, consentît à se mettre à l'abri là-bas.

Les mots d'honneur, de patrie, il ne les comprenait pas. Que lui importaient ces choses sans importance ! Pour les flageller, il débitait tous les lieux communs de la philosophie célestiale. Roseau-Fleuri était son unique préoccupation, et tout ce qui n'était pas elle lui semblait égal à zéro.

Durant les rares accalmies, il s'en prenait aux officiers. Darcy, Labrousse, Shyba essuyaient tour à tour ses doléances, ses supplications, ses menaces même. On les lui pardonnait, car on devinait quelle torture subissait le pauvre poète :

– Il deviendra fou, déclarait Labrousse.

Et Darcy et Shyba n'étaient pas éloignés de le croire comme lui.

Mais on s'inquiétait de n'avoir aucune nouvelle du dehors.

Les troupes alliées devaient être en marche. Avaient-elles rencontré l'ennemi ? avaient-elles été victorieuses ?

Si oui, comment n'arrivaient-elles pas ?

Or, le 13 août, vers onze heures du matin, durant une canonnade furieuse des Chinois, Cigale cessa brusquement de tirer sur les Célestes et, penché en avant, demeura immobile.

– Etes-vous blessé ? interrogea Loret avec inquiétude.

– Je ne sais pas, répondit le Parisien.

– Comment, vous ne savez pas ?

– C'est-à-dire si, je n'ai pas reçu de « pruneaux », seulement...

– Seulement quoi ?

– Il y a des moments où je deviens « sourd comme un pot ».

– Vous ?

– Oui.

René considéra son ami d'un air ébahi :

– Vous me semblez entendre fort bien.

– Il me semble aussi que j'entends distinctement.

– Eh bien alors ?

– Alors expliquez-moi ce mystère, il y a des coups de canon que je perçois à peine.

A cette remarque d'apparence saugrenue, Loret demeura bouche bée :

– Des coups de canon...

– Tenez, interrompit Cigale, en voilà justement un.

Le diplomate haussa les épaules :

– Vous rêvez.

– Je rêve, alors c'est une idée.

– Sans doute, voyez les artilleurs chinois, ils pointent actuellement. Feu ! avez-vous entendu ?

Des obus passèrent en ronflant au-dessus de la barricade.

– Parbleu, oui.

Et d'un geste rageur, le jeune homme se tira les oreilles :

– Saprelotte... qu'est-ce que j'ai donc dans les « curieuses » ?

Avec un cri :

– Voilà que ça recommence...

Il regardait son interlocuteur. Celui-ci était devenu tout pâle. Le Parisien vint à lui anxieux :

– Blessé !

– Non.

– Quoi ?

– J'ai entendu aussi.

Ils se considérèrent tous deux, le regard inquiet.

– Tenez, encore, reprit Cigale.

– Oui.

– On dirait...

– Encore, encore, encore, répéta Loret par trois fois, son visage s'éclairant à mesure qu'il parlait.

– Vous pensez comme moi, Loret, que l'on dirait...

– Qu'une bataille se livre au loin.

Tous deux s'étreignirent les mains et d'un ton impossible à rendre :

– L'armée de secours.

Et soudain, sous l'empire d'une de ses impulsions subites auxquelles il ne savait pas résister, Cigale se laissa glisser le long du retranchement, courut au capitaine Labrousse, qui encourageait les tirailleurs du geste et de la voix, et haletant, la face bouleversée, se planta devant lui en bredouillant :

– Capitaine, capitaine... venez... le canon, au loin... l'armée de secours.

Il n'avait pas achevé, que déjà l'officier s'était précipité à terre et, l'oreille appuyée contre le sol, il écoutait.

Une minute s'écoula, puis le capitaine se releva transfiguré et d'une voix tonnante :

– Courage ! amis, on vient à notre secours. Le canon tonne à quelques kilomètres de Péking.

Ces paroles répétées par tous coururent le long du retranchement. Une clameur joyeuse domina le fracas de la fusillade, puis il se fit un grand silence.

Personne ne tirait plus. Courbés vers la terre, tous écoutaient.

Oui, les batteries d'Europe résonnaient à l'est; sans doute elles écrasaient, dans un dernier combat, les troupes de Tuan. La délivrance était proche. Et les hommes, anémiés par la faim, décimés par la mort, exténués, retrouvèrent des forces et reprirent la lutte avec une ardeur nouvelle.

Vers six heures, le feu des Chinois diminua d'intensité, puis s'éteignit.

Ah ! on allait pouvoir entendre le canon des troupes alliées !

Non, plus rien. Là-bas aussi, sans doute, la bataille avait pris fin. Quel résultat avait-elle donné ?

Certes, les assiégés penchaient vers l'idée de la victoire. C'eût été trop pénible de songer qu'une armée, parvenue à quelques kilomètres de Péking, devrait rétrograder, mais le doute, tyran cruel qui gâte les meilleures impressions, soufflait à l'oreille des braves gens ses suppositions attristantes :

– Si les troupes de secours ont été repoussées..., si même, elles restent sur leurs positions, sans avoir réussi à entamer les défenses chinoises...

Anxiété douloureuse. Le silence s'est fait partout. La nuit tombe. Encore une journée qui s'achève; que sera demain ?

Mais voici qu'il est sept heures.

Un bruit d'airain, de lourds chariots, retentit à l'est, puis s'éteint. Seulement dans l'ombre, à chaque instant épaissie, passent de vagues rumeurs, des piétinements de troupes en marche, des froissements d'armes.

Que se passe-t-il donc ?

Une sourde inquiétude pèse sur les officiers, sur les hommes. Labrousse mâchonne furieusement sa moustache, grommelant :

– Ils préparent une attaque de nuit.

C'est aussi l'avis du lieutenant Darcy, du colonel Shyba, du lieutenant de vaisseau Théodore, chevalier de Winterhalter, seul officier qui reste du détachement autrichien; mais comment s'assurer que l'on ne se trompe pas ?

Et tout à coup quelqu'un chuchote à l'oreille de Darcy :

– Commandant ?

L'officier de marine, brusquement tiré de ses réflexions, se retourne.

– Qu'est-ce ? Ah ! vous, monsieur Cigale, que désirez-vous ?

– Prendre ma canne, mon chapeau, et faire un tour aux environs, répond le Parisien, dont rien ne saurait altérer la verve.

Darcy a un sursaut.

– Aux environs, vous n'y songez pas.

– ... Vous demande pardon, je ne pense qu'à ça.

Et tout bas :

– Les Chinois mijotent un mauvais coup.

– Je le crains.

– Eh bien... un homme averti en vaut deux... c'est l'arithmétique des proverbes;... donc, si je rapporte des renseignements précis, je double la garnison.

A l'énoncé de ce calcul bizarre, l'officier ne put se défendre de sourire.

Cigale en profita aussitôt :

– Qui ne dit mot consent, « ça biche », commandant ?

– Mais c'est à une mort presque certaine...

– Bon, interrompit le Parisien; un homme de plus ou de moins, cela vous est bien égal...

– Mais vous ?...

– Moi... pour ce que la vie me réserve de satisfactions, je vous donne mon billet que je n'y tiens pas.

Le souvenir d'Anoor, un peu oublié ces jours derniers, venait de se représenter à l'esprit du jeune homme.

Le lieutenant de vaisseau fut frappé du ton douloureux de son interlocuteur et avec un geste vague :

– Allez donc.

– Merci, commandant.

Darcy le suivit des yeux, il l'aperçut escaladant la barricade, puis le Parisien se laissa glisser sur le talus qui faisait face à l'ennemi et disparut.

Une demi-heure s'écoula, lente, peuplée de pensées tristes.

A Labrousse, à Shyba, à Théodore, l'officier français avait appris qu'un éclaireur explorait à ce moment les alentours de la Légation de France. Et tous, groupés autour de lui, partageaient son anxiété.

– C'est une tentative folle, murmura le lieutenant de vaisseau Théodore, chevalier de Winterhalter.

– Il ne reviendra pas, le pauvre garçon, affirma Labrousse.

Le colonel Shyba secoua la tête :

– C'est probable. Mais il n'y avait qu'un Français ou un Japonais pour tenter l'aventure.

Il s'interrompit net. Une ombre venait de bondir au milieu des officiers surpris et la voix bien connue de Cigale disait :

– Ça y est !

Il y eut un instant de silence, chacun considérait celui dont on faisait, une minute plus tôt, l'oraison funèbre. Enfin Darcy reprit son calme et curieusement :

– Vous avez réussi ?...

– Oui, si cela peut s'appeler réussir d'avoir acquis la certitude que nous allons être l'objet d'une attaque comme jamais les Chinois n'en ont encore tenté.

– Quoi ? que se passe-t-il donc ? firent les officiers se rapprochant.

– Là, là, je vais vous l'apprendre, je ne suis pas un cachottier, moi, attention, « *j'ouvre ma musette* ».

Et lentement :

– A six cents mètres à peine, derrière les décombres des yamens qui bordent l'ancienne rue des « Sourires de l'Est », une batterie de douze pièces, se chargeant par la culasse, vient d'être installée.

– Douze pièces ?

– Oui, je les ai comptées.

Les officiers se regardèrent. Comment la barricade

résisterait-elle à la tourmente de métal qu'allaient vomir ces canons nouveau modèle? Mais le Parisien poursuivit :

– Ça c'est le côté désagréable, autre chose encore de pas fameux : Tuan en personne dirige l'attaque.

– Tuan?

– Je l'ai vu comme je vous vois, je n'avais pas emporté d'armes, de crainte de faire du bruit, sans cela...

– Tuan, répéta Darcy, il a donc quitté son armée?

Le jeune homme se prit à rire :

– Non, c'est son armée qui l'a quitté.

– Que voulez-vous dire?

– Je vous ai gardé cela pour la bonne bouche; son armée a été anéantie aujourd'hui par les troupes alliées, dans les plaines qui s'étendent entre Toung-Tchéou et le fort de Taï-Ou.

– Ah!

– Et il veut se venger sur les Légations.

Cette dernière phrase, toute menaçante qu'elle fût, passa inaperçue. La victoire des régiments d'Europe était certaine. Qu'importait à ces vaillants de mourir? Le triomphe de la cause à laquelle ils s'étaient dévoués était assuré. Ils serraient les mains de Cigale, le félicitaient.

Mais leur exaltation ne dura qu'un instant :

– Portez la nouvelle parmi les hommes, ordonna Darcy, qu'ils sachent que le dernier assaut va être tenté. Nous, prévenons les ambassadeurs. C'est un combat désespéré qui se prépare; il faut que tous ceux qui sont en état de combattre viennent parmi nous!

Un quart d'heure après, MM. Berteaux, Saussine, Filipini, Morisse, le Dr Matignon, M. et Mme de Rostborn, représentants d'Autriche... M. de Cologan, tous sans exception s'intercalaient parmi les marins qui, réjouis de la victoire de leurs compatriotes, « blaguaient » l'ennemi :

– As pas peur, t'as pas fini de sucer du plomb!

Loret et Cigale, l'un près de l'autre, leurs fusils appuyés au sommet du parapet, attendaient silencieux. Derrière eux, au bas du talus, Liang faisait une scène terrible à Roseau-Fleuri, qui obstinément avait refusé de quitter ce poste dangereux. Vainement le lettré récitait Confucius, Tao-Tzé, Bouddha, les poètes et les législateurs, elle répondait toujours la même chose, désignant René :

– Il est là!

Et voilà qu'auprès des deux amis, un homme se glisse. C'est le capitaine Labrousse :

– Messieurs, dit-il à voix basse; souvenez-vous de votre promesse?

Ils le considèrent étonnés :

– Le portrait, la lettre sont dans mon dolman. Prenez-les dès que je tomberai et faites-les parvenir à leur adresse.

– Mais..., essaya de plaisanter Cigale.

– Chut... il faut que j'aille inspecter la partie de la barricade dont la défense m'est confiée... Je mourrai cette nuit!

– Vous?

– Et vous verrez que j'avais raison de croire aux pressentiments.

Sur ce, le capitaine se redressa et s'éloigna tranquillement.

A cet instant même, des centaines de coolies indigènes, pris parmi les Chinois convertis, accouraient, apportant sacs de terre, fascines, gabions primitifs, débris de toutes sortes destinés à aveugler les brèches que l'artillerie ennemie allait sûrement pratiquer dans les retranchements de la Légation de France.

X

DERNIÈRE APPARITION DE TUAN

A dix kilomètres à l'est de Péking, dans la vaste plaine qui s'étend de Tong-Tchéou à Taï-Ou, une bataille furieuse s'est livrée tout le jour.

Trente mille Chinois, formidablement retranchés, commandés par Tuan en personne, ont tenu tête aux forces alliées; mais l'occupation par les compagnies françaises des villages situés à l'aile gauche des Célestes a brisé la résistance désespérée des fils de Han.

La droite, puis le centre ont plié.

Les Européens, Japonais, Américains redoublent d'efforts. Il n'y a plus de doute, la partie est perdue.

Telles sont les paroles que prononce, sans en avoir conscience peut-être, le prince Tuan dont la dernière espérance s'évanouit.

Depuis dix heures à cheval, il se dresse au sommet d'une éminence dominant le champ de bataille, envoyant des estafettes, animant de son énergie surhumaine le troupeau vil de ses soldats.

Un instant, il a espéré que les Européens se briseraient contre les palissades, les levées de terre, les tranchées qui abritent ses troupes; mais la journée s'est avancée; il a constaté les progrès des assaillants et il a courbé la tête, désespéré.

– Tout est fini !

La Chine n'a point vibré à ses ardents appels. Elle ne s'est point levée en masse pour chasser les étrangers.

Et maintenant vaincu, sentant planer sur sa tête la défaveur de la Cour terrifiée à la pensée des représailles possibles, il va fuir proscrit.

Oh ! avoir rêvé de conduire au triomphe quatre cents millions d'hommes, de dépasser les Attila, les Tamerlan, les Gengis-Khan, tous les grands conquérants, toutes les migrations de peuples en armes, et aboutir à cette conclusion piteuse : une armée de 30000 guerriers écrasée aux abords de Péking.

Son masque énergique, volontaire, se crispait en un rictus amer. Il était donc fini, fini sans espoir, ce peuple de l'Empire Fleuri; puisqu'il n'avait pas su le tirer de son engourdissement, de sa paresseuse indifférence, aucun autre ne serait plus heureux. La terre de Han était condamnée à la servitude... Déjà des maîtres la foulaient de leurs talons orgueilleux.

Des maîtres !!!

Et dans un éblouissement, Tuan entrevit les Légations debout au centre de Péking, bravant réguliers et Mandchous, s'auréolant, aux yeux des masses, de la couronne de gloire que l'histoire met au front de ceux qui, dix contre cent, forcent la victoire par leur courage, leur abnégation.

Ces Légations, c'était de là que venait la défaite.

Certes, si dès le début de la guerre, par un assaut hardi, impétueux, inattendu, on s'en était emparé, si à leur place, il ne restait que ruines et tombes, peut-être l'immense population chinoise, raisonnant du petit au grand, de la partie au tout, aurait compris la puissance du nombre. Les artisans, cultivateurs, négociants, mandarins auraient songé :

« Nous sommes plus nombreux que les Européens n'en pourront jamais tuer. »

Et maintenant, lui, Tuan, marcherait victorieux, les pieds de son cheval marquant leur empreinte recourbée dans la boue des plaines teintées de la pourpre du sang.

Rêve superbe et effroyable comme il peut en naître seulement dans une cervelle de conquérant; rêve de dévastation, d'agonie, de meurtre, atteignant le sublime dans l'horreur, que les foules éblouies eussent acclamé, modelé dans le bronze, le marbre, l'or, en Gloires resplendissantes, sans se souvenir que ces archanges des hécatombes, nés de la pourriture des charniers, taillent leurs tuniques flottantes dans les linceuls arrachés aux morts, et leurs écharpes légères dans le crêpe de deuil des mères, des épouses, des filles gémissantes, que la misère, cette voleuse hâve qui suit les armées, étouffe entre ses bras maigres plus impitoyables aux femmes que le canon ne l'est aux soldats.

A cette évocation sauvage et grandiose, la figure pâle du prince Tuan se colora. Ses yeux eurent un rayonnement d'acier et soudain, au milieu de son état-major consterné, il éclata d'un rire rauque, grinçant, terrifiant, un rire comme en doit faire entendre l'esprit des ténèbres.

— La bataille est perdue, gronda-t-il, mais une vengeance suprême me reste, et qui sait ?... Le soulèvement que ma voix n'a pas provoqué, peut-être le râle des Européens le produira-t-il.

Tous le regardèrent avec stupeur.

– Allons, Toug, Na-yang, Ya-ching, partez au galop. Faites atteler deux batteries de canons nouveau modèle... que l'on prenne des munitions, des pointeurs habiles. Je veux frapper un coup terrible dont l'écho ébranlera l'Empire et sèmera la terreur parmi les étrangers.

Ceux qu'il avait désignés obéirent en tremblant. Eperonnant leurs chevaux, ils descendirent les flancs de l'éminence avec la rapidité de l'ouragan.

Tuan riait toujours.

Il notait les incidents du combat :

Deux bataillons de la bannière bleue rouge mitraillés par les Japonais.

L'aile droite abordée à la baïonnette par les soldats de France.

Les Russes tournant l'aile gauche.

Et son rire devenait plus strident, sonnant comme un glas dans le silence de mort qui régnait sur la colline.

Aucun des officiers chinois n'osait parler.

Ils étaient glacés de terreur, pris de vertige, pétrifiés en face de la formidable colère qu'ils sentaient gronder dans les hoquets du rire du général en chef.

Le prince, immobile sur son cheval, assistant avec une hilarité de dément furieux à l'écrasement de sa dernière armée, leur causait une épouvante plus grande que les Européens, dont la mitraille creusait de larges chemins rouges dans les rangs des régiments chinois. Et lui, les oubliant, emporté loin de la terre par sa pensée cruelle, il continuait de regarder.

Le général mandarin Fen broyé par un obus.

La brigade Sou-Tchouan, deux mille hommes, déchirés, brûlés, déchiquetés, par l'explosion d'un parc de munitions.

Les Boxers abandonnent les redoutes et frappent de leurs armes les réguliers mandchous qui essaient de les ramener au combat.

Les villages s'embrasent sur toute la ligne de

bataille. La fureur des hommes sème les taches rouges des flammes et du sang sur la terre. Le soleil qui descend plaque du rouge au ciel.

Et le rire de Tuan sonne toujours.

Il salue, gaieté démoniaque, les fumées rousses de l'incendie, les cris d'agonie, la défection des Boxers, la mort des Mandchous. Braves ou lâches, vainqueurs ou vaincus alimentent cette terrible hilarité.

Mais un roulement pesant ébranle le sol.

Les estafettes reviennent. Douze pièces d'acier, se chargeant par la culasse, les suivent, avec leurs servants, leurs caissons, leurs officiers inquiets, se demandant anxieusement quel service le prince Tuan attend d'eux.

Et son rire devient plus strident. Il interpelle les nouveaux venus :

– Ah ! vous voilà, vous autres. Deux batteries, c'est tout ce qu'il reste à Tuan de ses armées.

Tous courbent la tête, nul n'ose regarder le prince en face, il semble que la foudre, blottie sous ces sourcils, foudroiera le premier qui attirera son attention.

Mais il n'est point fâché contre ses soldats. Ils ont fait de leur mieux. Ce sont les lieutenants de Tuan, Yung-li, Kin-Tao, qui ont manqué d'énergie.

– Venez, mes braves, venez. Vous êtes une poignée d'hommes, mais Tuan est à votre tête. En route, mes camarades, nous allons faire ce que les multitudes n'ont pu exécuter.

Dominateur, répandant la confiance autour de lui, il se dresse sur ses étriers, sa main s'étend vers les troupes alliées, qui maintenant pourchassent les corps chinois en fuite.

– Triomphez, insensés, clame-t-il comme inspiré; triomphez... le désastre est près de la victoire !

Puis faisant volter son cheval :

– En avant ! au galop !

Dans la plaine, il file comme le vent, accompagné de son état-major, suivi des batteries qui roulent sur la terre avec un grondement d'orage; les villages, les fermes, les hameaux restent en arrière.

Dix kilomètres. Une heure suffit à la petite troupe pour atteindre la muraille de la Ville chinoise.

Tous s'engouffrent dans l'enceinte.

Au galop, toujours au galop!

Les remparts de la Cité Tartare se dressent devant Tuan. Une porte est tout près. Il passe, il est passé. Derrière lui, officiers, mandarins, canons, caissons font irruption dans la ville, à quelques centaines de mètres des Légations.

Averti, le général Kiu-Tao accourt.

– Tu as juré de mourir si les Légations n'étaient pas prises après cinq jours de siège?

Le mandarin se prosterne :

– Je l'ai juré.

– Le cinquième jour finit ce soir.

– Je le sais, dois-je mourir avant?... Ordonne, je suis prêt.

Et le prince daigne sourire.

Kiu-Tao est un fidèle. Il est toujours fanatisé par Tuan, lequel est pour lui une sorte de prophète; il obéira, quels que soient les ordres donnés.

– Je désire que tu vives, Kiu-Tao, dit le chef boxer d'une voix adoucie.

– Sois béni pour ce désir, mais mon serment?

– Je suis venu pour t'aider à vaincre.

– Toi, tu as daigné...

– Oui... mais les minutes sont précieuses. Combien as-tu d'hommes sous tes ordres?

– Cinq mille réguliers, trois ou quatre mille Boxers. J'en ai encore deux mille environ autour du Pé-Tang. Je les rappellerai, si tu le juges utile.

– Non, huit mille combattants contre trois ou quatre cents, cela doit suffire. Je t'amène du canon.

– Oh! maître...

– Ne remercie pas, frappe, que les batteries écrasent ces barricades maudites, et que l'on tue tous ceux qu'elles abritent. Je ne veux pas de prisonniers.

Kiu-Tao ricane :

– Nous non plus.

Et il se démène, envoie des courriers à toutes les bandes éparses autour du quartier des ministres étrangers, fait creuser dans le sol une redoute, où les pièces ramenées par Tuan s'alignent, protégées par d'épaisses levées de terre, tendant leurs gueules d'acier bruni vers les lignes européennes, ainsi que des monstres prêts à vomir la mort.

Dans l'ombre croissante du soir, des détachements d'hommes armés surviennent de toutes parts...; dans les ruines, dans les égouts éventrés, dans les anciennes tranchées abandonnées, ils se cachent, s'entassent.

Et les yeux brillent, les couteaux s'aiguisent, des phrases brèves s'échappent.

– Tuan est là.

– Il commande.

– Ah! pense-t-il être plus heureux que nous?

– Il compte prendre les Légations cette nuit.

– Les Diables Etrangers sont experts aux choses de la guerre.

Ils sont rares ceux qui expriment ainsi un doute timide; la plupart sont convaincus que, le prince étant au milieu de ses troupes, la garnison du quartier européen sera frappée de terreur, qu'elle ne songera pas à résister.

– Au jour, tous auront vécu!

– Tuan l'a décidé ainsi et sa volonté ne saurait être contrecarrée.

– C'est le bien-aimé des Bouddhas.

– Terrible comme le Dragon des batailles.

– Généreux comme le Fils du Ciel lui-même.

Et les fanatiques se serrent les mains, brandissant leurs armes, appelant avec impatience le signal de l'assaut.

Des ombres se glissent mystérieusement d'abri en abri. Ce sont des chefs de trois, de sept, de onze guerriers, correspondant aux sous-officiers, caporaux et premiers soldats de notre armée.

A voix basse, ils murmurent des ordres.

– Immobiles, il faut laisser l'artillerie accomplir son œuvre. Que nul ne bouge avant le signal de l'assaut.

– Quel signal?

– Un feu jaune.

– D'où partira-t-il ?

– Il paraîtra sur le rempart Est de la Ville Impériale.

– Bien, bien, compris. On attendra le feu jaune.

Et les sous-officiers s'en vont, plus loin, répéter les mêmes paroles.

Puis un grand silence règne.

Chaque combattant chinois frissonne d'impatience, et pensée réflexe, il lui semble qu'il entend la nature entière frissonner autour de lui.

Qu'attend-on pour commencer l'attaque ?

Eh ! Tuan est un adversaire redoutable. Il a appris que la garnison se dédouble vers neuf heures : une moitié des hommes allant se reposer, l'autre veillant sur les barricades. Il espère que les Européens agiront comme les autres jours, que la surprise qu'il projette tombera sur un ennemi privé de la moitié de ses forces.

Huit heures sonnent au loin dans la Ville Impériale.

Quelle horloge a passé sans avaries dans la tourmente qui depuis deux mois balaie la cité ?

Tuan ne le sait. Il ne se le demande même pas. Que lui importe ! L'heure est pour lui une servante importune, trop lente à son gré. Soixante minutes le séparent de l'instant où, sur un geste de lui, les artilleurs ouvriront le feu.

Et le silence répandu sur les ruines lui pèse.

Mais si « rampantes » que lui paraissent les secondes, elles passent cependant. De nouveau, le timbre tinte au loin.

Un coup, un seul, huit heures et demie.

Pour occuper son attente, le chef boxer va à la batterie. Les canons sont chargés, les culasses ajustées, les pointeurs ont repéré le tir. Tout est prêt, tout, sauf l'heure indifférente aux combinaisons des hommes.

Tuan songe à cela. Le temps se rit de son autorité, le temps échappe à sa puissance.

Ah ! comme les philosophes, qu'il a si souvent raillés, prendraient leur revanche, s'ils le voyaient maintenant supputer, avec un émoi nerveux, les minutes écoulées.

Il hausse les épaules :

– Philosophes bavards, bons à garnir les salons de

leur présence inutile. Pourquoi vais-je penser à ces grotesques ?

Pourquoi il y songe ?

Parce qu'aujourd'hui sa puissance chancelle. Aux jours de prospérité, alors que tous se courbaient sous sa volonté redoutable, il souriait dédaigneusement à l'audition des formules philosophiques, des ouvrages poétiques.

Il avait la force; qu'était auprès de cela la pensée, vapeur impalpable ?

La pensée..., est-ce que le vainqueur ne la réduit pas au silence ? Un bourreau, un sabre décrivant une courbe éblouissante dans l'air, et la tête des penseurs roule dans la poussière, et la pensée est morte. Voilà ce qu'il disait autrefois.

Maintenant l'idée lui venait, vague encore, que la pensée n'était point enfermée en un cerveau, qu'elle flottait dans l'air, pénétrant tous les hommes de même race, s'imposant parfois par la force, le plus souvent par la conviction générale qu'elle établit, en dépit des tyrans, des supplices, des bataillons.

La pensée domine le monde, se rit des calculs étriqués des souverains, des classes privilégiées. Elle triomphe parce qu'elle émane de l'âme de l'humanité.

Le timbre de l'horloge lointaine tinte neuf fois.

C'est l'heure de l'attaque. Et cependant Tuan hésite, mais il ressaisit avec rage sa volonté chancelante.

Il chasse loin de lui les spectres philosophiques qui l'environnent. Il court à la batterie, ordonne d'une voix rude : Commencez le feu !

Un coup de théâtre se produit.

Des cordes ont été fixées au faîte des ruines qui masquent la redoute. Des centaines d'hommes halent sur les liens de chanvre, unissent leurs forces avec un ahanement sourd, et les murs lézardés s'abattent.

La nuit s'emplit d'éclairs, une explosion formidable ébranle l'atmosphère, les canons ont tiré leur première salve.

Comme grisé par ce tumulte, par le ronflement des obus, la déflagration de la poudre, Tuan se démène, crie :

– Chargez !... ne leur laissez pas le temps de réparer leurs brèches.

Et les artilleurs se hâtent, et les explosions se succèdent, bientôt soutenues par une fusillade enragée.

. . . .

Aux barricades, tous ont courbé la tête sous l'ouragan de fer qui passe, puis les hommes ont commencé le feu. Ils tirent dans la nuit, au hasard, vers les points où la flamme des coups de fusil leur indique la présence des ennemis.

Labrousse domine le vacarme de sa voix rude :

– Ne brûlez pas inutilement vos cartouches... prenez votre temps... et surtout ne touchez pas aux « magasins »; réservez-les pour l'heure de l'assaut.

Liang a élevé le diapason de ses récriminations. Les obus qui éclatent sur l'hôtel de Péking, entre les arbres du Fou, sur le tennis même, l'exaspèrent. Il clame des imprécations étranges :

– Triples brutes ! Barbares ! Un de ces vils morceaux de métal peut trancher l'existence de Roseau-Fleuri. Et la beauté, la grâce n'existeront plus. Fanatiques stupides, puissent les diables poilus, que commande Foshao, vous tirer les oreilles jusqu'à ce que leur lobe distendu touche vos genoux !

Après chaque volée de projectiles, il s'interrompt, vient à sa nièce, lui demande d'une voix tremblante :

– Ces bandits ne t'ont pas atteinte ?

Il entasse autour d'elle tout ce qu'il peut trouver, sacs, terre, branchages, dans une préoccupation enfantine de la protéger. Il mêle les douces appellations à son adresse aux insultes qu'il prodigue aux assiégeants :

– Doux oiseau de lumière !... Requins voraces !... Fleur vivante !... Fumier des animaux immondes !

Il est ridicule et touchant.

Mais le canon fait rage, des pans entiers de la barricade sont enlevés à chaque bordée. Les coolies comblent sans relâche les entonnoirs énormes que l'éclatement des projectiles creuse dans les levées de terre.

On ne s'entend plus... une âcre odeur de poudre prend les combattants à la gorge.

Tous sont ivres de colère.

Les fusils brûlent les mains, les fûts de bois noircissent au contact de l'acier surchauffé. Et la mousqueterie crépite avec un redoublement de rage, coupée en mesure par l'orage de l'artillerie.

Le tir des Chinois devient plus terrible.

Les obus ne frappent plus l'hôtel de Péking... Ils tombent sur le tennis dans la partie du Fou situé en arrière des retranchements. Ils bouleversent le sol, couvrant les défenseurs d'éclats de fonte et de poussière. Les officiers européens se multiplient, obligeant leurs soldats à tenir dans une position intenable.

Tout à coup Liang pousse un hurlement.

Un obus tombé à trois pas de lui a éclaté, et le vent du projectile l'a jeté à terre ainsi que Roseau-Fleuri. D'un bond il est auprès de la jeune fille, il la relève... Il la prend dans ses bras.

– Je n'ai rien, dit-elle... une bosse au front peut-être, je me suis cognée.

– Une bosse ! Oh ! cela est trop, la patience d'un philosophe a des bornes.

Ce disant, il la replace dans son abri; puis, enflammé de courroux, il escalade le talus.

Un marin autrichien vient d'être frappé à mort à côté de Loret. Liang se penche sur le moribond, il s'empare de son fusil, de sa cartouchière, et s'agenouillant derrière le parapet, il se met à tirer furieusement sur les Chinois de Tuan.

– Eh ! s'écrie Cigale, voilà M. Liang engagé volontaire.

Loret regarde.

– Oncle Liang, commence-t-il...

Mais le lettré lui ferme la bouche :

– Pas de phrases... des coups de fusil...; ce sont des misérables, des bandits... Feu ! feu donc, je vous dis...

Il décharge son arme au hasard, remet une cartouche dans le canon... tire encore et recommence.

Le philosophe ne rêve plus que massacre, l'admirateur de la douce paix devient un guerrier.

Les jeunes gens le laissent satisfaire sa colère.

Ils recommencent à viser lentement leurs ennemis.

Un cri d'appel les fait se retourner.

C'est le capitaine Labrousse, dont le pressentiment se réalise, un éclat d'obus vient de lui traverser la poitrine... il s'agite convulsivement sur le sol.

Les deux amis sautent auprès de lui. Il fixe sur eux ses regards déjà voilés par le trépas; il murmure :

– Le dolman... lettre... portrait!...

Une mousse sanglante coule de ses lèvres... il étouffe.

Vite Cigale arrache les boutons du dolman, glisse sa main dans la poche, en tire les objets désignés, les montre à l'officier en disant :

– Je vous jure de les remettre!

Le capitaine tente de prononcer un remerciement, mais un flot de sang jaillit de sa bouche et il s'étend immobile sur la terre que les décharges d'artillerie font trembler.

Il n'est plus.

Un instant Loret et le Parisien restent là, navrés, aussi inertes que le défunt. Puis Cigale regarde ces papiers qu'il tient à la main... une photographie est là, portrait de jeune femme ou de jeune fille. Le brave garçon a un cri :

– Anoor!

Oui, c'est l'image de la chère morte. Il regarde la suscription de la lettre et lit :

A Son Excellence Monsieur le prince Rundjee, Docteur Mystère.

Qu'est-ce que cela signifie? Comment cela se trouvait-il dans la poche du capitaine Labrousse? Inconscient de son geste, le jeune homme se penche sur le mort comme pour l'interroger. Mais l'organe sonore du lieutenant de vaisseau Darcy s'élève.

– Voilà les colonnes d'assaut... Feu à répétition!

Loret appuie sa main sur l'épaule de son ami, lui montre le parapet à demi éboulé, et dit :

– Au devoir!

Tous deux s'élancent à leurs postes un instant abandonnés.

C'est vrai; du fond de l'ombre s'avancent des masses

noires, épaisses, silencieuses. C'est comme une marée qui monte.

Que peuvent les quelques hommes disséminés sur les barricades croulantes contre ces phalanges poussées par la haine de Tuan ?

Les feux à répétition, les boulets de Betsy, du canon italien amenés en hâte sur le lieu du combat, n'arrêtent pas l'élan formidable des Chinois.

Ils sont trop. Dans leurs bandes compactes, on ne saurait creuser des vides suffisants. Il ne reste plus qu'à mourir, à vendre sa vie le plus chèrement possible. Les baïonnettes se fixent avec un claquement sec au bout des canons. Les amis se serrent vivement la main en signe d'adieu.

Roseau-Fleuri se dresse auprès de Loret.

– Adieu, mon bien-aimé... adieu, oncle Liang.

Tout est fini.

Non... Une canonnade terrible éclate tout près. On dirait que les pièces qui font rage sont à peine aux murailles de la ville.

Assiégeants, assiégés lancent vers le ciel une immense clameur, de joie chez ceux-ci, d'épouvante chez ceux-là.

Tout le monde a compris. C'est l'armée de secours qui bombarde l'enceinte de Péking.

Et tandis que réguliers, Boxers font volte-face, s'enfuient emportés par une panique soudaine, que les Européens, officiers, soldats, civils, volontaires, s'embrassent, oubliant de faire feu sur l'ennemi en déroute, Tuan saute sur son cheval, et avec un cri de rage, il s'élance au galop à travers la cité.

Son dernier espoir s'est envolé. Du chef redouté il n'est plus trace, et les habitants terrifiés qui le voient passer dans la nuit, tel un fantôme, murmurent à voix basse :

– C'est un vaincu qui fuit.

. . . .

La canonnade se fait toujours entendre.

Les premières lueurs de l'aube tombent de l'orient

sur les barricades éventrées, sur les morts, sur les blessés. Quelques factionnaires, de loin en loin, dressent leurs silhouettes immobiles sur les retranchements des Légations.

Leurs camarades reposent bercés par la voix de l'artillerie de l'armée de secours.

Les ambassadeurs, chanceliers, interprètes avaient regagné leurs asiles respectifs. Ils dormaient, ou bien, étreints par l'insomnie, ils supputaient le nombre d'heures qui les séparait encore de la délivrance.

Au pied des talus sans forme, ravagés par les obus, un groupe désolé était courbé vers la terre. Loret, Cigale, Roseau-Fleuri entouraient le lettré Liang étendu sur le sol, la poitrine couverte d'une large tache sanglante. Une des dernières balles lancées par les assaillants l'avait atteint.

Les jeunes gens avaient voulu l'emporter à l'ambulance, mais il avait refusé.

— A quoi bon me faire souffrir aux secousses de votre marche ? Je suis bien ici pour mourir.

Puis il avait appelé Roseau-Fleuri et avec une tendresse infinie :

— Tu es sauvée, chère mignonne. Le danger s'enfuit loin de toi. Je suis content, ma vieille carcasse a attiré sur elle tous les accidents qui menaçaient la famille. Tout est bien ainsi.

Et comme elle se lamentait, ne voulant pas croire à la séparation prochaine.

— Voyons, dit-il doucement, laisse-moi mourir en Bouton de Corail soucieux jusqu'au bout de ce qui est convenable. Plus âgé que toi de beaucoup, il est conforme à la marche des choses que je disparaisse alors qu'il te reste à vivre de longues années.

— Oncle, oncle, ne parle pas.

— Eh ! que pourrais-je dire de plus raisonnable ?

— Je ne veux pas vous perdre.

Le sceptique, malgré la souffrance, retrouva un sourire.

— Tu ne veux pas. Si je croyais aux dieux, je lèverais les yeux vers le ciel et j'attendrais d'eux un miracle, mais je n'y crois pas, ma raison se refuse à admettre la divinité alors que fleurissent l'injustice, la brutalité, le meurtre, et je n'espère rien.

Elle eut un sanglot.

– Qu'importe après tout ? ma vie a été heureuse, en somme; toutes les impressions, tous les sentiments rares ou précieux, je les ai ressentis, éprouvés. Et même à la fin, alors que la coupe des intellectuelles félicités semblait tarie, ma tendresse pour toi m'a révélé un élément nouveau dans mon âme. Je t'ai perdue, puis retrouvée, passant ainsi du fond de l'abîme des peines au sommet éblouissant du bonheur. Que désirer de plus ? Ma parole, si je savais quel est le législateur de la nature, je le remercierais en ce moment...

Il s'arrêta un instant avec une grimace douloureuse :

– Il aurait dû me faire mourir sur le coup.

Puis par réflexion :

– Non, la souffrance est peu de chose quand on est assuré du repos sans limite. Je puis, pour la dernière fois, m'entretenir avec toi, te développer les beautés subtiles de la philosophie, dont tu t'éloignes, je le sais, pour te rapprocher des idées des barbares.

Il tourna les yeux vers Loret :

– Ne vous blessez pas, neveu. Je dis « barbare » par habitude, sans que mon esprit approuve le mot. Barbare, non, tu ne l'es pas, toi qui aimes cette enfant timide. Seulement tu m'as causé une peine, car tu lui as fait rejeter l'âme façonnée par moi pour lui en donner une autre.

– L'âme française, fit tristement le diplomate.

– Que j'ai comprise enfin, murmura Roseau-Fleuri.

– L'âme française, reprit le poète, appelez-la ainsi, puisque ce nom vous plaît. Les mots n'ont point d'importance, ils valent ce que l'on y attache comme sens; ce sont des habits qui varient de forme et d'allure, suivant la pensée qui s'en revêt. Va donc pour l'âme française. Elle est étrange, je le reconnais, et curieuse même; en tout cas digne de fixer l'attention d'un délicat.

Et après un court silence :

– Peut-être m'eût-elle conquis comme ma douce Roseau-Fleuri... Peut-être... Bah ! ce doute qui me prend est encore un bienfait. Partir sans un regret suppose que l'ennui de vivre était sur nous. Tandis qu'ainsi, c'est autre chose. Je pars avant d'avoir eu le temps de m'ennuyer.

Tous écoutaient, surpris de la lucidité de cet homme, qui mourait en jonglant avec les phrases, ainsi qu'il l'avait fait durant son existence.

– Si j'avais mis ma foi en Confucius, quelle agonie serait la mienne, mon âme vouée aux supplices infernaux puisque je n'ai pas su éviter à mon corps une déchirure par laquelle mon sang coule goutte à goutte.

– Charist ne dit pas cela, sanglota la princesse.

– Charist... Ah! tu étudies ce Bouddha. J'ai négligé cela... j'en avais étudié un tel nombre auparavant et je n'avais trouvé au fond de leurs graves dissertations que paradoxes enfantins, sophismes ridicules, néant de la pensée. Si j'avais vécu, peut-être me serais-je mis à cette nouvelle tâche. Charist... que dit Charist?

– Que le sort des élus est réservé à ceux qui, ayant bien vécu, font une noble fin.

– Ah! soupira le Chinois, j'ai bien vécu, certes, art, poésie, musique, fleurs, sourires ont rempli mes jours de rayons, de parfums, d'harmonie; mais ma mort sur la terre humide n'a rien de noble. Allons, allons, encore un bouddha qui ne me protégera pas.

– Il est le seul bouddha, oncle.

– Le seul...

Le poète avança les lèvres et doucement :

– Après tout, c'est possible; il faut bien que l'un soit tout, puisque les autres ne sont rien.

Et avec une mélancolie aimable :

– Ne pleure pas, ma fille chère. Les larmes rougissent les paupières et fanent la beauté. Déjà les privations ont pâli, creusé tes joues. Ne t'enlaidis pas pour moi. La mort m'est douce. Je pars, n'ayant pas discuté toutes choses, et mon regard se fermera sur ta gracieuse image. Que peux-tu souhaiter de plus à un philosophe?

Il parut réfléchir :

– Et puis, jeunes filles, jeunes fleurs ont besoin d'un tuteur pour soutenir leurs tiges frêles; je disparais, mon neveu René te reste. Le remplacement est avantageux, tout est au mieux!

Les Français, la princesse ne pouvaient retenir leurs larmes. Ce poète sceptique d'apparence, ils savaient son bon cœur, et ils avaient l'impression de quitter un ami, un parent cher entre tous.

Et lui parla encore :

– Voyageur fatigué, je me suis couché au bord du chemin. Pourquoi le sommeil est-il si lent à venir? C'est qu'au bout de la longue étape, j'avais rencontré l'oasis de votre affection, et que mon âme charmée hésite à quitter ses ombrages. Oui, la lumière tardive se fait en moi. Je conçois le monde autre que je ne l'ai connu; un monde où l'esprit domine la matière. Notre civilisation chinoise, dont je fus si fier, n'est point un apogée; mais la période de transition entre une première et une seconde évolution de l'esprit humain. Souverains, mandarins, nous n'avons pas vu cela. Si l'histoire admire quelque chose en nous, ce sera notre cécité morale; cécité telle, que la civilisation borgne de l'Occident semble jouir de ses deux yeux. Pas d'idée directrice dans nos cerveaux; rien que des signes extérieurs, masques du néant, dans notre existence artificielle. Un empereur, plaisant esclave des rites et de ses serviteurs; un peuple, engourdi dans la routine, hostile à tout gouvernement régulier qui diminuerait l'oppression dont il souffre. Des ongles longs d'un pouce, mais des mains sales; des vêtements de soie que les taches de graisse transforment en tartines; l'horreur des ablutions devenue une religion plus pieusement observée que le culte des ancêtres; voilà la Chine actuelle. Et trop vieux pour rêver une vie nouvelle, ainsi que ma bien-aimée Roseau-Fleuri, je vais, heureusement, emporter dans la nuit des nécropoles mon mépris pour ma race..., mon mépris pour moi-même qui ne suis pas certain d'être plus sage que les autres.

La voix du lettré s'abaissait peu à peu, les paupières se fermaient, on eût dit qu'il s'endormait :

– Encore un, fit une grosse voix étouffée..., à l'ambulance.

Et le docteur Matignon, suivi de coolies portant des

civières, écarta sans façon Cigale pour s'approcher du poète étendu sur le sol.

Le digne praticien, au lieu de goûter un repos bien mérité, car il avait pris part au combat, relevait les blessés maintenant que la bataille était terminée.

– Voyons... c'est M. Liang, qu'est-ce qu'il a ?

Le lettré murmura :

– Il a son billet pour l'autre monde. Ne me dérangez pas, j'ai l'effroi de la douleur inutile...

Matignon fit un mouvement pour s'éloigner, mais se ravisant :

– Quelle blessure ?

– A la poitrine, répondit vivement Cigale.

– La poitrine... diable ! diable !... La voix est bonne cependant..

Et se penchant sur Liang :

– Pas de mousse sanglante aux lèvres; l'œil clair... Attendez donc, il faut voir cela...

Tout en parlant, il ouvrait la veste de soie du blessé et palpait sa poitrine.

– Ah ! ça, qu'est-ce que vous avez là, digne mandarin ?

– Où ?

– Sur l'estomac, cette plaque de métal...

Comme un écolier pris en faute, Liang rougit légèrement :

– La décoration du Double Dragon;... une suprême vanité me l'avait fait conserver.

– Ce qui prouve que la vanité a parfois du bon.

– Hein ?

– Une balle s'est aplatie sur votre Double Dragon.

– Quoi ?

– Sous le choc, une des pointes de la plaque a pénétré dans les chairs, brisant l'extrémité inférieure du sternum. Vous avez dû ressentir une des douleurs les plus aiguës qu'il soit donné à l'homme d'éprouver, mais vous en serez quitte pour avoir deux « côtes flottantes » de plus.

Trois cris de joie soulignèrent l'affirmation du docteur.

— Alors, je ne meurs pas? demanda flegmatiquement le poète.

— Non, vous dis-je.

— Eh bien, je n'en suis pas fâché. Je vais pouvoir étudier le bouddha Charist et l'âme française, comme disent ces tourtereaux – il désignait Loret et la princesse – qui semblaient vraiment réjouis de la résurrection d'un vieux Bouton de Corail...

— Oh! oncle, oncle, interrompit doucement Roseau-Fleuri, montrant son doux visage baigné de larmes.

— Ne gronde pas, précieux petit lotus parfumé, je crois en ton affection... Vieux parents, vieux habits sont plus chers que les autres, car ils ont pris les plis qui nous gênent le moins.

— Vous pouvez jouer le scepticisme, oncle... Je connais votre bonté.

— Par Confucius... non, Confucius est un faquin... Par Bouddha... foin de Bouddha, c'est un pleutre... ma bonté seule est grande... Docteur, guérissez-moi vite, que je marie ces enfants afin qu'ils nc fassent plus pleuvoir sur ma tête le déluge de leur admiration... sans cela, ils me donneraient de moi-même une opinion telle, que je ne pourrais plus me voir dans un miroir sans m'adresser les trois génuflexions du « salut ultra-cérémonieux des divins ».

Et Roseau-Fleuri souriait de l'entendre. Mais Matignon fit un signe; deux coolies soulevèrent Liang pour le placer sur une civière. Le blessé eut un gémissement, puis reprenant le ton railleur :

— Le Double Dragon m'a sauvé, moi qui niais son pouvoir; mais il se venge en me faisant horriblement souffrir... Docteur, comment avez-vous appelé l'os que ce Dragon a brisé?

— Le sternum.

— Sternum. Il est étrange de porter sur moi un os dont le nom est aussi laid. Si j'avais su cela plus tôt, je m'en serais débarrassé et la douleur n'existerait pas à cette heure. J'expie une faute de goût, cela est juste.

Il était couché sur la civière.

Les coolies l'enlevèrent et les brancardiers improvisés, escortés par Cigale, Loret et la princesse, se dirigèrent vers l'ambulance.

Comme le cortège arrivait au pont de Jade, M. et Mme Berteaux le croisèrent. Tous deux s'informèrent, arrêtant ainsi civière, porteurs et amis.

En quelques mots, Loret les mis au courant. Il allait donner l'ordre de reprendre la marche, quand Mme Berteaux poussa un cri :

– Regardez... regardez...

Sa main s'étendait vers les berges du canal de Jade.

Et avec stupeur, les assistants virent, débouchant de l'égout, dans lequel les jeunes gens avaient failli trouver la mort, des Sikhs, appartenant à l'armée anglaise des Indes.

– L'armée alliée, bégaya Mme Berteaux.

– Ils sont dans Péking!

L'horrible cauchemar du blocus était terminé... les libérateurs étaient à quelques pas.

Les Hindous bronzés s'agenouillaient sur le quai, suivant leur usage après la victoire, et les fusils sonnaient en heurtant le sol.

Comme saisis de vertige, M. et Mme Berteaux s'élancèrent en courant vers la Légation britannique.

Loret ordonna aux brancardiers de gagner l'ambulance. Lui, en arrière, le bras passé autour de la taille de Roseau-Fleuri, ainsi qu'autrefois dans l'arène du cirque impérial, il marchait sans une parole, le cœur pénétré d'une joie infinie.

Tout seul, pensif, Cigale les suivait. L'allégresse générale ne l'enivrait pas.

Son « devoir » allait prendre fin... le souvenir d'Anoor se représentait plus impérieux à sa pensée... Que ferait-il désormais au milieu de ces gens heureux? Sa main pressait sa poitrine, faisant bruire la lettre, la photographie reçues du capitaine Labrousse expirant.

L'image d'Anoor était là... avec une missive à l'adresse du docteur Mystère, de ce prince Rundjee dont la noblesse, la science, le courage avaient inspiré au Parisien une sorte de vénération. Par quelle étrange association de circonstances ces objets avaient-ils appartenu à l'officier? Quels rapports l'avaient lié au prince?

Questions sans réponse.

— Allons, murmura le jeune homme, Loret et moi avons promis de remettre fidèlement ce dépôt à son adresse. Mais René va se marier, pourquoi troubler son bonheur?... Je partirai seul pour Moscou.

XI

LA RÉCOMPENSE

Quatre cents soldats d'infanterie de marine et matelots sont rangés en dehors de la barricade de la Légation de France.

Tout le personnel de l'ambassade, M. Pichon en tête, est massé vis-à-vis de la troupe. Les femmes héroïques, qui ont supporté le siège, forment un groupe gracieux, aux fraîches toilettes.

Et devant le front du détachement français, le général Frey, qui a conduit la colonne de secours de Tien-Tsin à Péking, parle d'une voix vibrante :

« *Officiers et soldats, en six journées, parcourant vingt kilomètres et livrant un combat chaque jour, vous êtes venus de Tien-Tsin à Péking. Là deux jours de bombardement, une lutte acharnée dans les rues, au milieu de la ville en flammes, ont permis à vos chefs d'admirer votre endurance et votre valeur.*

« *Je vous avais dit : Je veux que, sur les murs de la Cité Impériale, le drapeau français flotte le premier. Vous aviez répondu : C'est entendu. Et vous avez tenu parole.*

« *Au nom de la France, je vous remercie.*

« *Tout à l'heure avec les contingents des nations alliées, nous défilerons dans la Ville Rouge Interdite. Cet honneur vous était dû. Plus tard, rentrés dans vos foyers, vous pourrez dire à vos enfants :*

« J'étais là. J'ai défilé en armes à travers les palais dont l'Empereur de Chine défend la vue même à ses sujets. »

« Et vos fils sentiront leurs cœurs battre d'orgueil.

« Mais d'autres qui ont fait leur devoir aussi, tout leur devoir, d'autres qui ont écrit avec leur sang une de ces pages qui forment le livre d'or des peuples, d'autres n'assisteront pas au triomphe. Il est juste que nous rendions hommage à leur mémoire. »

Et la voix du général s'assourdit, communiquant à tous l'émotion qui étreignait l'orateur :

« Ils étaient 457 combattants enfermés dans le quartier des Légations... 457 tant marins, soldats, que volontaires... 163 ont été mis hors de combat. Un sur trois de ces braves a été frappé.

« Voyez leur force d'âme... On considère comme annulée une troupe décimée, c'est-à-dire ayant perdu un dixième de son effectif. Ici la perte a atteint un tiers et nul n'a faibli.

« A eux tous, mais surtout aux nôtres, aux Japonais, aux Autrichiens, aux Italiens qui ont combattu à nos côtés, ainsi que des frères, la France, par ma bouche, adresse l'adieu du cœur.

« C'est grâce à cette poignée de héros que nous avons trouvé le Pé-Tang, les Légations encore debout. »

Brusquement le général leva son sabre et d'un accent rauque, mouillé de larmes, il cria :

« Portez... armes ! Présentez... armes !

Les fusils sonnèrent sous le choc des mains crispées. Tous les yeux étaient humides.

Et un courrier s'avança, se tint immobile en face du général, qui lentement commença l'appel des morts.

– Aspirant de marine Henry !

Le sous-officier répondit :

– Mort au champ d'honneur !

– Aspirant Herber !

– Mort au champ d'honneur !

Un à un, les noms des victimes du blocus s'égrenèrent ainsi dans le silence, puis le général se tut, et, après une pause, lança un ordre bref :

– Aux champs !

LE CORTÈGE ATTEIGNIT LA PORTE DU NORD.

Et les clairons sonnèrent devant les tombes que décelaient de petites croix de bois.

Avant de conduire les survivants au triomphe, le général français avait voulu honorer les disparus.

. . . .

Une heure plus tard, le général russe Linévitch passait la revue des troupes alliées qui allaient effectuer la promenade victorieuse à travers la Cité Interdite.

Le long de l'enceinte de la Ville Tartare s'alignaient 800 Russes, autant de Japonais, 400 Français, 400 Anglais, 400 Américans, 250 Allemands et les détachements d'infanterie de marine d'Autriche et d'Italie.

La revue terminée, la colonne européenne s'ébranla. Alors, à un signal donné, les vautours rouges à cabochons verts de la Porte du Sud s'ouvrirent. L'enfilade des cours, jardins, palais, arcs de triomphe, se présenta devant les vainqueurs.

Et au milieu d'une haie de mandarins, d'eunuques, oubliés là lors de la fuite de Kouang-Sou et de Tsou-Hsi, la petite cohorte passa, drapeaux au vent.

Les ministres d'Europe, leur personnel suivaient et, fermant la marche, Roseau-Fleuri, ayant à ses côtés Loret et Cigale, se présenta en maîtresse devant l'entrée impériale qu'elle avait franchie naguère en captive.

Les eunuques reconnurent ceux qui, peu de semaines auparavant, semblaient voués à la mort. Ils souriaient obséquieusement à ceux-là devenus les plus forts.

Le Palais de l'Impératrice, les Cours Fleuries, la Porte du Guerrier Divin se montrèrent aux yeux des jeunes gens, ravis de revoir ainsi ces lieux où ils avaient tant souffert. Roseau-Fleuri se pencha vers René et murmura :

– Oiseau doré du livre rose de ma pensée aimable !

C'étaient les premiers mots de sa première lettre au diplomate. Celui-ci l'enveloppa d'un tendre regard et répondit :

– Petite hirondelle d'ivoire et de nacre.

Ils se prirent les mains, troublés, prêts à pleurer.

Quelle tristesse alors qu'ils écrivaient ces douces formules... Quelle allégresse présente !

Cependant le défilé atteignait la Porte du Nord. La musique russe, massée en ce point, exécutait les airs nationaux de chaque peuple, au moment où les contingents se déroulaient devant elle. *La Marseillaise* aux mâles accents saluait les Français, suivie bientôt du *God save the Queen* britannique et de l'allemand : « Je te salue sous ta couronne de victoire. »

Puis le silence se fit, et les lourds vantaux de la Porte du Nord se refermèrent sur Cigale, Roseau-Fleuri, Loret, qui marchaient les derniers.

Une foule enthousiaste était réunie au pied de la Montagne de Charbon. Européens, Américains, Japonais, Chinois convertis étaient venus là pour acclamer les braves qui les avaient délivrés.

– *Mince de foin,* « quel bruit » ! s'exclama Cigale, c'est à ne pas s'entendre penser...

Loret le regardait en souriant.

Soudain il le vit chanceler, pâlir. D'un bond il fut auprès de lui et le saisissant par le bras :

– Frère Cigale, qu'avez-vous ?

Le Parisien ne répondit pas. Ses yeux agrandis par une émotion violente, une stupéfaction indicible, se fixaient sur un groupe de trois personnes debout au premier rang des curieux.

René suivit la direction de ce regard éperdu.

Il distingua un homme, mince, élégant, dont le visage au teint mat était illuminé par des yeux noirs où flamboyait l'intelligence; près de lui deux jeunes filles, au type hindou, d'une merveilleuse beauté. La plus grande souriait, l'autre était aussi pâle que Cigale et semblait se cramponner au bras de sa compagne.

– Qu'avez-vous ? qu'as-tu ? répéta Loret qui, dans son émoi, employait à l'égard d'un Européen le tutoiement pour la première fois de sa vie; tu connais ce monsieur, ces jeunes filles ?

Le Parisien le considéra et bégayant :

– Tu les vois donc aussi ?

– Oui.

– Mais alors je ne rêve pas... ce n'est pas une hallucination !
– Une hallucination ?
– Eux... eux ici ! continua le jeune homme. Et elle... pas morte... vivante ! Qu'est-ce que cela veut dire... Ah ! je deviens fou !
Se dressant sur la pointe des pieds, dans un effort immense, il lança ce cri incompréhensible pour son compagnon :
– Anoor !
La jeune fille pâle lui tendit les bras.
Alors il s'élança, fou, hurlant.
– Elle ! Vivent le ciel ! la terre !... Vive tout !
Et il alla s'abattre sur les genoux devant celle dont il portait le deuil et qui était là, chancelante, blême... mais vivante, bien vivante.
– C'est celle qu'il pleurait, fit tout bas Roseau-Fleuri, devinant la vérité.
L'homme brun aux yeux de flamme avait relevé Cigale, il le pressait sur son cœur, disant d'une voix chaude, enveloppante :
– Pardonne-moi de t'avoir fait souffrir, mon enfant...; mais il le fallait. Tu étais faible contre ta tendresse. Jamais tu n'aurais pu te résoudre à t'éloigner d'elle, et le monde aurait été dur à l'enfant perdu de Paris épousant l'héritière d'une des plus nobles familles de l'Inde. Na-Indra...
Il désignait la plus grande de ses compagnes.
– Na-Indra m'a approuvé, elle qui aime sa sœur plus que tout au monde.
– Ah ! gémit Cigale... ma tête, ma tête.
Puis glissant la main dans son dolman, il la retira avec la lettre et le portrait légués par Labrousse.
– Et cela ?
– L'écriture de Labrousse, répondit Rundjee, car c'était le prince lui-même.
– Oui.
– Où est-il ?
– Mort en me chargeant de remettre ces papiers à son adresse.
– Un ami qui veillait sur toi, Cigale.

D'un mouvement sec, le prince Rundjee déchira l'enveloppe. Un papier y était enfermé et l'ami du Parisien lut à haute voix :

« Cigale est un héroïque enfant. Une reine serait fière de sa tendresse. »

Les yeux du prince se voilèrent :

– Il devait me dire sa pensée tout entière. La voici... Anoor, Cigale, embrassez-vous, mes enfants, maintenant plus rien ne s'oppose à votre union.

Mais Roseau-Fleuri, s'avançant, prit les mains d'Anoor surprise :

– Vous avez souffert pour Mademoiselle, moi de même, pour lui, celui-ci, Loret, compagnon d'armes de M. Cigale. Nous devons la vie à votre fiancé, nous l'appelons : notre frère... Devenez ma sœur chérie pour le bonheur qu'elle lui donnera, bonheur dont nul n'est aussi digne.

Et les jeunes filles, nées, l'une aux confins de l'Inde, l'autre à l'extrémité du monde chinois, s'enlacèrent, douces prêtresses des chastes affections, pour un fraternel baiser.

TABLE DES MATIÈRES

PREMIÈRE PARTIE

LA PRINCESSE ROSEAU-FLEURI

DEUXIÈME PARTIE

LE SIÈGE DES LÉGATIONS

Après un suicide manqué, un adolescent redécouvre ses parents.

2001 - l'Odyssée de l'espace (349★★)
par Arthur C. Clarke
Ce voyage fantastique aux confins du cosmos a suscité un film célèbre.

E.T.-l'extra-terrestre (1378★★★)
par William Kotzwinkle (d'après un scénario de Melissa Mathison)
Egaré sur la Terre, un extra-terrestre est protégé par des enfants. Inédit.

Elephant man (1406★★★)
par Michael Howell et Peter Ford
La véritable histoire de ce monstre si humain.

L'Exorciste (630★★★★)
par William Peter Blatty
A Washington, de nos jours, une petite fille vit sous l'empire du démon.

La Féline (Cat people) (1353★★★★)
par Gary Brandner
Lorsqu'elle aime, elle se transforme en léopard. Illustré.

Flash Gordon (1195★★★)
par Cover, Semple Jr et Allin
L'épopée immortelle de Flash Gordon sur la planète Mongo. Inédit. Illustré.

Galactica (1083★★★)
par Larson et Thurston
L'astro-forteresse Galactica reste le dernier espoir de l'humanité décimée.

Georgia (1395★★★)
par Robert Grossbach
Une fille, trois garçons, ils s'aiment mais tout les sépare. Inédit.

L'Ile sanglante (1201★★★)
par Peter Benchley
Un cauchemar situé dans le fameux triangle des Bermudes.

Kramer contre Kramer (1044★★★)
par Avery Corman
Abandonné par sa femme, un homme reste seul avec son tout petit garçon.

Love story (412★)
par Erich Segal
Le roman qui a changé l'image de l'amour.

Massada (1303★★★★)
par Ernest K. Gann
L'héroïque résistance des Hébreux face aux légions romaines.

La mort aux enchères (1461★★)
par Robert Alley
Une histoire d'amour et de mort dans la tradition de Hitchcock. Inédit.

Nimitz, retour vers l'enfer (1128★★★)
par Martin Caidin
Le super porte-avions Nimitz glisse dans une faille du temps. De 1980, il se retrouve à la veille de Pearl Harbor.

Officier et gentleman (1407★★)
par Steven Phillip Smith
Nul ne croit en Zack, sauf lui-même. Inédit.

Outland... loin de la Terre (1220★★)
par Alan Dean Foster
Sur l'astéroïde Io, les crises de folie meurtrière et les suicides sont quotidiens. Inédit, illustré.

Poltergeist (1394★★★)
par James Kahn
Une fillette absorbée dans un poste TV par des êtres démoniaques. Inédit.

Le prix du danger (1474★★★)
par Robert Sheckley
Jim joue sa vie à quitte ou double, en direct à la télévision.

Psychose phase 3 (1070★★)
par John Coyne
... ou le récit d'une terrible malédiction.

Pulsions (1198★★★)
par Brian de Palma et C. Black
Elle se sait la prochaine victime de la femme au rasoir. Inédit.

Ragtime (825★★★)
par E.L. Doctorow
Un tableau endiablé et féroce de la réalité américaine du début du siècle.

Rencontres du troisième type (947★★)
par Steven Spielberg
Le premier contact avec des visiteurs venus des étoiles.

Le retour de Martin Guerre (1433★★★)
par Davis, Carrière et Vigne
Douze ans après, un autre a pris sa place et son nom.

Shining (1197★★★★)
par Stephen King
La lutte hallucinante d'un enfant médium contre les forces maléfiques.

Sphinx (1219★★★★)
par Robin Cook
La malédiction des pharaons menace la vie et l'amour d'Erica. Illustré.

Star Trek (1071★★)
par Gene Roddenberry.
Un vaisseau terrien seul face à l'envahisseur venu des étoiles.

Star Trek II : la colère de Khan (1396★★★)
par Vonda McIntyre
Le plus grand défi lancé à l'U.S. Enterprise. *Inédit.*

The Thing (1366★★★)
par Alan Dean Foster
Prise dans les glaces, une créature revient à la vie. Inédit.

Le Trou noir (1129★★★)
par Alan Dean Foster
Un maelström d'énergie les entraînerait au delà de l'univers connu.

Un bébé pour Rosemary (1342★★★)
par Ira Levin
A New York, Satan s'empare des âmes et des corps.

Un mauvais fils (1147★★★)
par Claude Sautet
Emouvante quête d'amour pour un jeune drogué repenti. Inédit, illustré.

Les Valseuses (543★★★★)
par Bertrand Blier
Plutôt crever que se passer de filles et de bagnoles.

Vas-y maman (1031★★)
par Nicole de Buron
Après quinze ans d'une vie transparente, elle décide de se mettre à vivre.

Wolfen (1315★★★★)
par Whitley Strieber
Des être mi-hommes mi-loups guettent leurs proies dans les rues de New York. Inédit, illustré.

Achevé d'imprimer sur les presses de l'imprimerie Brodard et Taupin
7, Bd Romain-Rolland, Montrouge. Usine de La Flèche,
le 10 mai 1983
6560-5 Dépôt Légal mai 1983. ISBN : 2 - 277 - 21471 - X
Imprimé en France

J'AI LU
1471
★ ★ ★ ★

Editions J'ai Lu
31, rue de Tournon, 75006 Paris
diffusion France et étranger : Flammarion